Dieser Roman erzählt die Geschichte eines Mannes, der die Moral mit seiner Anwaltsgebühr verwechselt und die Wahrheit mit einer Handelsware. «Nichts als die Wahrheit» ist ein packendes Gerichtsdrama, das von der Spannung zwischen den Charakteren lebt – und von der tödlichen Leidenschaft, die Menschen nach einem erlittenen Unrecht packen kann.

«Ein ebenso intelligentes wie spannendes Buch.»

(«Frankfurter Allgemeine Zeitung»)

«Da drängen sich Parallelen auf zum Werk des Branchenführers John Grisham, und tatsächlich braucht Buffa diesen Vergleich nicht zu scheuen. Hollywoods Regisseure dürften sich nach dem Stoff die Finger lecken.»

(«Neue Osnabrücker Zeitung»)

D.W. Buffa studierte in Chicago und war zehn Jahre lang Strafverteidiger in Oregon. Heute lebt er in Walnut Creek, Kalifornien.

D.W. Buffa

Nichts als die Wahrheit
Antonellis erster Fall

Roman

Deutsch von Pociao

Rowohlt Taschenbuch Verlag

Die Originalausgabe erschien 1997 unter dem Titel
«The Defense» bei Henry Holt and Company, New York
Umschlaggestaltung C. Günther / W. Hellmann
(Foto: photonica / R. Discalfani)

Veröffentlicht im Rowohlt Taschenbuch
Verlag GmbH, Reinbek bei Hamburg,
August 2000
Copyright © 1999 by Rowohlt Verlag GmbH,
Reinbek bei Hamburg
«The Defense» Copyright © 1997 by D. W. Buffa
Alle deutschen Rechte vorbehalten
Gesamtherstellung Clausen & Bosse, Leck
Printed in Germany
ISBN 3 499 22771 1

Für Kathryn

Danksagung

Ich danke meinem Lektor Jack Macrae, dessen erfahrener Blick erkannte, was an dem Manuskript in Ordnung war, sowie Rachel Klauber-Speiden, die mit sicherer Hand korrigierte, was nicht stimmte. Doch ohne den ersten Ansporn von Glenn DuBose wäre es gar nicht erst entstanden.

1

Ich habe noch nie einen Fall verloren, den ich hätte gewinnen müssen, und ich habe fast alle Fälle gewonnen, die ich hätte verlieren sollen. Ankläger sind auf Recht und Gerechtigkeit eingeschworen, sie dürfen keine Unschuldigen hinter Schloß und Riegel bringen. Ich dagegen habe mein ganzes Berufsleben damit verbracht, sie mit allen Mitteln daran zu hindern, die Schuldigen zu überführen. Nur den Fall zu gewinnen zählte. Dafür lebte ich. Ich war nicht Anwalt geworden, um zu verlieren.

Ich habe nie daran gedacht, etwas anderes zu werden. Mein Vater war Arzt, aber schon als Kind war mir klar, daß ich nicht in seine Fußstapfen treten würde. Ärzte tun ihre Arbeit hinter verschlossener Tür; ich aber wollte im Rampenlicht stehen – man sollte mich sehen, bewundern, ja beneiden. Ich wollte Anwalt im Gerichtssaal sein und aufsehenerregende Fälle gewinnen.

Als Kind saß ich gebannt im Dunkel eines Kinosaals und sah, wie der Anwalt versuchte, mit einem leidenschaftlichen Appell an die zwölf ehrlichen und aufmerksamen Mitglieder der Jury das Leben eines grundanständigen Mitbürgers zu retten. Der Angeklagte war stets unschuldig, die Beweislast gegen ihn erdrückend, der Hauptzeuge der Staatsanwaltschaft ein Lügner, der Anwalt der Verteidigung ein unterbezahlter Idealist und unvorstellbarer Glückspilz obendrein. Zwar bangte man um den Freispruch, aber er stand von vornherein fest. Daß ein Unschuldiger verurteilt wurde, war undenkbar, jedenfalls 1949 in Amerika, als Filme noch in Schwarzweiß gedreht wurden.

Nach dem College in Michigan schrieb ich mich in Harvard fürs Jurastudium ein. Nach drei Jahren stumpfsinniger Schinderei kam ich zurück nach Portland, Oregon, wo ich so viele Samstagnachmittage allein im Dunkeln gesessen und mir angesehen hatte, wie das Leben, das ich führen würde, über die Leinwand flackerte. Dort mietete ich ein kleines Büro zwei Blocks vom Gerichtsgebäude entfernt und wartete auf meinen ersten Mandanten.

Ich gewann den ersten Fall, den ich übernahm, und auch den zweiten. Und dann einen nach dem anderen, bis ich anfing zu glauben, ich könnte gar nicht verlieren. Ich gewann Fälle, von denen jeder – sogar der Angeklagte – erwartete, ich würde sie verlieren. Die Geschworenen vertrauten und glaubten mir, wenn ich sagte, ich wollte nur, daß sie dem Gesetz folgten. Richter, selbst solche, die alle Angeklagten für schuldig hielten, taten meinen Erfolg als Anfängerglück ab. Einer erklärte mir, ich gewänne nur deshalb so viele Fälle, weil ich ein so grundehrliches Gesicht hätte.

Der Erfolg zerstörte den letzten Rest meiner jugendlichen Träume, die Unschuldigen zu verteidigen. Nach einer Weile übernahm ich nur noch Fälle, die viel Geld einbrachten oder zu meiner Reputation beitrugen. Und dann rief eines Tages Leopold Rifkins Sekretärin an und fragte, ob ich am späten Nachmittag in seinem Büro vorbeikommen könne. Ich sah erst gar nicht in meinen Terminkalender. Alles andere konnte warten. Rifkin war der interessanteste und intelligenteste Mensch, den ich je kennengelernt hatte, und zudem der erfahrenste und ranghöchste Richter am Circuit Court.

In elf Jahren war ich mit meinem Büro dreimal umgezogen, konnte jedoch noch immer zu Fuß zum Gericht gehen. Das öde, sechsstöckige Gebäude, in dem ich mit meinem Einmannbetrieb angefangen hatte, war schon vor Jahren abgerissen worden. Die Kanzlei, in der ich jetzt einer von vier Teilhabern war, nahm die Hälfte des sechzehnten Stockwerks im neuesten Wolkenkratzer der Stadt ein. Wenn es ausnahmsweise einmal nicht regnete und der Nebel sich verzog, konnte ich durch die Panoramafenster meines Eckbüros auf den Mount Hood blicken. Seit Tausenden von Jahren stand er dort, ein Vulkan wie der St. Helena. In hundert Jahren, zehn Jahren, nächstes Jahr oder vielleicht schon übermorgen würde es tief in seinem Inneren anfangen zu rumoren, und dann würde der Berg sich selbst in die Luft sprengen. Und nichts wäre mehr wie zuvor.

Auf dem Weg zu Rifkins Büro durchquerte ich den Park vor dem Gericht, wo Azaleen und Rhododendren blühten. Es war einer jener Tage, an denen man das Gefühl hat, die Regenzeit sei endlich vorbei. Ich konnte nicht ahnen, daß etwas passieren sollte, das mein Leben für immer veränderte.

Rifkin saß über ein eselsohriges Buch gebeugt an seinem Schreibtisch, kaum sichtbar im Schatten der einzigen kleinen Arbeitslampe. Die Jalousien waren geschlossen.

«Joseph!» rief er leise, als er mich bemerkte. Er kam um den Schreibtisch herum und griff mit seinen zarten Fingern nach meiner Hand. «Bitte», sagte er und deutete auf einen Stuhl vor dem Schreibtisch. Er zog die Jalousien hoch und ließ die Sonne herein. Dann setzte er sich und sah mich einen Augenblick an, als sei ich ein lange verloren geglaubter Freund, nicht jemand, den er vor fünf Tagen das letzte Mal gesehen hatte.

«Ich mache mir Sorgen um Sie, Joseph. Sie gewinnen zu oft. Das ist nicht gut.»

«Letzte Woche?» fragte ich, unsicher, worauf er anspielte.

«Sie waren ausgezeichnet, Joseph. Ausgezeichnet. Besonders Ihr Schlußplädoyer. Das war besser als das meiste, was ich in all den Jahren als Richter gehört habe. Aber unter uns gesagt, wir beide wissen, daß der Angeklagte … nun, sagen wir, nicht unschuldig war. Ja, genau das meine ich. Sie gewinnen zu oft. Das ist nicht gut. Ich habe es Ihnen schon einmal gesagt.»

11

«Es ist besser, als zu verlieren.»

«Glauben Sie das wirklich? Selbst wenn die Schuldigen ungestraft davonkommen?»

«Das ist nicht meine Sache.»

«Nicht Ihre Sache?»

«Darüber brauche ich mir nicht den Kopf zu zerbrechen. Der Staatsanwalt muß Beweise für seine Anklage vorbringen. Der Angeklagte muß gar nichts beweisen.»

«Aber das glauben Sie nicht im Ernst, oder?» fragte er freundlich.

Ich hatte vergessen, mit wem ich mich unterhielt. Es war die Antwort, die ich jedem gab, der mich fragte, wie es ist, jemanden rauszuboxen, der – wie heißt es so schön? – Dreck am Stekken hat.

«Nein», räumte ich ein, «das tue ich nicht. Aber was soll ich Ihrer Ansicht nach sagen? Man erwartet, daß ich meine Mandanten so gut wie möglich verteidige. Ich muß auf begründete Zweifel hinweisen. Und wenn ich kann, muß ich zeigen, daß ein Glied in der Beweiskette des Staatsanwalts brüchig ist.»

Rifkin musterte mich ausdruckslos. «Ja, aber damit haben Sie meine Frage noch nicht beantwortet. Alles, was Sie sagen, ist richtig. Man verlangt von Ihnen, daß Sie legitime Zweifel am Vorgehen der Staatsanwaltschaft äußern. So steht es im Gesetz. Aber ich frage Sie nicht nach dem Recht. Ich frage Sie nach der Gerechtigkeit. Das ist ein Unterschied.»

«Gerechtigkeit ist das, was die Geschworenen entscheiden», erwiderte ich hastig.

Rifkins blaßblaue Augen funkelten. «Ja, aber würden Sie genauso denken, wenn Sie all Ihre gewonnenen Fälle verloren hätten?»

«Wenn meine Mandanten schuldig wären», erwiderte ich.

Seine Augen – die durchdringendsten, die ich je gesehen habe – weiteten sich. «Dann finden Sie also auch, daß es da einen Unterschied gibt? Man sollte die Schuldigen bestrafen und nur die Unschuldigen laufenlassen? Nun ja, das ist gut, aber auch unwesentlich. Denn am Ende entscheiden die Geschworenen darüber, ob die Schuldigen verurteilt oder auf freien Fuß gesetzt werden, oder? Eigentlich seltsam, wenn man es recht bedenkt. Die einzigen bei Gericht, die keine Ahnung vom Gesetz haben und nichts über den Angeklagten wissen, sollen die einzig wichtige Entscheidung treffen.»

«Diese Unbefangenheit ist Voraussetzung für ihre Unvoreingenommenheit.»

Rifkin lächelte. «Diese Unwissenheit ist Voraussetzung für ihre Beeinflußbarkeit. Und deshalb gewinnen Sie, Joseph. Sie wissen, wie man Menschen beeinflußt. Aber wissen Sie auch, warum? Wenn ich das so umständlich ausdrücken darf: Sind Sie sich Ihres Wissens bewußt?»

Ich lachte. «Welches Wissen meinen Sie?»

Er saß auf der Stuhlkante, beide Ellbogen auf den Schreibtisch gestützt, die Hände ineinander verschränkt, und konzentrierte sich ganz auf mich. Er spitzte die Lippen und nickte. «Sie sind ein Naturtalent, Joseph. Sie haben die Gabe der Überzeugung. Sie wissen intuitiv, welche Wirkung der Klang bestimmter Wörter ausübt, unabhängig von ihrer Bedeutung. Und Sie besitzen die Fähigkeit, jeden Ihrer Zuhörer davon zu überzeugen, daß Sie selbst glauben, was Sie sagen. Das ist eine Gabe – eine großartige, aber auch eine gefährliche Gabe. Und deshalb mache ich mir Sorgen um Sie. Sie erinnern mich an Alkibiades. Kennen Sie Alkibiades?» Es klang, als fragte er mich nach einem Anwaltskollegen, mit dem er bekannt war und den ich möglicherweise ebenfalls kennengelernt hatte.

«Alkibiades war einer der außergewöhnlichsten Männer, die je gelebt haben», fuhr er fort.

Dann hielt er einen Moment inne, um mich forschend anzublicken, während ein wohlwollendes Lächeln um seinen schmalen Mund spielte. «Sie wissen nicht, wer Alkibiades war, nicht wahr?»

«Ich habe den Namen schon mal gehört», erwiderte ich und blickte ihn meinerseits forschend an. Es war nicht wirklich gelogen.

«Alkibiades war ein Genie. Das Bemerkenswerte daran ist, daß jedermann es schon in seiner Kindheit erkennen konnte. Sein Vater war im Kampf gefallen, deshalb wuchs er bei seinem Onkel auf, dem großen Perikles. Erzogen aber, wenn man so will, wurde er von Sokrates. Alkibiades fühlte sich zu Sokrates hingezogen, war fasziniert von der herausragenden, beispiellosen Kraft seines Geistes. Und Sokrates fühlte sich zu ihm hingezogen. Es gibt eine Stelle – mir fällt gerade nicht ein, ob im *Theaitetos* oder im *Protagoras*.» Rifkin zitierte die Platonischen Dialoge so selbstverständlich wie andere Richter Gerichtsurteile. «Darin erklärt Sokrates, er liebe zwei Dinge: die Philosophie und Alkibiades. Ich glaube, das ist der einzig überlieferte Fall einer derartigen Äußerung von Sokrates. Und Alkibiades liebte Sokrates. Er wollte ihn besitzen, ja, sein Liebhaber werden.»

Rifkins Augen tanzten. «Der schöne Alkibiades wollte der Liebhaber des entschieden häßlichen Sokrates werden. Merkwürdig, nicht? Na, jedenfalls berichtet er enttäuscht, Sokrates habe sein Angebot abgelehnt.»

Rifkin lächelte breit. «Alkibiades sagt wörtlich: ‹Wir verbrachten sogar die Nacht zusammen, ohne daß etwas geschah!› Er war überrascht! Sie müssen wissen, daß niemand ihn je zurückgewiesen hatte, weder damals noch später. Alle Welt begehrte ihn, nicht nur die athenische. Einmal schlief er mit der Frau des Königs von Sparta, und als sie feststellte, daß sie schwanger war, versuchte sie nicht etwa, ihren Seitensprung zu vertuschen, sondern brüstete sich noch damit! Aber das Beste war, daß Alkibiades behauptete, er habe nur deshalb mit ihr geschlafen, damit sein Sohn König von Sparta werde und die Spartaner endlich sehen könnten, wie es ist, einen richtigen König zu haben! Sie verstehen», sagte er, und sein Lächeln verschwand. «Alkibiades war genauso, wie Sokrates ihn sah: durch und durch erotisch. Genau wie Sie, Joseph. Das meinte ich, als ich von der Ähnlichkeit zwischen Ihnen sprach.»

«Erotisch?» murmelte ich verwirrt und verlegen.

«Ja. Genau. Aber nicht so, wie wir uns Erotik gemeinhin vorstellen, bestenfalls als körperliche Nähe oder schlimmstenfalls als so etwas wie in Pornofilmen. Natürlich bedeutet Erotik das Verlangen nach Sexualität und durch die Sexualität nach einer gewissen Unsterblichkeit. Aber sie bedeutet auch das leidenschaftliche Streben nach dem, was wir lieben. Ohne sie läßt sich nichts Bedeutendes erreichen. Gar nichts.»

Er hielt inne, und obgleich sein Blick noch immer den meinen festhielt, sah er eigentlich durch mich hindurch. «Sie verstehen», fuhr er schließlich fort, «das sah Sokrates in Alkibiades, das und eine enorme Intelligenz. Das Problem war natürlich, daß Alkibiades viel zu verliebt in die Vorstellung war, was andere über ihn denken mochten, um das Streben nach Weisheit zu lieben. Er war so in seine Ambitionen vernarrt, daß nichts anderes – nicht einmal sein Land – ihm etwas bedeutete.

Und deshalb mache ich mir Sorgen um Sie, Joseph. Auch Sie sind – in diesem weiteren Sinne – durch und durch erotisch. Sie wollen alles. Und bisher haben Sie auch bekommen, was Sie sich wünschten. Wie alt sind Sie jetzt? Knapp vierzig. Und schon erfolgreicher als jeder andere Anwalt in der Gegend. Erfolg kann einen ruinieren, wenn man nicht aufpaßt.»

Leopold Rifkin war zwanzig Jahre älter als ich, viel belesener und weitaus gebildeter, als ich es je sein würde. Dennoch hatte ich das Gefühl, daß ich von manchen Dingen mehr verstand, als er es je tun würde. Sein Äußeres schien dieses Gefühl zu bestätigen. Jedesmal, wenn ich ihn sah, fragte ich mich, wie er bloß für sich sorgen konnte. Er maß kaum mehr als eins sechzig und hatte schmale, abfallende Schultern. Selbst für seine Größe war sein Kopf überraschend klein. Ein paar bräunlichgraue Strähnen waren sorgfältig über den kahlen Schädel gekämmt. Er hatte eine leichte Hakennase, und der schmale Mund war so verkniffen wie der einer alten Jungfer. Nur die Augen vergaß man nicht. Wenn Rifkin einen ansah, konnte man meinen, jemand aus einer anderen Welt verberge sich dahinter. Als er von Athen sprach, hatte ich das komische Gefühl gehabt, er äußere sich über Menschen, die er tatsächlich gekannt hatte. Und doch fragte ich mich gelegentlich, wie er ohne fremde Hilfe den Weg nach Hause fand.

Ich begann zu lächeln. «Mit anderen Worten, der ranghöchste Richter am Circuit Court gibt mir den Rat, meinen nächsten Fall zu vermasseln?»

«Sehen Sie», gab er mit einem raschen, triumphierenden Nicken zurück, «es ist genau, wie ich sagte. Sie glauben, das sei die einzige Art zu verlieren! Nun, wenn Sie es so sehen, sollten Sie vielleicht tatsächlich einmal einen Fall vermasseln. Es könnte der Tag kommen, an dem es sich sogar empfiehlt. Aber fangen Sie noch nicht gleich damit an», setzte er hinzu und begann, in einem Stapel Papiere auf seinem Schreibtisch zu kramen.

«Ach, da ist sie», sagte er und zog eine Akte heraus. «Ich möchte Sie um einen Gefallen bitten, Joseph. Einen sehr großen Gefallen.»

«Selbstverständlich», erwiderte ich, ohne zu zögern. Rifkin hatte mir meinen ersten Fall übergeben und besonders in den ersten Jahren, als mir vieles neu war, alles getan, um mir zu helfen. Außerdem hatte er mich noch nie um etwas gebeten.

«Ich habe einen Fall, den ich Ihnen gern anvertrauen würde. Dabei ist mir klar, daß Sie schon lange keine Fälle als Pflichtverteidiger mehr übernehmen.»

Ich hob die Hand und schüttelte den Kopf. «Nein, es wäre mir eine Freude. Um was handelt es sich?»

«Vergewaltigung.» Er zögerte einen Augenblick. Ein Anflug sanften Abscheus verflog ebenso schnell, wie er aufgetaucht war. «Das Opfer ist ein Kind, zwölf Jahre alt zum Zeitpunkt der Tat. Die Anklage behauptet, der Täter habe die Kleine nach der eigentlichen Vergewaltigung mit dem Messer bedroht.»

Rifkin schloß die Akte. «Ich bitte Sie, diesen Fall zu übernehmen, Joseph, weil der Angeklagte, der Stiefvater des Mädchens, äußerst schwierig ist. Ich habe Charlie Berg ernannt – Sie kennen ihn –, einen sehr guten Anwalt, und eine Woche später stand der Angeklagte wieder vor Gericht und warf Berg alles mögliche vor. Ich ernannte jemand anders, und es passierte genau dasselbe. Der Mann war schon des öfteren im Gefängnis. Einbruch, Drogen, Körperverletzung, dieses Kaliber. Er hat so viel Zeit in der juristischen Abteilung der Gefängnisbibliothek verbracht, daß er sich einbildet, mehr von Recht und Gesetz zu verstehen als die Juristen. Sie sind der einzige, der mit ihm zurechtkommen würde, ansonsten wüßte ich niemanden.»

Ich erhob mich. «Wann soll ich im Gericht sein?»

«O ja, natürlich», sagte er und nickte rasch. Dann warf er einen Blick in den ledergebundenen Terminkalender, der offen auf seinem Schreibtisch lag. «Schaffen Sie es morgen früh? Zehn Uhr?»

«Kein Problem», sagte ich auf dem Weg zur Tür. Dann blieb ich stehen und drehte mich noch einmal um. «Übrigens – wie heißt denn der Bursche, den ich verteidigen soll?»

«Johnny Morel.»

«Johnny Morel? Schon der Name klingt nach schuldig.»

«Ach, und noch was, Joseph. Vergessen Sie nicht die Einladung am Samstag abend.»

Am nächsten Morgen saß ich allein in Rifkins Gerichtssaal und wartete darauf, daß die Häftlinge hereingeführt wurden. Mein solider Eichenholzsitz war so hart wie eine Kirchenbank. Die Kirche soll Schutz für die Seele gewährleisten, das Gericht verspricht Schutz für Leben und Eigentum. Dafür erwartet man Aufmerksamkeit und tut sein möglichstes, um es allen so unbequem wie möglich zu machen.

Allen, bis auf den Richter. Ganz vorn, über der Geschworenenbank und dem Zeugenstand, mit Blick auf die Zuschauer, die gekommen sind, um alles zu beobachten, steht das, was in Amerika einem Thron am nächsten kommt. Es ist ein schlichter schwarzer Ledersessel, doch er verleiht eine absolute Autorität als alles, was europäische Monarchen seit der Französischen Revolution genossen haben. Es gibt nur zwei Arten von Menschen, die schwarze Roben tragen: Priester, die zu Gott beten, und Richter, die den ganzen Tag in dem Bewußtsein leben, von ihren Mitmenschen angebetet zu werden.

Rifkin als ranghöchster Richter am District Court hätte sich jeden Gerichtssaal aussuchen können, den er haben wollte. Die meisten Richter sind äußerst karrierebewußte Staatsdiener; sie glauben, die Größe des Raums, über den sie herrschen, sei ein Maßstab für ihre eigene Bedeutung. Rifkin behielt den Sitzungssaal, in dem er seit seinem Amtsantritt Recht gesprochen hatte. Er hatte nur sieben kurze Sitzreihen für die Öffentlichkeit und war der kleinste im ganzen Gerichtsgebäude.

Die Geschworenenbank befand sich zur Linken des Richters, genau wie der Zeugenstand, der unmittelbar unter dem Richterstuhl, aber etwas höher als die Geschworenenbank plaziert war. Der Tisch für die Verteidigung stand knapp drei Meter von der Geschworenenbank und höchstens fünf Meter vom Zeugenstand entfernt. Der Raum war zu klein für heftige Gesten und lautstarke Argumente, die viele Anwälte für das einzige Mittel halten, um ihrem Mandanten zu beweisen, wie sehr sie sich für ihn ins Zeug legen. Eine Verhandlung in Rifkins Gerichtssaal ähnelte eher einem Gespräch unter Leuten, die sich, was immer sie in Wirklichkeit voneinander halten, gezwungen sehen, einander mit höflichem Respekt zu begegnen.

Kurz vor zehn öffneten sich die Türen im hinteren Teil des Saals. Fünf mit Fußketten aneinandergefesselte Häftlinge schlurften unter dem verächtlichen Blick eines Hilfssheriffs unsicher den Gang hinauf. Als sie die erste Sitzreihe erreicht hatten, grunzte er den Befehl zum Stehenbleiben. Dann beugte er sich herab und schloß die Ketten auf, wobei er jeden der Angeklagten finster anstarrte.

Pünktlich um zehn Uhr ging die Tür zum Richterzimmer auf, der Gerichtsdiener rief: «Bitte erheben Sie sich», und Leopold Rifkin schritt feierlich zu seinem Platz. Er warf einen Blick auf den Tisch der Anklage, wo ein Vertreter der Staatsanwaltschaft allein hinter einem Stapel Unterlagen saß, und nickte schweigend. Mit einer Stimme, der jeder Funke von Enthusiasmus abging, rief der Staatsanwalt den Namen des ersten Angeklagten auf und verlas die Anklage gegen ihn.

Johnny Morel war als dritter dran. Ich beobachtete, wie er nach vorn geführt wurde und dann allein am Ende des Anwaltstischs stehenblieb. Er schien mir Anfang Dreißig zu sein, hatte schwarzes, gewelltes, beinahe drahtiges Haar und eine krumme Nase, die aussah, als sei sie mehr als einmal gebrochen gewesen.

Ich trat zum Anwaltstisch und tat meine Arbeit ohne nachzudenken. Ich plädierte auf nicht schuldig. Die Kaution wurde auf hunderttausend Dollar festgesetzt, der Angeklagte wieder der Obhut des County Sheriffs übergeben. Ich warf Morel einen Blick von der Seite zu und erklärte ihm, daß ich in ein oder zwei Tagen bei ihm vorbeikommen würde. Noch bevor er antworten konnte, griff ich nach meiner Aktentasche und verließ den Gerichtssaal.

Auf dem Weg nach draußen sah ich im Büro des Staatsanwalts vorbei. Die Polizeiberichte, Krankenhausunterlagen, Fotos, Fingerabdrücke und gerichtsmedizinischen Untersuchungen – alles, worauf die Verteidigung ein Anrecht hat – warteten schon auf mich. Noch am gleichen Abend, nachdem ich in der Stadt gegessen hatte, setzte ich mich mit einem Whiskey Soda in mein Arbeitszimmer und las den Bericht über jenes zwölfjährige Mädchen, das man in Schutzgewahrsam genommen hatte, nachdem seine Mutter von ihrem Ehemann verprügelt worden war.

Der Polizeibericht war in jenem anonym sachlichen Ton abgefaßt, der brutale Gewalt hinter der gleichgültigen Aufzählung verifizierbarer Fakten versteckt. Nach jahrelanger Lektüre solcher farblosen Schilderungen menschlicher Verkommenheit war meine emotionale Reaktion darauf gleich Null.

Die Kleine, Michelle Walker, hatte einer Sozialarbeiterin erzählt, sie sei von ihrem Stiefvater mißbraucht worden. Die Sozialarbeiterin schaltete die Polizei ein. Detective Petrie erschien, um das als «überdreht» charakterisierte Mädchen zu befragen. Der Detective gab zu Protokoll, Michelle sei es schwergefallen, sich detailliert zu einem Problem zu äußern oder längere Zeit stillzusitzen. Sie sei immer wieder vom Thema abgekommen und habe, wenn überhaupt, nur äußerst vage auf die Fragen geantwortet. Schließlich habe sie erklärt, sie finde das, worüber er sich mit ihr unterhalten wolle, «langweilig».

Langweilig. War das Apathie oder die Auswirkung eines instinktiven Schutzmechanismus? Wie auch immer, jedenfalls änderte es nichts an ihrer Offenheit. Sie verabscheue ihren Stiefvater. Er habe sie sexuell mißbraucht und in ihrer Anwesenheit mehrmals Kokain genommen. Sie kenne sämtliche Verstecke im Haus, wo er es aufbewahre. Der Detective fragte, ob sie noch andere Probleme mit ihm habe. «Johnny hat's mir gemacht», hatte sie geantwortet.

20

Der Detective fragte, was sie damit meine. «Er hat mir sein Glied reingesteckt», erwiderte sie. Der Detective war behutsam. Er fragte, woher sie über solche Dinge Bescheid wisse. Sie sagte, sie habe in der Schule Aufklärungsfilme gesehen.

Ich machte mir ein Zeichen an den Rand und schrieb in Kurzschrift eine Notiz daneben. Fast jeder Spielfilm in Amerika hat eindeutigere Sexszenen als die Filme, die man in Schulen zeigt, um Kinder vor sexuellem Mißbrauch zu schützen. Erwachsene erfahren es immer als letzte. Diese Kids lernen im Fernsehen alles über Sex, noch bevor sie eingeschult werden. Der Film, den sie in der Schule gesehen hatte, konnte ihr nichts beibringen, was sie nicht längst wußte, außer vielleicht, wie man einen Stiefvater loswird, den man nicht leiden kann. Ich dachte bereits über die Möglichkeiten nach, das, was sie in der Schule gesehen hatte, vor Gericht zu benutzen, um sie als unglaubwürdig hinzustellen.

Sie hatte im Wohnzimmer gesessen. Es war Samstag vormittags, und sie war noch nicht angezogen gewesen. Ihre Mutter war einkaufen gegangen. Michelle hatte ferngesehen, als ihr Stiefvater sie ins Schlafzimmer rief. Er hatte splitternackt im Raum gestanden und sie so heftig aufs Bett geworfen, daß sie sich den Rücken am Eisenrahmen aufschrammte. Er hatte ihr den Pyjama ausgezogen und ihr «sein Glied reingesteckt».

Detective Petrie bat sie zu schildern, was Morel dann getan habe. Er habe «ihn rein- und rausbewegt», sagte sie, und es habe «weh getan». Als er von ihr abließ, setzte sie hinzu, habe etwas von der Spitze seines Gliedes gebaumelt. Der Detective schloß daraus, daß ihr Stiefvater ein Kondom benutzt hatte.

Dann, so fuhr sie fort, habe Morel ein Messer unter dem Kopfkissen hervorgezogen und ihr die Klinge an die Brust gesetzt. «Wehe, du petzt», habe er gedroht. Petrie forderte sie auf, das Messer zu beschreiben. Auf Grund ihrer Aussage definierte er es als eine Art Jagdmesser mit gezackter Klinge. Es war groß und einschüchternd genug, um sie davon zu überzeugen, daß sie – nach den Worten des Detective – «sterben würde, wenn sie jemandem davon erzählte». Sie war davongelaufen, sobald sie konnte, und hatte sich in einem Park mehrere Blocks weiter versteckt. Stunden später, als sie ihre Mutter nach Hause kommen sah, war sie zurückgegangen. Aber sie hatte zuviel Angst gehabt, um ihr zu erzählen, was vorgefallen war.

Das sei der einzige sexuelle Kontakt, den sie mit ihrem Stiefvater je gehabt habe, erklärte sie dem Detective. Petrie vermerkte jedoch, daß Michelle Walker «in der Vergangenheit bereits mehrfach das Opfer sexueller Übergriffe» gewesen sei, «die der Polizei gemeldet worden waren». Das war alles. Kein Wort darüber, wie weit diese zurücklagen, was genau vorgefallen und vor allem, wer der Täter gewesen war. Fest stand nur, daß dieses zwölfjährige Mädchen ihren Stiefvater der Vergewaltigung beschuldigt hatte und es nicht das erste Mal war, daß der Vorwurf sexuellen Mißbrauchs im Raum stand – mit ihr als Opfer.

Ich beendete Detective Petries Bericht und legte ihn zurück in die Akte. Ein zwölfjähriges Mädchen war vergewaltigt worden, und die Einzelheiten umfaßten nicht mehr als drei Seiten eines handschriftlichen Berichts. So funktionierte das System. Die Gerichte waren voll mit Fällen wie diesem, und die Gefängnisse waren voll mit Leuten wie Johnny Morel. Die Kleine würde den Rest ihres Lebens mit den Folgen des Mißbrauchs leben müssen. Ich machte mir nur Gedanken darüber, wie ich den Mann rausboxen konnte, der sie vergewaltigt hatte – falls der Fall verhandelt wurde –, oder was ich tun könnte, um ihm den bestmöglichen Deal zu verschaffen, wenn es zu einer inoffiziellen Absprache zwischen Richter, Anklage und Verteidigung kommen sollte. Ich war der Verteidiger, und das wurde von mir erwartet.

2

Leopold Rifkin war sehr reich. Sein Großvater war gleich nach dem Ersten Weltkrieg aus New York nach Portland gekommen und hatte hier ein kleines Geschäft eröffnet. Am Ende des Zweiten Weltkriegs war es das größte Kaufhaus der Stadt, und wieder zwanzig Jahre später hatte sich das Unternehmen zur größten Kaufhauskette im Nordwesten entwickelt. Leopolds Vater war Alleinerbe gewesen. Nach seinem Tod wurde das Vermögen zwischen Leopold und seiner Schwester Sarah aufgeteilt. Wenige Jahre später ging die Firma als Aktiengesellschaft an die Börse, und Leopold Rifkin, der nie Armut kennengelernt hatte, war plötzlich einer der reichsten Männer der ganzen Region.

Nur deshalb war meine Freundin Lisa überhaupt mitgekommen. Ihre Liebe zum Geld war noch ausgeprägter als ihre Abneigung gegen Anwälte. Sie hatte sich ihr eigenes Bild von ihnen gemacht, so wie von den meisten anderen Dingen im Leben auch. Alles wurde in Kategorien unterteilt. Es gab zwei Sorten von Anwälten: diejenigen, die nie vor Gericht gingen und noch langweiliger waren als Steuerberater, und diejenigen, die vor Gericht gingen und Jack the Ripper vertreten hätten, Hauptsache, es sprangen ein paar Dollar dabei heraus. Sie wußte, daß sie recht hatte, denn alle Leute, die sie kannte, dachten genauso.

«Alle?» fragte ich. «Du meinst die Ärzte und Schwestern in deinem Krankenhaus?»

«Was ist falsch daran?» gab sie zurück. «Sie helfen Menschen. Sie retten Leben. Und was tun Anwälte? Sie ruinieren

Existenzen, und als wäre das nicht genug, verlangen sie hinterher auch noch Geld dafür.»

Mit zweiunddreißig war sie die jüngste Krankenhausleiterin der Stadt, aber sie hatte im medizinischen Bereich gearbeitet, seit sie achtzehn war. Es war alles, was sie kannte, und, wie ich nur allzugut wußte, alles, was sie kennen wollte.

«Für den Fall, daß du's vergessen hast, ich bin auch Anwalt.» Kaum ausgesprochen, hatte ich meine Worte schon bereut. Es klang, als forderte ich für mich eine Ausnahmeregelung, und sie war nicht gerade in der Stimmung, mir einen Gefallen zu tun.

«Wie könnte ich das vergessen?» erwiderte sie, als sei das Wissen darum, womit ich meine Brötchen verdiente, eine Last, die ihr vom Schicksal aufgebürdet worden war.

Rifkins Haus auf dem Palatine Hill lag nur wenige Minuten entfernt. Ich fuhr langsamer und warf einen Blick auf die Frau, mit der ich nun seit fast einem Jahr zusammenlebte. Ich fragte mich, ob wir noch einen Monat durchhalten würden.

«Wenn deine Welt soviel besser ist als meine», sagte ich und wandte mein Augenmerk wieder der Straße zu, «solltest du vielleicht anfangen, dich nach einem Arzt umzusehen.»

Sie rückte näher an mich heran und legte den Ellbogen auf meine Schulter. «Ja, vielleicht wäre das wirklich besser.» Sie sagte es in einer Art von belustigtem Trotz, aber es war uns beiden klar, daß er nichts Spielerisches hatte.

Am oberen Ende der kreisförmigen Einfahrt, siebzig Meter von dem schmiedeeisernen Eingangstor entfernt, lag Leopold Rifkins großzügiges zweistöckiges Haus im Lichterglanz. Paare standen in Grüppchen auf der langgestreckten Veranda vor dem Haus. Ein Kellner im weißen Jackett ging mit einem Silbertablett voller Champagnergläser herum. Als ich aus dem Wagen stieg, wurde ich von Gesprächsfetzen und dem ausgelassenen Lärm eines Daseins empfangen, das sich allein der Lust am Leben verschrieben hatte.

Ich öffnete die Beifahrertür und streckte Lisa die Hand entgegen. Sie hielt sie fest, während ich die Tür hinter ihr schloß. «Ich liebe dich», flüsterte sie.

Sie stand genau vor mir, die Lippen leicht geöffnet, und provozierte mich mit ihren dunklen Augen unter den langen Wimpern. Als wir uns kennenlernten, hatte es mich große Willenskraft gekostet, sie nicht unablässig anzustarren. Mittlerweile wußte ich nicht mehr, wann es passiert war – wann ich aufgehört hatte, sie anzusehen, als sei sie die einzige Frau, die ich je begehren würde. Ich wußte nur, daß wieder einmal eine Romanze vorbei war, die ein Leben lang hatte halten sollen. Wir taten nur noch so, als ob.

Ich legte den Arm um ihre Taille und küßte sie leicht auf die Lippen. «Ich dich auch», erwiderte ich. Einen zögernden Augenblick lang glaubte ich es beinahe selbst.

Rifkin begrüßte uns an der Tür. «Ich freue mich, daß Sie kommen konnten, Joseph.» Bevor ich etwas sagen konnte, wandte er sich Lisa zu. «Und noch mehr freue ich mich, daß Sie mitgekommen sind. Wenn Sie nichts dagegen haben», setzte er mit einem boshaften Lächeln hinzu und ergriff ihre Hand, «werde ich den Rest des Abends damit verbringen, Sie zu bewundern.»

Sie reagierte instinktiv. «Solange es Ihnen nichts ausmacht, daß ich Gleiches mit Gleichem vergelte.»

Er warf mir einen Blick zu und runzelte die Stirn. «Und ich glaubte, *Sie* hätten ein Händchen für Geschworene!»

Er nahm sie am Arm und führte sie hinein. Kurz bevor sie in der Menge verschwanden, rief er mir noch zu: «Würden Sie mich notfalls in einem Entführungsfall vertreten, Joseph?»

Ich bahnte mir einen Weg durch die Masse lachender Gesichter und lärmender Stimmen an die Bar, die in unmittelbarer Nähe der Verandatüren aufgebaut war. Der Barmann, auf dessen Stirn bereits der Schweiß perlte, sah mich an, während er meinem Nachbarn einen Drink reichte. Mit einem Scotch Soda in der Hand schob ich mich durch die Menge und trat wieder nach draußen. Jenseits der gepflegten grünen Rasenfläche, weit hinter den in Reih und Glied angetretenen Tannen auf den Hügeln flammte der westliche Himmel im letzten Licht des Sonnenuntergangs auf.

Ich spürte eine Hand auf der Schulter. Noch ehe ich die Stimme hörte, die mit keiner anderen zu vergleichen war, wußte ich, wer es war. Wir waren schon so lange Gegner, daß ich vergessen hatte, wann wir Freunde geworden waren.

«Wie geht's Ihnen, Horace?»

Er war ein Riese, knapp zwei Meter groß, und brachte hundertfünfzehn Kilo auf die Waage. Meine Hand verlor sich in seiner mächtigen Pranke. Er hätte mir sämtliche Knochen brechen können, ohne es zu merken.

«Wie ich höre, hat Leopold Sie gebeten, den Fall Morel zu übernehmen.» Seine Stimme war eine von denen, die Kinder beruhigen und Erwachsenen Zuversicht einflößen. Sie strahlte Trost und Hoffnung aus.

«Ja», nickte ich. Ich war nicht überrascht, daß er es wußte. Im Gericht gibt es keine Geheimnisse. «Gestern abend habe ich mir den Polizeibericht durchgelesen. Ich weiß nicht, warum er mich gefragt hat.»

Horace zuckte die Achseln und fing an zu grinsen. «Vielleicht will er nur ein einziges Mal sehen, wie ich Sie schlage.» Er stand neben mir, sah zu, wie sich der letzte Himmelsglanz im Dunkel der unausweichlichen Nacht verlor, und dachte an irgend etwas.

«In Vietnam habe ich viel gesehen. Kinder, die umkamen, Frauen. Schrecklich. Aber das war im Krieg, wissen Sie. Da passieren schlimme Sachen.» Er hielt einen Moment inne. «Bei so was wird mir schlecht», sagte er plötzlich und drehte mir den Kopf zu. «Bei Typen wie Morel.» Er machte eine Pause. «Ein zwölfjähriges Mädchen, Herrgott!»

Das war eine nichtssagende Feststellung. So etwas passierte einer Menge zwölfjähriger Mädchen – und vielen, die nicht einmal so alt waren. Anscheinend wurden die Opfer immer jünger.

Das glatte, ebenholzschwarze Gesicht von Horace Woolner schien mit den Schatten zu verschmelzen, die sich auf der Veranda bildeten. «Warum übernehmen Sie den Fall?»

Jetzt war es an mir, die Achseln zu zucken. «Weil er mich drum gebeten hat.»

Woolner verstand. «Das ist der beste Grund, den ich mir vorstellen kann. Vielleicht sogar der einzige», setzte er hinzu. «Jemand wie er ist mir noch nie begegnet.»

Er starrte in sein Glas und beobachtete, wie die Eiswürfel aneinanderstießen, als er es langsam in seiner mächtigen Hand drehte. Er erinnerte mich an einen General, der das gewaltige Hin und Her einer Schlacht studiert.

«Wissen Sie, was er für mich getan hat?» fragte er und zog die buschigen Augenbrauen hoch. «Er hat dafür gesorgt, daß ich Staatsanwalt wurde. Hab ich Ihnen nie erzählt, wie? Ich hab's niemandem erzählt.»

Aber es hatte Gerüchte gegeben. Der letzte Staatsanwalt hatte geglaubt, die Wähler stimmten nur dann gegen Amtsinhaber, wenn sie sie entschieden ablehnten. Deshalb hatte er eine kalkulierte Politik wohlwollender Anonymität verfolgt. Niemand wußte, wer er war, und fast zwanzig Jahre lang hatten sich breite Mehrheiten damit begnügt, ihn da zu lassen, wo er war. Es hätte ihm vielleicht eine gewisse Genugtuung verschafft, zu wissen, daß mehrere Tage verstrichen, bevor sein unerwarteter Tod irgend jemandem wirklich auffiel. Es spielte überhaupt keine Rolle, weder im Büro des Staatsanwalts, wo Fälle weiter verfolgt wurden, noch in den Sitzungszimmern, wo er nur bei offiziellen Anlässen aufgetaucht war und in der Menschenmenge ohne weiteres als Fremder hätte durchgehen können.

«Haben Sie ihn kennengelernt?»

Horace sah mich an, als hätte ich den Verstand verloren. «Wen? Leopold?»

«Nein, nicht Leopold», lachte ich. «Thornton. Ihren Vorgänger. Den verstorbenen Benjamin F. Thornton.»

Woolner kniff die Augen zusammen. Ein verschwörerisches Grinsen huschte über seinen breiten Mund. «Ich will Ihnen ein Geheimnis verraten. Benjamin Thornton war reine Einbildung. Er hat nie existiert. Das County ist zu dem Schluß gekommen, daß der Staatsanwalt ohnehin nur ein Aushängeschild ist. Doch das Gesetz schreibt vor, daß es einen geben muß. Also hat man sich einen ausgedacht. Das ist jedenfalls meine Theorie. Nun stimmt es zwar, daß ungefähr einmal im Jahr jemand, der sich als Benjamin Thornton ausgab, den Kopf zur Tür meines Büros hereinsteckte und mir ein glückliches neues Jahr wünschte, aber kein Mensch hat je nachgeprüft, ob es wirklich Benjamin Thornton war, verstehen Sie.»

Irgendwo enthielten seine Sätze eine Lektion darüber, wie großartig die amerikanische Demokratie funktionierte, aber das war mir im Augenblick zu hoch. «Sie wollten erzählen, was Rifkin getan hat», erinnerte ich ihn.

«Thornton starb. Ich war sein erster Stellvertreter, daher war es eigentlich logisch, daß ich seine Nachfolge antreten würde. Die Wahl war nur noch wenige Monate entfernt. Ich war sicher, daß Gilliland-O'Rourke ebenfalls kandidieren würde. Und Sie wissen ja, was das bedeutet hätte.»

Das wußte ich allerdings. Jeder wußte es. Gwendolyn Gilliland-O'Rourke mit den gnadenlos grünen Augen und den roten Locken war Richterin am District Court geworden, noch ehe sie dreißig war, ohne je einen eigenen Fall verhandelt zu haben. Das Gericht war nur der Anfang. Generalstaatsanwältin wäre der nächste logische Schritt gewesen. Eine Stelle, die wie für sie gemacht war. Sie hätte als Gouverneur kandidieren können, noch ehe sie vierzig war.

«Sie hätten sie geschlagen», sagte ich und fragte mich zugleich, ob er das wirklich geschafft hätte.

«Ja, sicher», sagte er gedehnt. «Die einzige Tochter des mächtigsten politischen Clans in diesem Staat, verheiratet mit dem Vertreter einer der reichsten Familien in diesem Staat. Die hätten ein Vermögen für den Wahlkampf ausgegeben.»

«Sie hätten gewisse Vorteile gehabt.»

Er lächelte schnell. «Sie meinen, das Volk hätte 'nen nicht gerade ansehnlichen Schwarzen mittleren Alters 'ner jungen, hübschen Weißen mit Yale-Abschluß vorgezogen?»

Er lachte gutmütig. Offenbar gefiel ihm der schwarze Slang, den er eigentlich nie gesprochen hatte. Er wußte genau, was ich meinte, und ging dem Thema stets aus dem Weg. Der Kongreß hatte Horace Woolner die Tapferkeitsmedaille verliehen, nachdem er in Vietnam drei verwundete Soldaten aus einem Reisfeld gerettet und die Aktion mit dem Verlust beider Beine bezahlt hatte.

«Wie auch immer», fuhr er fort. «Wir werden es nie erfahren. Leopold hat es verhindert. Als er hörte, daß sie kandidieren wollte, hat er ihr erklärt: ‹Horace ist schon lange bei uns. Er hat es verdient.›»

Das war nicht alles, was er ihr gesagt hatte. Laut Horace hatte er hinzugefügt, daß er zwar noch nie jemanden bei irgend etwas unterstützt habe, von dieser selbstauferlegten Regel jedoch abweichen und eine öffentliche Erklärung für Horace Woolner abgeben werde, falls sie sich aufstellen ließe. Das hatte gereicht.

«Das hat Leopold für mich getan. Und er mußte dafür bezahlen.»

Horace legte seine Hand auf meinen Arm und schüttelte ungläubig den Kopf. «Die Gillilands ... Mann, Sie wissen ja selbst, wie nachtragend die sind. Sie konnten es nicht ertragen, daß ihre kleine Gwendolyn vielleicht noch ein paar Jahre durchhalten muß, bis sie den Posten des Gouverneurs bekommt oder was zum Teufel sie sich sonst in den Kopf gesetzt hat. Also haben sie sich gerächt. Als Rogers vor dem Ende seiner Amtsperiode in den Ruhestand ging, hätte Leopold eigentlich an den Supreme Court von Oregon berufen werden müssen. Der alte Gilliland sorgte dafür, daß es nicht dazu kam.»

«Dann haben Sie Rifkin einen Gefallen getan», sagte ich. «Hätte man ihn tatsächlich an den Supreme Court berufen, hätte er sich vermutlich verpflichtet gefühlt, anzunehmen. Dabei wäre er viel lieber geblieben, was er ist: Richter an einem stinknormalen Circuit Court. Auf diese Art bleibt er im Kontakt mit der Außenwelt. Ich vermute sogar, daß dies sein einziger Kontakt mit ihr ist.»

Horace warf mir einen Blick zu, den er sich normalerweise für Leute vorbehielt, die er einschätzen wollte und dabei an seinem Riecher für Ehrlichkeit maß. Er wußte immer ganz genau, wann jemand schwindelte. «Ich würde gern glauben, daß Sie recht haben.»

Plötzlich fiel mir etwas ein. «Woher wissen Sie das alles? Rifkin hätte kein Wort darüber verloren.»

«Nein, hat er auch nicht. Gilliland-O'Rourke hat's mir erzählt.»

Gwendolyn Gilliland-O'Rourke mit der feinen privilegierten Nase, den schmalen Händen und Fingernägeln, die aussahen wie zehn geschärfte Stiletts, hatte, vulgär und unverschämt, wie sie war, Horace Woolner wissen lassen, daß er nur mit ihrer stillschweigenden Duldung Staatsanwalt wurde. Rifkins Unterstützung, so erklärte sie kategorisch, hätte das Ergebnis der Abstimmung keinesfalls verändert, aber Unfrieden gestiftet. Schon in der Wiege hatte sie ihre erste politische Lektion gelernt und mit dem einzigen Prinzip verwechselt, das man am besten mit ins Grab nahm: Freunde werden belohnt, Feinde bestraft. Rifkin würde bestraft.

«Was haben Sie geantwortet?» fragte ich, während wir über die Veranda zum Haus zurückschlenderten.

«Daß sie es als Gefallen betrachten könne, wenn ich nur sagte, sie solle sich zum Teufel scheren.»

Kaum hatten wir das Wohnzimmer betreten, als jemand auf uns zukam und im vollen Ernst über die nächste Richterwahl diskutieren wollte, ein Thema, bei dem Horace stundenlang zuhören konnte. Ich verabschiedete mich mit einem Kopfnicken und ging weiter. Umgeben vom hitzigen Gewirr Dutzender von Unterhaltungen, wanderte ich durch das überfüllte Haus. Hin und wieder blieb ich stehen, um ein paar Worte mit Leuten zu wechseln, die mich offenbar kannten. Frauen interessierten mich mehr, und wenn ich mich mit Männern unterhielt, musterte ich meine Umgebung, als wartete ich auf jemanden, den ich noch nie getroffen hatte und der mir mit einem Blick alles sagen würde, was ich wissen mußte. Im Grunde wartete ich immer darauf, daß irgendwas passierte.

Sie stand am anderen Ende der Bibliothek. Ihre Hand lag auf dem Kaminsims, während sie sich erhitzt und nervös unterhielt. Neben den hohen Bücherregalen, die bis an die Decke reichten, wirkte sie beinahe winzig. Ihr Blick flog durch den Raum, kreuzte den meinen und wandte sich wieder ab. Gwendolyn Gilliland-O'Rourkes verächtliches Lächeln, das selbst die unerschrockensten Männer zum Schweigen bringen konnte, war wie die plötzliche Erkenntnis, daß man das einzige, was man sich je gewünscht hatte, niemals besitzen würde. Es war ein Lächeln, das mehr als eine Verführung zur Folge gehabt hatte, soviel stand für mich fest.

Überall um mich herum – in der Bibliothek, in der Halle, im Wohnzimmer, überall, wo es Platz gab – standen strahlende Männer und Frauen mit Gläsern in der Hand und lächelnden Gesichtern. Grüppchen bildeten sich, lösten sich auf und formten sich neu, wie die bunten Abschnitte eines Kinderkaleidoskops. Ich vergaß die Zeit und maß sie an der Zahl meiner Drinks. Nach dem zweiten Scotch und zwei Gläsern Weißwein entdeckte ich Lisa, die an einer Säule vor der Verandatür lehnte und ausdrucksvoll in die Augen eines Fremden blickte.

«O Darling», sagte sie und griff fröhlich nach meinem Arm. «Kennst du Michael?»

«Nein, du?»

Sie sah mich an, als sei sie nicht ganz sicher, was ich meinte.

«Michael Stafford», sagte er und streckte mir die Hand entgegen. «Lisa ist eine der faszinierendsten Frauen, die ich je getroffen habe.»

Stafford war knapp dreißig und trug jenen zynischen Überdruß zur Schau, der von kompletter Ahnungslosigkeit zeugt. Er sah genauso aus wie einer, der nur durch das lebt, was er bei anderen beobachtet, und er beobachtete so viel, daß die bloße Aussicht auf irgendeine eigene Anstrengung ermüdend war. Ein schlapper Weiberheld, dem schon das Reden schreckliche Qualen bereitete.

«Sind Sie sicher, daß es nicht die einzige Frau ist, die Sie je getroffen haben?» Ich konnte förmlich spüren, wie Lisas Blick ein Loch in meinen Rücken brannte, als ich mich abwandte und zur Bar zurücksteuerte. Ich brauchte noch einen Scotch Soda. Doch nach ein paar Schritten blieb ich stehen, um einem Gespräch zu folgen, das am anderen Ende des Wohnzimmers stattfand.

Leopold Rifkin saß im Sessel, ein Bein über das andere geschlagen. Er trug einen dunkelblauen Anzug mit tadellosen Bügelfalten, ein weißes Hemd, eine gestreifte Krawatte, braungoldene Manschettenknöpfe und elegante schwarze Schuhe. Rechts und links von ihm standen zwei lange Sofas, dazwischen ein Couchtisch mit facettiertem Glas, alles in rechtem Winkel zueinander. Er sprach im normalen Plauderton, doch während er sprach, senkte sich Schweigen über den ganzen Raum.

«Der Satz, auf den er sich bezog, lautete: ‹Es ist besser, daß Schuldige freikommen, als daß Unschuldige verurteilt werden.›»

Rifkin, dessen Ellbogen auf der Sessellehne ruhte, stützte das Kinn auf den Daumen und legte den Zeigefinger auf den nachdenklichen Mund. Dann nahm er ihn wieder weg und zeichnete eine lange, abwärts gerichtete Spirale in die Luft.

«Ja. Verstehen Sie, der junge Anwalt, der letzte Woche seinen Fall in meinem Sitzungszimmer verhandelte, hatte sozusagen eine allgemeine Vorstellung, aber sie war nicht sehr präzise. Jedenfalls hatte er keine Ahnung von der eigentlichen Quelle, soviel steht fest. Es handelt sich natürlich um die berühmte Äußerung von …»

Er hielt einen Augenblick inne. «Vielleicht kann uns einer der Anwesenden helfen», sagte er plötzlich und ließ den Blick von seinen eigentlichen Gesprächspartnern über die Umstehenden wandern.

Niemand riskierte eine Antwort. So etwas konnte nur jemand wie Leopold Rifkin wissen oder wissen wollen – jemand, der sein Leben größtenteils in der Abgeschiedenheit seines Studierzimmers verbracht hatte.

Rifkin machte eine Handbewegung. «Der Originalgedanke lautet wie folgt: ‹In unserem Rechtssystem ist es besser, wenn zehn Schuldige freikommen, als daß ein Unschuldiger verurteilt wird.› Er taucht im Zusammenhang mit William Blackstones Erörterung über die Legitimation von Geschworenenverhandlungen auf und findet sich, wenn ich mich nicht irre, in dem Teil seiner *Commentaries on the Laws of England*, der den Titel ‹Strafbare Handlungen gegen die Allgemeinheit› trägt. Hübsche Formulierung, nicht? Delikte gegen die Allgemeinheit im Gegensatz zu Delikten gegen Individuen, die keine größeren Folgen haben. Der Unterschied zwischen Strafrecht und Zivilrecht also.»

Am Ende des links von Rifkin stehenden Sofas lehnte sich Horace Woolner in die Kissen zurück und streckte seine Prothesen vor sich aus wie die Glieder einer vergessenen Marionette.

«Sind die Geschworenen ihm gefolgt?» fragte er. «Hat dieser junge Anwalt sie davon überzeugt, daß sie lieber übervorsichtig sein sollen, als jemanden zu verurteilen, der unschuldig ist, selbst wenn das bedeutet, daß sie einen Schuldigen laufenlassen?»

«Ja», erwiderte Rifkin ruhig und sah nachdenklich vor sich hin. «Und nein.»

Woolner verschränkte die Hände hinter dem Kopf, blickte zur Zimmerdecke auf und genoß das entschiedene Jein dieser Antwort. «Ja und nein?»

«Genau. Er äußerte diese Bemerkung während der Vorbefragung einer Geschworenen. Er fragte sie, ob sie glaube, daß es besser sei, wenn ein Schuldiger freikommt, als daß ein Unschuldiger verurteilt wird. Sie stimmte ihm vorbehaltlos zu. Aber», fuhr Rifkin schnell fort, «das war zu Beginn der Verhandlung, wenn die Geschworenen stets von der Unschuldsvermutung ausgehen und versprechen, den Angeklagten nicht zu verurteilen, es sei denn, seine Schuld ist zweifelsfrei nachgewiesen. Am Ende des Falls aber hat sich dieselbe Geschworene auf die Seite der übrigen elf geschlagen und den Angeklagten schuldig gesprochen. Deshalb hat der junge Anwalt wie gesagt einerseits der Jury klargemacht, daß es besser ist, wenn ein Schuldiger davonkommt, als daß ein Unschuldiger verurteilt wird, konnte sie andererseits jedoch nicht davon überzeugen, daß sein Mandant zu jenen Schuldigen gehörte, die man laufenlassen sollte.»

Horace lehnte seinen massigen Körper gegen die Armlehne des Sofas, sah Rifkin an und fragte: «Hat die Jury die richtige Entscheidung getroffen?»

Rifkin musterte ihn einen Augenblick, bevor er antwortete.

Ich fragte mich, ob er darüber nachdachte, wie ungewöhnlich es nach außen scheinen muß, wenn ein Staatsanwalt fragt, ob der Angeklagte verurteilt gehört. Aber ich hätte es besser wissen müssen. Er war mir weit voraus.

«Nehmen wir einmal an, Sie würden einen Fall verhandeln, Mr. Woolner, einen Fall, bei dem Sie sicher wären, daß Sie genug Beweise haben – mehr als genug Beweise –, um die Schuld des Angeklagten zweifelsfrei nachzuweisen. Die Beweise waren überwältigend, doch im Verlauf der Verhandlung gelangten Sie selbst – nicht an Hand der Beweise, sondern mit Hilfe Ihrer Erfahrung und Ihres Instinkts – zu der Überzeugung, daß der Angeklagte unschuldig ist. Was würden Sie tun?»

«Während der Verhandlung? Nicht vor Beginn der Verhandlung?»

«Ja. Denn wenn Ihnen der Gedanke vor der Verhandlung gekommen wäre, hätten Sie die Anklage natürlich zurückziehen können – falls eine solche bereits existierte –, um weitere Ermittlungen anzustellen und herauszufinden, ob Ihr Instinkt richtig war. Nein, die Sache ist etwas problematischer. Die Verhandlung hat begonnen. Und bedeutsamer noch, die Geschworenen sind vereidigt. Im Hintergrund lauert das Verbot der doppelten Strafverfolgung. Der Angeklagte darf nicht zweimal für dasselbe Delikt verfolgt werden.»

Jede Regel hat ihre Ausnahme, und aus dieser leitete Horace eine Lösung für dieses moralische Dilemma ab.

«Es sei denn, der Richter erkennt auf Verfahrensfehler», bemerkte er und rappelte sich auf, bis er kerzengerade saß und nur noch ein Ellbogen auf der gepolsterten Armlehne lag. «Die Anklage hat geschworen, Gerechtigkeit walten zu lassen. In der Situation, die Sie beschreiben, würde die Rechtsprechung zu einem ungerechten Urteil führen. Wenn ich einen Antrag auf Einstellung des Verfahrens stellte und sich später erweisen würde, daß ich unrecht hatte und der Angeklagte tatsächlich schuldig war, würde das Verbot der doppelten Strafverfolgung eine neuerliche Verhandlung ausschließen, da die Geschworenen bereits vereidigt waren. Der Angeklagte wäre also mit einer Straftat durchgekommen. Deshalb ist die einzige Möglichkeit, einen Justizirrtum zu verhindern – so oder so –, Verfahrensfehler geltend zu machen. Wenn ich recht habe, wird der Angeklagte nicht mehr vor Gericht gestellt; wenn ich mich getäuscht habe, wird der Fall neu verhandelt, und die Jury kann entscheiden.»

Horace griff nach dem Glas auf dem gläsernen Couchtisch. Mehr hatte er nicht zu sagen.

«Und wie würden Sie den Antrag auf Aussetzung des Verfahrens wegen Verfahrensfehler begründen?»

Horace führte das Glas zum Mund. «Nun», sagte er und nahm einen hastigen Schluck, «ich würde die Wahrheit sagen. Ich würde den Antrag in Abwesenheit der Geschworenen stellen. Dem Richter erklären, daß ich ernste Zweifel an der Schuld des Angeklagten habe. Daß ich gern weiter ermitteln würde. Ich würde geltend machen, daß man allein um der Gerechtigkeit willen den Prozeß wegen Verfahrensfehler aussetzen müsse.»

In Rifkins Augen funkelte gutmütige Schadenfreude. «Antrag abgelehnt!»

Alle lachten; am lautesten Horace Woolner. «Antrag abgelehnt?!»

«Ja. Sie zweifeln an der Schuld des Angeklagten. Aber, wie schon der große Dr. Johnson einmal Boswell erklärt hat: Es spielt nicht die geringste Rolle, was Sie an diesem Punkt glauben. Wir sind mitten in der Verhandlung. Nur die Jury hat zu entscheiden, weder Sie noch ich, noch sonst jemand.»

Rifkin ließ ihn nicht aus den Augen. «Doch das umgeht die Frage nur, nicht wahr, Mr. Woolner? Sie wissen, daß der Angeklagte unschuldig ist! Sie spüren es! Was tun Sie also?»

Woolner erwiderte seinen Blick. «Ich sorge für einen Verfahrensfehler.»

«Wie?»

«Ich rufe den Polizeibeamten, der den Angeklagten verhaftet hat, in den Zeugenstand und frage ihn, ob der Angeklagte sich während der Vernehmung auf sein Recht berufen habe, die Aussage zu verweigern. Und noch ehe der Polizist den Mund aufmachen kann, springt der Verteidiger auf und schreit: ‹Verfahrensfehler›, und der Richter muß dem Antrag stattgeben.»

Ein anerkennendes Lächeln huschte über Rifkins Gesicht. «Dem Antrag wird stattgegeben.»

Dann blieb sein Blick an mir hängen. «Und nun zur Verteidigung. Was würden Sie tun, Mr. Antonelli, wenn Sie mitten in einer Verhandlung zu der Erkenntnis kämen, daß die Anklage zwar kaum eine Chance hat, die Schuld Ihres Mandanten, des Angeklagten, zweifelsfrei nachzuweisen, dieser jedoch unglücklicherweise und ohne den Hauch eines Zweifels ein besonders abscheuliches Verbrechen begangen hat? Würden Sie Mr. Woolners noblem Beispiel folgen und versuchen, Gerechtigkeit walten zu lassen?»

«Ich verteidige nur Unschuldige, Euer Ehren.»

Er zuckte nicht mit der Wimper. «Ja, ich weiß. Es handelt sich um eine rein hypothetische Frage.»

«Die Anklage ist nach ihrem Eid der Gerechtigkeit verpflichtet, die Verteidigung dem Schutz der Interessen des Angeklagten. Es spielt keine Rolle, ob ich glaube – oder gar sicher weiß –, daß jemand schuldig ist. Die Frage ist nur, ob die Anklage dies zweifelsfrei nachweisen kann.»

Rifkin sah von einem Ende des Raums zum anderen. «Sie sehen selbst, warum Mr. Antonelli so gut mit Geschworenen zurechtkommt.» Dann richtete er den Blick wieder auf mich und fuhr fort: «Bitte haben Sie noch einen Augenblick Nachsicht mit mir. Von der Anklage wird erwartet, daß sie für Gerechtigkeit sorgt, von der Verteidigung nicht. Die Anklage muß, wie wir alle wissen, jeden entlastenden Beweis, den sie findet, offenlegen; die Verteidigung dagegen ist keineswegs verpflichtet, belastendes Material, dem sie möglicherweise auf die Spur kommt, anzugeben. Schön und gut. Nun sehen wir einmal davon ab, was das Gesetz verlangt. Sie sagten, Sie haben die Pflicht, Ihren Mandanten zu vertreten?»

«Ja.»

«Und das bedeutet, die Interessen Ihres Mandanten zu vertreten?»

«Ja.»

«Nun, wenn Sie Arzt wären, würden Sie dann eine Behandlung verschreiben, die zwar schmerzhaft, aber wirkungsvoll ist, oder eine Behandlung, bei der sich der Patient zwar vorübergehend wohl fühlt, die aber nicht im geringsten zu seiner Heilung beiträgt?»

«Sind das die einzigen Alternativen?»

«Ja. Und noch einmal, Sie sollen zum Besten Ihres Patienten entscheiden.»

«Dann würde ich die Behandlung wählen, die seine Krankheit heilt.»

«Obwohl sie schmerzhaft ist und der Patient sie ablehnt?»

«Ja», erwiderte ich zögernd.

«Nun, ist es besser, dem Gesetz zu gehorchen oder es zu brechen?»

«Dem Gesetz zu gehorchen.»

«Wenn jemand etwas tut, das nicht zu seinem Besten ist, sollte man ihm dann erlauben, damit fortzufahren, oder ihm zeigen, wie er seine Fehler korrigieren kann?»

«Ihm helfen, seine Fehler zu korrigieren.»

«Wenn ein Täter für seine Verbrechen nicht bestraft wird, ist dann die Wahrscheinlichkeit, daß er lernt, seine Fehler zu korrigieren, größer oder kleiner?»

«Kleiner», sagte ich und fing an zu grinsen.

«Dann ist es doch ganz in seinem Interesse, wenn er verurteilt wird, nicht wahr? Obwohl er, genau wie der Patient, das Angenehme dem, was schmerzhaft, aber notwendig ist, vorziehen würde?»

Darauf wußte ich keine Antwort.

«Wenn Sie also die Interessen Ihres Mandanten zu seinem Besten vertreten wollten und wüßten, daß er schuldig ist, müßten Sie dann nicht alles in Ihrer Macht Stehende tun, um sicherzustellen, daß er verurteilt wird, damit er die angemessene Korrektur erfährt?»

Rifkin rutschte auf die Kante seines Sessels, legte den kleinen Kopf leicht auf die Seite und wartete neugierig auf meine Antwort.

«Haben Sie nicht selbst eben erst gesagt, bereits der ‹große Dr. Johnson› habe darauf hingewiesen, daß die Frage nach Schuld oder Unschuld nur für die Geschworenen eine Rolle spielen darf? Sie wollen doch nicht ernsthaft vorschlagen, daß die Staatsanwälte darüber entscheiden sollen, wer unschuldig, und die Verteidiger, wer schuldig ist!»

Die Stimme gehörte einer Frau, und sie flog mit einer seltsamen, fast sinnlichen Intensität durch den Raum. Sie stand direkt hinter mir, und ich wußte, wer es war, noch bevor ich mich nach ihr umwandte. Gwendolyn Gilliland-O'Rourke versuchte, sich ihre Erregung nicht anmerken zu lassen, als sie die Aufmerksamkeit, die vorher allein Leopold Rifkin gegolten hatte, auf sich lenkte.

«Das glauben Sie doch selbst nicht! Es kann nicht Ihr Ernst sein! Oder wollen Sie wirklich, daß Anwälte zu Richtern und Geschworenen werden?»

Rifkin hob abwehrend die Hände. «Sie können mich nicht für etwas verantwortlich machen, was Dr. Johnson gesagt hat. Er ist seit Jahrhunderten tot; ich bin ihm nie begegnet», sagte er und lächelte wachsam. Er beobachtete sie, wie man einen Fremden auf der Straße beobachtet, bereit, auf die kleinste Bewegung zu reagieren. «Doch als er diese Äußerung über die Geschworenen machte, hatte er eine Jury im Sinn, die sich ziemlich von der unterscheidet, die wir heutzutage kennen. Erinnern Sie sich, anfangs bestand die Jury aus Leuten, die den Angeklagten ebenso kannten wie die Zeugen. Sie wußten, wer die Wahrheit sagte und wer nicht. Heute dagegen besteht eine Jury aus Leuten, die nichts über den Angeklagten oder die Zeugen wissen. Wenn sie einen davon kennen, werden sie wegen Befangenheit abgelehnt. Wie also sollen sie wissen, außer in den offensichtlichsten Fällen, wer lügt und wer nicht?»

Ihre Antwort kam wie aus der Pistole geschossen. «Das spielt nicht die geringste Rolle. Es ist viel wahrscheinlicher, daß die Wahrheit in einem Prozeß ans Licht kommt, bei dem es Spieler und Gegenspieler gibt, als wenn jeder für sich entscheidet, was Gerechtigkeit ist! Insbesondere wenn Gerechtigkeit so definiert wird, daß der Verteidiger tut, was er kann, damit der Angeklagte verurteilt wird!» Den letzten Satz konnte sie sich einfach nicht verkneifen.

«Sie halten es also für besser, ihm zu helfen, seine Verbrechen fortzusetzen?»

Sie starrte ihn ungläubig an. «Das ist doch Unsinn, das wissen Sie ganz genau.»

«Ich weiß nur, daß ich die schreckliche Angewohnheit habe, den Leuten ihr Vergnügen zu verderben», gab Rifkin zurück und breitete hilflos die Arme aus. «Ich bitte Sie, meine Freunde», sagte er und stand auf, «wenden Sie sich etwas Bedeutsamerem zu als meinen jämmerlichen Reflexionen über das Strafrechtssystem – amüsieren Sie sich.»

Gwendolyn versuchte noch etwas zu sagen, doch ihre Worte gingen unter im plötzlichen Lärm Dutzender von Unterhaltungen, die wiederaufgenommen wurden, als wären sie nie unterbrochen gewesen.

3

Es war kurz vor eins, als wir aufbrachen. Lisa saß am Steuer. Ich ließ das Fenster auf meiner Seite herunter und sog die kühle Nachtluft ein.

«Du warst sehr unhöflich», sagte sie ohne Vorwarnung, als wir durch das offene Eisentor am unteren Ende der Einfahrt fuhren.

«Ich war unhöflich? Wann? Zu wem? Wovon redest du eigentlich?» Die Wahrheit ist, es war mir vollkommen egal.

«Du warst unhöflich Michael gegenüber. Ganz zu schweigen von mir.»

Ich rutschte etwas tiefer in meinem Sitz und wünschte, ich wäre woanders, egal, wo. Sie war wütend, und ich wußte genau, daß es nichts mit der dummen kleinen Bemerkung dem farblosen Fatzke gegenüber zu tun hatte, mit dem sie sich vor gut vier Stunden unterhalten hatte.

«Wieso dir?»

«Wieso du unhöflich mir gegenüber warst!? Meine Güte, du hast wirklich Nerven! Es gab keine Frau auf der Party, mit der du so wenig Zeit verbracht hast wie mit mir!»

Ich rutschte noch tiefer und schloß die Augen. «Das ist nicht wahr. Ich habe mich kaum mit deinem Freund Michael aufgehalten.»

Selbst mit geschlossenen Augen spürte ich, wie sich ihr ganzer Körper anspannte.

«Warum hast du mich überhaupt mitgenommen? Um mich zu demütigen?»

Langsam, als sei es eine unvorstellbare Zumutung, richtete

ich mich halbwegs auf und warf ihr einen Blick zu. «Es tut mir leid, wenn du diesen Eindruck hast. Ich dachte, du amüsierst dich.»

Ihre Hände schlossen sich fester um das Lenkrad. Die Mundwinkel fingen an zu zittern. «Amüsieren? Mit einem Haufen von Anwälten!?»

Darauf gab es keine Antwort. Die Oberfläche war aufgebrochen, und wir stürzten ein tiefes, dunkles Loch hinab. Nichts konnte uns jetzt noch aufhalten. Ich fluchte leise und blickte starr geradeaus.

«Du kannst mich eigentlich gar nicht leiden, stimmt's?» fragte sie, ohne den Blick von der Straße zu nehmen.

Es war eins der wenigen Male in meinem Leben, daß ich die entscheidende Bedeutung einer Lüge vergaß. Die instinktiven Vorsichtsmaßregeln tagtäglicher Verstellung ließen mich in einem nie dagewesenen Akt des Verrats im Stich. «Wenn du es genau wissen willst, in diesem Augenblick kann ich dich nicht ausstehen», sagte ich und hielt das Gesicht in den Wind, der durchs Fenster strich.

Zu Hause marschierte sie geradewegs ins Gästezimmer und knallte die Tür hinter sich zu. Als ich am nächsten Morgen mit rasenden Kopfschmerzen in die Küche wankte, wartete sie schon auf mich. Ich brauchte dringend einen Kaffee. Ich stand neben dem Kühlschrank und fragte mich eine Sekunde, ob ich etwa bis zum Montagmorgen durchgeschlafen hatte. Sie saß in einem dunkelblauen Kostüm am Küchentisch, nippte an ihrem Kaffee und überflog die Sonntagszeitung, als würde sie jeden Moment zur Arbeit aufbrechen.

Ich hielt meine Pyjamahose fest, damit sie nicht herunterrutschte, goß mir mit der freien Hand einen Kaffee ein und setzte mich. «Morgen», murmelte ich und sah sie aus dem Augenwinkel an. Sie ignorierte mich.

Ich war nicht heruntergekommen, um zu plaudern. Ich

wollte mir einen Kaffee holen und wieder ins Bett. Ich hatte nichts weiter an als eine Pyjamahose, und mir war kalt. Ich hob die Fersen vom Fußboden, bis nur noch die Zehen ihn berührten. Einen Arm um meinen nackten Oberkörper geschlungen, würgte ich den ersten Schluck Kaffee hinunter.

«Hör mal, es tut mir leid wegen gestern abend», sagte ich und fragte mich, warum immer ich derjenige war, der sich zuerst entschuldigte. «Ich hätte das nicht sagen sollen.»

Ihr Blick blieb auf die Zeitung fixiert, als sei das, was sie da las, bedeutend wichtiger als alles, was ich möglicherweise sagen würde. Im nächsten Augenblick faltete sie sie zusammen, stand auf und ging mit ihrer Tasse zur Spüle.

«Soll ich dir mal was sagen? Ich glaube nicht, daß du zu einer tiefen und dauerhaften Beziehung überhaupt fähig bist.»

Ich mußte mich umdrehen, um sie zu sehen. Es war zum Totlachen. Perfekt frisiert und geschminkt stand sie in einem eleganten Kostüm und hochhackigen Schuhen vor mir und musterte mich mit einem ihrer gebieterischen Blicke. Und ich hockte halbnackt auf einem Holzstuhl und fror mich zu Tode.

«Ich nehme an, du kannst mit dieser kleinen Szene nicht warten, bis ich angezogen bin, oder?»

«Es wird gar keine ‹kleine Szene› geben. Ich gehe. Ich verlasse dich. Meine Sachen lasse ich später abholen.»

Sie wandte sich ab und fing an, die Tasse auszuspülen. «Du tust mir wirklich leid, Joseph Antonelli», sagte sie, als sie den Wasserhahn zudrehte. «Du behandelst deine Frauen wie deine Fälle.» Ihre Augen blitzten. «Du denkst schon an die nächste, bevor du mit der letzten Schluß gemacht hast.»

«Und wessen Schuld ist das wohl?» gab ich zurück.

Sie sah mich verächtlich an. «Nervt es dich, wenn du die Wahrheit hörst?»

Das einzige, was mich nervte, war ihr abschätziges Lächeln. «Es hat keinen Sinn», sagte ich und stand auf. «Es tut mir leid, daß es nicht geklappt hat.» Ich stand direkt neben ihr und berührte sie leicht an der Schulter. Sie wandte den Blick ab.

Ich ging wieder nach oben ins Schlafzimmer und trank den Kaffee aus. Dann hörte ich, wie die Tür ins Schloß fiel. Nach einer Weile heulte der Motor ihres Wagens auf, und dann war sie weg.

Vielleicht hatte sie recht. Vielleicht war ich wirklich unfähig zu einer «tiefen und dauerhaften Beziehung». Ich wußte nur eins: Ich war über vierzig, und keine hatte bisher gehalten. Ich kroch wieder ins Bett und versuchte noch einmal einzuschlafen. Es war zwecklos. In meinem Kopf drehte sich alles. Lisa war gegangen, und der Sonntag war der einzige Tag, den wir immer zusammen verbracht hatten. Ich wußte nicht, was ich machen sollte. Natürlich war es nicht weiter wichtig. Es ging ja nur um einen Tag. Am Montag wäre alles wieder so wie immer. Ich stand auf, zog eine alte Jeans und ein Sweatshirt an und ging hinunter in mein Arbeitszimmer. Dort warf ich einen Blick in meinen Kalender. Der erste Termin am Montagmorgen war ein Besuch bei Johnny Morel im Kreisgefängnis. Eine beinahe tröstliche Aussicht. Wie man mit Kriminellen zurechtkommt, wußte ich.

Das Kreisgefängnis war in einem desolaten Zustand. Risse zogen sich über die getünchten Wände, die Angeln der schweren Eisentüren fingen an zu rosten, dunkle Schmutzschlieren zogen sich über die Decke, und Reste menschlicher Exkremente klebten in den Kloschüsseln, die mitten in den Zellen standen. Ich wurde in einen Raum geführt, der so groß wie ein Wandschrank war und in der Mitte von einem Maschendraht geteilt wurde. Darin befand sich eine kleine Öffnung, durch die man Papiere und Unterlagen hin- und herreichen konnte.

Ich setzte mich auf einen Metallhocker, der am Fußboden

festgeschraubt war, und wartete in der einschläfernden Stille des Tages. Mein letzter Besuch hier war schon eine Weile her. Man hatte die Wände neu gestrichen, in einem gräßlichen Grün. Ich konnte mich nicht erinnern, welche Farbe sie vorher gehabt hatten. Aber wie auch immer, das hier war schlimmer. Ein Augenpaar spähte durch den schmalen Schlitz in der Tür. Der Schlüsselbund des Gefängniswärters klirrte, als er nach dem richtigen Schlüssel suchte. Dann ging langsam die Tür auf, und zum erstenmal sah ich Johnny Morel von Angesicht zu Angesicht.

Seine Augen, die ich für tiefliegend gehalten hatte, wirkten jetzt dunkel und undurchdringlich. Dahinter war nichts, nur die Urinstinkte Haß und Angst. Im grellen Licht der Neonlampe war die Narbe, die im Gericht so düster ausgesehen hatte, kaum zu erkennen. Die ledrige Haut spannte über dem Unterkiefer. Morel war untersetzt, höchstens eins achtundfünfzig, aber kräftig gebaut. Irgend etwas an seiner Haltung deutete darauf hin, daß er jederzeit gewalttätig werden konnte. Zeige- und Mittelfinger waren gelb vom Nikotin, die Zähne schief und unregelmäßig.

Bevor ich ihm erklären konnte, wer ich war und warum ich gekommen war, explodierte er auch schon. «Die kleine Schlampe ist eine gottverdammte Lügnerin!» kreischte er ohne Vorwarnung und hieb die Faust gegen die Wand. «Ich habe ihr nichts getan! Nichts! Kein verdammtes Haar hab ich ihr gekrümmt! Hure! Verfluchte kleine Nutte!»

Genauso unvermutet, wie es begonnen hatte, hörte es wieder auf. Mit halboffenem Mund schnappte er nach Luft. Durch den Maschendraht starrten mich seine Augen an, als wollte er meine Reaktion abschätzen.

Ich kannte das Spiel, und ich wußte auch, wie es ging. Einen Augenblick lang starrte ich einfach nur zurück. So gelangweilt wie nur möglich bemerkte ich dann: «Wenn Sie mit Ihrer klei-

45

nen Show fertig sind, können wir vielleicht zum Geschäftlichen kommen, Mr. Morel.»

Seine Mundwinkel zuckten, und er blinzelte. Dann schloß er den Mund, preßte die Zähne aufeinander und bereitete sich auf den nächsten Ausbruch vor. Ich hob die Hand. «Lassen Sie es lieber sein. Wenn Sie mich noch mal anschreien, verlasse ich den Raum. Sie bleiben hier, ich nicht.»

Wieder fiel ihm die Kinnlade runter, und er sah mit bleiernen Augen starr vor sich hin. Er wußte nicht, was er sagen sollte.

«Hören wir auf mit der Zeitverschwendung», fuhr ich fort, bevor ihm etwas einfiel. «Ich habe den Polizeibericht hier. Ich möchte, daß Sie ihn lesen.»

Damit schob ich eine Kopie des Polizeiberichts durch die schmale Öffnung im Maschendraht. Er griff danach und riß ihn an sich, noch bevor ich ihn losgelassen hatte. Kleine Siege – das war alles, worauf er sich verstand.

«Ich möchte, daß Sie das Seite für Seite lesen», wiederholte ich, ohne ihn zu beachten. «Tun Sie es, wenn Sie wieder in der Zelle sind. Nehmen Sie einen Bleistift und streichen Sie alles an, was Ihrer Ansicht nach falsch ist oder Sie an etwas erinnert, das ich wissen müßte. In ein, zwei Tagen komme ich wieder. Dann reden wir darüber.»

Er sah nicht auf. Er konzentrierte sich auf die erste maschinengetippte Seite des Polizeiberichts. Jede Wut war aus seinem Gesicht verschwunden. Kleine Falten bildeten sich um seine Augen, während er mit der Bedeutung der Worte kämpfte und beim Lesen leise mitmurmelte.

«Wie lange waren Sie in der Schule?» fragte ich ruhig, aber auch ein wenig beschämt.

Er sah auf. «Lange genug», antwortete er. Der Trotz, der ihm zur zweiten Natur geworden war, hatte sich schon wieder in seine Stimme zurückgeschlichen.

«Darüber können wir uns später unterhalten», sagte ich, um

das Thema zu wechseln, und deutete auf die Unterlagen in seiner Hand.

«Nur eine Sache noch», fuhr ich fort, während ich meine Aktentasche zuklappte und aufstand. «Etwas, das Sie verstehen müssen. Ich kann nicht jemand in den Zeugenstand rufen, wenn ich weiß, daß er einen Meineid leisten wird.» Genauso hatte ich es schon Hunderte von Malen erklärt. «Mit anderen Worten, wenn ein Angeklagter mir gesteht, daß er die Tat, die man ihm vorwirft, tatsächlich begangen hat, kann ich ihn keine Aussage machen lassen.»

Einen stärkeren Anreiz, seinen Verteidiger zu belügen, gab es nicht. Ja, da war sie, die kleine juristische Spitzfindigkeit, die dazu dienen sollte, den guten Ruf eines Berufsstandes zu schützen, der als unantastbar galt.

«Ich werde mich nicht schuldig bekennen!» schrie er los. «Ich sage die Wahrheit. Ich hab nichts gemacht, verdammt noch mal! Das Miststück lügt!»

Seine Worte verschmolzen mit all den anderen Protesten, die meine Mandanten mir in einem sarkastisch widerhallenden Chor der Doppelzüngigkeit entgegengeschleudert hatten. Von Geschworenen erwartete man, daß sie an die Unschuld des Angeklagten glaubten, für mich dagegen war seine Schuld eine ausgemachte Sache. Wenn er unschuldig war, konnte er es beweisen – jedenfalls mir. Diese Leute waren professionelle Lügenbolde. Sie klauten, schwindelten sich durch, schlugen Hilflose zusammen oder beraubten Alte und Kranke. Außerdem vergewaltigten sie Frauen und Kinder. Man durfte sie keinesfalls beim Wort nehmen. Sie sagten ihren Anwälten nie die Wahrheit, es sei denn, sie sahen darin ihre letzte Chance. Morel beschimpfte die Kleine als Lügnerin. Wozu war er sonst noch fähig?

Ich ließ ihn allein auf den Gefängniswärter warten, der ihn in seine Zelle zurückbringen würde. Als ich in meinen Wagen stieg, hatte ich ihn schon vergessen. Ein Dutzend Erledigungen wartete auf mich; ich hatte so gut wie keine Zeit und sogar in zweiter Reihe geparkt, um Zeit zu sparen. Es war kurz vor halb neun, als ich losfuhr. Um zehn hatte ich einen Termin wegen einer Unterschlagungsgeschichte im Polk County. Immerhin bestand die vage Möglichkeit, daß ich es schaffen könnte.

Es regnete wieder. Kurz hinter Portland hatte ein Autofahrer auf der nassen Straße die Kontrolle über sein Fahrzeug verloren und war halb die Böschung hinuntergerutscht. Polizei und Krankenwagen waren bereits da. Ich fragte mich, ob der Fahrer in Lisas Krankenhaus landen würde. Und dann fragte ich mich, ob Lisa wohl wieder mit einem der Ärzte Witze darüber reißen würde, wie viele Anwälte in den Tod rasten, nur weil sie es so eilig hatten, einem Unfallopfer ihre Visitenkarte zu überreichen, bevor es das Bewußtsein verlor. Es war ihr Lieblingswitz. Die Pointe war: «Nicht genug.»

Mittlerweile goß es wie aus Kübeln, und der Wind nahm zu. Ich würde zu spät kommen, aber dagegen konnte ich nun auch nichts mehr tun. In Salem klarte es auf, und ich machte etwas Zeit wett. Als ich die Brücke über den Willamette passierte, war es zwanzig vor zehn. Der Highway folgte dem Fluß und schlängelte sich durch Obstplantagen und offene Felder, die sich am Fuß des Küstengebirges ausbreiteten. Die Uhr am Turm des alten Gerichtsgebäudes schlug gerade zehn, als ich vorfuhr. Ich sprang die Treppe hinauf, lief durch die Eingangshalle und dann immer zwei Stufen auf einmal die wacklige alte Holztreppe hoch.

Ein halbes Dutzend Anwälte stand in Grüppchen vor der Geschäftsstelle. Die Verhandlungstermine dieses Vormittags waren auf einer Tafel verzeichnet. *Strafverfahren gegen Hilfiker* stand ganz oben. Mein Mandant saß in der letzten Reihe des Gerichtssaals. Das Gebäude stammte aus dem Jahr 1896. Bis auf die unterhalb des einen Fensters eingebaute Klimaanlage sah der Saal genauso aus wie eh und je. Zwölf hölzerne Drehstühle waren mit Bolzen am Fußboden hinter der Geschworenenbank befestigt. Ein altes Stehpult, Relikt aus einer Zeit, als Anwälte der Jury ihre Plädoyers noch vorlasen, stand verloren in einer Ecke. Seltsam häßliche Wasserspeier starrten wie Hüter der Hölle von den hohen Simsen herab.

Ich setzte mich genau in dem Moment, als der Richter sich anschickte, den ersten Fall aufzurufen. Timothy Llewelyn hatte ein rundes Gesicht und ein Doppelkinn. Aus der Ferne sah er immer ein wenig verschwommen aus. Doch es gab nicht die geringste Unklarheit an diesem Mann. Richter vom Land waren meistens am besten vorbereitet, vielleicht, weil sie alles selbst erledigen mußten.

«Ist die Verteidigung soweit, Mr. Antonelli?»

«Ja, Euer Ehren.»

«Nun gut. Ich habe Ihren Antrag, die beigefügte eidesstattliche Erklärung und die Zusammenfassung gelesen. Des weiteren liegt mir die Antwort der Staatsanwaltschaft vor. Wie viele Zeugen wollen Sie aufrufen?»

Noch ehe ich antworten konnte, erhob sich der stellvertretende Staatsanwalt, ein glatzköpfiger junger Mann mit Übergewicht in einem viel zu weiten, zerknitterten Anzug. Ohne jede Spur von Bedauern oder Verlegenheit erklärte er: «Wir beantragen die Vertagung dieser Verhandlung, Euer Ehren.»

Ich traute meinen Ohren nicht. «Vertagung? Dieser Termin steht seit mehr als einem Monat fest, Euer Ehren! Mein Mandant ist da. Ich ebenfalls.»

Llewelyn winkte ab. «Was ist der Grund für Ihren Antrag, Mr. Forbes?»

«Der Polizeibeamte, der die Durchsuchung durchführte, muß heute morgen in einer Verhandlung in Eugene aussagen.»

Ich war fuchsteufelswild. «Ich habe den Beamten unter Strafandrohung vorgeladen, Euer Ehren.»

49

«Mr. Forbes?»

«Nun, Euer Ehren, das hat der Staat auch getan. Aber die Verhandlung in Eugene wurde um einen Tag verschoben, und der Beamte muß daran teilnehmen. An zwei Orten gleichzeitig kann er nicht sein.»

Llewelyn war kein Dummkopf. «Wann haben Sie davon erfahren?»

«Heute morgen, Euer Ehren. Vor knapp einer halben Stunde.»

Llewelyn fixierte den Staatsanwalt und beugte sich vor. «Wollen Sie mir etwa weismachen, der Beamte habe erst heute morgen erfahren, daß die Verhandlung, bei der er letzten Freitag aussagen sollte, verschoben wurde?»

Forbes war auf der Hut. «Ich kann Ihnen nur sagen, wann er uns informiert hat, Euer Ehren.»

Llewelyn wandte sich zu mir. «Ich fürchte, da können wir nichts machen. Ist es Ihnen möglich, übermorgen wiederzukommen? Am Mittwoch, sagen wir, um zwei?»

Ich warf einen Blick in meinen Terminkalender. Mittwoch war ein Tag wie jeder andere. Keine Zeit für nichts. Bei genauerem Hinsehen stellte sich heraus, daß ich an diesem Nachmittag zumindest keinen Gerichtstermin hatte. Alles andere ließ sich verschieben in dem ewigen Hin und Her, das zu einem normalen Bestandteil meines täglichen Lebens geworden war.

«Sicher», sagte ich und sah auf. «Mit Vergnügen, Euer Ehren.»

Nachdem ich meinem ärgerlichen Mandanten erklärt hatte, daß er keinen Grund hatte, sich zu ärgern, fuhr ich nach Portland zurück. Um eins hatte ich eine mündliche Verhandlung zwei Türen von Rifkins Gerichtssaal entfernt.

Nachdem ich Johnny Morel drei Tage hatte schmoren lassen, stattete ich ihm den nächsten Besuch im Knast ab. «Haben Sie den Bericht gelesen?» fragte ich.

«Ja», sagte er und starrte zu Boden. «Hab ihn gelesen. Von A bis Z.»

«Und?»

Er hob kaum den Kopf. «Und was?»

«‹Und was?› Ist das alles, was Sie dazu zu sagen haben?»

Er hob den Kopf ein Stückchen weiter. «Was soll ich schon sagen, Mann? Ich hab ihn gelesen. Kompletter Schwachsinn.»

Er stemmte einen Fuß gegen die Wand und kippelte mit dem Eisenstuhl hin und her. Ein Ausdruck gelangweilter Herablassung breitete sich auf seinem Gesicht aus. «Ich hätte Ihnen schon vorher sagen können, daß die kleine Fotze lügt wie gedruckt. Scheiße, Mann, ich hab's Ihnen sogar gesagt.»

Langsam, als könnte er jeden Augenblick seine Meinung ändern und sich wieder hinsetzen, stand er auf und näherte sein Gesicht dem Maschendraht. «Ich hab's Ihnen vorher gesagt, und ich sag's Ihnen jetzt noch mal», sagte er mit flacher, heiserer Stimme. «Die Schlampe will mich abservieren. Sie hat den ganzen Schwachsinn erfunden. Ich hab sie nicht angerührt. Und das ist die ganze gottverfluchte Wahrheit.»

«Warum? Warum haßt sie Sie so sehr, daß sie sich eine solche Story ausdenken kann?»

«Weil sie nicht zu bändigen war!» schrie er und starrte mich verächtlich an. «Weil sie es gewohnt war, zu machen, was sie wollte. Ich habe ihr Disziplin beigebracht. Prüfen Sie es nach, Mann. Fahren Sie zu ihrer Schule. Dort kann man es bestätigen. Man hat sie nach Hause geschickt, weil sie soviel Ärger machte. Und ich hab dafür gesorgt, daß sie wieder hinging. Ich hab sie so lange bearbeitet, bis sie versprochen hat, sich zu bessern und ihre Arbeit zu machen wie alle anderen auch. Sie war stinksauer.» Er verzog höhnisch das Gesicht.

Ich ging den Polizeibericht Zeile für Zeile mit ihm durch. Seine Stimmungsschwankungen waren unvorhersehbar. Manchmal sah er mich herausfordernd an, und im nächsten Moment starrte er vor sich hin, als hätte er vergessen, daß ich da war. Er gab sich abwechselnd trotzig, ängstlich, gleichgültig, eifrig, selbstsicher und verwirrt. Es war, als wollte er sehen, was am besten funktionierte. Fast drei Stunden stellte ich ihm eine Frage nach der anderen, und er antwortete. Am Ende hatte er mir nichts erzählt, was ich nicht schon nach seiner ersten Antwort gewußt hatte. Er sagte die Wahrheit. Das Mädchen log.

«Fragen Sie Denise. Sie wird Ihnen alles erzählen!» rief er. «Fragen Sie Denise! Die Mutter der kleinen Schlampe! Fragen Sie sie! Fragen Sie meine Frau! Fragen Sie Denise! Sie weiß es! Sie wird Ihnen die Wahrheit sagen!»

«Und was genau wird sie mir sagen?» fragte ich, ohne einen Hehl aus meiner Skepsis zu machen.

Morel starrte mich an. Er sah aus wie ein menschliches Wrack, das ins Licht stolpert, so betrunken, daß es nicht mehr gerade stehen kann. Dann stürzte er ohne jede Vorwarnung mit voller Wucht auf mich zu, griff mit beiden Händen in den Maschendraht und stieß sein Gesicht voll dagegen. «Daß ihre beschissene Tochter ein gottverdammtes verlogenes Luder ist, das wird sie Ihnen sagen!»

Sein Gesicht war mit eckigen roten Malen übersät, die dem groben Muster des Maschendrahts entsprachen. Direkt über einer Augenbraue klaffte ein tiefer Riß, aus dem Blut sickerte. Falls er Schmerz empfand, ließ er sich nichts anmerken. Er ließ ohnehin nichts aus sich heraus als blanken Haß.

Ich war es leid. Er hatte versucht, mich abzuschätzen, rauszukriegen, was er tun mußte, damit ich ihm glaubte, denn er war einfach nicht sicher, daß ein Anwalt, der ihm nicht glaubte, ernsthaft versuchen würde, ihn rauszuboxen. Jetzt war es Zeit, den Spieß umzudrehen.

«Wir können das wahrscheinlich innerhalb von ein paar Tagen klären. Wenn Sie interessiert sind, heißt das.»

Er war überrascht. «Wie denn?» fragte er verblüfft.

«Wären Sie bereit, sich einem Polygraphentest zu unterziehen?»

«Einem Lügendetektor?»

«Genau. Ich kann das arrangieren. Wenn Sie den Test bestehen, wird die Anklage höchstwahrscheinlich fallengelassen.»

Jeder, der soviel Zeit im Knast verbracht hatte wie er, wußte, daß die Ergebnisse eines solchen Tests bei Gericht nicht verwertet werden durften. Es mußte ihm also klar sein, daß die Anklage sie auch nicht gegen ihn verwenden durfte, wenn er den Test vermasselte. Trotzdem hätte ich nicht gedacht, daß er so schnell zustimmen würde. Er war nicht nur willens, er riß sich förmlich darum, den Test zu machen. Er würde ihn bestehen. Völlig klar. Schließlich sagte er die Wahrheit.

Zum erstenmal regte sich ein leiser Zweifel in mir. War es möglich, daß die Kleine tatsächlich von Anfang an gelogen hatte und dieses jämmerliche Häufchen Elend zu Unrecht angeklagt worden war? Es wäre nicht das erste Mal gewesen. Der Lügendetektor würde auf die eine oder andere Weise Licht in die Sache bringen. Ich machte einen Termin für Anfang nächster Woche.

Raymond Kowalski erwartete mich am Haupteingang des Polizeireviers. Als ich ihn sah, mußte ich unwillkürlich schmunzeln. Er veränderte sich nie. Er war Mitte Vierzig, sah aber immer noch aus wie ein überfütterter Teenager mit jeder Menge Babyspeck. Der einzige, überstrapazierte Plastikknopf an dem dunkelbraunen Cordjackett drohte jeden Augenblick abzuspringen. Keine Falte störte den Frieden seines runden Gesichts, nicht eine graue Strähne verunstaltete die dichte Masse des zerzausten dunkelblonden Haars. Er hatte den leicht erstaunten Blick eines wachsamen Schäferhunds. Kinder liebten ihn; alte Damen wollten ihm über die Straße helfen.

«Sie sind ein bißchen spät dran, Counselor», sagte er mit einem breiten Grinsen, das sich auf seinem roten, engelhaften Gesicht ausbreitete.

Ich konnte einfach nicht anders. «Ich wollte Ihnen genügend Zeit lassen, um ein Geständnis aus meinem Mandanten herauszuprügeln», sagte ich und schüttelte ihm die Hand. «Hübsches Jackett», setzte ich hinzu und prüfte den Aufschlag zwischen Daumen und Zeigefinger. In all den Jahren, die ich ihn kannte, hatte ich nie ein anderes an ihm gesehen. «Neu?»

«Oh, ich hab's schon eine Weile», gluckste er, als er mich durch eine Tür mit der Aufschrift «Zutritt verboten» lotste.

Ich folgte ihm durch einen Gang, der auf beiden Seiten von Eisentischen gesäumt war. Wir befanden uns im Zentrum der Mordkommission. Ein Beamter in Zivil saß vor einer uralten mechanischen Schreibmaschine und tippte einen Bericht. Ein anderer stand mitten im Raum und telefonierte. Die übrigen Schreibtische waren unbesetzt.

«Vermissen Sie Ihre alte Tätigkeit?» fragte ich, als wir uns an einen Tisch am Ende des Raums setzten.

«Nein, nicht wirklich.» Er hielt einen Moment inne und musterte mich augenzwinkernd. «Um ehrlich zu sein, doch, sehr sogar. Aber das bleibt unter uns.»

Kowalski war einer der wenigen Polizisten, die ich mochte, und so ungefähr der einzige, dem ich vertraute. Er war der beste Kommissar, den die Stadt je gehabt hatte, bis ihn eines Nachts eine Kugel erwischte. Es hatte ausgesehen wie ein Routineeinsatz: nächtliche Ruhestörung. Die Kugel steckte immer noch in seiner Brust, nur zwei Zentimeter neben dem Herzen.

Er zog seine Schreibtischschublade auf und nahm eine Akte heraus. «Ich habe den Bericht gelesen», sagte er, als er sie aufschlug und einen Blick auf den Inhalt warf. Dann sah er auf wie ein Pokerspieler, der über den Rand seiner Karten blickt. In seinem unverstellten Blick tanzte ein Funke. «Worauf würden Sie bei dem hier wetten?»

Ich rührte weiter keine Miene. «Machen Sie eine Vorgabe?»

«Das wäre unfair», räumte er ein. «Ich kenne den Burschen.»

Das hätte mich nicht wundern sollen, aber ich war tatsächlich überrascht. «Sie kennen Morel? Hat er schon mal einen Test gemacht?»

«Nein. Heute ist das erste Mal. Er war in eine Ermittlung verwickelt, vor vier oder fünf Jahren.»

«Mord?»

«Ja. Er war nicht verdächtig», setzte er schnell hinzu. «Er kannte bloß das Opfer und den Kerl, der sie umgebracht hatte. Es war ziemlich gruselig. Der Typ war zu wie sonstwas. Vielleicht hatte er Halluzinationen.» Er schüttelte angewidert den Kopf. «Ich weiß es nicht. Jedenfalls war er mit einem Messer auf die junge Frau losgegangen, mit der er zusammenlebte, und hatte sie einfach abgeschlachtet.»

Ich wartete, daß er fortfuhr, aber er schwieg. «Und was war mit Morel?» fragte ich schließlich.

«Wie?» gab er geistesabwesend zurück. «Ach ja, Morel. Er war einer der Junkies, die sich immer bei den beiden rumdrückten. Sie hingen alle an der Nadel.»

Johnny Morel wartete in dem kleinen Vernehmungszimmer, das Kowalski für die Tests benutzte. Er war an Händen und Füßen gefesselt. Man konnte beinahe Mitleid mit ihm haben, wenn man ihn so sah. Er saß auf dem eisernen Stuhl und blickte nervös hin und her. Der Stuhl hatte auf Ellbogenhöhe zwei flache Metalllehnen und wirkte nicht gerade bequem. Fast erinnerte er an die Miniaturversion eines elektrischen Stuhls – es fehlte bloß die Halterung für den Kopf.

Kowalski schloß die Handschellen auf und befreite ihn auch von den Fußschellen. Dann setzte er sich an einen Tisch neben dem Stuhl, auf dem Morel jetzt unbehaglich hin und her rutschte.

«Hören Sie, bevor wir anfangen, möchte ich Ihnen noch was sagen.» Morel schien nach Luft zu schnappen, während er sprach. Seine Augen flogen von Kowalski zu mir und wieder zurück. «Gestern abend hat mir ein Typ in meiner Zelle irgendwelche Drogen angeboten. Er sagte, es sei eine Möglichkeit, den Lügendetektor zu überlisten. Sie entspannen einen; man fühlt sich angeblich sicherer. Aber sehen Sie», fuhr er mit einem flehentlichen Blick fort, «ich bin nicht drauf eingegangen. Ich brauche diese Scheiße nicht, weil ich nichts getan habe. Ich werde die Wahrheit sagen.»

Kowalski versicherte ihm, seine Entscheidung sei vollkommen richtig gewesen. Ich nickte zustimmend und blieb ruhig in einer Ecke stehen, während Kowalski ein langes dünnes Kabel um Morels Brustkorb schlang. Dabei hörte er nicht auf zu reden. Er erklärte ihm alles: das Kabel, die Manschette um seinen Oberarm, die kleinen Klammern an den Fingerkuppen. Alle Geräte, die an seinen Körper angeschlossen wurden, dienten dazu, die physiologischen Reaktionen auf die Fragen zu messen.

«Es ist genauso, wie als wir klein waren», erklärte Kowalski in der beruhigenden Art, mit der er sich selbst bei den schlimmsten Psychopathen einschmeicheln konnte. «Sie wissen schon, wenn wir unsere Eltern angeschwindelt hatten. Man spürte, daß etwas passierte. Man merkte, daß einem warm oder sogar heiß wurde. Das Blut stieg einem ins Gesicht. Man wurde knallrot.» Er lachte, als teilte er irgendwelche Geheimnisse der Pubertät mit einem ebenso in sich gefestigten Erwachsenen wie er selbst. «Das Ding hier arbeitet genauso. Es mißt die Veränderungen, die in unserem Inneren stattfinden, wenn wir lügen.»

Kowalski traf alle notwendigen Vorbereitungen. Der Test sollte aus zehn Fragen bestehen. Sie wurden insgesamt dreimal gestellt, um sicherzugehen, daß das Ergebnis keine Abweichung aufwies. Sieben der zehn Fragen dienten dazu, eine Basis herzustellen oder die drei Fragen, auf die es wirklich ankam, zu verschleiern. Eine der sieben, so hatte er mir vorher erzählt, war noch nie wahrheitsgemäß beantwortet worden. «Haben Sie je einen sexuellen Akt begangen, dessen Sie sich schämen?» Alle sagten nein. Alle logen.

Er ging die Liste mit den Fragen durch. Es würde keine Überraschungen geben. Morel wußte im voraus, welche Fragen ihm gestellt werden würden. Die entscheidende war auch die eindeutigste. «Hatten Sie Geschlechtsverkehr mit Ihrer Stieftochter Michelle Walker?» Da die juristische Definition von Vergewaltigung eine Penetration, «wie geringfügig auch immer», voraussetzt, hatte er die Frage angeschlossen: «Sind Sie mit Ihrem Penis in Michelles ...»

Kowalski blickte mit dem Bleistift in der Hand auf. «Welches Wort benutzen Sie normalerweise? Vagina, Fotze, Muschi, was?»

«Muschi», antwortete Morel, ohne nachzudenken.

«Gut», murmelte Kowalski und machte sich eine Notiz. Dann fing er noch einmal an. «Sind Sie mit Ihrem Penis», las er langsam und deutlich, «in Michelles Muschi eingedrungen?»

Schließlich kam er zur zehnten und letzten Frage. Sie verwunderte mich. Die Form war anders, und der Inhalt ergab nicht den geringsten Sinn. «Ich werde Ihnen jetzt viermal fast dieselbe Frage stellen.» Morel war verwirrt, genauso wie ich. «Ich werde Sie fragen, ob Sie ein Präservativ benutzten, ein Kondom, als Sie Sex mit Michelle hatten. Doch jedesmal werde ich die Farbe des Kondoms verändern. Können Sie mir folgen? Haben Sie ein fleischfarbenes Kondom, ein blaues Kondom,

57

ein gelbes Kondom oder ein rosa Kondom benutzt. Okay? Und jedesmal sagen Sie einfach bloß die Wahrheit.»

Morel war immer noch verwirrt. «Aber ich hatte keinen Sex mit ihr, wie soll ich da ein Kondom benutzt haben?» protestierte er.

«Stimmt», nickte Kowalski. «Das geht gar nicht. Deshalb antworten Sie einfach die Wahrheit. Das ist alles, was Sie tun müssen.» Er sprach völlig ruhig. Dann sah er zu mir auf. «Wollen Sie unter vier Augen mit ihm sprechen, bevor wir anfangen?»

Das war nicht nötig. Ich gab Morel die notwendigen Anweisungen bezüglich Fragen nach dem Test. Die Ergebnisse des Tests waren vor Gericht nicht zulässig, Erklärungen im Anschluß an den Test jedoch sehr wohl. Dann kehrte ich in mein Büro zurück und versuchte, mit der Arbeit nachzukommen, die sich auf meinem Schreibtisch stapelte.

Kowalski rief mich am nächsten Tag an. Johnny Morel hatte wahrscheinlich noch nie im Leben die Wahrheit gesagt, trotzdem war er kein besonders guter Lügner. Er hatte den Test so gründlich vermasselt, daß nicht der leiseste Hauch eines Zweifels bestand und es keine Stufe auf der Skala gab, die eine größere Abweichung von der Wahrheit hätte darstellen können. Kowalski war begeistert.

Morels Vorstellung, so erklärte er mir, hatte buchstäblich Weltrekord-Qualitäten. Ich hielt den Hörer am Ohr und konnte ihn so deutlich sehen, als stünde er direkt vor mir und bemühte sich, die Fassung zu behalten.

«Bei der ersten Frage: ‹Hatten Sie Geschlechtsverkehr mit Michelle Walker?› machte er minus fünf Punkte.» Ich wußte, was das bedeutete, aber er rieb es mir trotzdem unter die Nase. «Das ist das schlechteste Ergebnis, das man überhaupt erzielen kann.»

Die Antworten auf die übrigen entscheidenden Fragen waren

gleichermaßen aufschlußreich. Morel log auf der ganzen Linie. Das Mädchen hatte die Wahrheit gesagt.

«Aber da ist noch mehr», verkündete Kowalski überschwenglich. «Erinnern Sie sich an die Frage nach der Farbe des Kondoms? Ich habe ihn gefragt, welche Farbe das Kondom hatte, als er es mit ihr getrieben hat. Ich hab ihm mehrere Alternativen angeboten. Er schaffte alle bis auf die mit dem rosa Kondom. Und wissen Sie was? Die Kleine hatte gesagt, daß es rosa war. Er ist der einzige, der es wissen konnte.»

«Im Polizeibericht steht nichts davon», sagte ich scharf. «Wann hat das Mädchen die Farbe erwähnt?»

Kowalski war überrascht. «Ich habe mit dem Beamten gesprochen, der den Bericht geschrieben hat», sagte er dann entschuldigend. «Er fand es nicht wichtig, deshalb hat er es nicht erwähnt.»

«Sie hätten es getan», antwortete ich.

«Wahrscheinlich», räumte er diplomatisch ein und wechselte rasch das Thema. «Also sagen Sie mir eins, Counselor. Was werden Sie mit Morel machen? Sich außergerichtlich einigen?»

Ich erzählte Kowalski immer soviel von der Wahrheit, wie ich konnte. «Ich wünschte, ich könnte es. Ich kann den Kerl nicht ausstehen. Aber ich glaube nicht, daß er zustimmen würde, selbst wenn sie ihm ein anständiges Angebot machen würden. Das Ganze wird vermutlich auf einen Prozeß hinauslaufen.»

4

Horace Woolner erwartete mich schon, als ich ein paar Minuten zu spät in sein Privatbüro kam. Hier herrschte akribische Ordnung. Die Berichte über richterliche Entscheidungen standen in chronologischer Reihenfolge, Aufsätze und Kommentare waren alphabetisch geordnet. Hunderte von gebundenen Wälzern glänzten im Licht, das durch die weißen Jalousien fiel. Ein Dutzend Akten türmte sich auf seinem Schreibtisch, doch nur eine lag aufgeschlagen vor ihm. Die übrigen waren so akkurat aufeinandergestapelt wie die Blätter eines Schreibblocks. Hier zumindest strahlte alles Sicherheit und Ordnung aus, im Unterschied zur hektischen Betriebsamkeit und den unberechenbaren Ergebnissen des Strafrechts.

Er hatte das dunkelblaue Jackett, das er fast immer trug, abgelegt und auf einen Bügel am Wandhaken gehängt. Die Manschettenknöpfe waren geschlossen, die Krawatte sauber geknotet. Alles an Horace Woolner war konservativ. Fast alles.

«Hübsche Hosenträger, Horace», sagte ich trocken, als ich auf dem hartgepolsterten Stuhl vor seinem Schreibtisch Platz nahm.

«Ja? Gefallen sie Ihnen?» erwiderte er mit einem raschen Lächeln. Er hatte die weißesten Zähne, die ich je gesehen hatte. «Meine Frau hat sie mir geschenkt.»

Ich grinste. «Sie hat einen ausgezeichneten Geschmack, und Sie haben eine Menge Mut.»

Er tat, als sei er eingeschnappt. «Knallrosa Hosenträger mit roten Herzen bedruckt!» rief er aus, so laut, daß seine Stimme von den Wänden widerhallte. «Teufel auch, ich gehörte ins

Centerfold von *Gentleman's Quarterly*!» Er steckte die riesigen Daumen hinter die Hosenträger und spannte sie von seinem massigen Oberkörper ab. Dann legte er den Kopf auf die Seite und lächelte breit, als posiere er für ein Foto, das Couchtische in ganz Amerika schmücken würde. «Bloß glaub ich nich, daß sie 'nen fetten alten Schwarzen im Centerfold ihrer gottverdammten Zeitung oder auch irgend'ner andern haben wolln!» brüllte er dann. Es machte ihm wirklich Spaß, diesen Slang zu imitieren.

«Tja», meinte er dann, als sei ihm sein Enthusiasmus peinlich, «ein bißchen Abwechslung braucht der Mensch!» Er deutete auf den Aktenstapel auf seinem Schreibtisch. «Das da wird nach einer Weile fürchterlich langweilig.»

«Ich dachte, Sie sitzen gern im Gerichtssaal.»

«Tu ich auch! Das meine ich nicht. Es geht darum, was anschließend passiert. Wir verurteilen so einen Burschen – einen von denen, versteht sich, die es sich nicht leisten können, Sie anzuheuern – und schicken ihn in den Knast. Aber da bleibt er nicht allzulang. Ein paar Jahre später – manchmal auch nur ein paar Monate – ist er wieder draußen. Und dreimal dürfen Sie raten, was dann passiert! Er versucht es wieder. Na schön, wir schnappen ihn, verurteilen und bestrafen ihn, und nach ein paar Jahren oder nach Monaten geht alles wieder von vorn los. Wollen Sie wissen, was ich davon halte? Ich glaube, wir sollten niemanden mehr verfolgen. Keine Prozesse, keine Anwälte, keine Geschworenen mehr, kein Geschwafel von ‹zweifelsfrei›, keine Richter, keine Gefängnisse, kein gar nichts. Schaffen wir den ganzen Unsinn ab. Nehmen wir einfach jeden dritten, den wir bei einem Verbrechen ertappen – oder jeden fünften oder zehnten, das spielt wirklich keine Rolle –, und knallen ihn ab. Einfach so. Egal, was er angestellt hat. Mord, Vergewaltigung, Raub, Einbruch, Scheiße, ist mir egal, von mir aus auch Ladendiebstahl. Machen wir kurzen Prozeß. Jeder wüßte, was auf dem

61

Spiel steht. Allen wäre das Risiko bekannt. Aber keiner wüßte, ob es ihn erwischt oder nicht. Die Frage, ob die Strafe dem Vergehen angemessen ist, können wir uns schenken. Wir haben es probiert, aber es hat nicht funktioniert.» Seine Stimme verebbte zu einem Flüstern, während er, gebannt von den Möglichkeiten dieser simplen Lösung, ins Leere starrte.

«Mein Mandant hat sich am Lügendetektor nicht allzugut geschlagen.»

Woolner ließ mich gar nicht erst ausreden. «Nicht gut geschlagen?» dröhnte er. «Das habe ich aber etwas anders gehört.» Er lehnte sich zurück. Es war nicht zu übersehen, daß er jede Sekunde genüßlich auskostete. «Laut meiner Version hätte Ihr Mandant, falls er George Washington gewesen wäre, gesagt: ‹Daddy, ich kann einfach nicht lügen. Der kleine Tommy Jefferson war's!›»

Ich versuchte, ernst zu bleiben, was Woolner nur noch mehr zum Lachen reizte. Schließlich beugte er sich vor und wischte sich die Tränen aus den Augen. «Ich glaube, diesmal haben wir Sie, mein Freund. Den Fall können nicht mal Sie gewinnen.»

«Würden Sie einer außergerichtlichen Regelung zustimmen?» fragte ich und versuchte, gleichmütig zu erscheinen. Ich führte gern Prozesse, aber es gab viele Fälle, und die meisten waren erheblich besser als dieser.

Woolner musterte mich einen Augenblick. «Sicher, aber er wird mein Angebot ausschlagen. Er bekennt sich der Vergewaltigung schuldig, und ich lasse die erschwerenden Umstände fallen, also daß er Gewalt angewendet und die Kleine mit einer Waffe bedroht hat. Da keines seiner früheren Vergehen Gewalttaten einschließt, würde er die Mindeststrafe in diesem Bereich kriegen. Sechs Jahre wahrscheinlich. Aber er wird nicht mitmachen.»

«Kann man nie wissen», sagte ich und erhob mich.

«Ich wette mit Ihnen um ein Mittagessen!»

Ich ging nicht darauf ein. Er hatte recht, das war mir klar. Es war leichter, einen Mord zu gestehen als die Vergewaltigung eines Kindes. Mördern passierte im Knast nichts. Kinderschänder erfahren am eigenen Leib, wie es ist, vergewaltigt zu werden.

Es hätte nicht zu Johnny Morel gepaßt, die Wahrheit zu sagen, selbst wenn jeder wußte, daß er log. Als ich ihm eröffnete, daß er den Test nicht bestanden hatte, krümmte er sich, als hätte man ihm einen Tritt in den Bauch verpaßt. Er wollte etwas sagen, brachte aber keinen Ton heraus. Es war der Versuch, zu zeigen, wie schockiert er war, doch er sah bloß aus wie ein schlechtbezahlter Schauspieler in einem Stummfilm, in dem jede Geste übertrieben ist und selbst eine Morddrohung beim Publikum nur Gelächter hervorruft. Während er diese rührende Nummer abzog, beobachtete er mich aus dem Augenwinkel, um rauszukriegen, ob sie Wirkung zeigte.

Er beharrte darauf, von Anfang an recht gehabt zu haben. Er wußte, was los war. Alle steckten unter einer Decke, die Polizei, die Kleine, die Staatsanwaltschaft, Kowalski, alle. Sogar seine Frau, die Mutter des Mädchens, machte mit. Jetzt war er sich ganz sicher. Alle versuchten, ihn fertigzumachen. Je mehr er sagte, um so mehr geriet er in Rage, fuchtelte mit den Armen und verpackte seine Anschuldigungen in gräßliche, immer gleiche obszöne Sprüche. Zu mehr als solchen Banalitäten war seine eingeschränkte Phantasie nicht fähig.

«Man hat mich reingelegt!» schrie er durch den Maschendraht. Dann schlug er die Faust gegen die Betonwand. «Die stecken doch alle unter einer Decke! Und wissen Sie was?» stieß er schließlich durch seine verfaulten, tabakbraunen Zähne hervor. «Sie sind auch einer von denen!»

«Ach wirklich?» erwiderte ich mit einem Lächeln, das ihn beinahe so konfus machte, wie ich es mir erhofft hatte. «Und wie kommen Sie auf die Idee, daß ich in eine derart finstere Verschwörung verwickelt sein könnte?»

Er ignorierte die Frage und feuerte eine neue Salve ab. «Sie glauben mir nicht, was?! Sie denken, ich hab's getan, jede Wette, daß Sie das denken!» Er bleckte die Zähne und verzog den Mund zu einem häßlichen Grinsen. Sein stinkender Atem schien die Luft im Raum zu ersticken.

Er provozierte mich. Ich sollte meine Karten auf den Tisch legen. Er mußte hören, daß ich ihm glaubte, selbst wenn er wußte, daß es gelogen war. Nur auf die Worte kam es an. Es war ein Versprechen, das Gelöbnis, nie wieder an seiner Aussage zu zweifeln. Aber das war das letzte, was er von mir hören würde.

Ich hielt den Atem an, beugte mich vor, bis mein Gesicht fast die Trennwand berührte, und sah ihm direkt in die unergründlichen schwarzen Augen. «Es ist mir scheißegal, ob Sie es getan haben oder nicht! Aber eins will ich Ihnen sagen, Sie können von Glück reden, daß eine Jury darüber entscheidet und nicht ich! Haben Sie verstanden?»

Er hatte verstanden, und es gefiel ihm ganz und gar nicht. «Ich will keinen beschissenen Anwalt, der mir nicht mal glaubt! Sie werden bloß dafür sorgen, daß die mich schuldig sprechen! Sie werden mir alles vermasseln!» schrie er. Seine Augen versprühten blinden Haß.

Ich war aufgestanden, sah voller Abscheu auf ihn herunter und schrie ihn an: «Von mir aus kannst du in der Hölle verrekken, du dämlicher Arsch!»

Eine Wut, auf die man notfalls ohne Probleme zurückgreifen kann, hat eine befreiende Wirkung. Manche Psychologen verdienen jede Menge Geld damit, daß sie ihren bürgerlichen Patienten zeigen, worauf es beim Schreien ankommt. Ich hatte es mir selbst beigebracht, und zwar, als mir der Hausjurist eines Gefängnisses zum erstenmal erklären wollte, daß ich zu tun hatte, was er wollte, statt umgekehrt.

Ich machte dem Wärter draußen ein Zeichen und stieß im Rausgehen noch ein paar wüste Beschimpfungen aus. Was soll's, dachte ich. Zum erstenmal, seit ich den Fall übernommen hatte, hatte ich das Gefühl, mich zu amüsieren.

Ich beschloß, ihn eine Weile schmoren zu lassen. Gegen Ende der Woche würde ich wiederkommen, um zu sehen, ob er bereit war, das einzige Angebot, das von Horace zu erwarten war, anzunehmen. Es wäre das Beste, was er machen könnte. Ich hatte nicht mit seiner Frau gerechnet.

Sie suchte mich am nächsten Nachmittag auf. Meine erste Eingebung war, sie abzuweisen. Sie konnte einen Termin vereinbaren wie jeder andere Mandant, und wir würden sie irgendwo dazwischenquetschen, wenn es ging. Doch meine Neugier war zu groß. Was für eine Frau konnte das sein, die jemanden wie Morel geheiratet hatte? Welche Mutter brachte es fertig, ihre Tochter mit einem solchen Tier allein zu lassen? Wer sie auch war, sie mußte schon ziemlich verzweifelt auf der Suche nach Liebe gewesen sein und obendrein zu beschränkt, um zu erkennen, wie gefährlich er tatsächlich war. Ich hatte sie noch nie gesehen und war bereits sicher, alles über sie zu wissen. In dieser Phase meines Lebens war ich mir über eine ganze Menge Dinge so sicher.

Ich ließ sie fast eine Stunde warten, bevor ich meine Sekretärin bat, sie hereinzuführen. Und dann war es fast eine Anstrengung, sie nicht einfach anzustarren. Ihre Augen waren groß und rund und so blau wie der Himmel an einem faulen Sommertag. Ihr hellbraunes, fast blondes Haar fiel locker über ihre Schultern, wenn sie den Kopf zurückwarf. Falls sie Make-up trug, war es nicht zu erkennen, und in ihrem Lächeln lag nicht der geringste Anflug von Unsicherheit. Sie war das letzte, was ich erwartet hätte.

Mit warmer, leicht lispelnder Stimme, in der ein erster, leiser Hauch von Nähe anklang, erklärte sie, sie sei gekommen, um sich für ihren Mann zu entschuldigen. Er habe panische Angst und sei schockiert, daß er den Lügendetektortest nicht bestanden habe. Er mache sich schreckliche Sorgen, daß ich beschließen könnte, seinen Fall niederzulegen. Es tue ihm leid, was er gesagt habe.

Ihre Augen ließen mich nicht los und wichen keine Sekunde von der unausgesprochenen Beteuerung ab, daß alles, was sie sagte, die reine Wahrheit war. Es war fast genauso schwer, an ihr zu zweifeln, wie ihrem Mann zu glauben. Ich fragte mich, wer von den beiden die Idee für diesen Besuch gehabt hatte.

«Erzählen Sie mir von Ihrer Tochter, Mrs. Morel. Wie geht es ihr?»

«Meiner Tochter?»

«Ja, Ihrer Tochter, Mrs. Morel. Michelle. Erzählen Sie mir von ihr.» Ich suchte in ihren Augen nach irgendeinem Hinweis auf Falschheit. «Über Ihren Mann weiß ich Bescheid, Mrs. Morel. Erzählen Sie von Ihrer Tochter.»

«Johnny hat ihr nichts getan, Mr. Antonelli», sagte sie.

«Ich habe nicht nach Ihrem Mann gefragt, Mrs. Morel.» Ich suchte immer noch und fragte mich, was sie eigentlich vorhatte. Ob sie es merkte?

«Michelle geht es gut», erwiderte sie und senkte zum erstenmal den Blick. «Sie ist bei Pflegeeltern. Ich darf sie nur einmal in der Woche für eine halbe Stunde sehen.» Es folgte eine lange Pause. Dann murmelte sie mit kaum hörbarer Stimme: «Sie fehlt mir sehr.» Sie sah vom Boden auf und starrte mich an. «Aber Johnny hat ihr nichts getan, Mr. Antonelli. Michelle lügt.»

«Wieso sind Sie sich da so sicher?»

«Michelle wurde vor drei Jahren sexuell mißbraucht», sagte sie. «Danach war sie nie wieder so wie vorher. Sie fing an, von zu Hause wegzulaufen. Manchmal blieb sie drei, vier Tage verschwunden. Sie war unberechenbar. Ich wußte nie, was sie als

66

nächstes tun würde. Und dann lernte ich Johnny kennen. Er versuchte, ihr zu helfen, ein guter Vater zu sein. Er brachte sie in die Schule zurück und half ihr bei den Hausaufgaben. Aber Johnny war streng, und einmal, als sie in der Schule Probleme hatte, hat er sie gezwungen, hinzugehen und sich zu entschuldigen. Dafür hat sie ihn gehaßt.»

Sie war an einem Ort, den sie nicht kannte, saß jemandem am Schreibtisch gegenüber, den sie nie zuvor gesehen hatte, und trotzdem ließen ihre Augen die meinen nicht los. Nicht ein einziges Mal kam sie ins Stocken. Ihr Kommen hatte einen Grund, und das war nicht die Sorge um ihre Tochter.

«Ich weiß, daß Sie Johnny nicht glauben», sagte sie ohne jeden Vorwurf. «Und ich kann es verstehen. Er sagt nicht immer die Wahrheit. Aber das spielt keine Rolle. Er hat Michelle nicht vergewaltigt. Wenn er irgendwas in dieser Richtung getan hätte, wäre sie sofort zu mir gekommen, genau wie vor drei Jahren. Damals hat sie mir alles erzählt. Ich habe die Polizei gerufen und mich um sie gekümmert.»

Sie beugte sich vor und starrte mich mit sanften, inständig bittenden Augen an. «Ich hätte dasselbe auch diesmal getan, das weiß sie. Sie wäre zu mir gekommen», wiederholte sie eindringlich. «Aber das hat sie nicht getan, Mr. Antonelli, sie ist nicht gekommen, und deshalb weiß ich, daß es nie passiert ist.»

Das Sprechgerät summte. Mein nächster Termin. «Es tut mir leid», sagte ich und stand auf. «Aber ich fürchte, da wartet noch jemand.»

Ich brachte sie zur Tür. Lächelnd reichte sie mir die Hand. «Vielen Dank, daß Sie mich empfangen haben, Mr. Antonelli. Ich weiß, daß ich vorher hätte anrufen sollen, aber ich mußte Sie unbedingt sehen.»

Ich stand in der Tür und sah ihr nach, als sie durch den Flur ging. Dann fiel mir etwas ein. «Ich habe noch was vergessen, Mrs. Morel. Ist es Ihnen recht, wenn ich in den nächsten Tagen einmal bei Ihnen vorbeikomme? Ich muß mir das Haus ansehen.»

Sie blieb stehen und wandte sich um. «Wann immer Sie wollen.»

«Helen, meine Sekretärin, wird Sie anrufen.»

Ich hatte keine Zeit, über den seltsamen, unerwarteten Besuch der geheimnisvollen Mrs. Morel nachzudenken. Den restlichen Nachmittag jagte ein Termin den anderen, wie Sandkörnchen, die durch ein Stundenglas rieseln. Gegen sechs, halb sieben war der letzte Besucher verschwunden, und Helen kam schwankend herein, in einer Hand ein Sandwich, in der anderen einen Becher schwarzen Kaffee, dazwischen ein halbes Dutzend überquellende Akten, die sie auf den dünnen Ärmchen balancierte und mit dem Kinn festhielt.

«Das sind die Fälle, die Sie sich noch mal anschauen wollten», sagte sie, als sie den Stapel vorsichtig auf dem Rand des Schreibtischs abstellte. Sie war eine zierliche Person mit hoher Stimme, die manchmal umkippte, wenn sie aufgeregt war. Nach beinahe dreizehn Jahren hatten wir bestimmte Dinge übereinander gelernt. Sie verabscheute die kleinste Anspielung darauf, daß sie bei irgend etwas Hilfe brauchen könnte, und war davon überzeugt, daß sie meine Gewohnheiten besser kannte als ich selbst. Sie war noch nicht so alt, daß sie meine Mutter hätte sein können, ging jedoch so locker und liebevoll mit mir um, als wäre ich ihr Jüngster.

Zu müde, um aufzustehen, war ich einfach im Sessel heruntergerutscht, nachdem der letzte Mandant gegangen war. Meine Arme baumelten über die Lehne, und der Kopf fiel mir auf die Brust. Als sie mir den Kaffee und das Sandwich hinstellte, nickte ich in Richtung Akten. «Könnte ich mir die nicht morgen ansehen?»

«Sie sind den ganzen Vormittag bei Gericht. Sie werden kaum Zeit dafür haben.»

Sie setzte sich mir gegenüber auf die Stuhlkante, preßte die knochigen Knie zusammen und faltete die geäderten Hände im Schoß.

«Und ich wette, Sie haben sie auch schon chronologisch geordnet», sagte ich müde. «Welche Sorte Sandwich?»

«Thunfisch. Und die Akten haben die richtige Reihenfolge.»

«Welche kommt zuerst? Ich mag keinen Thunfisch.»

«Sie essen nichts anderes als Thunfisch. Als erstes kommt Cleveland, der Brandstifter.»

Ich rappelte mich auf, schlug die erste Akte auf und biß in das Sandwich. Dann mußte ich lachen. «Warum machen Sie das? Warum etikettieren Sie meine Mandanten immer mit der Anklage gegen sie? Sie sagen nicht, Ihr Mandant ‹Mr. Smith›, Sie sagen, ‹Mr. Smith, der Frauenmörder›. Oder ‹Mr. Jones, der Fälscher›. Warum?»

Die kaum sichtbaren Fältchen vertieften sich, als sie die Mundwinkel nach unten zog und gleichgültig den Kopf schüttelte. «Das ist meine Art, auf dem laufenden zu bleiben. Das tun Sie doch auch.»

«Nein, tu ich nicht.»

«Natürlich tun Sie's. Jeder tut es. Sie sagen auch nicht, der und der ist Anwalt. Sie sprechen von Staatsanwälten, Bundesrichtern, Richtern in der ersten Instanz, Strafanwälten, Nachlaßanwälten, Steueranwälten. Es gibt Unmengen von Anwälten.»

«Aber darauf haben sie sich spezialisiert», widersprach ich.

«Genauso ist es bei den anderen auch. Sie morden, rauben, vergewaltigen ...»

«Schon gut, schon gut, ich hab's kapiert. Trotzdem mag ich keinen Thunfisch.»

«Dann heiraten Sie und werden Sie in alle Ewigkeit glücklich mit Erdnußbutter-und-Marmeladen-Sandwiches», sagte sie und stand auf. «Brauchen Sie noch was, bevor ich gehe?»

«Nein», sagte ich und lachte hilflos. «Ich glaube, das wäre alles.»

«Ach, noch was», sagte sie. «Es tut mir leid, das mit Lisa und Ihnen. Aber wenn ich ehrlich bin, glaube ich, daß Sie so besser dran sind.»

«Sie mochten sie nicht, stimmt's?»

Sie hatte noch nie ein Blatt vor den Mund genommen. «Stimmt. Sie war zu hochnäsig. Sie haben was Besseres verdient.»

«So etwas wie Ihr Mann?»

Sie erlaubte sich ein triumphierendes Lächeln. «Na, so hoch müssen Sie Ihre Erwartungen ja nicht gleich schrauben!»

Es war schon fast zehn, als ich die Lampe ausknipste und mit dem Lift in die Tiefgarage fuhr. Im Wagen schaltete ich den CD-Player ein und löschte alles aus meinem Bewußtsein bis auf den Klang von Mozarts Jupitersymphonie. Eins der Dinge, die ich an Lisa bestimmt nicht vermissen würde, war ihre lauthals erklärte Abneigung gegen jede Form von klassischer Musik.

Es herrschte kaum Verkehr, und so war ich schon eine Viertelstunde später zu Hause in den West Hills. Von hier hatte man einen Blick über die ganze Stadt. Ich mußte unbedingt etwas mit dem Haus unternehmen. Lisa hatte keine Zeit vergeudet und schon am Montag ihre Sachen abholen lassen. Wie sich herausstellte, verstand sie unter ihren Sachen alles, was sie besessen hatte, bevor sie eingezogen war, und alles, was ich später auf ihren Vorschlag hin gekauft hatte. Es lohnte nicht, daß man sich darüber in die Haare kriegte. Ich hatte das meiste sowieso nicht gemocht. Ich wünschte nur, ich hätte alles behalten, was ich ihretwegen weggeworfen hatte.

Ich zog mich aus und legte mich aufs Bett. Eine Sekunde später sprang ich schon wieder auf, suchte meinen Bademantel und ging nach unten. Im Kühlschrank gab es noch eine halbe Flasche Wein. Ich goß mir eine Kaffeetasse bis zum Rand voll und setzte mich damit in den einzigen Sessel, der im Wohnzimmer übriggeblieben war. Bei nächster Gelegenheit mußte ich mir einen Innenarchitekten besorgen und das ganze Haus neu einrichten lassen.

Im Dunkeln, das nur vom Licht aus dem Schlafzimmer oben schwach erhellt wurde, dachte ich über Denise Morel nach. Was bedeutete das alles? Und, noch wichtiger, was würden die Geschworenen davon halten? Johnny Morel war ein zwielichtiger Typ, gewissenlos bis zum Gehtnichtmehr, Michelles Mutter dagegen eine beeindruckende Frau, die einem in die Augen sah und eine Geschichte so erzählte, daß man ihr jedes Wort glauben wollte. Johnny Morel würde nie etwas zugeben, und seine Frau beteuerte, daß ihre Tochter die ganze Geschichte erfunden hatte. Würden die Geschworenen darüber hinwegsehen können, was eine Mutter sagte?

Michelle war sexuell mißbraucht worden und hatte es ihr sofort erzählt. Warum hätte sie es diesmal anders machen sollen? Aus Angst? Aber warum sollte sie mehr Angst haben als beim erstenmal? Sie behauptete, er habe sie mit einem Jagdmesser bedroht. Das Messer, falls es tatsächlich existierte, war nie gefunden worden. Sie hatte bei der Polizei ausgesagt, sie habe sich den Rücken am Bettrahmen verletzt, als er sie aufs Bett geworfen habe. Nach Aussage ihrer Mutter gab es keinen Rahmen; sie und ihr Mann schliefen auf einer Matratze auf der Erde. Die Kleine hatte der Polizei erzählt, sie sei weggelaufen und habe sich im Park versteckt, bis ihre Mutter vom Einkaufen nach Hause gekommen sei. Doch der Park war mehrere Blocks entfernt; man konnte das Haus von dort aus nicht sehen. Sie sagte, er habe sie immer mißhandelt, und erweckte den Eindruck, daß er sich nicht im geringsten um sie gekümmert hätte. Vor diesem Hintergrund erschien es merkwürdig, daß er sie, wie ihre Mutter jetzt bestätigte, wieder zur Schule geschickt und dafür gesorgt hatte, daß sie sich benahm.

Die Anklage würde vorbringen, wie bemerkenswert es war, daß die Kleine sich nach so einem schrecklichen Erlebnis überhaupt an etwas erinnerte. Man würde sie gründlich auf die Verhandlung vorbereiten. Möglich, daß sie sich über einige Einzelheiten nicht ganz im klaren war, Zeiten und Orte zum Beispiel oder die Gefühle, die sie ihrem Stiefvater entgegenbrachte, doch die Beschreibung dessen, was er mit ihr angestellt hatte, nachdem er sie aufs Bett geworfen und ihr den Schlafanzug ausgezogen hatte, würde nichts zu wünschen übriglassen.

Am nächsten Nachmittag fuhr ich zu Denise nach Hause. Endlich war es Sommer. Der Bürgersteig schimmerte in der glühenden Hitze. Vereinzelte Grasbüschel waren über Nacht zu kläglichem, gelbem Stroh vertrocknet. Ein Kinderfahrrad mit verbeultem Rad und verbogenem Lenker lag umgekippt neben dem Haus. Das Vorderfenster war mit Brettern vernagelt. Ein einzelner grüner Laden hing schief daneben; beim nächsten Windstoß würde auch er hinunterfallen, wie sein Gegenstück, das halb überwuchert von Unkraut auf der Erde lag. Das Dach sackte in der Mitte durch, und die wenigen übriggebliebenen Schindeln moderten vor sich hin. Man konnte kaum sagen, was dieses Haus überhaupt noch zusammenhielt.

Denise Morel saß allein auf der Steintreppe, die zum Vordereingang führte. Heute hatte sie das Haar zu einem Knoten im Nacken geschlungen. Sie hielt das Gesicht, das von einer dünnen Schweißschicht bedeckt war, in die Sonne. Sie trug nichts weiter als khakifarbene Shorts und eine kurzärmlige Bluse, die von einem einzigen Knopf zusammengehalten wurde. In der Hand, die lässig zwischen den Knien hing, hielt sie eine Bierdose.

Langsam rappelte sie sich hoch und stieß die Tür auf. «Ich war nicht ganz sicher, um welche Zeit Sie kommen würden», sagte sie und schloß sie hinter mir.

Drinnen war es dunkel. Die Jalousien waren heruntergezogen. Das einzige Licht kam vom Fenster über der Spüle und wurde von einer dünnen Rüschengardine gedämpft. Im Wohnzimmer stand ein uralter Ventilator auf dem Fußboden und bewegte dumpf und ächzend die stickige Luft.

«Ich versuche, es kühl zu halten», sagte sie und knipste eine Lampe an.

Sie hatte sich verändert. Gestern war sie eine selbstbewußte, schöne, junge Frau gewesen, die mit einem meiner Teilhaber hätte verheiratet sein können. Heute war sie in einem der miesesten Viertel der Stadt zu Hause und bewegte sich wie in Trance.

«Wir können auch hier sitzen», sagte sie und führte mich in die Küche. Sie sprach so langsam, als hätte die Hitze ihr die letzte Kraft geraubt.

«Soll ich Licht anmachen?» In ihren Augen war ein seltsamer, abwesender Ausdruck. Ich antwortete nicht. Im nächsten Augenblick schien sie vergessen zu haben, daß sie überhaupt gefragt hatte. «Wollen Sie was trinken? Ein Bier?» Die Worte klangen hohl und leer; sie verloren jede Bedeutung, sobald sie ausgesprochen waren. Sie sah mich an, aber ich glaube nicht, daß sie mich wahrnahm.

«Was haben Sie genommen?» fragte ich ohne großes Erstaunen. Es war nur eine Frage, dasselbe, als hätte ich in einer Bar jemanden gefragt, was er trinken wolle.

Ihr Mund verzog sich zu einem trägen Lächeln. Ihr Blick wurde scharf. Sie legte den Kopf in den Nacken. Ihre Finger spielten mit dem runden Rand der Bierdose, die vor ihr stand. «Warum?» flüsterte sie. «Wollen Sie auch was?»

Ich schüttelte den Kopf. «Sind Sie sicher?» Sie nippte an ihrem Bier, ohne den Blick von mir zu nehmen. Ihre Zunge glitt über die Lippen und leckte den Schaum ab. «Sie sollten es versuchen», drängte sie mit einem trägen, herausfordernden Lächeln. «Ich hab nichts mehr da, aber ich kann was besorgen.»

Jetzt verstand ich. Sie war Junkie, und Junkies tun alles, um zu kriegen, was sie brauchen. Sie hätte sich für ein Viertelgramm Amphetamin verkauft und keinen Gedanken daran verschwendet.

Ich stand auf. «Deshalb bin ich nicht hier. Ich muß mir das Haus ansehen, damit ich bei der Verhandlung gegen Ihren Mann weiß, wovon ich spreche. Sie erinnern sich doch an Ihren Mann, oder? Man beschuldigt ihn, Ihre Tochter vergewaltigt zu haben, wissen Sie noch?»

Es hatte keinerlei Wirkung. Sie fixierte mich wie ein Raubvogel. Ein merkwürdiges, sehnsüchtiges Lächeln spielte auf ihren weichen Lippen. Eine Hand glitt hinauf zu ihren Brüsten, berührte sie nacheinander für einen kurzen, sinnlichen Augenblick und fing dann an, mit dem Knopf zu spielen, der die Bluse zusammenhielt. «Ich habe gestern nacht an Sie gedacht. Soll ich Ihnen erzählen, was ich gedacht habe?»

Ich hatte noch nie meine Zeit damit vergeudet, Verführungen zu widerstehen. Aber Denise Morel war süchtig, auch wenn sie hinreißend aussah, und, was noch schlimmer war, sie schlief mit Johnny Morel.

«Ein andermal.»

«Jederzeit», erwiderte sie mit einem abwesenden Ausdruck in den Augen.

5

Es ist immer dasselbe, ganz gleich, worum es in einem Fall geht. Die Vorbereitung auf eine Verhandlung – jede Verhandlung – ist wie das Warten auf die eigene Hinrichtung. Man kann nicht aufhören, daran zu denken. Je näher der Termin rückt, um so schlimmer wird es, bis man sich beinahe auf das freut, wovor man vorher am meisten Angst hatte, denn es ist die einzige Methode, um die Angst zu stoppen. Die Gedanken wirbelten durch meinen Kopf, lösten sich auf und formten sich in einer endlosen Suche nach der einen überzeugenden Lösung neu. Irgendwie mußte ich die Geschworenen davon überzeugen, daß es der Anklage nicht gelungen war, die Schuld des Angeklagten zweifelsfrei zu beweisen. Ich befragte jeden, der etwas wissen konnte, nicht nur einmal, sondern mehrmals. Ich fügte den alten Berichten neue Dokumente hinzu. Ich ging die Aussagen so oft durch, daß ich die nächste Zeile schon wußte, bevor ich die davor zu Ende gelesen hatte. Es machte keinen Unterschied. Womit könnte ich das, was die Kleine vor Gericht aussagen würde, in den Schatten stellen? Ich hatte nichts in der Hand als die Behauptung ihrer Mutter, daß sie log. Und wenn die Anklage Wind davon bekam, daß sie Junkie war, hatte ich gar nichts.

Der Staatsanwalt wußte von ihren Vorstrafen. Sie war fünfmal verhaftet und viermal verurteilt worden, dreimal wegen minderschwerer Delikte, einmal wegen eines Drogendeliktes. Sie hatte sich schuldig bekannt und war mit drei Jahren auf Bewährung davongekommen. Bagatelldelikte durften nicht dazu verwendet werden, ihre Glaubwürdigkeit als Zeugin einzuschränken. Der Rauschgiftbesitz dagegen sehr wohl.

Zum drittenmal innerhalb von drei Wochen saß Denise Morel in meinem Büro. Wir gingen alles durch, von Anfang bis Ende. Ich wollte sie so gründlich wie möglich auf die Verhandlung vorbereiten.

«Vergessen Sie nicht, wenn ich Ihnen eine Frage stelle, sehen Sie mich an, solange ich frage, doch wenn Sie antworten, wenden Sie sich den Geschworenen zu. Versuchen Sie, mit allen abwechselnd Blickkontakt herzustellen. Zeigen Sie, daß Sie nichts zu verbergen haben und daß Sie nur da sind, um die Wahrheit zu sagen.»

Sie folgte mir Wort für Wort und hörte auch dann noch geduldig zu, als ich zum zehntenmal dieselben Punkte abhakte. «Jetzt passen Sie auf, das ist wichtig. Wenn Sie meine Fragen beantworten, sehen Sie die Geschworenen an, doch beim Kreuzverhör – also wenn der Staatsanwalt Sie befragt – sehen Sie nur ihn an. Okay?»

«Ich weiß», nickte sie, «das haben Sie mir schon erklärt.»

«Und ich werde es Ihnen wieder und wieder erklären. Die Verhandlung findet übernächste Woche statt. Das ist schneller, als Sie glauben. Wollen Sie was trinken? Kaffee, Cola, irgendwas anderes?»

«Nein, danke. Ich sehe Sie an, wenn Sie fragen. Ich sehe die Geschworenen an, wenn ich antworte. Ich sehe den Staatsanwalt an, wenn er fragt. Und auch, wenn ich antworte.»

«Richtig. Gut. Und noch was dürfen Sie nicht vergessen.» Ich stützte die Ellbogen auf den Schreibtisch und beugte mich vor. «Wenn er Ihnen eine Frage stellt, achten Sie auf zweierlei. Sie beantworten nur die eine Frage, ohne weitere Informationen zu geben. Sie sagen die Wahrheit, aber Sie antworten nur auf die Frage. Beispiel. Er fragt, ob Sie verheiratet sind. Sie sagen die Wahrheit: ‹Ja.› Sie sagen nicht: ‹Ja, ich bin mit dem Angeklagten Johnny Morel verheiratet. Wir wurden am Soundsovielten in Soundso getraut.› Okay? Haben Sie das verstanden?»

Wir waren schon mehr als eine Stunde dabei. Es war später Nachmittag, und die Sonne, die durchs Fenster fiel, wanderte über die gebräunte Haut ihres Gesichts und der Schultern. Sie warf den Kopf zurück und rutschte hin und her, bis das Licht sie nicht mehr blendete. «Was sage ich zu der Vorstrafe wegen Drogenbesitz?»

Ich lehnte mich zurück und sank langsam tiefer in meinen Sessel. Einen Augenblick sah ich sie einfach nur an. «Sie fragen mich das jedesmal, und ich werde Ihnen immer wieder das gleiche antworten. Es ist ganz einfach. Sie sagen die Wahrheit. Sie wurden wegen eines Drogendeliktes verurteilt. Das ist Jahre her. Seitdem sind Sie nicht wieder straffällig geworden. Sagen Sie die Wahrheit, Mrs. Morel. Es ist vielleicht nicht immer das beste, aber es hat den Vorteil, daß man sie sich am leichtesten merken kann.»

Sie nickte, wie sie es immer tat. Offensichtlich glaubte sie, daß ich das sagen mußte, egal, ob ich es ernst meinte oder nicht.

«Daß Sie verurteilt wurden, ist nicht weiter tragisch, es sei denn, die Anklage ruft einen Zeugen auf, der bei der Verhandlung aussagt, Sie seien drogenabhängig.»

Sie wandte den Blick nicht ab, zuckte aber leicht zusammen. «Na schön, ich nehme manchmal was – nicht viel – bloß ganz wenig, damit ich durchhalte, wenn ich es brauche.»

Ich dachte an das erste Mal und wie selbstbewußt sie gewirkt hatte, als sie in mein Büro kam. «Wie neulich, als Sie zum erstenmal hier waren?» Sie sagte nichts, aber das war auch nicht nötig. Wir brauchten beide kein Wort mehr darüber zu verlieren. Schließlich fingen wir wieder von vorn an und gingen ihre Aussage durch, Frage für Frage, Antwort für Antwort, bis zum Ende.

«Das reicht», sagte ich mit einer müden Handbewegung. «Nächste Woche ist Generalprobe.»

Sie stand auf. «Wollen Sie immer noch den Namen?»

Ich hatte keine Ahnung, was sie meinte. «Welchen Namen?» fragte ich und erhob mich ebenfalls.

«Sie haben letztes Mal gesagt, ich sollte versuchen, mich daran zu erinnern, ob es jemanden gibt, der über Johnny und Michelle aussagen könnte, jemand, der weiß, wie er sie behandelt hat und wie sie sich benahm.»

«Gibt es denn jemand?»

Sie griff in ihre Handtasche und reichte mir ein Stück Papier. «Myrna Albright. Sie lebt in Oregon City.»

Ich konnte es nicht fassen. «Wer ist das?» fragte ich und studierte Namen und Adresse, die mit kindlicher Handschrift auf den Zettel gekritzelt waren.

«Eine alte Freundin von mir. Sie hat mit Michelle und mir zusammengewohnt, bevor ich Johnny heiratete. Sie kann Ihnen alles erzählen.»

«Warum ist Ihnen das nicht schon viel früher eingefallen?» fragte ich scharf.

Sie zögerte eine Sekunde; nichts deutete darauf hin, daß sie Zeit brauchte, um über die Antwort nachzudenken. «Ich hatte sie eine Weile aus den Augen verloren und wußte nicht, wo sie wohnt.»

Ich glaubte ihr kein Wort, aber das spielte keine Rolle. Ich würde selbst rauskriegen, was Myrna Albright wußte. «Und jetzt wissen Sie es wieder. Haben Sie mit ihr darüber gesprochen?»

«Nein. Eine Freundin hat mir erzählt, wo sie wohnt. Aber ich wußte nicht, ob ich mit ihr sprechen sollte, bevor Sie es tun.»

«Das war sehr vernünftig von Ihnen», versicherte ich und öffnete ihr die Tür.

Kaum war sie gegangen, griff ich zum Hörer. «Sagen Sie alle Termine für heute ab, Helen, ich muß nach Oregon City.»

Oregon City lag eine halbe Autostunde von meinem Büro entfernt. Vor mehr als hundert Jahren hatte der Oregon Trail hier geendet. Hundert Meilen weiter östlich konnte man heute noch die Furchen der Planwagen sehen, die Jahr für Jahr die dreimonatige Reise von Missouri und Nebraska über Prärien, Berge und die hohen, mit bleichen Knochen übersäten Wüsten des Westens überstanden hatten. Getrieben von dem unerklärlichen Impuls, an einem ihnen völlig unbekannten Ort ein besseres Leben zu finden, waren die Siedler zu Tausenden hierhergeströmt und hatten Familien, Freunde und alles, was ihnen vertraut war, hinter sich gelassen. Sie überschwemmten das Land wie eine unerbittliche Naturgewalt, bis sie das ganze Willamette Valley mit ihren Farmen überzogen hatten und das Land vergeben war. Mittlerweile waren sie und alles, wofür sie ihr Leben lang geschuftet hatten, verschwunden. Die letzte Farm in Oregon war an Stadtplaner verkauft worden, und das einzige, was noch an jene Männer und Frauen erinnerte, die ihr Leben riskiert hatten, um hierherzugelangen, war eine kleine, verwitterte Statue im öffentlichen Park.

Myrna Albright lebte in einem zweistöckigen, mit Schindeln gedeckten Apartmenthaus. Es lag in einer Seitenstraße auf dem Hügel. Unten am Fluß stand eine graue Aschenwolke über dem Ziegelschornstein der Papierfabrik. Neben der mit einem Fliegengitter versehenen Eingangstür war eine kleine Holztafel mit der Aufschrift «Avon Apartments» angebracht. Ich ging die Namen an den Briefkästen durch, bis ich Albright fand. Apartment 6A. Unsicher tastete ich mich durch den muffigen Gang bis zur letzten Tür, klopfte leise und wartete. Keine Reaktion. Ich klopfte erneut, diesmal etwas lauter. Aus dem Inneren kamen gedämpfte Geräusche. Dann ging die Tür langsam ein paar Zentimeter auf. Ein Auge spähte über die Messingkette, die sich in dem schmalen Zwischenraum spannte.

«Wer ist da?» fragte sie mißtrauisch. Ich stellte mich vor. Sie schloß die Tür ohne ein Wort, und ich hörte, wie der Riegel durch das Sicherheitsschloß glitt, bevor sie aufmachte.

«Kommen Sie rein», sagte sie nach einem raschen Blick in den Gang.

Sie war hoch gewachsen, hatte breite, männliche Schultern und grobknochige Hände. Ihr kurzgeschnittenes schwarzes Haar fiel in einem geraden Pony über die Stirn. Kinn und Wangenknochen vereinten sich zu einem spitzen Dreieck. Ein dunkelgrüner Morgenmantel schleifte hinter ihr über den Boden wie Binden, die um eine Mumie flattern.

Sie setzte sich an den Eßtisch, auf dem sich Berge von Zeitungen, Illustrierten und ungeöffneter Post stapelten. In einer Ecke hatte sie etwas Platz für eine Bierflasche und einen von Kippen überquellenden gläsernen Aschenbecher gemacht. Aus der brennenden Zigarette, die darauf lag, stieg dünner Rauch auf. Sie griff nach ihr und zog daran, wie ein Taucher, der nach Luft ringt.

Nach dem zweiten Zug blickte sie stur vor sich hin. Nur die Kiefer mahlten lautlos, und auf ihrem leicht herabgezogenen Mund erschien ein verächtliches Lächeln. Sie sah auf und deutete mit einem zynischen Ausdruck in den Augen auf den einfachen Holzstuhl an der anderen Seite des Tisches.

«Sie sind also Johnny Morels Anwalt. Komisch, Sie sehen eigentlich gar nicht aus wie ein Pflichtverteidiger.»

«Das bin ich auch nicht.»

Sie runzelte die Stirn. «Also hat sie auch Sie rumgekriegt. Na ja, darin war sie schon immer gut», sagte sie.

«Ich weiß nicht, was Sie meinen. Niemand hat mich rumgekriegt.»

«Wenn Sie nicht mit ihr ins Bett gehen, warum verteidigen Sie ihren Mann? Bestimmt nicht wegen Geld. Er hat keins.»

«Ich habe den Fall übernommen, weil man mich darum gebeten hat.»

«Das würde Denise nicht abhalten. Sie hat Ihnen doch bestimmt schon ein Angebot gemacht, oder?»

Das ging sie nichts an. «Der Grund, warum ich mit Ihnen reden wollte –»

«Sie streiten es also nicht mal ab?»

«Hören Sie, ich bin nicht gekommen, um –»

«Es ist mir egal, warum Sie gekommen sind», fauchte sie. «Sie haben doch keine Ahnung, mit wem Sie es zu tun haben, oder? Glauben Sie wirklich, ich wüßte nicht, daß sie es bei Ihnen versucht hat? Das macht sie immer so bei Männern – bei Frauen übrigens auch, wenn Sie es genau wissen wollen. Hauptsache, sie haben was, das sie gern hätte. Sehen wir der Sache ins Auge, genau das trifft bei Ihnen zu. Sie möchte, daß Sie Johnny Morel helfen. Und es gibt nur eine Möglichkeit, Sie dazu zu bringen. Es ist das einzige, worauf sich diese Schlampe versteht. Damit kriegt sie alle rum. Sie benutzt Menschen, ganz gleich, wen. Mich hat sie auch benutzt.»

Sie hatte die Zigarette bis zum Filter aufgeraucht. Ein träges Stück Asche drohte jeden Moment herunterzufallen. Sie stieß das Ende in den überquellenden Aschenbecher und drückte es aus. Asche flog in die Luft und senkte sich dann langsam als feiner grauer Niederschlag auf den Tisch.

«Denise und ich waren ein Paar. Besser gesagt, ich liebte sie, und sie hat es ausgenutzt», sagte sie achselzuckend. «Bei Denise ist immer alles sehr einseitig.»

Sie zündete sich eine neue Zigarette an. «Ich sollte aufhören damit», sagte sie, als sie das Streichholz mit einer raschen Handbewegung löschte. «Aber das ist das einzige Laster, das mir geblieben ist. Von Drogen und Alkohol bin ich schon runter.» Ich warf einen Blick auf die halbleere Bierflasche. «Hin und wieder schummele ich ein bißchen. Aber nur Bier. Ich hab seit fast zwei Jahren keine scharfen Sachen mehr getrunken und seit einem Jahr nicht mehr gedrückt.» Sie beugte sich vor und stützte die Ellbogen auf den Tisch. «Ich bin eine sogenannte trockene Alkoholikerin. Und ein ehemaliger Junkie. Ich trinke ab und an ein Bier, aber Drogen kommen mir nicht mehr ins Haus.» Sie lächelte, diesmal ohne jeden Zynismus. «Nicht mal Methadon.»

Ihr Blick schweifte über die Flohmarktmöbel in dem schäbigen Zimmer. Ein verblichener beigefarbener Läufer bedeckte das schmuddelige Linoleum unter dem Holztisch. In einer Ecke neben dem Flur, der wahrscheinlich zum Schlafzimmer führte, standen ein alter grauer Sessel mit dicken runden Lehnen und durchhängendem Polster und eine billige Stehlampe mit einem zerrissenen rosa Schirm und einem ausgefransten Kabel.

Als sie mich wieder ansah, flackerte eine Frage in ihren Augen, doch nur eine Sekunde lang, dann war sie wieder verschwunden, abgelöst von dem gewohnten Zynismus, mit dem sie sich gegen ihre Umgebung zu schützen versuchte. Sie klopfte mit den Fingerspitzen auf den Tisch und sah sich ruhelos im Zimmer um. «Ich hab nicht immer so gelebt. Ob Sie es glauben oder nicht, aber es gab eine Zeit, da wollte ich dasselbe werden wie Sie», sagte sie mit einem Blick, der jeden Anflug von Ungläubigkeit im Keim erstickte.

Ich war mir nicht sicher, was sie meinte. Ich sah sie einfach nur an und wartete auf eine Erklärung.

«Schon als junges Mädchen hatte ich Anwältin werden wollen. Damals war ich noch nicht mal in der High-School. Ich fand das toll, verstehen Sie? Anwältin zu sein, vor der Jury zu stehen, die Unschuldigen zu verteidigen und die Schuldigen hinter Schloß und Riegel zu bringen. So stellte ich mir das vor.»

Sie sah auf, um meine Reaktion abzuschätzen. «Und was hat Sie daran gehindert?» fragte ich. Schon während ich fragte, wußte ich, daß ich eigentlich nur wissen wollte, was aus den Träumen wird, die man hat, wenn man jung ist, bevor die Umstände das Leben verändern und einen in Bahnen weisen, die man nie hat einschlagen wollen.

«Ich hätte es schaffen können.» Ihre großen dunklen Augen starrten ins Leere, auf etwas, das nur sie sehen konnte, etwas, woran nur sie sich erinnerte. «Aber das spielt jetzt keine Rolle mehr», sagte sie dann plötzlich.

Die spätsommerliche Nachmittagssonne fiel durch den Gazevorhang vor dem einzigen Fenster im Raum und tauchte alles in weiches goldenes Licht. Sie stand auf und zog den Vorhang zurück. Das Fenster war sauber und klar. Ein Blumenkasten mit weißen, roten und orangefarbenen Geranien stand auf dem Sims.

Myrna lehnte sich gegen die Fensterbank und fuhr sich mit den Fingern durch das kurze, tintenschwarze Haar. «Schauen Sie», sagte sie und hob den Blick vom Boden. «Ich bin Alkoholikerin, ich bin Junkie, ich bin eine ganze Menge. Aber Sie können trotzdem wieder zurückfahren und der süßen Denise erklären, daß Sie sich jemand anders suchen soll. Ich mache es nicht. Und außerdem können Sie ihr sagen, wenn ich überhaupt aussagen würde, dann höchstens für die Anklage!» Ihre Stimme zitterte plötzlich.

Sie kam zum Tisch zurück und zündete sich eine neue Zigarette an. Dann setzte sie sich wieder. «Sie war gestern abend hier. Sagte, daß sie meine Hilfe brauchte. Daß Michelle die Story erfunden hätte, um Johnny Ärger zu machen. Alles, was ich tun müßte, wäre auszusagen, daß Michelle Johnny haßte, weil er ihr nicht alles durchgehen ließ. Und dann sagte sie, wenn ich das täte, wüßte sie, daß ich sie immer noch liebe, und hätte wieder ein besseres Gefühl, was uns angeht. Sie hat sogar gesagt, daß wir wieder mehr Zeit miteinander verbringen sollten, wie früher ... vor Johnny.»

Ihre Brust hob sich, als sie den Rauch der Zigarette einsog. Ihre Augen waren ständig in Bewegung und kehrten immer wieder zu mir zurück. «Können Sie sich vorstellen, was ich ge- antwortet habe?» fragte sie, und ihr Mund verzog sich zu einem sarkastischen Grinsen. «Ich habe gesagt, ich würde alles tun, was sie will, sogar als Zeugin aussagen. Und als sie gestern abend hier weggegangen ist, hat sie bestimmt keine Sekunde daran gezweifelt, daß ich genau das tun werde. Ich hab's Ihnen gesagt, sie benutzt Menschen, Mr. Antonelli. Darin ist sie wirk- lich sehr gut.»

Ich war gereizt und verlor allmählich die Geduld. Denise Morel hatte gelogen, und Myrna Albright vergeudete meine Zeit. Ich hätte gehen sollen, aber ich blieb. Ich fragte mich, was diese seltsame Frau im Sinn hatte; es war ein Rätsel, das mich immer mehr fesselte.

«Warum haben Sie ihr nicht einfach gesagt, daß Sie nicht mitspielen?»

«Sie kennen sie nicht besonders gut, nicht wahr? Wie sollten Sie auch. Nun, ich will Ihnen ein wenig über sie erzählen, ge- rade soviel, daß Sie sich selbst ein Bild davon machen können, warum ich das nicht sagen konnte.»

Sie hatten sich bei einem Treffen der Anonymen Drogenab- hängigen für Insassen des Kreisgefängnisses kennengelernt. Als beide wieder draußen waren, hatten sie eine billige Wohnung in der East Side von Portland gefunden und Michelle, Denises Tochter, zu sich genommen. Myrna hatte sie sehr gern gehabt und sich rührend um sie gekümmert. Denise blieb manchmal tagelang von zu Hause fort und ließ sich mit jedem ein, der ihr Geld für den nächsten Schuß gab.

«Ich hatte kein Geld, nur das, was ich von der Fürsorge be- kam, und das reichte kaum für die Miete. Aber Denise lieh sich alles, was ich hatte, oder nahm es einfach. Nicht nur Geld. Ich hatte einen alten Wagen – er machte nicht viel her, aber er fuhr. Er war das einzige, was ich besaß. Eines Abends nahm sie ihn und verschwand. Nach ein paar Tagen kam sie wieder und behauptete, er sei ihr gestohlen worden. Sie hat ihn verkauft – ich weiß es. Sie hat alles genommen, was ich hatte – Kleider, alles.»

Sie schwieg und rauchte. «Lachhaft, nicht? Ich zahle für alles, kümmere mich um ihre verdammte Tochter, sie beklaut mich – und ich bin dermaßen verknallt, daß ich jedesmal, wenn sie abhaut, nur darüber nachdenke, wie ich sie dazu bringen kann, bei mir zu bleiben!» Sie wandte den Blick ab, und ihr Gesicht verlor sich im düsteren Schatten des Abscheus vor sich selbst.

«Glauben Sie an Gott, Mr. Antonelli?» fragte sie, ohne mich anzusehen. «Ich nicht. Ich glaube an nichts – rein gar nichts –, bis auf eine Ausnahme. Ich glaube an die Existenz des Bösen. Es gibt das Böse auf der Welt, Mr. Antonelli, und es hat nichts mit Menschen zu tun, die sich nicht im Griff haben. Ich bin süchtig. Ich habe Menschen bestohlen, Menschen, die sich um mich sorgten, Menschen, die mich liebten und mich immer geliebt hätten, ganz egal, was ich tat oder was aus mir geworden wäre. Aber ich habe nie vorsätzlich jemandem geschadet.» Sie hielt inne und sah mich eindringlich an. «Denise und Johnny Morel sind böse, Mr. Antonelli. Sie haben schreckliche Dinge getan, verbotene Dinge. Sie dürfen nicht einfach so davonkommen.»

Sie war außer sich. Ihre Augen glänzten vor Wut, ihre Hände zitterten. «Eines Tages schleppte sie Johnny Morel an. Sie ging mit mir in die Küche und redete davon, wieviel Spaß wir haben könnten, wenn wir es zu dritt machten. Da wußte ich, daß sie nicht einfach nur mit ihm geschlafen hatte. Sie hatte ihm erzählt, daß sie mich dazu bringen konnte, alles für sie zu tun, sogar, mit ihm zu schlafen, wenn sie wollte. Sie hatte mich verraten, und ich sagte ihr, sie sollte sich zum Teufel scheren! Und wissen Sie, was sie darauf antwortete?!»

Sie saß mit haßverzerrtem Gesicht auf der Stuhlkante. «Sie sagte, es sei egal, Johnny interessierte sich sowieso mehr für Michelle! Und dann sind sie gegangen, Mr. Antonelli, sie sind ge-

85

gangen und haben Michelle mitgenommen! Und jetzt glaubt sie tatsächlich, sie kann einfach herkommen und mich um Hilfe bitten?! Ich soll ihnen helfen?! Ich hätte sie umbringen sollen! Und ich wünschte, ich hätte es getan! Ich wünschte, ich hätte irgendwas unternommen, um das arme Kind zu retten.»

Sie hatte sich erhoben und stand jetzt direkt vor mir. «Also fahren Sie zurück und erzählen Sie meiner schönen Denise, was ich gesagt habe. Fragen Sie, wie es ist, belogen und betrogen zu werden. Und dann, Mr. Antonelli, stellen Sie sich mal die Frage, was Sie tun werden, um das Ganze zu einem guten Ende zu bringen.»

Ich fuhr nach Portland zurück. Myrna Albrights letzte Worte hämmerten in meinem Kopf. Falls sie beschloß, zur Polizei zu gehen, wäre Denise Morels Glaubwürdigkeit dahin. Ich fragte mich bloß, warum die Kleine nicht noch viel mehr gesagt hatte. Johnny Morel hatte ihren jungen Körper aufs Bett geworfen und sie vergewaltigt, genau, wie sie behauptet hatte. Aber es war weder das erste noch das einzige Mal gewesen.

Zurück im Büro, rief ich Denise Morel an. Sie hörte sich an, was ich zu sagen hatte, und tat es als Gefasel einer drogenabhängigen Spinnerin ab, der sie nie im Leben hätte vertrauen dürfen. Aber es spielte ohnehin keine Rolle. Ihr war noch etwas eingefallen. Ein paar Monate bevor ihre Tochter die schweren Beschuldigungen gegen ihren Stiefvater erhob, hatte sie schon einmal jemanden fälschlich beschuldigt. Mittlerweile wunderte mich gar nichts mehr.

6

Nur in einer leeren Kirche ist es so still wie in einem leeren Gerichtssaal. Ich nahm an dem der Geschworenenbank zugewandten Ende des Anwaltstisches Platz und wartete. Es gab nichts mehr zu tun. Ich war so gut wie nur irgend möglich vorbereitet. Die Verhandlung würde ein Eigenleben entfalten. Vor Beginn eines Prozesses war ich noch nie nervös gewesen, nicht einmal am Anfang meiner Karriere. Schließlich befand ich mich in meiner eigenen Welt, in der alles seine Ordnung und Logik hatte. Außerhalb dieser Welt mußten sich Männer und Frauen mit allen Unwägbarkeiten des Lebens herumschlagen. Eine Verhandlung jedoch hatte einen Anfang und ein Ende, und wenn sie vorbei war, wußte man, wer gewonnen und wer verloren hatte. Es war genauso wie in den Schwarzweißfilmen, die ich als Kind gesehen hatte.

Ein leises Quietschen unterbrach die Stille. Die Tür am Ende des Gerichtssaals ging auf, und Johnny Morel wurde, an Armen und Beinen gefesselt, durch den Mittelgang nach vorn geführt. Die Ketten klirrten leise im Takt seiner Schritte, als er durch die Schranke trat und auf dem Stuhl neben mir Platz nahm.

«Vorsicht!» jammerte er, als ihm die Handschellen abgenommen wurden. «Die beschissenen Dinger sind viel zu eng!»

Es war das erste Mal, daß ich ihn in Zivil sah. Seine Frau war aufgefordert worden, ihm seine besten Klamotten von zu Hause mitzubringen. So trug er jetzt ein verblichenes hellbraunes Hemd mit durchgescheuertem Kragen, eine braune Hose, die oberhalb der Knöchel endete, braune Schuhe, mindestens eine

Nummer zu groß, und weiße Socken. Er sah aus, als gehörte er zu einer Müllabfuhrkolonne, die am Rand eines Highways leere Dosen und Papier einsammelt.

Er rieb sich noch die Handgelenke, als ein lauter Krach im ganzen Gerichtssaal widerhallte. Horace Woolner, der eine große Pappschachtel mit Unterlagen unter dem Arm und eine ausgebeulte Aktentasche in der Hand hielt, hatte mit der Schulter die Tür aufgestoßen und sie dabei fast aus den Angeln gehoben. Er stellte die Schachtel auf den Tisch und fing an, in seiner Aktentasche zu kramen.

«Wer ist das?» flüsterte Morel heiser.

«Der Staatsanwalt.»

«Was macht er hier?» fragte er. In seiner Stimme schwang nervöse Unruhe mit. «Was macht er hier?» wiederholte er drängender. «Was macht er hier?» durch zusammengebissene Zähne. Sein ganzer Körper war angespannt.

Ich ignorierte ihn, und das stachelte ihn erst recht an. Er holte aus und versetzte mir einen Schlag gegen die Schulter. Ich griff nach seinem Handgelenk und stieß ihn zurück, so hart ich konnte. Dann sprang ich auf. Er war genauso schnell auf den Beinen wie ich. Einen Augenblick hatte ich Angst, er würde mir an die Kehle gehen.

«Was macht er hier?!» kreischte er.

In dem Moment sprang der Polizist, der ihn hereingeführt hatte, über die Absperrung, packte ihn an den Ellbogen und drehte ihm die Arme auf den Rücken. Irgendwie schaffte er es, ihn mit einem Arm festzuhalten und ihm mit der anderen Hand die Handschellen wieder anzulegen.

Und Morel schrie immer noch: «Was macht er hier? Was macht er hier?!» Es war nervtötend, trotz seiner Gleichförmigkeit. Seine Augen waren die reinsten Hexenkessel. «Ich laß doch nicht von einem verdammten Nigger über mich zu Gericht sitzen!» tobte er und versuchte sich loszureißen.

Der Polizist hielt ihn umklammert, und ich brüllte ihm in sein wutverzerrtes Gesicht: «Dann bekennen Sie sich schuldig und bringen die Sache hinter sich! Oder setzen Sie sich sofort hin, halten Ihr gottverdammtes Maul und seien Sie froh, daß wir Sie nicht hier sitzen lassen, damit er Ihnen jeden Knochen im Leib einzeln bricht!»

Ich warf Horace Woolner einen Blick zu, bereit, mich sofort bei ihm zu entschuldigen. Er gab sich Mühe, nicht laut loszuprusten.

Leopold Rifkin glaubte daran, daß man nicht einmal Anwälte warten lassen durfte. Peinlich um neun Uhr dreißig nahm er auf dem Richterstuhl Platz und rief den Fall auf.

Woolner war bereits aufgestanden. «Wir verhandeln gegen Johnny Morel, Euer Ehren.» Nach einer kurzen Pause fuhr er fort: «Die Anklage ist bereit, Euer Ehren.»

Rifkin war unbewegt, beinahe gleichgültig. Er warf mir einen Blick zu. «Ist die Verteidigung soweit, Mr. Antonelli?»

«Die Verteidigung ist soweit, Euer Ehren. Zuvor möchte ich jedoch einen Antrag stellen.» Ich wartete und horchte dabei auf das leise, methodische Surren eines Ventilators. Rifkin nickte aufmerksam. «Ich möchte das Gericht bitten, die Zeugen von der Verhandlung auszuschließen, Euer Ehren.»

Der Antrag war gang und gäbe, und das Gericht mußte ihm stattgeben. Niemand, der als Zeuge aussagen würde, durfte mitanhören, was andere Zeugen unter Eid aussagten. Ich kannte die Regeln, und ich wußte, wie man sie benutzt.

«Noch weitere Anträge?» fragte Rifkin sachlich. Als es keine gab, gab er dem Gerichtsdiener das Zeichen, die Geschworenen hereinzuführen.

Zwei Dutzend meist ältere Männer und Frauen stapften unsicher durch den Mittelgang und nahmen auf den vorderen drei Bankreihen Platz. Rifkin begrüßte sie mit einem freundlichen Lächeln.

«Meine Damen und Herren», begann er und beugte sich vor. «Ich bin Leopold Rifkin, Richter am hiesigen Circuit Court. Sie sind geladen worden, um als Geschworene an der Verhandlung gegen Johnny Morel teilzunehmen. Es handelt sich um einen Strafprozeß. Als erstes werde ich Ihnen jetzt die formelle Anklageschrift gegen den Angeklagten vorlesen.»

Mit peinlicher Genauigkeit verlas Rifkin Wort für Wort die zweiseitige Anklage. Am Ende sah er auf und ließ seinen Blick langsam über die drei Reihen der ihm zugewandten Gesichter schweifen. «Zu diesen Vorwürfen hat sich der Angeklagte nicht schuldig bekannt. Mit anderen Worten, der Angeklagte hat die Beschuldigung gegen sich zurückgewiesen.» Er hielt inne, um die Bedeutung seiner Worte einwirken zu lassen, und fuhr dann energisch fort: «Der Angeklagte hat sich für nicht schuldig erklärt, und das Gesetz, so belehre ich Sie hiermit, geht davon aus, daß er im Sinne der Anklage unschuldig ist. Diese Unschuldsvermutung wird ihm während der gesamten Verhandlung zugestanden. Er gilt so lange als unschuldig, bis das Gericht seine Schuld mit moralischer Gewißheit und über alle berechtigten Zweifel hinaus festgestellt hat. Als Geschworene haben Sie die Pflicht, die Zeugenaussagen anzuhören und sich erst dann ein Urteil zu bilden, wenn Sie in die Geschworenenkammer zurückgekehrt sind und sich untereinander sorgfältig beraten haben.»

Rifkin hatte ihnen die Schwere ihrer Verantwortung vor Augen geführt. Jetzt entspannte er sich und wurde beinahe liebenswürdig. Zunächst stellte er ihnen den Staatsanwalt, den Angeklagten und mich vor. Dann fragte er, ob jemand unter ihnen sei, der uns kannte. Das wurde verneint. Rifkin fuhr fort, daß wir nun anfangen könnten, die Jury zusammenzustellen. In ein paar Minuten würde der Gerichtsdiener zwölf Namen ziehen. Anschließend würden diese Männer und Frauen von den beiden Anwälten befragt. Die Fragen, so beeilte er sich hinzuzufügen, seien nicht dazu bestimmt, sie in Verlegenheit zu bringen, sondern zu der Feststellung beizutragen, wer sich als Geschworener für diesen Fall eigne.

Die potentiellen Geschworenen in den ersten drei Reihen hatten aufmerksam gelauscht, als Rifkin mit der Autorität eines alttestamentarischen Propheten die Anklageschrift verlesen und die Unschuldsvermutung erläutert hatte. Jetzt nickten sie und lächelten einander zu, als unterhielten sie sich über den Gartenzaun hinweg mit einem Freund. Rifkin verlor keine Sekunde die Kontrolle.

«Da ist noch etwas», bemerkte er fast beiläufig. Sie alle hätten die Anklage gehört. Der Angeklagte werde beschuldigt, ein Kind unter vierzehn vergewaltigt zu haben. Ob es in der Natur der Anklage irgend etwas gebe, fragte er ruhig, aber entschieden, das es einem von ihnen unmöglich mache, «gerecht und unvoreingenommen zu sein»?

Die Frage, ein erster Hinweis auf die Grausamkeit, die gleich unter der Oberfläche dieses zivilisierten Prozesses lauerte, hing im Raum. Dann erhoben sich langsam und zögernd zwei Hände wie weiße Fahnen auf einem Schlachtfeld. Eine davon gehörte der Mutter eines Kindes, das sexuell mißbraucht worden war, die andere einer Frau, die selbst Opfer einer Vergewaltigung gewesen war. Nach einem kurzen Wortwechsel, in dem sie sich für befangen erklärten, wurden sie von Rifkin entlassen.

Der Gerichtsdiener zog die Namen von fünf Männern und sieben Frauen. «Mr. Antonelli», sagte Rifkin ruhig, «fangen Sie an.»

Höflich stellte ich der ersten Geschworenen meine Frage: «Glauben Sie, daß alle Menschen dem Gesetz gehorchen sollten, Mrs. Hunsinger?»

Die Frage überrumpelte sie. «Äh, ja, natürlich.»

Ich sah sie einen Augenblick an, runzelte dann die Stirn und lächelte: «Sie selbst eingeschlossen, Mrs. Hunsinger?»

Die Überrumpelung verwandelte sich in Erstaunen. «Ja», antwortete sie rasch, fast als hätte sie Angst, man wolle etwas gegen sie vorbringen.

«Dann möchte ich Sie etwas fragen. Vor ein paar Minuten hat Richter Rifkin erklärt, daß nach dem Gesetz der Angeklagte freigesprochen werden muß, wenn die Anklage seine Schuld nicht zweifelsfrei nachweisen kann. Meine Frage lautet: Wenn Sie alle Zeugenaussagen gehört hätten, in die Geschworenenkammer zurückgekehrt wären, um sich mit den anderen Geschworenen zu beraten, und dann zu dem Schluß gekommen wären, daß der Angeklagte wahrscheinlich schuldig ist, die Anklage es jedoch nicht zweifelsfrei nachgewiesen hat, würden Sie dann dem Gesetz folgen und auf ‹nicht schuldig› erkennen?»

«Ja», sagte sie, ohne zu zögern.

«Vor mehreren hundert Jahren hat William Blackstone in seinen berühmten *Commentaries on the Laws of England* geschrieben, daß es ‹in unserem Rechtssystem besser ist, wenn zehn Schuldige freikommen, als daß ein Unschuldiger verurteilt wird›. Würden Sie diesem Satz zustimmen?»

Ich warf einen verstohlenen Blick auf Rifkin. Er ließ keinerlei Reaktion erkennen.

Die Vorbefragung der Geschworenen dauerte Stunden und zog sich insgesamt über zwei Tage hin. Woolner stellte nur wenige Fragen und manchen Geschworenen gar keine. Kaum war ich mit einer Befragung fertig, hatte ich schon die nächste vor mir, immer auf der Suche nach einer neuen Art, den Umstand des «zweifelsfreien Nachweises» zu definieren. Nachdem wir sieben der zwölf ursprünglich auf die Geschworenenbank berufenen Jurymitglieder ohne Angabe der Gründe abgelehnt und ihre Nachfolger ebenfalls befragt hatten, war es endlich vorbei. Ich unterschrieb die Einverständniserklärung des Angeklagten und überreichte sie der Protokollführerin.

In diesem Augenblick packte mich Morel am Arm. «Was ist los?» flüsterte ich.

«Die Frau in der zweiten Reihe, ganz am Ende der Bank. Sie gefällt mir nicht. Ich will sie nicht in der Jury haben.»

«Sie bleibt. Außerdem ist es zu spät. Ich habe dem Gericht soeben bestätigt, daß ich einverstanden bin.»

«Sagen Sie dem Gericht, daß Sie einen Fehler gemacht haben.» Er drückte mir wütend den Arm. «Ich will sie nicht in der Jury haben.»

Ich zwang mich zu einem Lächeln, damit keiner aus der Jury, der uns beobachtete, auf dumme Ideen kommen konnte. «Wenn Sie noch ein Wort sagen», flüsterte ich mit einem Lächeln, das geradezu festgefroren schien, «verlasse ich auf der Stelle diesen Gerichtssaal, und Sie sehen mich nie wieder.» Ich schob den Stuhl zurück, als wollte ich aufstehen. Er sah mich verblüfft an, unsicher, ob ich es wirklich ernst meinte. Dann wandte er sich verdrossen ab und hielt den Mund.

Mit Hilfe einer Reihe von Notizzetteln und einer Tafel, die seine Argumentation illustrieren sollte, begann Woolner sein Eröffnungsplädoyer. Er stand mit dem Zeigestock in der Hand vor den Geschworenen und sprach ruhig, ohne jede Spur von Entrüstung. Er war ein Schwarzer, der zu einer ausschließlich mit Weißen besetzten Jury sprach, und doch fiel es niemandem auf. In seiner Gegenwart wurde die Rassenzugehörigkeit zu einer Nebensache, die man ebensowenig zur Kenntnis nahm wie die Haarfarbe oder den Lippenstift seines Gegenübers. Er hatte dem allgemeinen Vorurteil getrotzt und sich wenigstens einen Teil des amerikanischen Traums gesichert, und alle Mitglieder der Jury wußten es, ohne darüber nachzudenken.

Die Anklage, so erklärte er ihnen, werde ihre Beschuldigungen Punkt für Punkt zweifelsfrei nachweisen. Michelle Walker werde aussagen, der Angeklagte, ihr Stiefvater Johnny Morel, habe sie ins Schlafzimmer gerufen, dort nackt auf sie gewartet, sie aufs Bett geworfen und ihr den Pyjama ausgezogen. Er sei mit dem Penis in sie eingedrungen, habe Geschlechtsverkehr mit ihr gehabt und sei zum Höhepunkt gekommen.

Aus dem Augenwinkel beobachtete ich die Jurymitglieder, als sie zum erstenmal die grausamen Einzelheiten der Beschuldigung hörten, die sie bisher nur in groben Umrissen aus der Anklageschrift kannten. Sie wirkten ziemlich betroffen.

Woolner fuhr fort und verzichtete auf jeden Versuch, Emotionen auszulösen. Darüber hinaus werde das Mädchen aussagen, daß der Angeklagte, nachdem er sie vergewaltigt habe, ein Jagdmesser unter dem Kopfkissen herausgezogen, es ihr an die nackte Brust gehalten habe, bis es weh tat, und ihr erklärt habe, daß er sie umbringen werde, falls sie je einer Menschenseele erzählen sollte, was er mit ihr gemacht hatte. Obwohl sie noch ein halbes Kind war, hatte sie dann doch jemand davon erzählt, und zwar einer Sozialarbeiterin, die bezeugen werde, das Mädchen habe ihn beschuldigt, sie «sexuell mißbraucht» zu haben.

Woolner war sehr gut. Er hatte gerade eine Verbindung gezogen, die er unmöglich in die Beweisaufnahme einbringen konnte. Michelle konnte bezeugen, was geschehen war, und jeder, dem sie davon erzählte, konnte bezeugen, daß sie davon erzählt hatte, aber niemand außer ihr selbst konnte die Identität der Person bezeugen, die sie vergewaltigt hatte. Das wäre Wiedergabe von Behauptungen Dritter, und es war nicht gestattet, sie vor der Jury zu wiederholen. Doch schon hatten die Geschworenen sie gehört, obendrein auf eine Art, die sie nicht vergessen würden. Die Kleine würde aussagen, von ihrem Stiefvater vergewaltigt worden zu sein. Die Sozialarbeiterin würde bezeugen, daß Michelle ihr erzählt hatte, sie sei vergewaltigt worden. Sollte man etwa glauben, daß das Kind da aufgehört und kein Wort über den Täter verloren hatte? Immerhin hatte man ihn doch verhaftet, nicht wahr?

Jetzt war ich dran. Die offenen, freundlichen Gesichter, die

94

mich bei der Vorbefragung begrüßt hatten, waren verschwunden. Auch die Unschuldsvermutung, die sie dem Angeklagten einstimmig während der ganzen Verhandlung hatten zubilligen wollen, hatte sich bereits in Luft aufgelöst. Die Geschworenen musterten mich skeptisch, ja feindselig. Ich hatte noch kein Wort gesagt, und schon stand ihr Urteil fest.

Ich beschloß, auf ihre instinktive Abneigung einzugehen. «Man kann sich beim besten Willen nichts Schlimmeres vorstellen, als das, was nach den Worten des Staatsanwalts diesem jungen Mädchen angetan wurde. Nichts, rein gar nichts, bis auf eine einzige Ausnahme: sich fälschlicherweise einer solchen Beschuldigung ausgesetzt zu sehen.»

Zwei kurze Sätze, und schon kamen die Dinge wieder ins Gleichgewicht. Ein Geschworener in der zweiten Reihe nickte fast unmerklich. Ich hatte die Jury daran erinnert, wie gefährlich es war, voreilige Schlüsse zu ziehen.

Ich trat so nah an die Geschworenenbank heran, daß ich dem Mann vor mir die Hand auf die Schulter hätte legen können. Ich beugte mich vor, senkte die Stimme und gestand: «Nun, ich will es Ihnen gleich zu Anfang sagen. Der Staatsanwalt hat recht. Michelle Walker, die Stieftochter des Angeklagten, wurde tatsächlich vergewaltigt.»

Ich machte eine kleine Pause und fuhr dann fort. «Aber nicht von dem Angeklagten.» Ich drehte mich um und begann, auf und ab zu gehen. «Und auch nicht erst vor drei Monaten. Sie wurde bereits vor drei Jahren vergewaltigt, als sie gerade zehn war. Der Täter war nicht ihr Stiefvater, sondern ein Nachbar – ein Nachbar, der des Verbrechens überführt und zu einer Haftstrafe verurteilt wurde.»

Ich blieb stehen und blickte die Jury an. «Er wurde verurteilt, weil Michelle Walker, die Stieftochter des Angeklagten, gleich nach dem Vorfall weinend zu ihrer Mutter kam und ihr von der schrecklichen Sache, die ihr angetan worden war, berichtete.

Ihre Mutter tat, was alle Mütter getan hätten –» und damit senkte ich die Stimme zu einem Flüstern –, «sie rief die Polizei.»

Ich sah zu Boden und schüttelte den Kopf, als gäbe es da etwas, das ich nicht verstand. «Und jetzt behauptet Michelle Walker, die Stieftochter des Angeklagten, dasselbe noch einmal. Nur kam sie diesmal nicht weinend zu ihrer Mutter.» Ich sprach bedächtig und hob dabei langsam den Blick. «Nein, diesmal kam sie überhaupt nicht, wie ihre Mutter bezeugen wird. Diesmal wartete sie Monate – Monate! –, und dann ging sie nicht zu ihrer Mutter, sondern zu einer Fremden, einer Frau, die sie überhaupt nicht kannte. Die Frage ist, warum hat sie das getan? Warum sprach sie eine derartige Beschuldigung aus, und das einer wildfremden Frau gegenüber, obwohl das Ganze nie passiert ist?»

Wieder ging ich vor der Geschworenenbank auf und ab, versunken in das, was ich sagte, und ungeachtet dessen, was ich wußte. Ich glaubte mir selbst jedes Wort. Ich war genau wie immer zum Gefangenen der Illusion geworden, die ich selbst zu erzeugen versuchte. Ich konnte jeden täuschen, und niemanden schneller oder gründlicher als mich selbst.

«Warum?» wiederholte ich, als sei das die einzige Frage, über die sie befinden mußten. «Warum sollte sie so etwas tun?» Ich ließ mir meine Unsicherheit anmerken. Sie bewies meine Ehrlichkeit.

«Ich bin mir nicht sicher. Aber wir haben einen Zeugen, der bestätigen wird, daß dasselbe Mädchen, Michelle Walker, die Stieftochter des Angeklagten, ihm im letzten Sommer androhte, ihn wegen sexuellen Mißbrauchs zu verklagen, wenn er ihr nicht ihren Willen ließe. Und ihre eigene Mutter wird aussagen, daß Michelle ihren Stiefvater ablehnte, vielleicht sogar haßte, weil er sich weigerte, ihr alles durchgehen zu lassen. Ihre Mutter wird außerdem bezeugen, daß Michelle böse, ja beinahe unberechenbar reagierte, als ihr Stiefvater dafür sorgte, daß sie wieder zur Schule ging und sich für ihr Verhalten entschuldigte, nachdem sie den Unterricht so gestört hatte, daß sie nach Hause geschickt wurde. Hat sie deshalb ihre Geschichte erfunden? Weil sie sich nicht anpassen wollte und zu wissen glaubte, wie sie damit durchkommen würde? Ist es eine schreckliche Folge jener gräßlichen Sache, die ihr vor drei Jahren passiert ist, als sie von einem Mann vergewaltigt wurde, der nur einen Block von ihr entfernt wohnte?»

Jetzt konnte die Jury soviel Mitleid mit dem armen Kind haben, wie sie wollte. Sie war Opfer eines sexuellen Mißbrauchs, der ihr ein gestörtes Verhältnis zur Umwelt und das Wissen beschert hatte, wie man andere unter Druck setzt. Ihre eigene Mutter würde für die Verteidigung aussagen, und wer sollte besser wissen als sie, ob man dem Kind glauben konnte oder nicht? Zufrieden mit meiner Leistung, kehrte ich an meinen Platz zurück. Ich verschwendete keinen Gedanken daran, was der Kleinen tatsächlich passiert war, wie ich sehr wohl wußte. Das ging mich nichts an. Ich war Anwalt, ich hatte geschworen, alles in meiner Macht Stehende zu tun, um dem Angeklagten zum Freispruch zu verhelfen. Schließlich und endlich ist die Rechtsprechung ein ehrenwerter Beruf.

7

Woolner machte selbstbewußt den Anfang. Als erste Zeugin der Anklage rief er Michelle Walker auf. Sie hockte auf der Kante des Zeugenstuhls, ein dünnes, verlottertes Ding in einem verwaschenen Kleid und schmutzigen Schuhen. Falls ihre Klamotten je neu gewesen waren, dann, als jemand anders sie für sich gekauft hatte. Das glanzlose Haar fiel strähnig über ihre Schultern. Die hellbraunen Augen waren so trostlos wie ein später Novembertag. Sie war gerade erst dreizehn, und schon jetzt hatte sie den düsteren Blick der vom Leben Vergessenen.

Ihre Aussage enthielt keinerlei Überraschungen. Sie hatte bei ihrer Mutter und ihrem Stiefvater gewohnt. Ihre Mutter war zum Einkaufen gegangen, und sie hatte noch im Pyjama im Wohnzimmer gesessen und ferngesehen. Ihr Stiefvater hatte sie ins Schlafzimmer gerufen. Als sie eintrat, hatte er nackt neben dem Bett gestanden. Er hatte sie gepackt und aufs Bett geworfen. Sie war gegen den Bettrahmen geprallt und hatte sich am Rücken verletzt. Aber noch mehr hatte es weh getan, als er ihr den Pyjama auszog und anfing, «es zu machen».

«Zu machen?» fragte Woolner, als sie verstummte. «Kannst du der Jury ganz genau erzählen, was er gemacht hat?»

Sie blickte auf ihre kleinen Hände herab. Ihre Lippen bewegten sich lautlos. Woolner wiederholte die Frage, doch sie schien nichts um sich herum wahrzunehmen.

«Ich weiß, daß es schwer ist, Michelle», sagte er. «Aber beschreibe der Jury einfach, was passiert ist. Was hat dein Stiefvater mit dir gemacht, nachdem er dich aufs Bett geworfen und dir den Pyjama ausgezogen hat?»

Plötzlich war sie wie ausgewechselt. «Ich hab's Ihnen doch schon gesagt!» fauchte sie verächtlich. Ihr Gesicht war verzerrt. «Ich hab's Ihnen gesagt! Er hat es mit mir getrieben!»

Einen Augenblick schien Woolner von ihrer heftigen Reaktion überrascht, doch er fing sich sofort. «Ich weiß, daß es sehr schwer für dich ist. Aber du mußt der Jury genau erzählen, was passiert ist.»

Ihre Stimmungen wechselten so schnell, daß man kaum mitbekam, wo eine aufhörte und eine neue begann. Jetzt sah sie zu ihm auf, als gäbe es nichts auf der Welt, das sie nicht für ihn tun würde. «Er hat sein Glied in mich reingesteckt», erklärte sie. «Er hat es mit mir getrieben. Er hat mit mir Sex gemacht. Und es hat sehr weh getan, bis er es wieder rauszog.» Es klang, als hätte das Ganze nichts mit ihr zu tun.

Woolner war sichtlich erleichtert, aber auch wachsam. «Was hat er getan, nachdem er es ‹rausgezogen› hatte?»

Nichts. Keine Reaktion. Sie starrte einfach zu Boden.

«Was hat er getan, nachdem er es ‹rausgezogen› hatte?»

Sie sah auf. «Er hat es abgenommen.»

«Was hat er abgenommen?» fragte er, bevor sie den Blick senken und seine Anwesenheit einfach vergessen konnte.

«Das Ding, das er auf dem Glied hatte. Sie wissen schon», sagte sie unbestimmt. «Das Ding, das er trug, das, oh, das …»

«Das Präservativ?»

«Ja», sagte sie. «Genau.»

«Und was ist passiert, nachdem er das Präservativ abgenommen hatte?»

Sie starrte ihn an, als hätte sie ihn noch nie gesehen. Sie hatte keine Ahnung, was er von ihr hören wollte.

Er versuchte, ihre Erinnerung aufzufrischen. «Nachdem er das Präservativ abgenommen hatte, zog er da nicht etwas unter dem Kopfkissen hervor?»

Ich sprang auf. «Einspruch. Suggestivfrage.»

Rifkin dachte einen Augenblick nach. «Nein, ich glaube, ich werde die Frage zulassen. Doch ich darf Sie daran erinnern, Mr. Woolner, daß es Grenzen gibt, auch wenn die Zeugin ein Kind ist.»

Woolner nickte und fuhr fort. «Hat er irgendwas unter dem Kopfkissen hervorgezogen?»

Das Mädchen senkte den Kopf und murmelte etwas, das niemand verstand.

«Du mußt ein bißchen lauter sprechen», erklärte ihr Woolner und versuchte, einen aufmunternden Ton anzuschlagen.

Sie warf den Kopf zurück. In ihren Augen loderte eine unerklärliche Wut. «Ich habe gesagt, daß ich darüber nicht reden will», schrie sie auf wie ein gequältes Tier.

«Du mußt darüber reden», sagte er entschieden.

Seine Festigkeit zeitigte Erfolg. «Er hatte ein Messer. Er hat es mir an die Brust gehalten und gesagt, wenn ich je einer Menschenseele davon erzähle, bringt er mich um.»

Es war merkwürdig. Sie war dreizehn Jahre alt, doch wenn sie einfach dasaß und ausdruckslos Woolners Fragen beantwortete, hatte sie mehr Ähnlichkeit mit einer Zehnjährigen. Als sie dann aber beschrieb, wie Johnny Morel ihr Leben bedrohte, lag in ihren Augen eine Härte, die zu einer viel Älteren paßte, einer Person, die ohne die Hilfe anderer überlebt hatte.

Woolner bugsierte sie durch den Rest der Geschehnisse. Nachdem ihr Vater mit ihr fertig gewesen war, ging sie ins Badezimmer, um sich zu waschen. Es sei «eine Menge Blut» dagewesen, sagte sie mit einer so flachen und trostlosen Stimme, daß ich einen Augenblick brauchte, um zu begreifen, daß sie davon bisher noch nie gesprochen hatte. Sie hatte versucht, es wegzuwischen, glaubte aber, daß noch ein bißchen auf dem Boden zu sehen war, als sie sich durchs Badezimmerfenster zwängte und weglief, um sich im Park zu verstecken. Ich fragte mich, ob Woolner die Implikationen bewußt waren.

100

«Möchtest du vielleicht ein Glas Wasser, bevor wir anfangen?» fragte ich, als ich mit dem Kreuzverhör dran war.

Sie schüttelte den Kopf, und ich lächelte ihr zu. «Ich werde dir jetzt ein paar Fragen stellen. Wenn ich etwas frage, das du nicht verstehst, sag's mir einfach, okay?»

Ich behandelte sie wie ein rohes Ei und gab mir größte Mühe, ihr begreiflich zu machen, daß ich nur helfen wollte. Sie könne sagen, was sie wolle. Ich würde zuhören und versuchen, es zu verstehen. Ich gab mich so sanft wie ein Priester im Beichtstuhl. In Wirklichkeit lauerte ich ihr auf wie ein Attentäter.

«Du bist dreizehn?» fragte ich, als sei ich nicht ganz sicher.

«Ja. Dreizehn. Seit letztem Monat.»

«Und in welche Klasse gehst du?»

Sie sah mich etwas unsicher an. Es waren Sommerferien. «Ich hab die siebte abgeschlossen. Jetzt gehe ich in die achte.»

«Die Schule macht nicht immer Spaß, nicht wahr?» fragte ich mit einem wissenden Lächeln.

«Nein, nicht immer. Manchmal überhaupt nicht», gestand sie.

«Ich weiß noch, wie ich in der Schule mal Streit hatte und der Direktor mich nach Hause geschickt hat», erzählte ich verschwörerisch. «Aber so was ist dir bestimmt noch nie passiert, oder?»

Sie konnte es kaum abwarten, mir davon zu erzählen. «Und ob! Letztes Jahr haben sie mich auch nach Hause geschickt.»

«Aber du hattest keinen Streit, wie?» fragte ich. Ich wollte ihr zeigen, daß ich sie für viel zu nett hielt, um solchen Ärger zu haben.

Sie schüttelte den Kopf. «Ich habe nur den Unterricht gestört.»

«Meine Eltern sind mit mir zum Direktor gegangen. Ich fand das nicht besonders gut. Mußtest du auch hin, um dich beim Direktor zu entschuldigen?»

«Ja», gestand sie zerknirscht.

«Und wer hat das von dir verlangt? Deine Mutter oder dein Stiefvater?»

«Johnny», sagte sie einfach.

Ich wechselte sofort das Thema. «Erinnerst du dich noch, was vor drei Jahren passiert ist, als du zehn Jahre alt warst? Ein Mann, der in eurer Nachbarschaft wohnte, hat etwas Schlimmes mit dir gemacht, nicht wahr?»

Sie sah mich mißtrauisch an. Offensichtlich wußte sie nicht, wieweit sie mir wirklich trauen konnte. «Ja», sagte sie langsam.

Ich versuchte, sie zu beruhigen. «Ich werde nicht fragen, was passiert ist. Ich will dir nur eine einzige Frage stellen. Du hast deiner Mutter davon erzählt, nicht wahr?»

«Hmm», erwiderte sie, immer noch unsicher, worauf ich hinauswollte.

«Du hast es ihr sofort erzählt, stimmt's?» fragte ich in einem Ton, der Bewunderung anklingen ließ für das, was sie getan hatte.

Ihre Zweifel schienen zu schwinden. «Ja.»

Ich stellte ihr noch ein paar Fragen nach ihren Vorlieben oder ihren Freunden. Sie dienten nur dazu, daß sie sich so wohl wie möglich fühlte.

«Wir sind gleich fertig, es sind nur noch ganz wenige Fragen übrig.» Ich machte eine kleine Pause, um mich zu vergewissern, daß sie bereit war, weiterzumachen.

«Erinnerst du dich noch, wie du dich vorhin mit Mr. Woolner unterhalten hast? Als er dir Fragen stellte und du geantwortet hast?»

Natürlich erinnerte sie sich. Außerdem schien es ihr zu gefallen, daß ich sagte, sie hätte das alles sehr gut gemacht.

«Ich möchte nur sehen, ob ich richtig verstanden habe, was du gesagt hast, als du Mr. Woolners Fragen beantwortet hast. Wirst du mir dabei helfen?»

«Ich werd's versuchen», versprach sie. Einen Moment lang huschte ein zerbrechliches Lächeln über ihre Mundwinkel.

«Du hast Mr. Woolner gesagt, daß du dir weh getan hast, als du auf das Bett fielst?»

«Hmmm. Am Rücken.» Ihre Stimme war gleichmäßig, und sie saß ganz still.

«Ist das passiert, als du auf die Matratze gefallen bist oder gegen den Bettrahmen?»

Sie ahnte nichts. «Gegen den Bettrahmen.»

Das war alles, was ich brauchte, und ich beließ es dabei. Dann grinste ich hilflos, als wollte ich unterstreichen, welche Schwierigkeiten ich mit dem Gedächtnis hatte. «Du hast Mr. Woolner weiter gesagt, daß du aus dem Badezimmerfenster geklettert bist, nachdem dein Vater das Schlafzimmer verlassen hatte, und daß du in den Park gelaufen bist. Hast du das so gesagt?»

Sie hielt meinen Blick fest. «Ja.»

«Und du bist im Park geblieben, bis du deine Mutter nach Hause kommen sahst?»

«Hmm», antwortete sie, ohne zu zögern.

«Bevor du aus dem Badezimmerfenster geklettert bist ... hab ich das richtig gehört? ... hast du Mr. Woolner gesagt, daß im Badezimmer Blut war und du versucht hast, es wegzuwischen?»

«Ich hab's versucht, aber ...» Ihre Stimme brach ab, bevor sie den Satz beendet hatte.

Ich unterbrach sie, bevor ihre Gefühle mit ihr durchgingen. Ich wollte keinesfalls riskieren, daß die Geschworenen es mitbekamen. «Aber du konntest nicht alles wegwischen. Hast du das gesagt?»

Ihr Mund fing an zu zittern. Noch einen Augenblick, und es wäre zu spät. «Ja», brachte sie heraus.

«Nur noch eine allerletzte Frage, Michelle, dann sind wir fertig.»

Sie schien erleichtert und froh, daß es fast vorbei war. Irgendwer, wahrscheinlich Horace Woolner selbst, mußte ihr erzählt haben, daß ich versuchen würde, sie zu verwirren und dazu zu bringen, Dinge zu sagen, die sie gar nicht meinte. Aber sie war nur ein Kind und hatte schon vergessen, daß sie mir nicht trauen durfte.

«Erinnerst du dich noch daran, wie du einmal ein paar Wochen bei Frank Mumford und seiner Familie gewohnt hast?»

Ich hatte ihr versprochen, daß dies die letzte Frage wäre. «Ja, ich erinnere mich», sagte sie und fing an, sich zurückzulehnen. Sie konnte sich entspannen. Das war die letzte Frage gewesen.

Ohne Vorwarnung schoß ich meine Salve ab. «Und hast du in dieser Zeit nicht einmal zu Mr. Mumford gesagt, daß du ihn wegen sexuellen Mißbrauchs anzeigen würdest, wenn er nicht täte, was du wolltest?»

Verrat von seiten der Erwachsenen war sie mittlerweile gewöhnt. «Nein, hab ich nicht!» schrie sie.

Ich hatte keine weiteren Fragen.

Woolner rief noch mehrere Zeugen auf, doch sie konnten dem, was die Kleine ausgesagt hatte, nicht viel hinzufügen. Nacheinander betraten die Sozialarbeiterin, der Polizist, der mit Michelle gesprochen und Johnny Morel verhaftet hatte, und schließlich der Beamte, der die Wohnung durchsucht hatte, den Zeugenstand und machte ihre Aussagen. Die Sozialarbeiterin bezeugte, daß das Mädchen eine Klage wegen sexuellen Mißbrauchs angestrengt habe. Die Regeln der Beweisaufnahme gestatteten ihr nicht, den Namen des Mannes zu nennen, den die Kleine als Täter genannt hatte. Die Regeln der Beweisaufnahme gehen davon aus, daß Geschworene die Intelligenz eines Aristoteles und die Selbstbeherrschung eines Mönchs besitzen. Man mußte niemandem erklären, daß die Kleine ihren Stiefvater als Täter genannt hatte.

Beim Kreuzverhör der Sozialarbeiterin stellte ich nur eine einzige Frage. «Die Unterhaltung, bei der Michelle Walker die

Anschuldigung zum erstenmal vorbrachte, fand mehrere Monate nach der angeblichen Vergewaltigung statt, nicht wahr?»

Woolner mischte sich ein, um den Schaden wiedergutzumachen. Mit herablassendem Lächeln erklärte die Sozialarbeiterin, daß es für ein Kind, das sexuell mißbraucht worden war, «nicht ungewöhnlich» sei, monate- oder gar jahrelang nichts davon zu erzählen.

Auf weitere Fragen hin mußte sie jedoch zugeben, daß es ebenfalls «ziemlich normal» sei, daß Kinder solche Begebenheiten sofort erzählen, und «noch normaler», daß sie als erstes ihren Eltern davon berichten.

Der Polizist hatte wenig zu sagen. Johnny Morel war dermaßen oft verhaftet worden, daß er mit solchen Situationen im Schlaf fertig wurde. Er hatte sich auf sein Recht, die Aussage zu verweigern und mit seinem Anwalt zu sprechen, berufen, noch bevor der Beamte sich zu Ende vorgestellt hatte. Alles, was der Mann jetzt vorbringen konnte, war, daß er, gestützt auf Informationen, die er erhalten hatte – eine vage Anspielung auf das, was Michelle ihm erzählt hatte –, den Angeklagten verhaftet hatte.

Der zweite Polizist hatte das Haus durchsucht, in dem Johnny Morel wohnte und die Kleine nach eigener Aussage vergewaltigt worden war. Woolner griff nach einer gewöhnlichen Einkaufstüte, die neben ihm auf dem Boden stand. Er nahm eine in Cellophan eingepackte Schachtel heraus und bat den Zeugen, sie zu untersuchen.

«Erkennen Sie diese Schachtel wieder?» fragte er routinemäßig.

«Ja», antwortete der Polizist. Er hielt sie hoch, so daß die Geschworenen sie sehen konnten. «Ich habe sie selbst gekennzeichnet.»

«Stammt der Inhalt der Schachtel aus der Wohnung des Angeklagten?»

Der Beamte öffnete die Schachtel und nahm mehrere unbenutzte rosa Kondome heraus. «Die haben wir gefunden», erwiderte er und sah die Geschworenen an, während er sie hochhielt. «Sie befanden sich in einer Nachttischschublade im Schlafzimmer.»

Woolner griff in die Tasche wie ein Zauberer in seinen Hut und förderte eine weitere Tüte zutage. Sie enthielt einen rosafarbenen Baumwollpyjama. Er hatte in einem Karton auf dem Boden des zweiten Schlafzimmers gelegen. Wie alles andere, das der Kleinen gehörte, sah er aus, als stammte er aus einer Kleidersammlung.

Ein einzelnes Foto von der Badezimmerwand wurde als nächstes in die Beweisaufnahme aufgenommen. Es zeigte die schmale Öffnung, die als Fenster diente. Woolner zog dem Zeugen geduldig die genauen Maße aus der Nase. Die Öffnung war so groß, daß ein Kind sich ohne Schwierigkeiten hindurchzwängen konnte.

«Haben Sie die gesamte Wohnung durchsucht?» fragte ich, als sei dies das erste Mal, daß ich von einer solchen Durchsuchung hörte.

«Ja», erwiderte er vorsichtig.

«Gründlich, nehme ich an?»

Plötzlich erschien ein Anflug von Mißtrauen in seinen wachsamen Augen. «Ja.»

«Sie haben alles abgesucht?»

Vielleicht ahnte er, daß ich ihn aufs Glatteis locken wollte. «Ja.»

«Und bei dieser Suche, dieser gründlichen Durchsuchung, die sich auf das ganze Haus erstreckte, haben Sie da ein Jagdmesser von der Art gefunden, wie Michelle Walker es Ihnen beschrieben hatte?»

Er war ganz offen. «Nein, haben wir nicht.»

«Und bei der Durchsuchung des Badezimmers, wo Sie ein

Foto des Fensters machten, haben Sie da Blutspuren gefunden?»

«Nein, auch nicht», antwortete er ruhig.

«Nirgendwo?» hakte ich schnell nach. «Auf dem Boden, an den Wänden, im Waschbecken, in der Badewanne, im Schlafzimmer oder irgendwo anders?»

«Nein, nirgends», sagte er und setzte dann, an die Jury gewandt, hinzu: «Aber die Durchsuchung fand mehrere Monate nach der Vergewaltigung des Mädchens statt, und da ist es nicht wahrscheinlich, daß –»

«Nach der angeblichen Vergewaltigung», korrigierte ich ihn. «Sie haben kein Blut entdeckt. Haben Sie am Fenster irgendwelche Spuren von Kleidung gefunden, Stoffetzen, Fasern, irgend etwas, das zurückgeblieben ist, als sich jemand durch die kleine Öffnung zwängte und dabei möglicherweise seine Kleidung zerrissen hat?»

Er beugte sich leicht vor und stützte den Kopf in die Hände. Seine Augen wurden zu schmalen Schlitzen. «Nein, haben wir nicht.»

«Sie fanden den Pyjama in einem Karton im zweiten Schlafzimmer. Ist das korrekt?»

Als er bejahte, fragte ich, ob sie nicht noch andere Schlafanzüge in dem Karton oder irgendwo anders im Haus gefunden hätten.

«Nein, nur den einen.»

«Dann ist dies, soweit Sie wissen und angesichts dessen, was Sie bei der Durchsuchung des Hauses fanden, der einzige Pyjama, den das Mädchen besitzt?»

«Es war der einzige, den wir gefunden haben.»

«Sie hätte also nicht besonders viel Phantasie gebraucht, um zu sagen, daß sie ihn an dem fraglichen Tag getragen hat, nicht wahr?»

«Einspruch», donnerte Woolner.

Ich zog die Frage zurück, bevor Rifkin ein Wort sagen konnte.

«Sie fanden Präservative im Schlafzimmer. Nun sagen Sie uns, Officer, ist es denn wirklich so ungewöhnlich, Präservative im Schlafzimmer eines verheirateten Paares zu finden?»

Ich wandte den Blick ab, bevor er etwas antworten konnte. «Keine weiteren Fragen, Euer Ehren.» Zufrieden mit dem, was ich erreicht hatte, kehrte ich zu meinem Platz zurück.

Rifkin wandte sich an Woolner. «Sie können Ihren nächsten Zeugen aufrufen.»

Woolner stand langsam auf. «Keine weiteren Zeugen, Euer Ehren.»

«Mr. Antonelli», sagte Rifkin und wandte sich mir zu, «ist die Verteidigung bereit, ihren Beweisvortrag zu beginnen?»

«Ja, Euer Ehren.»

«Erwarten Sie, daß die Aussage Ihres ersten Zeugen sehr viel Zeit beanspruchen wird?»

«Ja, Euer Ehren.»

Er wandte sich den Geschworenen zu. «Meine Damen und Herren, die Anklage hat ihren Beweisvortrag abgeschlossen. Die Verteidigung wird nun ihre eigenen Zeugen präsentieren. In Anbetracht der fortgeschrittenen Stunde halte ich es jedoch für angemessen, daß wir an diesem Punkt unterbrechen und morgen früh weitermachen.»

Nachdem Rifkin den Geschworenen wie üblich eingeschärft hatte, mit niemandem über den Fall zu sprechen, schickte er sie nach Hause. Wir beide, Johnny Morel und ich, blieben sitzen und warteten, bis alle die Geschworenenbank verlassen hatten und in der Geschworenenkammer verschwunden waren, um ihre Sachen zu holen. Als sich der Gerichtssaal geleert hatte, kam der Hilfssheriff, der im Hintergrund gewartet hatte, legte Morel Hand- und Fußschellen an und führte ihn hinaus. Bis auf zwei kurze Unterbrechungen und anderthalb Stunden Mittagspause hatten wir den ganzen Tag nebeneinander gesessen. Doch seit dem Augenblick, als Woolner das Mädchen als erste Zeugin der Anklage aufgerufen hatte, war zwischen Johnny Morel und mir kein einziges Wort gefallen. Ich hatte beinahe vergessen, daß er da war.

8

Am nächsten Morgen um halb zehn, als alle Geschworenen genau dieselben Plätze eingenommen hatten wie am Tag zuvor, beugte sich Leopold Rifkin vor, nickte förmlich und sagte, den Blick auf mich gerichtet: «Sie können Ihren ersten Zeugen aufrufen, Mr. Antonelli.»

Mit Michelle als erster Zeugin hatte Woolner einen starken Anfang gemacht. Ich folgte seinem Beispiel. «Die Verteidigung ruft Denise Morel auf», erklärte ich.

Die zwölf Männer und Frauen beobachteten neugierig, wie die Mutter des Mädchens, das behauptete, vergewaltigt worden zu sein, den Gerichtssaal betrat und zur Zeugenbank ging. Ein paar Geschworene beugten sich vor, als hätten sie Angst, etwas zu verpassen.

Denise trug ein weites Kleid und hatte das Haar mit einer blauen Schleife zu einem Pferdeschwanz gebunden. Sie setzte sich sittsam hin, preßte die Knie aneinander und faltete die Hände locker im Schoß. Ihre großen, unschuldigen Augen ruhten auf mir. Ein schwaches Lächeln spielte auf ihrem Mund. Sie war perfekt, eine junge Mutter wie aus dem Bilderbuch.

Ich führte sie langsam durch die einleitenden persönlichen Fragen. Ich wollte ihr Zeit lassen, sich an die Umgebung zu gewöhnen, und der Jury die Möglichkeit geben, sie etwas besser kennenzulernen. Sie sprach leise, und wenn sie lächelte, wirkte es scheu, beinahe verlegen, aber trotzdem irgendwie strahlend. Ihr Kind, so schien jede ihrer Gesten zu sagen, war ihr ein und alles.

Ich hatte mit ihr geübt, alles richtig zu machen. Aber als ich sie jetzt beobachtete, war sie so überzeugend, so atemberaubend vertrauenerweckend, daß ich beinahe vergaß, daß ich das alles schon tausendmal gehört hatte. Keine Frage, daß sie log. Mir war völlig bewußt, daß sie gerade einen Meineid beging. Aber was ich von Myrna Albright wußte, hatte ich aus ihrem Mund nie gehört. Sie saß nicht auf der Anklagebank und hatte mir gegenüber immer beteuert, daß sie die Wahrheit sagte. Ich war weder ihr Richter noch ihre Jury. Ich war der Anwalt ihres Mannes, und mein Job bestand darin, sie so glaubwürdig wie nur möglich darzustellen.

«Als Ihre Tochter vor drei Jahren mißbraucht wurde», fragte ich mit einstudiertem Mitgefühl, «was haben Sie da getan?»

Ein flüchtiger Ausdruck von Angst und Entsetzen flog über ihr Gesicht. «Ich habe sie ins Krankenhaus gebracht und dann die Polizei angerufen. Gott sei Dank hat man ihn gleich geschnappt!» Ihr Gesicht war aschgrau, der Mund bebte vor Wut. «Ich hätte ihn umbringen sollen!»

«Sie wissen, daß Ihre Tochter Ihren Mann jetzt derselben Tat beschuldigt?»

«Das ist nicht Michelles Schuld», unterbrach sie mich, als müsse sie ganz impulsiv ihre Tochter verteidigen. «Sie hat eine Menge Probleme, seitdem das vor drei Jahren passiert ist», erklärte sie traurig. «Sie ist sehr aufsässig geworden, manchmal geradezu unberechenbar. Sie hat Johnny gedroht. Sie hat gesagt, daß sie tun kann, was sie will, und wenn er versuchte, sie daran zu hindern, würde es ihm noch leid tun.» Sie warf einen verstörten Blick auf die Geschworenen, als flehte sie um Verständnis, und murmelte noch einmal: «Es ist nicht ihre Schuld.»

«Hat sie je davon gesprochen, daß Ihr Mann sie sexuell mißbraucht hätte?» fragte ich ernst.

«Nein.»

Ich fragte nach dem Pyjama ihrer Tochter. Sie besaß tatsächlich nur den einen, den die Polizei in dem Karton im zweiten Schlafzimmer gefunden hatte. «Wir haben nicht viel Geld», erklärte Denise mit der ganzen Selbstachtung armer Leute.

Ich fragte sie nach dem Messer, das ihr Mann unter dem Kopfkissen aufbewahrte. Sie antwortete mit größter Entschiedenheit: Ihr Mann besitze kein Messer, und er bewahre auch nichts unter dem Kopfkissen auf.

Dann fragte ich nach ihrem Bett. Sie schliefen auf zwei Matratzen, «eine über der anderen». Dieses Provisorium verfügte über keinen Bettrahmen. «Wir haben nicht viel Geld», wiederholte sie.

«Benutzt Ihr Mann Kondome, wenn Sie zusammen schlafen?» fragte ich zögernd.

«Ich habe kein Rezept für die Antibabypille», erwiderte sie ohne jede Spur von Verlegenheit. Diesmal mußte sie niemanden mehr daran erinnern, daß sie nicht viel Geld hatten.

Es blieben nur noch wenige Fragen. «Wie weit ist der Park von Ihrem Haus entfernt?» Ungefähr sechs Blocks. «Können Sie den Park von Ihrem Haus aus sehen?» Als sie verneinte, fragte ich, besser gesagt, bohrte ich nach: «Jemand, der sich im Park aufhielt, hätte Sie also nicht nach Hause kommen sehen können?»

Schließlich waren wir bei der letzten Frage angelangt. Sie hatte sich gut gehalten, so gut wie jeder andere Zeuge, mit dem ich zu tun gehabt hatte, wenn nicht besser. Sie hatte wirklich Talent zum Schauspielern.

«Hat Ihre Tochter einmal vorübergehend bei Frank Mumford und seiner Familie gewohnt?»

«Ja, das stimmt. Man hatte uns die Wohnung gekündigt. Johnny hatte seinen Job verloren, und wir konnten die Miete nicht mehr bezahlen. Wir mußten in ein Zelt am Fluß ziehen. Um Michelle das zu ersparen, haben wir Frank und seine Frau gefragt, ob sie eine Weile bei ihnen bleiben dürfte. Es sind sehr nette Leute. Sie haben sie aufgenommen.» Sie war dankbar. Man sah es an ihren Augen.

Das einzige gefährliche Eingeständnis, das Woolner ihr entlocken konnte, hatte ich ihm freiwillig überlassen. Sie war wegen Besitzes von Rauschgift vorbestraft. Sie gab zu, daß sie Kokain probiert hatte, und beteuerte dann mit einer Aufrichtigkeit, die wirklich verblüffend war, sie sei froh, daß man sie erwischt habe. Es hindere sie, auch nur daran zu denken, es je wieder zu versuchen.

Frank Mumford wirkte viel zu dumm, um zu lügen. Er bezeichnete sich als Pfarrer, obwohl er keine Kirche und auch nie eine Gemeinde gehabt hatte. Er verbreite einfach das Wort Gottes, wo immer er könne. Er habe Michelle in einem Akt christlicher Nächstenliebe bei sich aufgenommen. Doch Michelle habe ihn bis in die Grundfesten seiner aufrechten Seele schockiert. Sie habe ein eigenes Zimmer beansprucht, obgleich das bedeutete, daß eins seiner eigenen Kinder im Wohnzimmer auf dem Fußboden schlafen mußte, und sie habe ihm gedroht, ihn wegen sexuellen Mißbrauchs anzuzeigen, falls er sie zwang, ein Zimmer mit jemandem zu teilen.

Jetzt fehlte nur noch ein Glied in der Kette. Der Schuldirektor bestätigte, daß er das Mädchen wegen Störung des Unterrichts nach Hause geschickt hatte. Er erinnerte sich deutlich daran, daß ihr Stiefvater sie zurückgebracht und dafür gesorgt hatte, daß sie sich entschuldigte.

Damit war es vorbei. Der letzte Zeuge hatte ausgesagt. Jetzt kamen nur noch die Schlußplädoyers. Zuerst die Anklage, die nach dem Plädoyer der Verteidigung noch eine zweite Chance erhielt. Die Gerichte behaupteten, man habe es so eingerichtet, weil die Anklage die Beweislast trage; in Wirklichkeit jedoch wollte man der Anklage sämtliche Vorteile zugestehen, die das Gesetz zuließ.

Woolner tat, was jeder gute Staatsanwalt in solchen Fällen

113

tut: Er erklärte den Geschworenen, daß sie sich zwischen einem Kind und dem Erwachsenen, der es vergewaltigt hatte, entscheiden mußten. Niemand vergewaltigte ein Kind in Anwesenheit von Zeugen, und Kinder dachten sich nicht einfach Dinge aus, ganz gleich, was die Verteidigung behauptete. Michelle Walker war von ihrem Stiefvater vergewaltigt worden, und keiner der vermeintlichen Widersprüche in ihrer Geschichte sollte die Aufmerksamkeit von der Tatsache ablenken, daß sie kein einziges Mal von ihrer Behauptung abgerückt sei.

Woolner sprach fast eine Stunde lang, ließ das gesamte Beweismaterial Revue passieren und faßte die Zeugenaussagen zusammen. Er durfte nicht auf die Tatsache hinweisen, daß der Angeklagte nicht in den Zeugenstand getreten war, um die Beschuldigung zurückzuweisen, aber er kam nahe dran.

«Es gibt nur zwei Menschen, die wirklich wissen, was sich an jenem Morgen im Schlafzimmer abgespielt hat. Sie waren dabei, als Michelle Walker hier auf der Zeugenbank saß und tapfer ihre Version erzählte. Nun liegt es an Ihnen, zu entscheiden, ob sie die Wahrheit sagt.»

Fast zwei Stunden lang, in denen ich frei sprach und die Geschworenen nicht aus den Augen ließ, hielt ich ihnen vor Augen, was der Richter ihnen zu Beginn des Prozesses erklärt hatte: Sie mußten den Angeklagten freisprechen, solange sie nicht hundertprozentig davon überzeugt waren, daß der Staatsanwalt die Schuld des Angeklagten zweifelsfrei bewiesen hatte. Die Anklage habe dieses Ziel jedoch nicht im entferntesten erreicht. Abgesehen von der Aussage des Kindes gebe es keinerlei Beweise gegen den Angeklagten. Daß Michelle es zuerst einer Sozialarbeiterin, dann einem Polizisten und jetzt dem Gericht erzählt habe, ändere nichts an dieser Tatsache. Anscheinend habe sie diese Story vor jedermann wiederholt, nur nicht in Gegenwart der ersten Person, der sie sich anvertraut hatte, als sie drei Jahre zuvor von einem Nachbarn brutal vergewaltigt worden war. Damals sei sie sofort zu ihrer Mutter gekommen; diesmal habe sie Monate gewartet, bis sie davon gesprochen hatte – nicht zu ihrer Mutter, sondern zu einer Sozialarbeiterin, die sie kaum kannte. Sie habe der Polizei davon erzählt, aber nicht ihrer Mutter. Sie sei vor Gericht erschienen und habe ihre Geschichte zwölf wildfremden Personen erzählt, nicht aber ihrer Mutter. War das nicht ein schlagkräftiger Grund für berechtigten Zweifel?

Die Kleine habe ausgesagt, daß sie sich den Rücken am Bettrahmen verletzt hätte. Ihre Mutter habe bestätigt, daß es gar keinen Rahmen gab. Die Kleine habe behauptet, mit einem Jagdmesser bedroht worden zu sein. Ihre Mutter habe bezeugt, daß es kein solches Messer im Haus gab, und die Polizei habe auch keins gefunden. Die Kleine habe von Blut im Badezimmer gesprochen, die Polizei habe nichts entdeckt. Die Kleine habe behauptet, sie sei weggelaufen und habe sich im Park versteckt, bis sie ihre Mutter habe heimkehren sehen, doch ihre Mutter habe ausgesagt – und niemand habe ihr darin widersprochen –, daß man sie vom Park aus gar nicht hätte sehen können. Die Kleine habe behauptet, sie sei nach Hause gekommen, sobald sie ihre Mutter gesehen habe. Doch warum hatte sie auf ihre Mutter gewartet? Um ihr von der Vergewaltigung zu erzählen, so wie vor drei Jahren? Nein – sie habe kein Wort darüber verloren.

Ich sprach weiter und weiter, übte Kritik und warf Fragen auf. Die Anklage gegen meinen Mandanten gründe sich allein auf die völlig aus der Luft gegriffene Beschuldigung eines unglücklichen Kindes. Michelle sei verstört durch das, was ihr vorher passiert war, getrieben von Aufsässigkeit und dem Wunsch, sich für die strenge Disziplin zu rächen, mit der ihr Stiefvater ihr das Leben schwermachte. Es sei nicht das erste Mal, daß sie so etwas tat. Sie habe Frank Mumford gedroht, ihn wegen sexuellen Mißbrauchs anzuzeigen. Das habe sie selbst während der Verhandlung geleugnet, Frank Mumford jedoch habe es bestätigt. Welchen Grund konnte er haben, sich eine solche Geschichte auszudenken?

Als ich fertig war, setzte ich mich wieder hin. Ich war erschöpft und froh, meinen Teil der Arbeit erledigt zu haben. Ich hörte kaum noch hin, als Horace Woolner in seinem Schlußplädoyer auf die innere Unlogik des Falles hinwies. Warum sollte das junge Mädchen eine Beschuldigung, die solchen Mut erforderte, einfach erfinden?

Man wußte nie, wie lange eine Jury zur Beratung brauchte, und ich hatte schon vor langer Zeit aufgegeben, es erraten zu wollen. Als sich die Tür zur Geschworenenkammer schloß, warf ich einen Blick auf die Uhr. Kurz vor vier. Rifkin verließ den Richterstuhl, und der Saal leerte sich. Ein Hilfssheriff legte Johnny Morel Handschellen an und brachte ihn zurück zu seiner Zelle, um auf das Urteil zu warten. Horace Woolner quetschte sich die dicke Aktentasche unter den Arm und bahnte sich langsam einen Weg zur Tür.

Ich stand einen Augenblick da und sah mich um. Eine meiner abergläubischen Anwandlungen. Ich war immer der letzte, der den Raum verließ. Das verschaffte mir das Gefühl, daß der Gerichtssaal mir gehörte. Manchmal machte ich sogar das Licht aus.

Ich war schon fast am Aufzug, als sie mich einholte.

«Mr. Antonelli», sagte sie ein wenig atemlos. «Richter Rifkin würde Sie gern sprechen.»

Er hatte die schwarze Richterrobe abgestreift und sein Jakkett angezogen. Er sah mich an und sagte: «Interessante Situation, finden Sie nicht auch, Joseph?»

Ich wußte nicht, worauf er hinauswollte.

«Ja, wirklich, eine sehr interessante Situation», fuhr er fort. «Wir haben einen Angeklagten, der der Vergewaltigung beschuldigt wird. Das Mädchen sagt, er war es. Die Mutter – und

Ehefrau des Angeklagten – sagt mehr oder weniger, er war es nicht. Bis auf die Aussage der Kleinen haben wir es ausschließlich mit Indizienbeweisen zu tun. Eine zweifelsfreie Bestätigung gibt es nicht. Wenn Sie alles andere weglassen, gründet sich das Plädoyer der Anklage allein auf das Mädchen. Nur das Mädchen.»

Rifkin stützte den Ellbogen auf den Tisch und hob den Finger, um seinen Worten Nachdruck zu verleihen. Dann legte er den Kopf auf die Seite und kniff die Augen zusammen. «Allein auf Michelle. Dabei weiß jeder im Gerichtssaal, daß Ihr Mandant schuldig ist.»

Ich wollte etwas einwenden, doch er ließ mir keine Chance.

«Nein, ich weiß. Die Geschworenen sind noch nicht zu einem Urteil gekommen. Aber darum geht es mir nicht.» Er hob den Kopf und legte die Fingerspitzen aneinander. «Nun ja, in gewisser Hinsicht doch. Jeder weiß, daß er es getan hat. Horace weiß, daß sie die Wahrheit sagt. Ich habe die Kleine beobachtet, Joseph. Und natürlich wissen Sie auch, daß sie die Wahrheit sagt. Die Geschworenen wissen es, jeder einzelne. Ich habe sie beobachtet. Sie glauben ihr.»

Er preßte die Lippen aufeinander und nickte langsam. «Ja, sie glauben ihr, aber sie sehen sich mit dem Problem der Wahrheit konfrontiert. Sie wissen, daß er es getan hat. Sie wissen es vom Gefühl her. Im Kopf aber müssen sie sich nun mit der schrecklichen Verpflichtung herumschlagen, zu entscheiden, ob dies über jeden berechtigten Zweifel hinaus bewiesen worden ist.»

«Genau das wird von ihnen erwartet», sagte ich, eifriger als beabsichtigt.

Er sah mich an. In seinem Blick flammte Interesse auf. «Ach ja? Wird das wirklich erwartet? Ich weiß nicht. Zumindest haben Sie es ihnen eingeredet. O ja, Joseph, das macht niemand besser als Sie. Sie gewinnen Ihren Fall, bevor der erste Zeuge aufgerufen wurde. Sobald Sie die Geschworenen soweit haben, daß sie – wie haben Sie es noch ausgedrückt? Wenn die Anklage die Schuld des Angeklagten nicht zweifelsfrei nachgewiesen hat, sie ihn aber für schuldig halten, würden Sie dann dem Gesetz folgen und auf ‹nicht schuldig› plädieren? Das ist eine wunderbare Formulierung. Und natürlich völlig korrekt. Genau das verlangt das Gesetz. Aber das Gesetz abstrahiert vom tatsächlichen Phänomen. Die Verhandlung ist keine Suche nach der Wahrheit mehr. Es geht nicht länger darum, ob der Angeklagte schuldig ist, sondern darum, ob der Staatsanwalt seine Schuld nachweisen kann.»

Das war unfair. Er kannte besser als jeder andere die Gründe für den gesetzlichen Schutz, der dem Angeklagten in einem Strafverfahren zugebilligt wird. Ich fing an zu protestieren.

«Haben Sie je Nietzsches Augen gesehen?» fragte er plötzlich.

«Nietzsches Augen?» lachte ich.

«Nietzsche hatte die bemerkenswertesten Augen, die ich je gesehen habe. Wenn Sie das nächste Mal bei mir sind, erinnern Sie mich dran. Ich zeige sie Ihnen. Eine meiner Taschenbuchausgaben hat ein Foto von Nietzsche auf dem Cover. Er hatte einen enormen Schnurrbart, wissen Sie. Er blickt geradeaus, und sein Blick ist dermaßen intensiv, daß man das Gefühl hat, er sieht durch alles hindurch, oder besser gesagt, er sieht auf den Grund der Dinge. Wenn es einen Gott der Rache gäbe, sähe er aus wie Nietzsche.»

Es ist schwer zu erklären, selbst nach so vielen Jahren und nach allem, was geschehen ist, welchen Einfluß Rifkin auf mich hatte. Er konnte Dinge, von denen ich noch nie gehört hatte, auf eine Art erklären, daß ich das Gefühl hatte, er hätte mich bloß an etwas erinnert, das mir entfallen war.

«Nietzsche hat – mehr als alle anderen – das Böse vorausgesehen, das uns in diesem Jahrhundert heimsuchte. Er starb, kurz bevor es losging. Er hatte Syphilis, aber ich glaube, in Wirklichkeit ist er verrückt geworden, weil er mit all dem leben mußte, was er voraussah. Wissen Sie, es ist durchaus möglich, daß jemand so klar erkennt, was kommen wird, daß es anfängt, ihn zu quälen, ihn verrückt zu machen, obgleich es gar nichts mit ihm persönlich zu tun hat. Ich dachte daran – an Nietzsches Blick –, als ich versuchte, mir vorzustellen, was passieren wird, wenn die Geschworenen Ihren Mandanten freisprechen.»

Ein Freispruch bedeutete, daß ich gewonnen hatte. Das war alles, was ich wußte und was mich in diesem Augenblick, als ich auf die Entscheidung der Jury wartete, interessierte.

«Ja, Nietzsches Blick», sinnierte er, wobei ein bekümmerter Ausdruck in seinen ebenfalls bemerkenswerten Augen erschien. «Wenn die Geschworenen ihn freisprechen, welche Zukunft erwartet dann das Mädchen – dieses Kind, von dem wir beide wissen, daß es brutal vergewaltigt wurde? Wem wird es vertrauen? Was wird es glauben? Eins steht fest, den Glauben, daß man in einem amerikanischen Gerichtssaal Gerechtigkeit findet, hat es ein für allemal verloren. Sie sehen also selbst, Joseph, unsere Taten haben Konsequenzen, und das hat nichts mit unseren Intentionen zu tun. Sie haben den Wunsch, Ihren Verpflichtungen gegenüber Ihrem Mandanten nachzukommen. Horace hat dieselbe Absicht. Und ich ebenfalls. Aber das Ergebnis?» Er hob hilflos die Arme und schüttelte langsam den Kopf.

Wieviel Zeit verging? Ich weiß es nicht. Ein, zwei Stunden. Ich hörte zu, und Rifkin sprach. Wenn er eine Frage stellte, versuchte ich sie zu beantworten. Aber es waren eigentlich keine Fragen, die nach einer Antwort verlangten. Rifkin sprach, und ich lauschte, oder besser gesagt, wir beide lauschten dem Zwiegespräch, das er mit sich selbst führte.

Dann klopfte es an der Tür. Die Gerichtsschreiberin trat ein und reichte Rifkin ein gefaltetes Stück Papier. Er faltete es auseinander und las es unbewegt.

«Bitte rufen Sie Mr. Woolner her», wies er sie an. Dann faltete er das Blatt wieder zusammen und legte es auf seinen Schreibtisch.

Ein paar Minuten später betrat Horace Woolner in seiner etwas umständlichen Art den Raum und setzte sich neben mich. Rifkin, wieder ganz Jurist, erklärte die Sachlage.

«Die Geschworenen haben mir eine Nachricht zukommen lassen. Es gibt zwar eine Mehrheit für ihre Entscheidung, aber zu mehr können sie sich nicht durchringen.»

Ein Verfahren, in dem sich die Geschworenen nicht einig werden können, gilt als fehlerhaft, und das hätte bedeutet, daß wir noch einmal ganz von vorn anfangen müßten. Andererseits war das besser als ein Schuldspruch. Ich hätte alles darum gegeben, zu wissen, wie groß die Mehrheit war und in welche Richtung sie tendierte.

«Ich schlage vor, wir holen sie in den Gerichtssaal zurück und reden ihnen noch mal ins Gewissen. Hat einer von Ihnen Einwände?»

Genausogut hätte man auf die Wettervorhersage wetten können. Wir stimmten beide zu.

Die Jury wurde in den Gerichtssaal zurückgebeten, und Rifkin faßte fürs Protokoll den Inhalt der Nachricht, die er bekommen hatte, noch einmal kurz zusammen. Dann wandte er sich den Geschworenen zu und erklärte ihnen, sie hätten die Pflicht, in dem Fall zu einer Entscheidung zu kommen. Sie sollten sich noch einmal anhören, was die anderen Geschworenen zu sagen hätten, und ernsthaft darüber nachdenken, ohne auf ihr eigenes Urteil zu verzichten. Sollten sie zu keiner Einigung kommen, werde eine andere Jury, die nicht qualifizierter wäre als sie, über den Fall befinden müssen.

Diese Ermahnung hatte das Ziel, eine Blockade zu sprengen,

und funktionierte fast immer. Die Geschworenen wirkten ernster als vorher, als sie jetzt schweigend ihre Plätze verließen und sich in die Geschworenenkammer zurückzogen.

Um sieben schickte Rifkin ihnen eine Nachricht. Sie könnten entweder für heute Schluß machen und am nächsten Morgen weiterberaten oder aber nach einer Essenspause ihre Sitzung fortsetzen. Sie gingen zum Abendessen und setzten ihre Beratung eine Stunde später fort. Die endlose Warterei ging weiter.

Es war beinahe elf, als die Sprechanlage aus der Geschworenenkammer summte. Sie waren zu einem Urteil gekommen. Es gab keinen Grund, sich auf dem Weg in den Gerichtssaal zu beeilen. Morel mußte erst aus seiner Zelle geholt werden. Ich schlenderte durch die verlassenen Gänge zur Toilette. Gerade als ich anfangen wollte zu pinkeln, legte mir einer der alten Juristenveteranen, die immer noch das Gerichtsgebäude bevölkerten – Anwälte mit angeklatschten Haaren und Anzügen, die so zerknittert waren, als schliefen sie auf den harten Holzbänken im Flur –, seinen Arm um die Schultern und erklärte mir mit einem Atem, der zu einem Drittel mit Tabak und zwei Dritteln mit Alkohol geschwängert war: «Es gibt eine Regel, die ein Prozeßanwalt stets beherzigen sollte: ‹Geh nie an einem Pissoir vorbei, ohne es zu benutzen.›» Er hatte recht. Es war die einzige Regel, die man nie vergessen sollte.

Ich wusch mir die Hände und schüttete mir eine Handvoll kaltes Wasser ins Gesicht. Dann trocknete ich mich mit ein paar Papierhandtüchern ab. Ich kämmte mir das Haar, rückte meine Krawatte zurecht und klopfte den dunkelblauen Anzug ab. Es half nichts. Ich hatte noch dasselbe elende Gefühl im Magen, das ich jedesmal habe, wenn die Jury ihre Entscheidung getroffen hat und ich warten muß, bis es zur Verkündung des Urteils kommt. Es ist wie kurz vor dem Aufwachen, wenn man sich fragt, ob man jetzt wirklich wach wird oder gerade den letzten bewußten Augenblick seines Lebens erlebt.

Johnny Morel saß schon an seinem Platz, als ich zum Anwaltstisch kam. Still setzte ich mich neben ihn und wartete. Ein paar Sekunden später öffnete die Gerichtsdienerin die Tür zur Geschworenenkammer. Ich beobachtete die Gesichter, als sie nacheinander auf der Geschworenenbank Platz nahmen. Keiner sah auf, um Morel oder mir einen Blick zuzuwerfen. Sie sehen einen nur an, wenn man gewonnen hat, und auch dann nicht immer.

Schließlich war alles bereit. Die Gerichtsdienerin saß an ihrem kleinen Tisch unterhalb der Richterbank. Die Protokollführerin starrte gedankenverloren vor sich hin, während ihre Finger sich träge über die Tasten bewegten und sich auf die paar Minuten Arbeit vorbereiteten, die noch vor uns lagen. Woolner saß gleichmütig am anderen Ende seines Mahagonitisches. Nur das gedämpfte Husten eines Jurymitglieds in der ersten Reihe unterbrach die Totenstille im Saal.

«Gehe ich recht in der Annahme, daß die Jury zu einem Urteil gelangt ist?» fragte Rifkin.

Die Sprecherin, die Frau in der zweiten Reihe, die Morel anfangs unbedingt hatte loswerden wollen, stand auf. «Ja, Euer Ehren.»

«Würden Sie Ihr Urteil bitte der Gerichtsdienerin übergeben?»

Die Sprecherin überreichte der Gerichtsdienerin den Urteilsspruch, und diese gab ihn weiter an den Richter. Ich beobachtete Rifkin, während er ihn durchlas, und versuchte vergeblich, eine Reaktion zu entdecken. Da war nichts, keine Regung, keine Geste, nicht die kleinste Veränderung im Ausdruck. Er reichte ihn zurück an die Gerichtsdienerin und forderte sie auf, das Urteil zu verlesen.

Sie hielt es mit beiden Händen vor das Gesicht, wie ein Chorsänger sein Notenblatt in der Weihnachtsmette. Sie sprach langsam und deutlich und verlieh jedem Wort ein Eigenleben, damit es für den Bruchteil einer Sekunde das Dasein jedes einzelnen Zuhörers beherrschte. Aller Augen ruhten auf ihr, alle warteten darauf zu hören, was sie bereits wußte.

Schließlich kam sie zum Ende, zu den letzten paar Worten, die alles entscheiden würden. Ich flüsterte sie mit, wiederholte die Worte im Geist, jene beiden schicksalhaften Worte, die darüber bestimmten, was ich tat und wer ich war. Und dann schloß sie: «... sprechen den Angeklagten nicht schuldig.»

Nach mehr als sechsstündiger Beratung hatten die Geschworenen aus Gründen, die nur ihnen allein bekannt waren, Johnny Morel vom Vorwurf der Vergewaltigung freigesprochen.

Rifkin dankte den Geschworenen so aufrichtig und überzeugend, daß sie geglaubt haben müssen, er wäre selbst zum gleichen Urteil gelangt. Dann verließ er die Richterbank, und die Geschworenen drängten sich aus dem Saal. Nicht einer würdigte den Angeklagten eines Blickes. Morel wollte mir etwas sagen, doch ich wandte mich nur ab, als der Hilfssheriff ihn aus den Gerichtssal führte, in dem jetzt die Lichter erloschen. Einen Augenblick lang fragte ich mich, wie man sich fühlen mochte, wenn man mit einem solchen Verbrechen davonkam.

Ich schloß meine Aktentasche und wandte mich zur Tür. Im hinteren Teil des Saals wartete jemand. Es war Myrna Albright.

Sie trug eine dunkle Lederjacke, schmutzige schwarze Jeans und ein Paar schwere Männerstiefel. Eine kleine, mit Perlen bestickte Handtasche hing an einem Kunstlederband über ihrer Schulter. Ihre Augen musterten mich durchdringend und unversöhnlich. «Was sind Sie bloß für ein Heuchler», sagte sie.

Ich wechselte die Aktentasche von der linken in die rechte Hand. Instinktiv war ich auf der Hut. Ich wußte nicht, was sie tun wollte, aber ich hatte zur Genüge mit Leuten wie ihr zu tun gehabt und wußte, daß sie jederzeit zu Gewalt fähig waren und nur auf einen Anlaß oder eine Gelegenheit warteten, um zu explodieren.

123

«Was wollen Sie?» fragte ich und machte Anstalten, an ihr vorbeizugehen.

«Nichts, gar nichts», antwortete sie. «Außer Sie fragen, wie Sie eigentlich nachts ruhig schlafen können?»

Ich ignorierte sie und ging an ihr vorbei.

«Früher oder später bezahlen wir alle für das, was wir tun», schrie sie aufgebracht hinter mir her. «Hat man Ihnen das nicht beigebracht, Sie Rechtsverdreher? Was zum Teufel lernt ihr eigentlich auf der juristischen Fakultät? Wie man Typen vor dem Kittchen bewahrt, die losziehen und kleine Mädchen vergewaltigen?»

Ich wirbelte wütend herum, drauf und dran, ihr die passende Antwort zu geben. Aber von einem Augenblick auf den anderen war sie verschwunden, als sei sie vom Erdboden verschluckt. Mein Blick suchte die Schatten ab, und irgendwo, jenseits von aller oberflächlichen Erkenntnis oder Schlagfertigkeit, hörte ich mich dieselben Fragen stellen wie jene, die ich gerade von ihr vernommen hatte.

Im trübe erleuchteten Gang wischte ein Hausmeister mit gesenktem Kopf den Boden. Das Gebäude war so still wie ein Grab. Dann hörte ich meinen Namen. Einen Moment war ich verwirrt, bis ich begriff, daß die Stimme Horace Woolner gehörte.

«Das Gute an der Sache ist, daß Typen wie Johnny Morel entweder eines Tages umgelegt werden oder im Knast enden», sagte er und schüttelte mir die Hand. «Aber das Schlechte ist, daß er mit hoher Wahrscheinlichkeit wieder zuschlagen wird, bevor ihn einer abknallt oder für immer hinter Gitter bringt», setzte er hinzu, als wir zusammen das Gerichtsgebäude verließen.

9

Eine Verhandlung geht zu Ende, und eine neue beginnt. So ging es eben in meinem Leben. Am Morgen nachdem Johnny Morel das Gerichtsgebäude als freier Mann verlassen hatte, saß ich schon wieder am Schreibtisch und versuchte mein eigenes unleserliches Gekritzel am Rand eines Polizeiberichts zu entziffern, den ich drei Wochen zuvor zum erstenmal gesehen hatte. Mein Mandant wurde des versuchten Mordes an seiner Frau beschuldigt. Genauer gesagt sollte er jemanden beauftragt haben, seine Frau umzubringen.

Ich war immer spätestens um sieben im Büro; Helen erschien nie vor acht. Als sie mit einem Kaffee in der Hand hereinkam, warf sie mir nur einen Blick zu und wußte Bescheid. «Sie haben gewonnen, stimmt's?» sagte sie, als sie mir den dampfenden Becher reichte.

Ich nickte und nahm einen Schluck. «Woher wissen Sie das bloß?»

«Wenn Sie verlieren, zucken Ihre Mundwinkel immer so komisch.»

«Meine Mundwinkel zucken?» lachte ich.

«Nur ganz wenig. Es würde niemandem auffallen. Wahrscheinlich merken Sie es nicht mal selbst.»

«Nach dem Fall hier könnte es chronisch werden», brummte ich und deutete auf die dicke Akte, die aufgeschlagen vor mir lag.

Die schmalen, sorgfältig nachgezogenen Augenbrauen zogen sich unmerklich in die Höhe. «Mr. Norquist, der Gattenmörder. Er hat einen Termin um neun.»

«Sie meinen, ‹Mr. Norquist, der Möchtegern-Gattenmörder›, nicht wahr? Sie ist nicht tot, wie Sie wissen. Sie lag in der ehelichen Ferienwohnung in Palm Springs mit ihrem Boyfriend im Bett, als der Typ, den er angeblich angeheuert hatte, um sie umzubringen, einen Schuß auf ihr leeres Bett zu Hause abgab. ‹Um Längen verfehlt› wäre noch geschmeichelt, was?» Ich mußte einfach grinsen.

Sie achtete nicht darauf. «Eine Frau namens Rita Vincens hat gestern angerufen. Sie sagte, Sie wollten einen Termin machen, damit sie sich das Haus ansieht.»

«Wer? Ach ja, Vincens. Innenarchitektin.» Ich wollte jetzt nicht darüber nachdenken. Der Fall Norquist nahm bereits meine volle Aufmerksamkeit in Anspruch. «Machen Sie was mit ihr aus, okay? Fragen Sie, ob sie irgendwann abends vorbeikommen kann – oder, noch besser, am Wochenende. Was ihr am besten paßt», sagte ich vage und löschte alles aus meinem Bewußtsein außer dem wirren Geständnis des dreifachen Versagers, der behauptete, Norquist habe ihn als Killer angeheuert.

Norquist folgte auf Morel. Sein Freispruch war unausweichlich, als der Versager, den er beauftragt hatte, seine Frau umzubringen, aus Gründen, die dieser für sich behielt, erklärte, derjenige, der ihn angeheuert hatte, habe nur so ausgesehen wie Norquist. Dann folgte der nächste Fall. Erst Morel, dann Norquist, dann Suarez, Tompkins, Wilson, einer nach dem anderen. Die Namen, die Schauplätze, die Motive, das Leid – sämtliche Einzelheiten unterschieden sich, doch am Ende, das heißt, nach der Urteilsverkündung, verschwanden alle gleichermaßen wieder in der Versenkung. Keiner war davon ausgenommen, es sei denn, es gab darin etwas – eine Taktik, eine Technik, eine Frage –, die ich in dem einzigen Fall wiederverwenden konnte, der zählte, nämlich dem, der kurz vor der Verhandlung stand. Ich verschwendete keinen Gedanken mehr an Johnny Morel und fragte mich nicht ein einziges Mal, was aus dem Mädchen geworden sein mochte, das er vergewaltigt hatte.

Ich vergaß eine Menge Dinge, aber Carmen Mara konnte ich nicht vergessen. Er verschwand einfach nie lange genug aus dem Blickfeld. Mara war ein Dieb und einer der wenigen aufrichtigen Männer, die ich kannte. Als er anrief und sagte, daß er mich sprechen wolle, brauchte ich gar nicht zu fragen, worum es ging. Er war einer meiner ersten Mandanten gewesen und meldete sich regelmäßig, wenn er in Schwierigkeiten steckte. Er sagte, er werde gegen Abend im Büro vorbeikommen. Gegen sieben tauchte er schließlich auf.

«Kommen Sie rein», sagte ich, als ich ihn plötzlich in der Tür stehen sah.

«Ich hoffe, ich störe nicht, Mr. Antonelli. Ich habe vorne geklopft, aber niemand hat reagiert. Die Tür war offen.» Seine Stimme klang wie ein Eisenrad, das langsam über eine mit Kieseln bedeckte Straße knirscht.

«Die anderen sind schon vor einer Stunde gegangen. Ich arbeite ein paar Vorgänge auf, die liegengeblieben sind», sagte ich und deutete auf das Sofa vor dem Bücherregal.

Mara bewegte sich durch den Raum wie ein Einbrecher in der Nacht. Das Leder seiner abgetragenen braunen Schuhe war genauso brüchig vom Alter wie die rauhe Haut in seinem wettergegerbten Gesicht. Die Schnürsenkel waren aneinandergeknotet und ausgefranst.

«Erzählen Sie mal», sagte ich, als er auf dem Sofa Platz genommen hatte. «Wieviel länger hätten Sie gebraucht, um reinzukommen, wenn die Tür verschlossen gewesen wäre?»

Er zog die buschigen grauen Brauen hoch. «Länger? Kürzer. Hätt nich soviel Zeit mit Klopfen verloren.»

Draußen wurde es dunkel. Der Schnee auf dem Mount Hood leuchtete ein letztes Mal im rötlichgoldenen Licht des spätherbstlichen Sonnenuntergangs auf. Ich klappte die Akte zu, öffnete eine Schublade und tastete nach der Schachtel, die ich stets hier aufbewahrte.

«Zigarette?»

Mara stand ohne ein Wort auf und hielt sie zwischen den knorrigen Fingern, während ich ein Streichholz entzündete. Dann setzte er sich in den Sessel vor dem Schreibtisch und nahm einen langen, tiefen Zug.

«Danke», sagte er und hustete rasselnd. Ein dünner Rauchschleier durchdrang den Lampenschirm und stieg in der Dunkelheit nach oben.

«Hören Sie», sagte er. Das war seine Art, ein Gespräch zu beginnen. «Hören Sie, ich glaube, ich sollte Ihnen die Wahrheit über Johnny Morel sagen.»

Er hatte mich kalt erwischt. «Woher kennen Sie Johnny Morel?» fragte ich und wunderte mich gleichzeitig, warum er wegen eines Falls kam, der Monate zurücklag.

«Ich saß mit ihm im Knast, als er auf seine Verhandlung wartete», erwiderte er schroff, als sei das etwas, das ich hätte wissen müssen. «Ich war mit allen Mandanten von Ihnen im Knast.»

«Nicht alle Mandanten von mir kommen überhaupt erst rein.»

Mara grinste. Seine ungleichmäßigen Zähne sahen aus wie umgestoßene Grabsteine auf einem alten, windzerzausten Friedhof. «Nur Leute wie ich.»

Er hielt einen Augenblick inne und starrte zu Boden, als versuchte er, sich an eine Zeit zu erinnern, die Jahre zurücklag, bevor er zum erstenmal eine Strafe absaß. «Na, Sie wissen schon», sagte er, «Dummköpfe, die sich immer wieder erwischen lassen.»

Ich fing an, ihm zu erklären, was ich ihm schon oft erklärt hatte – daß die Dinge sich manchmal auch zum Guten verändern, daß auch er ein neues Leben beginnen könne. Mit einem knappen Kopfschütteln brachte er mich zum Schweigen.

«Nein, ich weiß schon, was Sie mir sagen wollen. Aber für mich ist es zu spät. Keine Ahnung. Vielleicht war es schon immer zu spät für mich. Vielleicht spielt man nur die Rolle, die das Schicksal für einen vorgesehen hat. Das wissen Sie doch. Manche werden Arzt, Anwalt, Präsident und so was. Und andere – Leute wie ich – kommen nur auf die Welt, um andere zu beklauen. Wer kann das schon sagen? Ich nich, soviel steht fest.»

Er legte den Kopf in den Nacken, stieß bedächtig eine Rauchwolke aus und beobachtete sie wie ein Soldat, der Flugbahn und Entfernung einer Kanonenkugel verfolgt.

«Hören Sie, Mr. Antonelli, Sie waren immer nett zu mir, und deshalb dachte ich, daß ich es Ihnen erzählen sollte.» Er hielt inne, und einen Augenblick sah es so aus, als hätte er es sich anders überlegt.

«Sie wissen, nichts von dem, was Sie sagen, wird über diese vier Wände hinausdringen, Carmen. Aber wahrscheinlich spielt es ohnehin keine große Rolle. Der Fall ist abgeschlossen.»

«Vielleicht. Vielleicht auch nich. Keine Ahnung. Scheiße, ich bin einfach zu gottverdammt dämlich, um was zu wissen. Ich weiß nur, daß ich Ihnen mehr traue als jedem andern Anwalt, den ich je hatte. Ich weiß, daß Sie keiner Menschenseele weitererzählen würden, was ich Ihnen sage. Das weiß ich. Und auch, daß dieser Arsch seine Verhandlung längst hinter sich hat. Sie haben ihn rausgeboxt. Weiß ich alles.» In seinen Augen erschien plötzlich ein Anflug von Zweifel. «Haben Sie je daran gedacht, einen Fall einfach abzulehnen?»

Die Nacht war überall, durchbrochen nur von einem einsamen zylindrischen Lichtstrahl, der von meiner Lampe auf den Schreibtisch fiel. Mara saß ein paar Meter weiter weg. Sein Gesicht verschwand hinter dem perlenfarbenen Schleier, der in der allumfassenden Dunkelheit hing. Er war ein Geist, gekommen, um mein Gewissen zu inspizieren.

«Ja, ich weiß, ich weiß», sagte er, bevor ich irgend etwas antworten konnte. «Meine Fälle haben Sie auch nie abgegeben. Und ich hatte mächtig viel Dreck am Stecken, das steht fest. Jedesmal. Sie waren große Klasse, Mr. Antonelli», sagte er und vergaß in dem unerwarteten Schwall von Erinnerungen, warum er eigentlich gekommen war. «Ja, wirklich, große Klasse. Ich hab mich schon fast darauf gefreut, wieder mal geschnappt zu werden, nur damit ich zusehen konnte, wie Sie's den verkniffenen Scheißern besorgten, die glaubten, sie könnten kurzen Prozeß mit mir machen.»

Er fing an zu lachen, und das Lachen ging über in einen Hustenanfall. Er drückte den Zigarettenstummel im Aschenbecher aus und wartete, bis ich ihm eine neue anbot.

«Aber das ist nich dasselbe. Ich hab nie jemand was Böses getan. Ich bin bloß ein harmloser Einbrecher. Aber ein Typ wie der? Ein Kerl wie Morel? Er hat ein kleines Mädchen vergewaltigt. Macht Ihnen das eigentlich nichts aus?»

Carmen Mara war hierher, in mein Büro gekommen, um mir eine Lektion in Moral zu erteilen?! «Schauen Sie, Carmen», fing ich an zu erklären. «Ich kann nicht nur die Unschuldigen vertreten, ich muß auch …» Dann brach ich ab, weil ich mich fragte, ob das in seinen Ohren genauso lächerlich klang wie in meinen eigenen. «Was ist los? Was genau stört Sie so sehr an Morel?»

«Abgesehen von der Tatsache, daß er Sie belogen hat, obwohl ich ihm eingehämmert hatte, die Wahrheit zu sagen?»

So etwas brachte Mara fertig. «Ja, abgesehen davon. Wann hat er noch gelogen?»

«Scheiße, Mann», rief er. «Der Arsch lügt, sobald er das Maul aufmacht.» Sein Blick schien mich zu durchbohren. «Immer und überall. Er hat Sie von A bis Z belogen. Sie hätten den Fall ablehnen sollen, Mr. Antonelli. Warum haben Sie den Scheißkerl nich einfach ins Kittchen wandern lassen? Dann hätten wir mal gesehen, wie lange er durchhält.» Er grinste rachelüstern. «Irgendwer hätte ihn erledigt oder ihm was angetan, was noch schlimmer ist, als ihn bloß abzumurksen. Er hätte es verdient. Er gehört umgelegt für das, was er mit der Kleinen gemacht hat. Und soll ich Ihnen was sagen? Dasselbe gilt für die Schlampe, die ihm dabei geholfen hat.»

Ich saß widerstandslos schweigend da und lauschte dem rauhen Krächzen, das nach einem Leben voller Zigaretten und Drogen von seiner Stimme übriggeblieben war. Was Mara erzählte, war schier unglaublich. Johnny Morel hatte seine Stieftochter genauso vergewaltigt, wie das Mädchen es beschrieben hatte. Er hatte sie ins Schlafzimmer gerufen, aufs Bett geworfen, ihr den Pyjama ausgezogen und sie zum Geschlechtsverkehr gezwungen. Es bestand nicht der geringste Zweifel daran; er hatte sich sogar damit gebrüstet. Mara war zu alt, um ihm gefährlich zu werden. Morel konnte ihm erzählen, was er wollte, und er hatte kein Blatt vor den Mund genommen. Nicht nur, daß er seine Stieftochter als «saftiges Fötzchen» bezeichnete, er hatte sogar gesagt, er könne es kaum abwarten, ihr zu zeigen, was mit kleinen Mädchen passiert, die den Mund nicht halten können. Er fühlte sich allen Ernstes verraten.

Ich erinnerte mich daran, wie mir Myrna Albright mit wirrem Blick und zitternd vor Haß erzählte, was passiert war, als sie sich geweigert hatte, auf Denises Vorschlag für eine Nummer zu dritt einzugehen. Ich dachte an die Warnung – oder war es eine Drohung? –, die sie am Abend, als Johnny Morel freigesprochen wurde, im dunklen Gang des Gerichtsgebäudes ausgestoßen hatte. Alles, was sie gesagt hatte, stimmte – über Denise, über Morel, alles. Doch was sie gewußt und mir erzählt hatte, war nur die Spitze eines Eisbergs.

Denise war rauschgiftsüchtig, und Johnny Morel besorgte ihr den Stoff. Sie schlief mit ihm, wann immer er es verlangte, und sie gab ihm auch ihre Tochter, wenn er es verlangte. Sie zwang

die Kleine, alles zu tun, was Morel von ihr verlangte. Mara
wollte sogar gehört haben, daß die beiden, Mutter und Stiefvater, beschlossen hatten, Michelle anderen zu überlassen, im
Austausch für alle möglichen Drogen.

«Warum hat sie Morel dann nur wegen einer einzigen Vergewaltigung angeklagt und kein Wort über die Rolle ihrer Mutter
verloren?»

Mara zuckte die Achseln und murmelte, soweit er wisse, habe
das Mädchen Johnny aus tiefstem Herzen gehaßt.

«Glauben Sie, daß Michelle ihre Mutter noch liebt?» fragte
ich, mehr mich selbst als Mara.

«Scheiße, Mann», fauchte Mara. «Ich bin kein gottverdammter Seelendoktor. Ich weiß nur, daß sie den Mistkerl so
haßt, daß sie sogar versucht hat, ihn umzubringen.» Er lächelte
sarkastisch und machte keinen Hehl aus seiner Befriedigung.
«Sie ist mit einer Schere auf ihn losgegangen. Er hat sie ihr abgenommen und sie dann windelweich geprügelt. Jedenfalls hat
er das gesagt. Er hält sich für unangreifbar.»

Ich hörte kaum noch hin. Das Ganze ergab auf komische Art
Sinn. Das Mädchen schob die ganze Verantwortung auf Morel.
Am liebsten wäre sie ihn losgeworden und hätte wieder mit ihrer Mutter allein gelebt, der Mutter, die sie gehabt hatte, bevor
Morel in ihr Leben getreten war und sie beide als Nutten mißbrauchte. Es war die einzige Hoffnung, an die sie sich klammern konnte. Umbringen konnte sie ihn nicht, das hatte sie
versucht. Als die Polizei sie wegbrachte, war sie bei ihren Pflegeeltern in Sicherheit, aber wer würde ihre Mutter retten? Das
Ganze mußte sie innerlich zerrissen haben, bis sie endlich einen
Ausweg gesehen hatte. Sie erzählte der Polizei von Johnny Morel, aber nur über das eine Mal, als ihre Mutter nicht zu Hause
gewesen war.

«Zu schade, daß sie ihn nicht umgelegt hat», sagte Mara.
«Aber das macht nichts. Irgendwer wird es tun. Entweder im

Knast oder draußen. Spielt keine Rolle. Ich kenne ein paar Leute, die kümmern sich nicht drum, was einer verbrochen hat, außer es geht um so was. Wer sich mit Kindern einläßt, ist erledigt. Dasselbe gilt für das Miststück, das er geheiratet hat. Sie ist fast noch schlimmer als er. Irgendwer wird sie kriegen, warten Sie's nur ab.»

Es war die Macht der Gewohnheit. Ich hatte immer einen guten Rat auf Lager, der mit dem Buchstaben des Gesetzes übereinstimmte. «Lassen Sie die Finger davon, Carmen. Das geht Sie nichts an.»

Mara stand auf. «Aber irgendwen muß es schließlich was angehen, oder?»

Damit verschwand er. Ich schaltete die Lampe aus und blieb allein im Dunkeln sitzen. Ich betrachtete den Berg, einen mächtigen weißen Schatten, eingehüllt von der Nacht. Mara war zwar nur ein kleiner Dieb, aber er hatte den Unterschied zwischen einem gewöhnlichen Verbrechen und einem gegen Kinder begriffen. Er war arm, praktisch ungebildet und hatte die Hälfte seines Lebens hinter Gefängnismauern verbracht, sich aber dennoch die Fähigkeit bewahrt, zwischen Gut und Böse zu unterscheiden. Ich war wohlhabend, nach gewöhnlichem Maßstab erfolgreich und hatte eine erstklassige Ausbildung gehabt; trotzdem war ich derjenige, der sich weigerte, das Ganze auch nur als Problem zu sehen. Johnny Morel war freigesprochen worden. Weil ich ihn mit sämtlichen juristischen Tricks, die ich kannte, rausgeboxt hatte, verfügte er jetzt praktisch über einen Freibrief, sich weiterhin an Kindern zu vergreifen. Myrna Albright hatte mir alles gesagt, was man wissen mußte, und ich hatte darum gebetet, daß sie es niemand anders erzählte, jedenfalls nicht vor Beginn der Verhandlung, nicht solange es noch eine Chance gab, den Fall zu gewinnen. Johnny Morel hatte mich belogen; Denise Morel hatte mich belogen; und ich hatte alle anderen belogen. Ja, das war die traurige Wahrheit. Ich war eben Strafverteidiger – das einzige, was ich hatte sein wollen, und das einzige, worauf ich mich verstand.

Vielleicht hatte mein Vater doch recht gehabt. Er hatte sich gewünscht, daß ich ebenfalls Arzt würde, und zwar so sehr, daß ich heute noch die Kränkung in seinen Augen sehe, wenn ich einmal so taktlos war, in seiner Anwesenheit laut darüber nachzudenken, was aus meinem Leben geworden wäre, wenn ich in seine Fußstapfen getreten wäre. Er hatte diese Fußstapfen so deutlich wie möglich vorgezeichnet. Kaum daß ich laufen konnte, hatte er mich samstags vormittags zur Visite mit ins Krankenhaus genommen. Die Krankenschwestern hatten großes Getue um mich gemacht, und wenn andere Ärzte uns im Gang begegneten, hatten sie meinen Vater lächelnd gefragt, ob ich der neue Medizinalassistent sei. Wenn er etwas zu tun hatte, hob er mich auf den nächsten Stuhl, und ich hörte mir mein eigenes Herzklopfen durch das Stethoskop an, das er mir um den Hals hängte. Er liebte seinen Beruf über alles. Es war das schönste Leben, das man sich vorstellen konnte, wie er mir immer wieder einhämmerte.

Ich hatte die Füße auf den Schreibtisch gelegt, einen über den anderen. Ich vergaß die Zeit, starrte aus dem Fenster und versank in Erinnerungen an Dinge, die mein Vater mir erzählt hatte, Dinge, über die ich erst nach seinem Tod angefangen hatte nachzudenken. Weihnachten würde es drei Jahre her sein. Am Weihnachtsabend, kurz nach neun, war er auf der Heimfahrt von einem Essen mit Freunden bei einem Verkehrsunfall östlich der Stadt umgekommen. Ein betrunkener Autofahrer war aus dem Verkehr ausgeschert, über die Mittellinie geraten und mit meinem Vater zusammengestoßen. Der Betrunkene hatte überlebt; mein Vater war sofort tot gewesen. Das wäre nie passiert, hätte ich die Feiertage mit ihm verbracht. Er wäre zu Hause geblieben wie jedes Jahr, seit meine Mutter und er sich hatten scheiden lassen. Sie lebte mit ihrem zweiten Mann am anderen

Ende des Landes, in North Carolina. Er war Kardiologe und hatte mit meinem Vater zusammen studiert. Sie sagte, es tue ihr schrecklich leid. Sie war nicht zur Beerdigung gekommen.

Vielleicht hatte Mara recht: Wir spielen alle die Rolle, die uns vom Schicksal beschieden ist. Ich stand auf und trat ans Fenster. Im Licht des Vollmonds schien der weißverschleierte Berg zum Greifen nah. Mein Vater war einmal zu Weihnachten mit mir dorthin gefahren, als ich vier oder fünf war. Als wir vor der Mount Hood Lodge auf den Parkplatz fuhren, entdeckte ich nur wenige Meter entfernt im Schnee einen glänzenden neuen Schlitten mit einer roten Schleife drumherum, der an einer Tanne lehnte. Ich drehte mich zu meinem Vater um, in der Hoffnung, daß er für mich war. Er sagte kein Wort, sondern nickte bloß, und ich weiß noch, wie ich mich in dem Sekundenbruchteil, bevor ich aus dem Auto in den Schnee sprang, fragte, warum sein Lächeln so traurig wirkte.

Erinnerungen an lange Vergessenes ballten sich zusammen und forderten meine Aufmerksamkeit wie die Schatten von Dantes *Inferno*, überzeugt, daß sie zu neuem Leben erweckt würden, wenn es ihnen gelänge, mein Gedächtnis zu aktivieren. Mit dem seltsamen Gefühl, etwas verloren zu haben, das man nie wieder einfangen kann, wandte ich mich langsam vom Fenster, dem Berg und der Erregung des kleinen Jungen ab, der ich einmal gewesen war. Ich griff nach meinem Mantel und öffnete die Tür, um die Kanzlei zu verlassen.

Die Deckenlampen im Gang, die sich über dessen ganze Länge erstreckten, brannten noch, und irgendwo dröhnte ein Radio. Es war schon spät, beinahe zehn. Um diese Zeit pflegte die Pförtnermannschaft die Kanzlei als ihr zweites Zuhause zu betrachten. Weiter den Gang hinunter, kurz bevor man zu den Aufzügen abbiegen mußte, entdeckte ich Licht, das aus einer halboffenen Tür fiel. Sie führte zum Büro eines meiner Teilhaber.

Michael Ryan hockte in seinem dunkelblauen Ledersessel, ein Bein über das andere geschlagen, und kritzelte etwas auf den gelben Schreibblock, den er auf dem Schoß hielt. Seine dicke Brille war bis auf die Nasenspitze gerutscht, aber er war zu versunken, um es zu bemerken. Der Stift raste über die Seite, schoß zurück und begann aufs neue, eine Zeile nach der anderen. Dann riß er, ohne auch nur einen Augenblick innezuhalten, die Seite ab, zerknüllte sie mit der linken Hand und fing an, die nächste Seite vollzukritzeln. Der Boden war übersät mit den Spuren einer Arbeit, die offensichtlich über den Anfang nicht hinauskam.

Ich stand in der Tür und brüllte, um das Radio zu übertönen, das weniger als einen halben Meter von seinem Ohr entfernt auf einem Bücherregal stand. «Wenn du einen Computer benutzen würdest, bräuchten wir nicht jedesmal, wenn du einen Schriftsatz entwirfst, den halben Regenwald abzuholzen.»

«Antonelli», sagte er, ohne aufzusehen. Für Ryan gab es kein Wort, das er nicht irgendwie abkürzen konnte. Wenn er meinen Namen sagte, hörte es sich an wie «Aunt Nellie». Meinen Vornamen dagegen kürzte er nie ab, weil er ihn gar nicht benutzte. Das war Teil seiner ewigen Rebellion gegen den ungezwungenen Umgangston an der Westküste. Der Friseur, bei dem er sich die Haare schneiden ließ, glaubte immer noch, sein Vorname sei Ryan, denn so hatte er sich vorgestellt, als er das erste Mal einen Termin bei ihm vereinbarte.

«Was machst du denn noch hier?» fragte er, ohne sein fiebriges Geschreibsel zu unterbrechen. «Ich arbeite an dieser Sache. Dachte, ich schreib es lieber auf, bevor ich alles wieder vergesse.»

«Sieht aus, als hättest du schon jetzt nicht viel behalten», bemerkte ich und ließ meinen Blick über den wachsenden Papierberg wandern. Ich machte es mir in einer Ecke des Sofas gemütlich, wo ich ihn bei der Arbeit beobachten konnte. Er knirschte mit den Zähnen und gab merkwürdige Laute von sich, vielleicht im Takt mit der Musik, die aus dem Radio kam, oder den Gedanken, die durch seinen Kopf wirbelten.

«Setz dich doch», sagte er. Eine Unterhaltung mit Ryan bestand gelegentlich darin, Anweisungen zu erhalten, nachdem man schon halb wieder aus der Tür war.

«Einen Drink?» fragte er und machte eine vage Handbewegung in keine bestimmte Richtung. Ich sah mich um. Ryans Büro war das Gegenstück zu meinem eigenen. Von meinem Schreibtisch sah ich den Berg, von seinem Eckfenster aus hatte er einerseits den Columbia River, andererseits die West Hills im Blick. Tagsüber konnte man von hier die Straße sehen, über die ich nach Hause fuhr.

«Wo hast du sie denn?» fragte ich schließlich. «Ich sehe nichts.»

«Gut genug!» rief er und warf den Stift auf seinen Schreibtisch. Dann richtete er sich auf, schob die Brille zurück und starrte mich an. «Was zum Teufel machst du hier, Antonelli? Willst du was trinken?» Er sah sich suchend um und zog dann eine Schublade auf. «Hier», sagte er und förderte eine Flasche Scotch zutage. «Bedien dich. Er ist gut», setzte er hinzu, als ich abwinkte. «Wirklich.» Er griff nach seinem Glas, das in einer Ecke des Bücherschranks stand, gleich neben dem Radio. Als merkte er erst jetzt, daß es eingeschaltet war, drehte er es ab. «Es hilft mir beim Denken», sagte er.

Ryans Mund war zu klein für sein Gesicht. Er erinnerte an den Schnabel eines Papageis – der Mittelteil der Oberlippe wölbte sich leicht über die Unterlippe. Die runden Wangen waren mit Stoppeln bedeckt und die Augen unter schweren Lidern verborgen. Wirre braune Locken ließen die sorgenvolle Stirn frei. Ein beinahe greifbares Gefühl von Ausschweifung ging von ihm aus, etwas Selbstzerstörerisches, als führte er Krieg gegen sich selbst, einen Krieg, den er verlor und auch gar nicht ernsthaft gewinnen wollte.

«Bist du sicher?» fragte er und schenkte sich nach. «Ein guter Tropfen, Antonelli. Mein Vater liebte ihn so sehr, daß er ihn jeden Tag trank, bis zu seinem Tod. Also was zum Teufel machst du hier?» sagte er seufzend.

«Gar nichts. Ich war gerade auf dem Weg nach draußen und sah Licht bei dir.»

«Na, das freut mich. Willst du nicht doch …?» Er wartete, bis ich wieder aufhörte, den Kopf zu schütteln. «Okay. Wenn wir schon die ganze Zeit bis in die Puppen arbeiten, könnten wir auch anfangen, uns hier verpflegen zu lassen. Ich hab seit dem Mittagessen nichts mehr in den Magen bekommen.»

Bei mir war es genauso, aber ich hatte es gar nicht gemerkt. «Wie wär's mit einem Hamburger? Der Schuppen um die Ecke hat immer auf.»

«Nein, heute nicht. Ich brauche noch eine Stunde, ehe ich hier weg kann.»

Er griff wieder nach dem Stift, hielt ihn zwischen zwei Fingern und drehte ihn hin und her. Ich machte Anstalten, aufzustehen. «Ich zieh schon mal los.»

«Nein, geh noch nicht. Jessas, Antonelli, du hast dein Büro am anderen Ende des Gangs, und ich krieg dich nie zu Gesicht. Wir haben einfach alle viel zuviel zu tun.»

Niemand hatte mehr zu tun als Ryan. Er wohnte praktisch im Büro. «Sag bloß, du willst dich beklagen?» lachte ich und lehnte mich wieder im Sofa zurück. «Wann arbeitest du eigentlich nicht?»

Er betrachtete mich mit dem schiefen Grinsen eines Verschwörers. «Wenn ich verheiratet bin.» Ryan war zweimal verheiratet gewesen. Nach zehn Jahren hatte er sich von seiner ersten Frau scheiden lassen, und die zweite hatte es nur zwei Jahre mit ihm ausgehalten. «Du solltest es bei Gelegenheit mal versuchen, Antonelli. Täte dir gut. Nein, das nehme ich zurück. Die Ehe taugt nichts, jedenfalls nicht, wenn man schon hiermit verheiratet ist», sagte er und machte eine ausholende Bewegung. «Ich meine, es raubt einem so gut wie alles, was man hat. Erinnerst du dich noch an den alten Spruch, der immer so schrullig klang – ‹Die Juristerei ist eine eifersüchtige Geliebte›? Wie sich rausstellt, ist er wahr. Du kannst sie nicht einfach im Büro zurücklassen, jedenfalls nicht, wenn du auch nur halbwegs gut sein willst. Du schleppst sie die ganze Zeit mit dir rum. Ich wache mitten in der Nacht auf, um zwei oder drei Uhr morgens, und höre mir selbst zu – der Stimme im Kopf, der Stimme, die nie schläft, wie sie über irgendwas faselt, das ich für einen Fall brauche.»

Er beschrieb das einzige Leben, das ich kannte. Und er hatte recht: Es hörte nie auf. «Hast du je daran gedacht, alles hinzuschmeißen – was ganz anderes zu machen?»

«Aber was? Mich unter die reichen Nichtstuer mischen?» fragte er, und eine Sekunde blitzte so etwas wie Sarkasmus in seinen Augen auf. «Nein, an so was denke ich nie.» Er hörte auf, mit dem Stift zu spielen, und legte ihn wieder auf den Schreibtisch. Dann nahm er sorgfältig Maß wie ein professioneller Poolspieler und schnippte einen Finger hart gegen den Radiergummi. Er schoß quer über den Schreibtisch und fiel zu Boden. «‹Jeder Mensch sollte mindestens eine Sportart haben, in der er gut ist.› Father Donahue. Philosophie 101. Notre Dame. Ein Priester und Säufer, wie er im Buche steht», erklärte er stolzgeschwellt, als sei Alkohol das allgemeine Widerstandsabzeichen eines Iren, der was auf sich hält.

«Ich denke nie an so was, denn wie heißt es noch so schön? ‹Auf dieser Seite lauert der Abgrund.› Nein, für mich gibt es nichts anderes. Nur das Gesetz.» Er schenkte sich nach und suchte meinen Blick. «Du machst gerade eine dieser Phasen durch, in denen man sich fragt, was man da macht, was der Sinn des Ganzen ist, worum es im Leben geht. Mit solchen Fragen habe ich mich eigentlich nie groß befaßt. Mein Vater arbeitete tagsüber im Stahlwerk, und nachts hat er gesoffen. Ich bin nur deshalb nicht genauso geendet, weil ich so schnell laufen konnte. Ich glaube, ich habe es begriffen, als ich immer vor ihm wegrannte. Ich war so schnell, daß Notre Dame sich vorstellte, ich könnte dabei helfen, die Vorherrschaft des Katholizismus auf College-Footballplätzen im ganzen Land zu etablieren. Aber so schnell war ich nun auch wieder nicht. Ich bekam mein Stipendium und entpuppte mich als Riesenpleite. Ich war höchstens drittklassig, aber auf die Art kam ich weg vom Stahlwerk und weg von ihm, und zugleich erhielt ich die größte Chance, die ich je im Leben kriegen sollte. Deshalb denke ich nicht allzuviel darüber nach, ob ich Recht und Gesetz an den Nagel hängen soll, nein, Antonelli. Ehrlich gesagt, würde ich trotz meiner Meckerei nichts anderes machen wollen, nicht für alles Geld der Welt. Ich bin gern Anwalt. Ich mag die Arbeit. Nein, falsch, ich liebe die Arbeit. Ich versuche herauszukriegen, wie man bestimmte Dinge erledigen kann. Es macht mir Spaß, die Sprache zu benutzen, um ein Argument aufzubauen, selbst wenn ich die halbe verfluchte Nacht damit verschwende, die richtigen Worte zu finden.»

Er schüttelte den Kopf und hob die Arme, so wie ein Boxer, wenn er vom Ringrichter bei einem Tiefschlag erwischt wird. «Tut mir leid. Ich wollte eigentlich gar nicht so ausführlich werden. Du hast recht, Antonelli. Manchmal wird einem alles zuviel. Vor zwei Jahren habe ich mir mal einen Monat freigenommen. Weißt du noch? Ich bin nach Irland gefahren. Es war großartig. Warum machst du das nicht auch? Nicht Irland, irgendwas anderes, Italien? Einfach abschalten, was anderes sehen, als immer nur die eigenen vier Wände, das eigene Land. Es ist einfacher, wieder einen klaren Kopf zu bekommen, wenn man woanders ist. Außerdem könntest du noch einiges andere machen. Ich weiß, daß du immer dagegen warst, aber du könntest daran denken, dich im Anwaltsverein zu engagieren.»

Ich fing an zu protestieren, doch er redete einfach weiter. «Nein, wirklich. Du könntest ein paar gute Dinge machen. Du könntest helfen, neue Anwälte auszubilden, neue Verteidiger. Die meisten finden den Weg zum Gericht einfach nicht. Dein Freund, der Generalstaatsanwalt, macht es auch.»

«Woolner?» fragte ich. Ich hatte keine Ahnung gehabt, daß Horace sich derart engagierte, aber es überraschte mich nicht.

«Ja, das und noch viel mehr. Du hättest letzten Samstag beim Abendessen des Anwaltsvereins dabeisein sollen. Man hat ihm eine Auszeichnung für seine Verdienste um die Gemeinde verliehen. Er arbeitet viel mit jungen Leuten. Der Bursche ist erstaunlich, wirklich. Stimmt es eigentlich, daß man ihm einen Teil der Beine weggeschossen hat? Kaum zu glauben. Ich glaube, ich hätte es nicht mal gemerkt, wenn du mir nicht davon erzählt hättest. Er geht ein bißchen steif, aber Teufel auch, ich kenne Typen, die was am Rücken haben und nicht halb so gut auf den Beinen sind wie er.»

Ich stand auf, und Ryan sah mich verwirrt an. «Du gehst? Ach, Scheiße, ich sollte mich auch allmählich trollen. Ich glaube, ich nehme dein Angebot an.»

Ich wußte nicht, was er meinte. «Hamburger», erinnerte er mich. «Klingt großartig.» Mir war nicht ganz klar, ob er wirklich Hunger hatte oder sich nur ein bißchen einsam fühlte.

«Was machst du am Wochenende?» fragte er, als wir auf den Aufzug warteten.

«Weiß ich noch nicht so genau. Ich dachte dran, Ski zu fahren.»

«Unten in Bend? Mount Bachelor?»

«Nein. Ich wollte nur den Hood rauf. Bin schon ewig nicht mehr dagewesen.»

10

Michael Ryan starb weniger als ein Jahr später im Schlaf, als irgendwo in seinem Gehirn ein Blutgefäß platzte. Er hatte seit Wochen Kopfschmerzen gehabt, und der Arzt hatte gesagt, er solle wiederkommen, falls sie schlimmer würden, damit er eingehendere Untersuchungen machen könne. Die Kopfschmerzen wurden schlimmer, doch er ging nicht hin. Er hatte zuviel mit einer bevorstehenden Verhandlung zu tun. Als er am Morgen des Eröffnungstages nicht erschien, bat der Richter den Gerichtsdiener, in der Kanzlei anzurufen. Ryans Sekretärin befürchtete, daß er eine seiner berühmten Sauftouren gemacht und dann verschlafen hatte, und rief ihn zu Hause an. Zufällig war es einer der beiden Tage in der Woche, an denen seine Putzfrau kam. Sie legte den Hörer neben den Apparat und ging ins Schlafzimmer, wo sie ihn fand. Sein Kopf lag auf dem Kissen, die Augen waren weit aufgerissen. Tot mit fünfundvierzig.

Jetzt waren die vier Teilhaber der Kanzlei nur noch zu dritt, und die beiden anderen kannte ich kaum. Fred Duncan und Alonzo Trewitt hatten die Kanzlei zusammen mit Michael aufgebaut. Das war Jahre bevor er mich davon überzeugte, daß es gut für die Firma wäre, einen Strafverteidiger zu haben, und gut für mich, in einer Kanzlei zu arbeiten, in der ich mich ganz auf meine Arbeit konzentrieren konnte und mir über die geschäftliche Seite den Kopf nicht zu zerbrechen brauchte. Es hatte besser geklappt, als ich anfangs gedacht hatte. Michael hatte sich um alles gekümmert. In wenigen Jahren hatte sich die Kanzlei von vier Juristen und ein paar Aushilfen zu einem Team von fast dreißig Anwälten und mehr als zwei Dutzend Mitarbeitern entwickelt. Für Michael war das erst der Anfang. Er hatte sich bereits ein System ausgedacht, wie wir Angestellte erst zu Juniorpartnern und dann zu echten Teilhabern befördern würden. Als er starb, stand er gerade in Verhandlungen um ein größeres Büro. Michael Ryan wollte, daß wir die größte Kanzlei in der Stadt wurden.

Duncan und Trewitt hatten sich damit begnügt, Ryan zu folgen, was immer er auch in die Wege leitete. Beide hatten Frau und Kinder, arbeiteten so, wie man es von einem normalen Menschen erwarten konnte, und betrachteten ihren Beruf mehr als Beschäftigung denn als Obsession, die keine Zeit für anderes ließ. Sie waren, soweit ich wußte, gute Ehemänner, gute Väter, gute Juristen und die langweiligsten und engstirnigsten Menschen, die mir je begegnet sind. Michael Ryan hatte sie reich gemacht, und nun, da er tot war, dachten sie nur darüber nach, wie sie noch reicher werden konnten.

Zwischen Ryans Eckbüro und meinem eigenen lag der Sitzungssaal, der nach Norden auf den Zusammenfluß der beiden Flüsse Columbia und Willamette hinausging. Tausende Bände des *Oregon Reporter* und des *U.S. Supreme Court Reporter* füllten die bis zur Decke reichenden Bücherregale auf der langen Wand gegenüber den Fenstern. Als ich auf die Minute pünktlich eintrat, saß Alonzo Trewitt bereits am Kopfende des Tisches, auf dem Platz, der sonst Ryan vorbehalten gewesen war.

«Ich würde hier lieber nicht zu lange sitzen bleiben, Lonzo», witzelte ich und setzte mich Duncan gegenüber. «Ryan ist nicht wirklich tot. Er braucht nur ein bißchen länger als sonst, um wieder nüchtern zu werden.»

Sie mochten mich nicht, hatten es noch nie getan. Es war auch nicht ihre Idee gewesen, mich als Sozius in die Kanzlei aufzunehmen. Ryan hatte sie davon überzeugt, daß ich ihnen Geld bringen könnte, und genauso war es gewesen. Ich hatte mehr verdient als die beiden zusammen, doch statt Dankbarkeit hatten sie mir nur Ressentiments entgegengebracht. Sie gaben sich keine Mühe, ihre Verachtung fürs Strafrecht vor mir zu verbergen.

Trewitt kam gleich zur Sache. «Nach Michaels Tod müssen wir überlegen, wie wir die Firma neu organisieren.» Er sprach jedes einzelne Wort so korrekt aus wie ein Bankangestellter, der einem das Wechselgeld vorzählt.

Er war ein hochgewachsener, schlaksiger Bursche und hatte die Angewohnheit, die Hände beim Reden in gegensätzliche Richtung kreisen zu lassen, was seiner Konversation den Eindruck großer Dynamik verlieh, doch nirgends hinführte. Fast zwanzig Minuten lang zählte er mit monotoner Stimme auf, welche spezifischen Veränderungen er empfahl. Nach jedem abgehakten Punkt hielt er inne und musterte mich mit einem dünnen, herablassenden Lächeln, während Duncan den Mund hielt und nur zustimmend nickte.

Was sie vorhatten, war alles andere als innovativ. Mit der Inbrunst eines irischen Dichters hatte Michael Ryan davon geträumt, die größte Anwaltskanzlei der Stadt aufzubauen, und nie gezögert, die Gegenwart der Zukunft zu opfern. Trewitt und Duncan dagegen hatten die Seele von Buchhaltern, deren Träume nicht weiter reichten als bis zu Unterschlagung.

Ganz oben auf ihrem Wunschzettel stand ein Auto. «Die Firma hat ein Stadium ihrer Entwicklung erreicht, an dem die Teilhaber eigene Firmenwagen bekommen sollten.»

«Ich habe bereits einen Wagen», fiel ich ihm ins Wort.

«Ja, aber als Firma könnten wir sie jedes Jahr neu leasen. Die Firma übernimmt alles – Benzin, Öl, Wartung. Das ergibt doch Sinn. Es bedeutet erhebliche Steuereinsparungen.»

Von Autos ging es über zu Häusern. Nicht etwa, daß die Firma irgendwelche Hypothekenzahlungen übernehmen würde. Sie wollten eine Eigentumswohnung in Downtown Portland «für Mandanten von außerhalb» erwerben, außerdem eine Anlage in einem Erholungsort, entweder Black Butte oder Sunriver, «um Mandanten zu empfangen», und zu guter Letzt «vielleicht» noch irgendwas auf Hawaii «für die Teilhaber und ihre Familien».

Ich wartete, bis er fertig war. «Ich bin dagegen, und zwar von A bis Z. Ryan hat die Firma aufgebaut, und ich glaube nicht, daß wir irgend etwas ändern sollten. Michael hatte eine Vision. Wir sollten aufpassen, daß wir sie nicht aus den Augen verlieren.»

Sie waren anderer Meinung und erklärten, meine Stimme sei jetzt in der Minderheit. «Wir haben immer einmütige Beschlüsse gefaßt», rief ich ihnen ins Gedächtnis zurück. «Es wurde nichts unternommen, solange nicht alle damit einverstanden waren.»

«Mit Michael und seinen Plänen einverstanden waren», platzte Duncan heraus. Offenbar wollte er unbedingt seine Unabhängigkeit beweisen, Hauptsache, es kostete ihn nichts.

«Miteinander einverstanden waren», korrigierte ich. «Wollen wir eine Sache gleich von Anfang an klarstellen: Nichts wird geändert.» Damit stand ich auf und schob den Stuhl an den Tisch. Ich stützte mich mit beiden Händen auf die Rückenlehne und ließ meinen Blick von Trewitt zu Duncan und wieder zurück wandern. «Dafür hat Michael gesorgt.»

Trewitt hob die Augenbrauen. «Michael hat was?»

«Er hat dafür gesorgt, daß die Regel der Einmütigkeit bestehenbleibt. Strenggenommen war dies nie eine Sozietät. Wir handeln wie ein Mann, weil ihr drei euch seit langer Zeit kanntet und weil es mir egal war, was beschlossen wurde, solange Michael da war. Ich vertraute ihm.»

Trewitt versteckte sich hinter seinen Augen und schmetterte die Unterstellung, er sei nicht vertrauenswürdig, mit einem ausdruckslosen Blick ab.

«Diese Firma ist aufgebaut wie ein Konzern. Jeder von uns,

einschließlich Michael, besitzt ein Viertel des Kapitals. Seinem Letzten Willen entsprechend geht sein Anteil in einen Trust über ...»

«Wer ist der Begünstigte?» fragte Duncan, bevor ich zu Ende sprechen konnte.

«... in einen Trust über mit der Anweisung, daß seine Stimme immer auf seiten der Minderheit sein soll. Mit anderen Worten, meine Herren, jedesmal, wenn es zwischen uns zwei zu eins steht, gleicht Michaels Stimme das Votum aus, und wir haben eine Pattsituation. Natürlich wird das dafür sorgen ...»

«... daß die Regel der Einmütigkeit erhalten bleibt», beendete Trewitt meinen Satz kopfschüttelnd, weniger aus Ärger als aus Bewunderung für die Weitsicht, mit der Michael für derartige Notfälle vorgesorgt hatte. «Michael war ein erstklassiger Anwalt. Aber du weißt genausogut wie ich, daß er damit vor Gericht nie durchkommen würde.»

Trewitt verstand von Trusts und Nachlässen mindestens soviel wie ich vom Strafrecht. Ich hatte keine Ahnung, ob er die Wahrheit sagte oder versuchte zu bluffen, aber es war mir auch egal. Ich trat einen Schritt zurück und beugte mich gerade so weit vor, um mich mit einer Hand auf den polierten Mahagonitisch zu stützen. Die andere steckte ich in die Hosentasche und sah ihn an, als wollte ich ihm ein Loch durch die Schädeldecke brennen.

«Dann geh vor Gericht, du Blödmann, und warte ab, wieviel du dann noch übrig hast für neue Wagen und große Häuser, nachdem du ein paar Jahre damit verbracht hast zu lernen, wie es im Gerichtssaal wirklich zugeht. Warst du eigentlich je in einem? Nein», fuhr ich fort, bevor er antworten konnte. «Ich meine kein Nachlaßgericht. Ich meine eins mit Zeugen aus Fleisch und Blut und gemeinen Schurken wie mich auf der Gegenseite und einer Jury aus zwölf aufmerksamen, ehrlichen

Männern und Frauen, die im Jahr weniger verdienen als du in einer Woche.»

Eine Drohung fehlte noch, und ich sprach sie aus. «Im übrigen ist die ganze Erörterung hier überflüssig. Ihr könnt die beschissene Firma führen, wie ihr wollt. Ich mache mich wieder selbständig.»

Wie alle, für die Geld das einzige ist, was zählt, hatten Trewitt und Duncan zuviel Angst vor dem Verlieren, um zu wissen, wie man gewinnt. Für den Augenblick zumindest beschlossen sie, daß sie mit einer halben Million im Jahr über die Runden kommen müßten, selbst wenn sie ihre Wagen und ihre Ferien aus eigener Tasche bezahlen mußten. Das bedeutete allerdings nicht, daß sie damit auch zufrieden waren. Wir hatten uns noch nie besonders nahe gestanden, aber jetzt gingen wir wirklich auf Distanz. Wir nickten uns zu, wenn wir uns im Gang begegneten, und beachteten die Formalitäten bei allen Treffen, die wir notgedrungen abhalten mußten, doch abgesehen davon hatten wir uns nicht das geringste zu sagen.

Wie ein Pfeil, der noch weiterfliegt, wenn der Schütze zu Tode getroffen niedersinkt, bestand die von Michael Ryan gegründete Kanzlei nicht nur fort, sondern expandierte auch weiter. Sechs Monate später kamen wir zu der einmütigen Entscheidung, daß die Firma so groß geworden war, daß sie eine Vollzeitkraft für die Verwaltung brauchte. Wir warben sie von einer Konkurrenzfirma ab, und ich schlug vor, daß die Firma ihr als Teil des Entschädigungspakets einen Wagen leasen sollte. Duncan und Trewitt stimmten sofort zu. Keiner von beiden schien die Ironie an der Sache zu bemerken. Ich glaube, sie hatten das Ganze schon längst vergessen, so wie kleine Jungs, die das Spielzeug, das sie unbedingt haben wollten und nie bekommen haben, einfach irgendwann vergessen.

Die Firma wurde größer und größer. Jedes Jahr mußten mehr Hochzeitsgeschenke gekauft werden, denn immer mehr junge

Mitarbeiter versuchten, Familie und Karriere zu verbinden. Jahr für Jahr nahmen die nächtlichen Saufgelage mit frischgebackenen Opfern der Scheidungsgerichte zu. Ebenso die Beerdigungen, bei denen um Menschen getrauert wurde, die ich seit Ewigkeiten kannte, und um solche, die ich kaum gekannt hatte. Dennoch hatte sich trotz all der Veränderungen eigentlich nichts geändert. Mein eigenes Leben bewegte sich im gleichen Kreislauf wie seit Jahren – einer endlosen Folge von Liebesaffären und Triumphen im Gerichtssaal. Nach Lisa ging ich mit keiner Frau länger als einen Monat aus, und wenn doch, dann war es eine, die ich nicht öfter als ein- oder zweimal alle paar Wochen sah. Ich war ein flüchtiger Bekannter sämtlicher Frauen in meiner Umgebung. Nichts veränderte sich, und so würde es bleiben. Davon war ich überzeugt. Die Jahre gingen dahin, und die immer längere Liste meiner Fälle las sich wie die unendliche Abfolge der Generationen im Ersten Buch Mose. Eines Tages würde ich genauso enden wie Michael Ryan. Ich schuftete und würde weiterschuften bis an mein Lebensende.

Mit jedem Jahr, das verstrich, schien mein Leben mehr in festen Bahnen zu verlaufen. Während der Woche arbeitete ich den ganzen Tag bis spät in die Nacht, unterbrach nur selten, um zu Mittag zu essen, und ließ auch das Abendessen oft ausfallen. Samstags fuhr ich gewöhnlich gegen zehn in verblichenen Khakihosen und ausgelatschten Turnschuhen ins Büro und versuchte alles aufzuarbeiten, was sich auf meinem Schreibtisch angesammelt hatte, während ich mit anderen Dingen beschäftigt gewesen war. Samstags abends ging ich aus, und sonntags morgens tat ich so gut wie gar nichts.

Zu dieser Zeit bedeutete es mir nichts, aber es war ein Sonntag, an dem alles anfing. Ich hatte die ganze Woche im Gerichtssaal verbracht und versucht, am Samstag mit den anderen

Sachen nachzukommen, bevor die neue Woche begann. Um sieben wachte ich auf und versuchte, noch einmal einzuschlafen. Vergeblich. Ich mußte mal. Das Alter fing an, sich dadurch bemerkbar zu machen, wie früh und wie oft ich pinkeln mußte.

Als ich fertig war, spritzte ich mir Wasser ins Gesicht und betrachtete das unvertraute Antlitz, das mich aus dem Badezimmerspiegel anstarrte. Manche Spiegel sind großzügiger als andere; dieser war erbarmungslos. Dem Fremden, der mich betrachtete, stand das Haar auf einer Seite in wilden Büscheln ab, während die andere plattgedrückt war. Dunkle Ringe umschatteten die halbgeschlossenen Augen, schwarze und graue Stoppeln bedeckten Wangen und Kinn. Er schob das Kinn vor, so weit er konnte, spannte die Sehnen am Hals und zwang sein Gesicht zu den unmöglichsten Grimassen. Das machte er immer wieder, vor und zurück, ein dutzendmal, eine bizarre Übung, die er jeden Morgen unter meinen Augen absolvierte. In seiner Naivität hatte er argumentiert und in seiner Eitelkeit sogar geglaubt, damit könne er die Entwicklung des unvermeidlichen Doppelkinns hinauszögern. Ich hatte meine Zweifel. «Gib's auf», riet ich ihm, als wir uns voneinander abwandten.

Ich schlüpfte in eine weite Jeans und ein dunkelbraunes Baumwollhemd. In der Küche machte ich mir Kaffee und öffnete die Tür zur Terrasse. Es war ein wolkenloser Frühlingstag, warm genug zum Draußensitzen. Ich machte es mir in einem mit Segeltuch bespannten Gartenstuhl gemütlich, hielt die heiße Tasse mit beiden Händen und sah zu, wie die Schatten am Rand der dunkelgrünen Tannen entlangwanderten, während die Sonne langsam höher stieg.

Als ich den Kaffee ausgetrunken hatte, schüttelte ich den Tagtraum ab, der mir im Kopf herumschwirrte, und ging die Einfahrt hinunter, um die Zeitung aus dem Briefkasten zu holen. Ich schenkte mir einen zweiten Kaffee ein und ging wieder hinaus auf die Veranda. Das war eine feste Gewohnheit, eine regelmäßige Routine. Als erstes nahm ich die Teile der Sonntagszeitung, die mich nicht interessierten, heraus, brachte den Rest in die Reihenfolge, in der ich ihn lesen wollte, und studierte dann eine Seite nach der anderen, bis ich fertig war.

Kurz nach elf nahm ich eine Dusche, rasierte mich und machte mir ein passables Frühstück aus Schinken mit Eiern. Anschließend räumte ich die Küche auf, suchte mir die zwei oder drei Bücher heraus, die ich lesen wollte, und kehrte auf die sonnige Veranda zurück. Diesmal machte ich es mir auf einer Holzliege mit einer dicken blauen, wasserdichten Matratze gemütlich.

Ich las nie Bücher, die unmittelbar mit Recht und Gesetz zu tun hatten. Die meisten Juristen in meinem Bekanntenkreis hatten – wie Trewitt und Duncan – ihre Interessen im Lauf der Jahre mehr und mehr eingeschränkt und sich auf das Spezialgebiet konzentriert, mit dem sie sich ihre Brötchen verdienten, bis es das einzige war, mit dem sie sich auskannten, und das einzige, was sie interessierte. Das Strafrecht war nicht so eng gefaßt. Ich hielt mich, so gut ich es als Laie konnte, über medizinische und naturwissenschaftliche Entwicklungen auf dem laufenden, weil es ein Wissen war, das ich brauchte. Und ich opferte einen Teil jeden Sonntags der Literatur, auch wenn sie mir noch nie eine Frage oder Erkenntnis vermittelt hatte, die ich vor Gericht verwenden konnte.

In jahrelanger sonntäglicher Lektüre hatte ich den ganzen Tolstoi, Dostojewski, Puschkins Romane, doch nur einen kleinen Teil seiner Dichtung, das meiste von Dickens, fast alles von Conrad und sämtliche Werke von E. M. Foster und Ford Madox Ford gelesen. Wieder und wieder hatte ich Flaubert verschlungen und, ohne genau zu wissen warum, *Lehrjahre des Gefühls* über *Madame Bovary* gestellt. Ich liebte Balzac, bewunderte Stendhal, fand Gide deprimierend und hatte keinerlei Interesse an den öden existentialistischen Ergüssen eines Sartre oder Camus.

Mehr als alles andere faszinierte mich, was Amerikaner im neunzehnten und zu Anfang des zwanzigsten Jahrhunderts geschrieben hatten. In dem Leben, das sie beschrieben, fühlte ich mich heimischer als in dem, was sich in meiner Umgebung abspielte. Vielleicht war das nur eine Frage des Alters. Je älter ich wurde, um so häufiger ertappte ich mich dabei, eine relative Sicherheit in Dingen zu suchen, die bereits geregelt, und in Schlüssen, die bereits gezogen waren. In bezug auf die Vergangenheit herrschte klare Ordnung, eine angenehme Unausweichlichkeit. Es gab einen Anfang, eine Mitte und ein Ende, und das vermittelte die Illusion, daß alles auf irgendeine Art Sinn ergab.

Zum drittenmal in den letzten drei Jahren begann ich Herman Melvilles *Billy Budd*. Leopold Rifkin hatte es mir geschenkt. Ich konnte einfach nicht genug davon kriegen. Jeder Fall, den ich vor Gericht brachte, hatte mich etwas über die moralische Ambivalenz gelehrt, die die strengen Dogmen des Gesetzes umgab. Nichts war je so sauber oder scharf voneinander unterschieden, wie das Recht, vor allem das Strafrecht, annahm. Das Gesetz zog einen harten Trennungsstrich zwischen Schuld und Unschuld, aber wenn ich in zwanzig Jahren Berufserfahrung überhaupt etwas gelernt hatte, dann, daß es mindestens ebenso viele Schattierungen von Unschuld wie Abstufungen von Schuld gibt.

Nach einer Weile ließ ich das Buch auf die Brust sinken und schloß die Augen. Ich konnte sehen, wie Billy Budd in der Kapitänskajüte stand, unangreifbar wie eine Naturgewalt. Ich konnte spüren, wie der hölzerne Rumpf des Schiffes bebte, als das Schiff – angepeitscht vom Sturm eines Hurrikans – durch die schwere See pflügte. Ich konnte die sorgenvolle Klage der Schiffsglocke hören, die der Mannschaft eine gespenstische Anweisung gab. Sie läutete und läutete, während das Schiff sich mühsam durch die graue Gischt des Meeres kämpfte. Einen Augenblick später merkte ich, daß die Glocke, die ich läuten hörte, in Wirklichkeit mein Telefon war.

Um ein Haar wäre ich gar nicht drangegangen. Doch plötzlich war es eine Herausforderung, zu sehen, ob ich abnehmen konnte, bevor es zum letztenmal klingelte. In dem Moment, als ich nach dem Hörer an der Küchenwand greifen wollte, verstummte es. Dann sprang der Anrufbeantworter an. Ich drückte auf einen Knopf und lauschte. Es war Horace Woolner.

«Was machen Sie, Horace?» fragte ich, bevor er den ersten Satz seiner Nachricht hatte loswerden können.

«Ach, ich dachte schon, ich hätte Sie verpaßt», sagte er. «Hören Sie eigentlich alle Ihre Anrufe mit, bevor Sie drangehen? Na, wenn ich Ihre Klientel hätte, würde ich es vielleicht auch so halten.»

«Rufen Sie an, um mich zu piesacken, Horace?» Ich schnappte mir einen Apfel aus dem Sieb, das auf der gekachelten Anrichte stand, und biß hinein.

«Was zum Teufel machen Sie da?» lachte Horace. «Essen? Ich rufe Sie an, und Sie fangen an zu essen?»

Ich hatte den Mund voll und hätte mich beinahe verschluckt, als ich sagte: «Ich dachte, ich hätte Zeit. Ich bin oft genug mit Ihnen im Gerichtssaal gewesen. Wenn Sie erst mal loslegen, kann es Tage dauern, bis Sie wieder aufhören zu reden.»

«Hört sich an, als wären Sie halb erstickt. Und da heißt es immer, es gibt keine Gerechtigkeit.»

Er hielt inne und fragte dann ruhig: «Aber im Ernst. Ist alles in Ordnung?»

«Ja, bestens», sagte ich. «Was gibt's?»

«Können Sie sich an Johnny Morel erinnern?»

Der Name sagte mir nichts. «Nein, ich glaube nicht.»

«Ist schon vier oder fünf Jahre her. Sie haben ihn verteidigt.

Dieser Widerling, der seine Stieftochter vergewaltigt hatte. Es war der Fall, den Rifkin Ihnen angetragen hatte.»

Jetzt fiel es mir wieder ein. «Ja, sicher. Was ist mit ihm?»

«Er ist tot», bemerkte er ohne jede Spur von Bedauern. «Letzte Nacht hat es ihn erwischt.»

«Was ist passiert?» fragte ich. Die Toten, von denen Horace scheinbar immer als erster hörte, kriegten normalerweise keinen Nachruf in der Zeitung.

«Erschossen. Mit einer einzigen Kugel, direkt ins Herz. Aus nächster Nähe.» Er rasselte die entscheidenden Fakten eines Mordes herunter, konnte aber trotz seiner Objektivität eine gewisse Befriedigung nicht verbergen. «Und jetzt raten Sie mal, wer es war?»

Es war mir egal. «Ich tippe auf Selbstmord. Sozusagen, um Buße zu tun.»

«Sie haben eine großzügige Natur, mein Freund. Nichts da. Kein Selbstmord. Es war seine Frau. Ein einziger Schuß, direkt ins Herz», wiederholte er. «Sauber.»

«Man könnte fast meinen, Sie freuen sich.»

«Na, soll ich das etwa nicht? Das bleibt natürlich unter uns. Aber welcher vernünftige Mensch würde den Tod dieses perversen Schweins bedauern? Sie haben ihn rausgeboxt. Sie haben Ihren Job erledigt. Aber ich weiß, was er getan hat, und Sie wissen es auch. Er hätte die Kleine garantiert nicht in Ruhe gelassen, wenn er die Gelegenheit bekommen hätte. Jessas, wahrscheinlich hat er sich auch an anderen jungen Dingern vergriffen. Aber jetzt ist er tot, und das ist für alle besser. Für alle.»

Wir drückten uns um die Wahrheit. Die mit meinem Beruf verbundene Heuchelei hielt mich davon ab, ihm zu sagen, wie sehr ich ihm zustimmte.

«Warum sagen Sie das nicht beim Schlußplädoyer, wenn Sie seine Frau wegen Mordes anklagen?»

153

Ich konnte förmlich sehen, wie er, resigniert über das, was er tun mußte, den Kopf schüttelte. «Ja, ich wünschte, das ginge. Sie sollte eine Belohnung bekommen.»

Jetzt, da ich mich an Johnny Morel erinnerte, fiel mir auch alles andere wieder ein. Was immer Denise Morel zustand, eine Belohnung war es bestimmt nicht.

11

Heute, nach all den Jahren und allem, was passiert ist, erscheint es vielleicht merkwürdig, daß ich tatsächlich überrascht war, als sie anrief. Ihr Mann war der Vergewaltigung beschuldigt worden, und sie hatte besser als irgend jemand anders das Ausmaß seiner Schuld gekannt. Wenn ich ihn hatte freikriegen können, was konnte ich dann erst für sie tun?

Meine erste Reaktion war, den Anruf gar nicht erst anzunehmen. Dann, aus einer Laune heraus, änderte ich meine Meinung.

«Sie werden sich nicht an mich erinnern, Mr. Antonelli.» Ihre Stimme war genau wie damals – warm, weich, atemlos, versessen auf die nächste Verführung. «Sie werden sich nicht an mich erinnern», wiederholte sie, als ich nicht antwortete. «Sie haben meinen Mann verteidigt, Johnny Morel.»

«Ich erinnere mich, Mrs. Morel», fiel ich ihr ins Wort. «Ich erinnere mich sogar sehr gut an Sie. Was kann ich für Sie tun?»

«Johnny ist umgebracht worden, und jeder glaubt, daß ich es war», erklärte sie rasch. «Aber ich war's nicht, Mr. Antonelli. Ich habe ihn nicht umgebracht. Kann ich vorbeikommen und mit Ihnen sprechen? Ich brauche einen Anwalt.»

Ich versuchte sie abzuwimmeln. «Besorgen Sie sich einen Pflichtverteidiger.»

«Nein», beharrte sie. «Ich will den Besten. Ich will Sie, Mr. Antonelli. Und machen Sie sich keine Sorgen um Ihr Honorar. Ich kann es bezahlen.»

«Ich glaube, Sie haben keine Ahnung, wie teuer so was werden kann, Mrs. Morel.»

«Denise. Nennen Sie mich Denise. Doch, ich weiß, wie teuer es werden kann. Aber das ist es mir wert. Sie sind es wert.»

Sie hatte mich belogen, als sie mich das erste Mal gesehen hatte; sie hatte gelogen, als es um ihren Mann und ihre Tochter ging, und jetzt log sie auch. Soviel stand fest. Ich warf einen Blick in meinen Terminkalender. «Ich hätte übermorgen Zeit für Sie. Halb vier.»

Sie war es nicht gewöhnt zu warten. «Ginge es nicht früher? Heute abend. Was ist mit heute abend?» schlug sie hastig vor.

Denise Morel kannte wahrscheinlich jede Bar und jede Kneipe im Umkreis von hundert Meilen, aber ich war mir sicher, daß die einzigen Restaurants, in denen sie je gegessen hatte, Imbißbuden und schmuddelige Coffeeshops waren. Ich lud sie ein, in einem der teuersten Restaurants der Stadt mit mir zu Abend zu essen.

«Waren Sie schon mal dort?» fragte ich in einem Ton, der durchblicken ließ, daß ich schockiert gewesen wäre, wenn sie bejaht hätte.

«Nein», sagte sie. «Aber ich habe es mir immer gewünscht.»

Als ich im Restaurant anrief, um einen Tisch zu reservieren, bereute ich bereits, mich darauf eingelassen zu haben. Sie sollte sich unbehaglich fühlen, deplaciert, umgeben von Leuten, mit denen sie sich nie würde messen können, und Dingen, die sie nie besitzen würde. Es war ein grausamer Akt, den ich vor mir selbst als Vergeltung rechtfertigte. Ich war schon drauf und dran, wieder einzuhängen, als mir einfiel, daß ich gar keine Telefonnummer von ihr hatte. Da war nichts zu machen. Ich reservierte den Tisch und hoffte, daß sie ihre Meinung ändern und einfach nicht auftauchen würde. Ich hätte es besser wissen müssen.

Ich kam ein paar Minuten zu früh und ließ mir vom Kellner einen ruhigen Tisch im hinteren Teil anweisen. Sie war auf die Minute pünktlich. Ich beobachtete sie, als sie sich einen Weg durch die Menge bahnte, und mein Erstaunen wuchs mit jedem Schritt, den sie näher kam. Sie wirkte gelöst, als fühlte sie sich vollkommen zu Hause unter Menschen, die an schöne Kleider und teures Essen gewöhnt waren. Erhobenen Hauptes glitt sie durch den Raum, eine umwerfende Frau in einem phantastischen schwarzen Kleid. Männer und Frauen folgten ihr mit Blikken. Ich stand auf, schob ihr einen Stuhl zurecht und wartete, bis sie sich setzte. Dabei ließ sie mich keine Sekunde aus den Augen.

«Komme ich zu spät?»

«Nein, überhaupt nicht. Sie sehen wundervoll aus», hörte ich mich sagen.

In ihrem Lachen schwang die Freude des Triumphes mit. Die großen blauen Augen glänzten vor Aufregung. Ich hatte noch nie jemanden gesehen, der weniger wie eine des Mordes angeklagte Ehefrau aussah.

«Ich mußte mir das Kleid ausleihen», gestand sie, legte den Kopf auf die Seite und lächelte provozierend. «Ich hoffe, es gefällt Ihnen. Ich trage es nur für Sie.»

Sie war ein Chamäleon, ein Geschöpf ohne jede eigene Identität. Innerhalb kürzester Zeit konnte sie sich den unendlich vielfältigen Schattierungen und Farben ihrer Umgebung anpassen. Sie war eine hellschimmernde Oberfläche, ein Spiegel, der einem zeigte, was man ihrer Meinung nach sehen wollte. Nichts wäre einfacher gewesen, als zu vergessen, wer sie war und was sie fünf Jahre zuvor getan hatte.

Der Kellner brachte eine Flasche Merlot und schenkte ihr ein. Ein paar Minuten später kam er wieder, um unsere Bestellung aufzunehmen. Denise warf einen Blick auf die Speisekarte, legte sie wieder hin und bat mich, für sie zu bestellen. Ihre Augen ruhten auf mir, während ich mit dem Kellner sprach.

«Ich habe ihn nicht getötet, Mr. Antonelli. Oder darf ich Sie Joseph nennen?» fragte sie mich dann, als würde sie mich bereits gut genug dafür kennen oder für alles andere, was wir möglicherweise miteinander tun würden. «Ich habe ihn nicht getötet», wiederholte sie. «Ich war in der Nacht ausgegangen, in jener Nacht, in der er umgebracht wurde. Als ich nach Hause kam und die Tür zum Schlafzimmer aufmachte, lag er da. Der Kopf lehnte halb an der Wand. Seine Augen starrten mich irgendwie an. Ich dachte zuerst, er hätte was genommen.»

Sie schien es beinahe komisch zu finden, wie ihr Mann dagelegen hatte, hilflos in der Gleichgültigkeit des Todes.

«Dann sah ich das Blut», fuhr sie fort, ohne jede Gefühlsregung oder einen Sinn für die Bedeutung dessen, was sie gesehen hatte. Es war, als beschriebe sie etwas, das sie im Kino gesehen hatte, in einem Film mit grellen Farben, der nichts der Phantasie überließ.

«Er war wirklich tot», fuhr sie entschlossen fort. «Dann sah ich den Revolver auf dem Boden neben dem Nachttisch. Ich hatte Angst. Ich dachte, wer immer es war, vielleicht kommt er zurück. Deshalb nahm ich die Waffe und alles Geld, das ich im Haus fand, und machte, daß ich wegkam.»

Ich hörte auf, Kreise um den Sockel des Weinglases zu ziehen, schlug ein Bein über das andere und legte einen Arm über die Rückenlehne des Stuhls. «Sie waren an diesem Abend also ausgegangen. Sie kamen nach Hause, fanden ihn tot im Schlafzimmer, nahmen die Waffe und gingen wieder.» Nicht gerade einfallsreich.

«Ja. So war's.»

Ich blickte auf. «Verstehe. Bevor wir weitermachen, möchte ich Ihnen etwas sagen, das Sie wissen sollten. Als ich vor fünf Jahren Ihren Mann vertreten habe, zweifelte ich keinen Augenblick daran, daß er Ihre Tochter tatsächlich vergewaltigt hatte.»

Ihr Gesicht blieb ausdruckslos. Sie war nach wie vor der Inbegriff zuversichtlicher Aufrichtigkeit.

«Die Geschworenen haben ihn für nicht schuldig erklärt.»

«Das ist richtig», sagte ich und forschte aufmerksam nach dem ersten leisen Anzeichen von Unsicherheit. «Trotzdem wußte ich, daß er schuldig ist, und Sie wußten es auch. Sie wußten es», fuhr ich fort, bevor sie mich unterbrechen konnte, «weil Ihre Tochter Ihnen alles erzählt hatte und weil er Sie verprügelt hat, als Sie ihn zur Rede stellten, und Sie und Ihre Tochter mit dem Tod bedroht hat, falls Sie je darüber reden sollten. War es nicht so?»

Sie begrüßte meine Blauäugigkeit wie einen lange vermißten Liebhaber. Es war genauso, wie ich gesagt hatte. Ihre Tochter hatte es ihr am gleichen Tag erzählt, als es passiert war. Sie war mit Tränen in den Augen aus dem Park gerannt gekommen und hatte ihrer Mutter erzählt, was Johnny mit ihr gemacht hatte. Es war genauso gewesen, wie Michelle es geschildert hatte. Sogar das mit dem Jagdmesser stimmte. Johnny hatte es immer unter dem Kopfkissen aufbewahrt.

Gebannt von ihrer Vorstellung, saß ich da und hörte ihr zu. Sie hatte ein ungeheures Talent zum Lügen; tatsächlich glaubte sie selbst jedes Wort, das sie sagte. Das war einer der Züge, die wir gemeinsam hatten.

«Ich wollte den Mistkerl umbringen», flüsterte sie erregt, «aber als ich ihm erzählte, was Michelle gesagt hatte, zog er das Messer und sagte, er würde uns alle beide umbringen.»

«Warum haben Sie sich Michelle nicht einfach geschnappt und sind auf Nimmerwiedersehen mit ihr verschwunden?»

«Wir konnten nirgendwohin. Ich hatte kein Geld. Es gab niemanden, der uns hätte helfen können. Und dann hat Johnny mich verprügelt, und Michelle kam zu Pflegeeltern. Ich hatte Angst, wenn ich den Mund aufmachte, würde er sich an Michelle rächen.»

«Und Michelle hat nicht erwähnt, daß Sie Ihnen davon erzählt hatte, aus Angst, er könnte Ihnen etwas antun?»

Eine scheinbar perfekte Erklärung. «Ja. Genau! Genauso war es.»

«Sie müssen ihn wirklich gehaßt haben für das, was er Ihrer Tochter angetan hat, und auch Ihnen.»

«Ja, ich habe ihn gehaßt! Von ganzem Herzen!»

In meiner Stimme schwang Bedauern mit. «Ich fürchte, manche Leute werden darin ein durchaus plausibles Motiv für einen Mord sehen.»

Ein gut eingefädelter Hinterhalt hat etwas Elegantes. Sie hatte mir gesagt, was ich Ihrer Meinung nach hören wollte, und ich hatte sie durch das unermeßliche Labyrinth ihrer eigenen Täuschungen geführt, bis sie sich die Todesstrafe eingehandelt hatte.

Sie stocherte in ihrem Salat und sagte nichts. Nachdem der Kellner ihr Hauptgericht gebracht hatte, versuchte sie es noch einmal. Es ging los mit dem immer gleichen Dementi der Lügner.

«Alles, was ich Ihnen gesagt habe, ist wahr. Aber es war nicht die ganze Wahrheit. Es steckt noch mehr dahinter. Michelle hat es mir erzählt, und ich habe es Johnny vorgehalten, aber er hat es abgestritten. Und ich weiß, es ist schwer, das nachzuvollziehen, aber ich wollte ihm so gern glauben. Ich wußte, daß Michelle ihn haßte und vor kaum etwas zurückschrecken würde, um uns auseinanderzubringen.»

Ich sah Johnny Morels erregtes Gesicht vor mir, als er mit seinen schwieligen Fäusten gegen die Betonwand hämmerte und schrie, die Kleine hasse ihn, weil er dafür gesorgt habe, daß sie wieder zur Schule ging. «Fragen Sie Ihre Mutter, fragen Sie Denise, sie wird Ihnen alles erzählen.»

«Sie haben mir gesagt, daß er Sie mit dem Messer bedroht hat, genau wie Michelle.»

Sie zuckte nicht mit der Wimper. «Ja, das hat er getan. Aber er hat es trotzdem abgestritten. Er war wütend. Er nahm das Messer und sagte, er würde mich umbringen und Michelle auch, falls ich jemals einem davon erzähle.»

«Bei der Verhandlung haben Sie im Zeugenstand gelogen. Sie haben der Jury erzählt, daß Michelle Ihnen nie etwas dergleichen erzählt hätte. Sie haben sogar gesagt, daß Johnny gar kein Messer besessen hätte.»

«Ich wußte nicht, was ich machen sollte. Ich wollte einfach nicht glauben, daß er so was mit Michelle gemacht hatte!»

«Also hatten Sie doch keine Angst vor ihm? Sie haben unter Eid gelogen, aber nicht, weil Sie glaubten, er könnte Ihrer Tochter oder Ihnen etwas antun?»

Ich hatte selten einen Blick von größerer Verletzbarkeit gesehen. «Nein», sagte sie mit gesenktem Blick. «Er hätte uns nie ein Haar gekrümmt.»

Einen Augenblick lang schwieg sie und starrte auf ihre Hände. Als sie endlich aufblickte, räumte sie ein: «Ich weiß, daß Sie wahrscheinlich recht haben. Irgendwo tief drinnen muß ich es gewußt haben. Ich muß gewußt haben, daß Michelle die Wahrheit sagte, und auch, daß Johnny mit ihr geschlafen hat. Aber er hätte uns nie etwas zuleide getan, ganz gleich, was er sagte.»

Er konnte ihre Tochter vergewaltigen, aber er hätte keiner von beiden je etwas zuleide getan. Die ungezählten Möglichkeiten innerhalb dieses Spektrums hätten einem Psychiater Kopfzerbrechen bereitet, aber jedem Staatsanwalt das gegeben, was er brauchte.

«Sie sagten eben, er hätte Sie verprügelt. Wie können Sie dann behaupten, daß er Ihnen nie etwas getan hätte und daß Sie keine Angst vor ihm hatten?»

«Sie sind Anwalt. Sie wissen nicht, wie es für Leute ist, die nichts haben. Ich bin nach der zehnten Klasse von der Schule abgegangen. Johnny hat es nicht mal bis dahin geschafft, soweit ich weiß. Er konnte kaum lesen und hat so gut wie nie einen Job gehabt. Außerdem kriegte er diese ständigen Wutanfälle. Und wenn er sich aufregte oder getrunken hatte ...»

«Oder Koks, Meth, Heroin genommen hatte oder weiß der Teufel, was ihm sonst noch in die Hände fiel!» unterbrach ich sie. Plötzlich konnte ich mich einfach nicht mehr beherrschen.

Es traf sie wie eine Bombe. Ihr Mund war noch geöffnet, die Worte lagen ihr auf der Zunge, aber ihre Augen blinzelten wie ein seelenloser Mechanismus, der auf endlose Wiederholung programmiert ist.

«Manchmal zettelte er Schlägereien an, oder er kam nach Hause und hat mich verprügelt», fuhr sie fort, als sei sie gerade aus einer Hypnose erwacht. «Aber ich wußte, daß er mich nie wirklich verletzen würde. Und so schrecklich es auch klingen mag: Obwohl mir wahrscheinlich klar war, daß er es mit Michelle getrieben hatte, liebte ich ihn. Ich hatte keinen Grund, ihm den Tod zu wünschen.» Jetzt wirkte sie fast unterwürfig.

«Tja, es ist wirklich jammerschade, daß Sie ihn nicht getötet haben. Dann hätten Sie wenigstens eine anständige Chance, wegen Notwehr freigesprochen zu werden.»

Das Restaurant hatte sich gefüllt. Es war ziemlich laut um uns herum. Ich stützte die Ellbogen auf den Tisch und beugte mich so weit vor, daß mein Atem ein paar Haarsträhnen hinter ihrem Ohr streifte, als ich sprach.

«Nehmen wir beispielsweise einmal an, daß Sie wirklich an seine Unschuld glaubten – und zwar so sehr, daß Sie bei der Verhandlung gelogen haben. Und nehmen wir weiter an, daß etwas passiert ist, kürzlich erst, etwas, das Ihnen vor Augen führte, daß er gelogen hatte, daß er Michelle wirklich vergewaltigt hat. Sie haben es ihm erneut vorgehalten, aber diesmal war er bereits freigesprochen, und man konnte ihn deswegen nicht noch einmal vor Gericht bringen. Diesmal hat er es nicht nur nicht mehr abgestritten, sondern zugegeben – es zugegeben und sogar darüber gelacht! Er hat Ihnen einfach ins Gesicht gelacht. Und als er fertig war mit Lachen, hat er sich Sie vorgeknöpft. Er fing an, Sie zu schlagen, und dann, als es ihn erregte, hat er aufgehört, Sie zu schlagen, und Ihnen die Kleider vom Leib gerissen. Er hat Sie festgehalten, Ihnen weh getan und mit Ihnen gemacht, was er wollte. Als es vorbei war, warteten Sie, bis es sicher war, denn Sie sind kein kleines Mädchen wie Ihre Tochter. Und als er ins Bad ging, haben Sie die Waffe genommen, die er im Nachttisch aufbewahrte, und ihn erschossen.»

Sie folgte jedem Wort, das ich sagte, und wirkte von Minute zu Minute erregter. Gewalt, Mord – alles Aphrodisiaka.

Ich lehnte mich zurück. «Aber Sie hatten keine Angst vor ihm. Und, was viel wichtiger ist, Sie haben ihn nicht umgebracht, nicht wahr?»

Alles andere als eine rhetorische Frage. Sie zögerte, nicht sicher, was sie sagen sollte, aber bereit, alles zu sagen, selbst, daß sie ihn umgebracht hatte, Hauptsache, es bot einen Ausweg. Ich ließ ihr keine Chance. «Notwehr fällt flach. Sie haben Ihren Mann nicht ermordet.»

Denise entschuldigte sich und ging zur Toilette. Ich blieb sitzen und schenkte mir das erste Glas aus der nächsten Flasche Merlot ein. Ein großer Mann mit vierschrötigem Gesicht, den ich nicht kannte, glotzte mich von einem Tisch am anderen Ende des Raums an. Er winkte, und ich nickte ihm zu. Dann stieß er die kleine Frau mittleren Alters an, die bei ihm saß, damit sie herübersah. Er ließ nicht locker, bis sie sich endlich zu mir umdrehte und sich dann nervös lächelnd wieder abwandte. Sie schien ganz nett zu sein; er dagegen wirkte wie ein Bauer. Aber als Denise wieder zum Tisch zurückkam, wurde mir plötzlich bewußt, daß er mit einer anständigen, nett aussehenden Frau zu Abend aß, ich dagegen mit einer Hure, deren einziges Verdienst darin bestand, daß sie möglicherweise den eigenen

163

Ehemann umgebracht hatte. Ich rief den Kellner und ließ ihnen einen Drink bringen.

«Freunde von Ihnen?» fragte Denise.

«Ja», log ich. «Wir haben uns seit Ewigkeiten nicht gesehen.»

«Sie haben bestimmt jede Menge Freunde.»

Sie stützte einen Ellbogen auf und fing an, mit einer Haarsträhne zu spielen. Dann schob sie die andere Hand über das Tischtuch, bis sie neben meiner lag. «Und jede Menge Freundinnen, wette ich», seufzte sie.

Sie senkte den Blick und betrachtete ihre Finger, die anfingen, über meine Hand zu spazieren. Ein durchtriebenes Lächeln spielte um ihren Mund.

«Ich weiß noch, wie ich Sie das erste Mal sah, in Ihrer Kanzlei, und wie Sie aussahen, hinter Ihrem Schreibtisch. Sie trugen einen Ihrer teuren Anzüge. Ich dachte, das ist der umwerfendste Mann, den ich je gesehen habe. Und als Sie am nächsten Tag zu mir nach Hause gekommen sind …»

Sie ließ meine Hand los und beugte sich über den Tisch. «Wollen wir nicht anschließend noch irgendwo anders hin? Zu Ihnen nach Hause vielleicht? Das Kleid ist nicht das einzige, was ich heute abend für Sie trage.»

Sie war so nahe, daß ich bei jedem ihrer verführerischen Worte, diesem lasziven Drängen, ihren heißen Atem im Gesicht spürte.

«Sie sind gerade Witwe geworden», erinnerte ich sie mit einer Gleichgültigkeit, die sich immer schwieriger aufrechterhalten ließ. «Finden Sie nicht, Sie sollten mehr als nur ein paar Tage trauern?»

«Ich bin zwar Witwe», sagte sie, erregt von ihren überspannten Phantasien, die sie bisher nicht einmal ansatzweise beschrieben hatte, «aber ganz sicher nicht in Trauer.» Das glühende Lächeln ging in ein trotziges Grinsen über. «Ich habe den Mistkerl nicht umgebracht, aber ich bin froh, daß er tot ist. Und wenn Sie die Wahrheit wissen wollen ... ich wünschte fast, ich hätte es getan!»

Sie lehnte sich zurück und nahm einen Schluck. Der Rotwein auf ihren Lippen erinnerte mich an Blut.

«Sie haben ja keine Ahnung, was er mit mir gemacht, wozu er mich gezwungen hat.»

Sie musterte mich mit einem berechnenden Blick, als überlegte sie, wie weit sie gehen sollte.

«Möchten Sie es wissen? Soll ich Ihnen erzählen, was ich für ihn tun mußte?»

Ihr Blick ließ mich nicht mehr los. Je länger sie sprach, um so heftiger und schneller wurde ihr Atem. Sie streckte die Hand aus und berührte erneut die meine. Ihre Haut brannte wie Feuer.

«Soll ich es Ihnen sagen? Soll ich Ihnen erzählen, wie oft er mich gezwungen hat, mit anderen Männern zu schlafen, während er zusah? Oder wie oft ich zusehen mußte, wenn er es mit einer anderen Frau trieb?»

Sie provozierte mich, legte es darauf an, daß ich ja sagte.

«Wollen Sie wissen, wie es war, wenn wir Sex mit einem anderen Paar hatten? Oder wenn er jemanden mitbrachte und mich für Drogen verkaufte?» Ihr Gesicht war verzerrt, und in ihren Augen loderte etwas, das ebensogut Liebe wie Haß sein konnte.

Das Restaurant war mittlerweile überfüllt. Vorn an der Bar standen die Leute in Dreierreihen und warteten auf einen Tisch. Die Luft wurde immer schlechter, und bei all dem Lärm verstand man sein eigenes Wort nicht. Manchmal mußten wir einzelne Sätze wiederholen.

«Nein», sagte ich. «Das alles will ich nicht hören. Sie sollen mir nicht erzählen, was Sie mit Ihrem verstorbenen Mann gemacht oder nicht gemacht haben. Ich möchte lieber etwas über

Ihre Tochter hören. Was hat er mit ihr gemacht? Und was wußten Sie davon?»

Ich griff nach meinem Glas und sah ihr in die Augen.

«Michelle hat Ihnen erzählt, daß er sie vergewaltigt hat. Das haben Sie mir selbst gesagt. Und auch, daß er gedroht hat, sie beide umzubringen, wenn Sie jemandem davon erzählen. Warum sagen Sie mir nicht die ganze Wahrheit?»

Ich merkte, daß ich aufgewühlt war, wußte aber nicht genau, warum. Ich nahm einen Schluck, in der Hoffnung, mich zu beruhigen, aber das machte es nur noch schlimmer.

Schließlich beugte ich mich so weit zu ihr hinüber, wie es ging. «Ja, Denise», fauchte ich, «warum erzählen Sie mir nicht die ganze verdammte Wahrheit?»

Sie zog sich zurück und starrte mich verächtlich und kalt lächelnd an.

«Sie wollen die Wahrheit, die ‹ganze verdammte Wahrheit›? Na, mal sehen, wie Sie damit klarkommen! Ja, ich wußte, daß Johnny sie bumste, aber es gab verdammt noch mal nichts, was ich dagegen tun konnte. Er hätte mich umgebracht. Wissen Sie, wie oft er mich geschlagen, mich windelweich geprügelt hat? Ich glaube, darauf stand er noch mehr als auf Sex!»

Ein bitteres Lächeln, das auch den letzten Anschein von Unschuld zerstörte, breitete sich auf ihrem Gesicht aus.

«Ich habe nichts dagegen unternommen. Aber ich will Ihnen noch was sagen. Sie wollte es auch gar nicht. Es gefiel ihr!»

Der Schock in meinen Augen entging ihr nicht.

«Da sind Sie platt, was? Aber es ist die Wahrheit. Sie hat's gern mit ihm getrieben. Warum auch nicht? Mit zwölf war ich genauso. Jeder bumst gern. Oder wußten Sie das nicht?» fragte sie und lachte roh, herablassend. «Vielleicht sind Sie ja auch einer von den Kerlen, die alles ficken, was sich bewegt, weil Sie immer noch auf der Suche nach einer Frau sind, die es Ihnen richtig besorgt! Nun, Sie können mir glauben, Michelle gefiel es, und zwar sehr. Sie hat es der Polizei nur deshalb erzählt, weil Johnny – dieser blöde Kerl! – ein bißchen grob mit ihr umsprang, und weil es ihr nicht paßte, daß er sie wieder in die Schule schickte. Aber sie hätte trotzdem nichts gesagt, wenn die Polizei sie nicht mitgenommen hätte, als sie kam und den Mistkerl davon abhielt, mich zu Tode zu prügeln!»

Jetzt hatte sie sich in Luft aufgelöst, die Fassade von Sitte und Anstand, die sie bisher zur Schau getragen hatte. Richtig und falsch, gut und böse bedeuteten für sie nicht mehr als das geschriebene Wort für jemanden, der nie lesen gelernt hat. Wahllose Geschlechtsbeziehungen und willkürliche Akte von Gewalt, der Zustand der Natur vor Anbruch der Zivilisation, der auch heute noch durchbricht, wenn Menschen den Regungen der Leidenschaft folgen statt den Regeln der Vernunft – all das stellte für sie Sinn und Maß ihrer Existenz dar. Sie wußte, wie man Sex einsetzt, und ihr ermordeter Mann verstand sich auf Gewalt. Das war ihrer festen Überzeugung nach das einzige, was sich zu wissen lohnte.

Dann begriff sie die Schwere ihres Fehlers. «Ich glaube das nicht wirklich», sagte sie und klammerte sich an den ersten Strohhalm, der ihr einfiel. «Nein. Wirklich nicht. Es liegt nur daran, daß er mich zu so vielen schrecklichen Dingen gezwungen hat, mir so viele schreckliche Sachen erzählt hat – auch über Michelle –, daß ich einfach nicht mehr wußte, was wahr ist und was nicht.» Eine Träne kullerte langsam über ihre rosige Wange.

Ich lehnte mich zurück und verschränkte die Arme vor der Brust. Ich starrte sie einfach nur an, ohne ein Wort.

«Ich wußte, daß er mit ihr schlief. Ich wußte es. Ich habe ihn angefleht, damit aufzuhören. Ja, wirklich, das habe ich getan! Aber er machte einfach weiter. Ich habe gebettelt. Und ihm fiel nichts Besseres ein, als mich wieder mal zu verprügeln.»

Sie wischte sich die Tränen aus dem Gesicht und erklärte mit überzeugender Unaufrichtigkeit, wie sehr sie mich brauchte. «Kein Mensch glaubt mir. Ich habe ihn nicht getötet. Aber alle sagen es. Sie müssen mir helfen. Ich tue, was Sie wollen. Ich weiß, daß Sie Johnny umsonst verteidigt haben. Ich bitte Sie nicht, dasselbe noch einmal zu tun. Ich kann Ihnen zahlen, was Sie wollen.»

Es war zum Totlachen. Sie saß da in einem geborgten Kleid und beteuerte trotzdem, mich anheuern zu können, damit ich sie in einem Mordprozeß verteidigte. Dann endlich fiel mir die Frage ein, die ich ihr von Anfang an hätte stellen sollen: «Wie haben Sie eigentlich die Kaution aufgebracht?»

Mit dieser Frage hatte sie nicht gerechnet. Sie spielte auf Zeit. «Ach, ich habe Freunde, die mir helfen wollen.»

«Und diese Freunde sind vermutlich auch bereit, für Ihre Verteidigung aufzukommen?»

Sie wollte nicht darüber reden. «Ich kann das Geld für Ihr Honorar auftreiben», sagte sie ungeduldig. «Mehr brauchen Sie nicht zu wissen.»

«Ich bin nicht auf Geld angewiesen», sagte ich achselzuckend.

Niemand glaubt glühender daran, daß Geld Macht bedeutet, als diejenigen, die nie welches hatten. Sie war überzeugt, es sei die einzige Vorbedingung für ein Geschäft.

«Ich meine es ernst. Ich kann Ihnen besorgen, was Sie wollen.»

Ich lächelte. «Ich übernehme Fälle nicht des Geldes wegen. Ich übernehme sie nur, wenn ich sie interessant finde.»

«Finden Sie denn gar nichts Interessantes an meinem Fall?» fragte sie und versuchte vergeblich, ihren Ärger zu verbergen. «Nicht mal die Tatsache, daß ich unschuldig bin!?»

«Ich habe seit – wie lange? – anderthalb, zwei Stunden hier gesessen und zugehört, wie Sie mir eine Geschichte nach der anderen auftischen. Und je länger ich zuhöre, um so mehr zweifle ich daran, daß Sie mir je die Wahrheit sagen werden. Wenn Sie also meinen, daß ich Ihnen glaube, nur weil Sie es sagen, müssen Sie wirklich verrückt sein.»

Die Leute an den Nachbartischen wurden allmählich auf uns aufmerksam. «Na schön, na schön», sagte sie, um mich zu beruhigen. «Ich erzähle Ihnen alles. Die ganze Wahrheit. Aber Sie werden mir nicht glauben.»

«Versuchen Sie's.»

«Ich habe Sie belogen. Das stimmt. Ich habe auch die Polizei belogen. Ich habe alle belogen. Ich war nicht aus in dieser Nacht. Ich kam nicht nach Hause und fand ihn tot im Schlafzimmer. Ich bin überhaupt nicht weggewesen. Ich weiß nicht, was passiert ist. Ich habe geschlafen, und als ich wach wurde, lag er da, halb an die Wand gelehnt, und starrte ins Leere, mit diesem blöden Ausdruck im Gesicht. Er war tot, und ich wußte nicht, was ich tun sollte. Was hätte ich tun sollen? Die Polizei anrufen? Als hätte die mir geglaubt! Also habe ich mich aus dem Staub gemacht. Den Revolver habe ich mitgenommen. Das war ein Fehler. Aber ich hatte Angst. Ich dachte, wer auch immer Johnny getötet hatte, er könnte wiederkommen und als nächstes mich erschießen. Ich weiß nicht, warum man ihn umgelegt hat. Vielleicht waren Drogen im Spiel. Keine Ahnung. Jedenfalls habe ich mir die Knarre geschnappt und das Geld und bin abgehauen.»

«Das ist die Wahrheit?»

«Ja. Es tut mir leid, daß ich Sie angelogen habe.»

«Sind Sie sicher, daß es die Wahrheit ist?»

«Ja, ganz sicher.»

«Sie wollen mir also erzählen, daß er in Ihrem Schlafzimmer erschossen wurde, keine zwei Meter von Ihrem Bett entfernt, und Sie die Leiche erst entdeckt haben, als Sie am nächsten Morgen aufgewacht sind?»

Einen Augenblick sah sie mich verwirrt an, als versuchte sie zu verstehen, was ihr entgangen war. Dann fiel der Groschen. «Wenn ich schlafe, höre ich nichts. Gar nichts! Besonders wenn ich –»

«Besonders wenn Sie – was?!? Wenn Sie high sind? Sie lagen im Bett, völlig weggetreten, und jemand kam rein und hat ihn erschossen. Und Sie haben nichts davon mitgekriegt, weil Sie so gottverdammt zu waren! Ist es das?!»

Sie starrte mich an, als hätte sie die Sprache verloren.

«Ja», murmelte sie schließlich. «Sie haben recht. Ich habe mich angetörnt in dieser Nacht. Und dann weiß ich nicht mehr, was geschah.»

«Was haben Sie genommen?»

«Weiß ich nicht mehr.»

Ich glaubte ihr, als sie das sagte. Und ich glaubte ihr auch, daß sie dagewesen und völlig weggetreten auf dem Bett gelegen hatte, wo ihr Mann ihre Tochter vergewaltigt hatte, als Johnny Morel getötet wurde. Sie war viel zu gut im Schwindeln, um sich etwas so Unwahrscheinliches auszudenken.

«Glauben Sie mir jetzt? Glauben Sie mir, daß ich es nicht war?»

«Ja, ich glaube Ihnen.»

Ihre Augen hellten sich auf, und ihre Stimme klang wieder zuversichtlicher. «Dann übernehmen Sie den Fall? Werden Sie mich verteidigen?»

Ich bezahlte die Rechnung, trank mein Glas aus und stand auf.

«Nein, das werde ich nicht tun. Aussichtslose Fälle interessieren mich nicht.»

12

Denise Morel hatte mir Geld geboten, sie hatte mir Sex geboten, und als beides nicht funktionierte, hatte sie sogar versucht, mir die Wahrheit zu sagen. Es war das einzige gewesen, was ich ihr glaubte, und nachdem ich ihr erklärt hatte, was eine Jury damit machen würde, auch das einzige, was sie nie wieder jemandem anvertrauen würde. Ich hatte eine gewisse Befriedigung dabei empfunden, sie auf dem Pfad ihrer Lügen entlangzulotsen, bis sie am Rand eines Abgrundes stand und die Hölle sehen konnte, die sie dort unten erwartete, den Abglanz ihrer eigenen Unaufrichtigkeit. Doch ob dies der Versuch war, mich für das zu rächen, was sie Jahre zuvor getan hatte, oder was ihr unerwartetes Auftauchen mir über meine eigene Psyche verriet, waren Fragen, die ich mir damals nicht stellte und die ich auch heute nicht einmal ansatzweise beantworten könnte.

Der Abend mit Denise Morel war eine vorübergehende Ablenkung von der zähen und zeitaufwendigen Vorbereitung auf einen der kompliziertesten Verschwörungsfälle gewesen, den ich je übernommen hatte. Es gab sechs Angeklagte und sechs Verteidiger. Wir mußten uns um den Anwaltstisch quetschen wie die Teilnehmer an einem illegalen Glücksspiel in ein Hinterzimmer. Und was noch schlimmer war, der Fall wurde vor einem Bundesgericht verhandelt, wo die Richter die Geschworenen aussuchten und das Verfahren selbstherrlich durchzogen, egal, ob es den beiden Parteien gefiel oder nicht. Bundesrichter waren intelligent, knallhart und führten ihre Verhandlungen so wie Captain Bligh sein Schiff. Hier durfte man sich keine Fehler erlauben.

Alle sechs Angeklagten waren russische Einwanderer, und alle hatten freiwillig einer Bande angehört, die mit gestohlenen Wagen handelte. Mein Mandant, Sergie Belnikow, hatte in seiner Heimat, trotz ständiger Überwachung durch den KGB, die hohe Kunst vervollkommnet, Autokennzeichen zu entfernen und zu ersetzen. Darin war er ein Genie, jedenfalls hatte er das bei einem konspirativen Treffen mit einem V-Mann behauptet, das heimlich auf Video festgehalten worden war. Die Regierung hatte ihm einen Deal angeboten. Wenn er sich schuldig bekannte, würde er zwölf Monate in einem relativ offenen Gefängnis absitzen müssen und nicht abgeschoben werden. Das Angebot war zu gut, um es auszuschlagen, er aber wollte nichts davon wissen. Er war entrüstet über die Art und Weise, wie er von den amerikanischen Behörden behandelt wurde. Der KGB, so beteuerte er beinahe nostalgisch, habe ihn jedenfalls nie belogen. Als ich ihm erklärte, daß sie ihm sechs Jahre aufbrummen könnten, wenn er Pech hatte, lachte er bloß. Er hatte bereits in der Sowjetunion gesessen. «Eure Gefängnisse sind besser als die meisten russischen Hotels», sagte er mit einem verschmitzten Augenzwinkern. «Und im übrigen wird es gar nicht so weit kommen. Ich bin unschuldig. Machen Sie sich keine Sorgen, wir werden gewinnen.»

Und wir gewannen tatsächlich. Die Regierung zeigte das Video, und Sergie lächelte und nickte während der gesamten Vorführung. Wir hatten keinerlei entlastendes Material. Es ist schwierig, auf einen Hinterhalt zu plädieren, wenn es einen Film gibt, in dem der Angeklagte um die Chance bettelt, ein Verbrechen zu begehen, und sich mit einschlägigen Erfahrungen in der Branche brüstet. Wir hatten nur Sergie selbst, aber das war genug. Er brach in Tränen aus und erzählte, wie er einmal den Kommunisten einen Streich gespielt habe, indem er einen Wagen geklaut hatte, der einem Mitglied des Politbüros gehörte, und anschließend mit dem Geld seine Familie durchgefüttert und einem Nachbarn aus der Patsche geholfen habe. Sergie war der russische Robin Hood. Nach zwanzig Minuten seiner Zeugenaussage hätten die Geschworenen Fähnchen geschwenkt, wenn sie welche gehabt hätten. Als er dann noch beschrieb, wie er seine Familie und sich selbst über lange, verschlungene Pfade, die sie erst in die Türkei, dann nach Israel und schließlich nach Amerika geführt hatten, aus Rußland herausgebracht hatte, hätten sie beinahe applaudiert. Er war ohne Freunde und ohne Geld in Portland angekommen, hatte kein Dach über dem Kopf gehabt und nur ein paar Brocken Englisch gesprochen. Trotzdem schaffte er es, einen Job als Hausmeister zu ergattern, den er jedoch nach weniger als drei Monaten schon wieder los war. Er hatte versucht, etwas anderes zu finden. Er hätte jede Arbeit angenommen, Hauptsache, er und die Seinen hätten genug zum Überleben. Dann hörte er, daß er Geld – eine Menge Geld – verdienen könne, wenn er seine frühere Tätigkeit wiederaufnahm. Er habe es nur getan, um seine Familie über Wasser zu halten. Er fand es ganz und gar nicht anständig, daß die Regierung Leute, die nichts hatten, dazu verleitete, kriminell zu werden.

Die Geschworenen stimmten ihm zu. Alle Angeklagten wurden verurteilt, nur Sergie Belnikow nicht. Der einzige weit und breit, der nicht darüber staunte, war Sergie selbst. Als Dreingabe zu meinem Honorar, das er übrigens in bar bezahlte, bot er mir einen neuen Wagen an. «Mercedes, Jaguar, was Sie wollen, selbst einen Ferrari. Es dauert nur ein paar Tage», sagte er und grinste stolz.

Horace Woolner fand das lustig. «Der Kerl hat tatsächlich angeboten, Ihnen einen Wagen zu besorgen? Gleich nach der Freilassung? Unglaublich! Diese Russen spinnen wirklich», lachte er. «Sie sind gefährlich, aber verrückt.»

Wir waren auf einer Fahrt durch die Stadt, nur wir beide, zwei Herren mittleren Alters im Smoking. Ich hatte ihn soeben vor dem Wolkenkratzer unten am Fluß abgeholt, wo er eine Eigentumswohnung besaß. «Wissen Sie was, Horace», sagte ich, als wir vor einer roten Ampel warten mußten, «nehmen Sie es nicht persönlich, aber Sie sind wirklich nicht gerade die attraktivste Begleitung, die ich je hatte.»

«Ja, aber betrachten Sie's mal von einer anderen Seite: Ich bin wahrscheinlich die einzige Begleitung, die Sie je hatten, die Sie nicht reinlegen wird.»

Die Ampel sprang auf Grün, und ich fuhr an. «Eins zu null für Sie.»

«Im übrigen hätten Sie sich ja jemand mitbringen können. Und falls Ihnen niemand eingefallen wäre, Alma hat eine ganze Liste von Frauen, die sie Ihnen unbedingt vorstellen will», setzte er boshaft grinsend hinzu und legte seine Pranke auf die Ablage.

«Nun, wenn sie aussehen wie Alma ...»

Horace schüttelte den Kopf. «Keine sieht so aus wie Alma.»

Er war seit zwanzig Jahren verheiratet und der einzige Ehemann in meinem Bekanntenkreis, der an andere Frauen nicht einmal einen Gedanken verschwendete. Das war nicht seine Schuld. Hochgewachsen, schlank, mit mandelförmigen Augen und einer dunklen, wie polierter Stein glänzenden Haut, war Alma Woolner eine der auffallendsten Frauen, die ich je gesehen hatte. Als begeisterter Tanzfan engagierte sie sich seit acht Jahren als unbezahlte Präsidentin für die Portland Ballet Company. Heute fand die Eröffffnungsvorstellung der Sommersaison statt. Das war Almas Idee gewesen. Die größeren Balletttruppen traten ausschließlich im Winter auf. Vielleicht würden einige Tänzer nach Portland kommen, wenn sie nichts Besseres zu tun hatten.

«Hat Ihnen das Bundesgericht gefallen?» fragte Horace.

«Nicht wirklich», erwiderte ich, als ich bremste und mich in die Schlange der Wagen einreihte, die von einem Hausdiener geparkt wurden. Ich legte den Arm über die Lehne des Beifahrersitzes und warf ihm einen Blick zu. «Wenn man erst mal da ist, gibt es eigentlich nicht viel zu tun. Ich mußte alle Fragen vorher aufschreiben und sie dem Gericht übergeben. Der Richter benutzte ein paar davon, aber das war's, das war die ganze Vorbefragung. Außerdem standen sechs Angeklagte vor Gericht. Da saßen wir alle, sechs Männer, die angeklagt waren, einer kriminellen Vereinigung anzugehören, und ihre sechs Anwälte. Sämtliche Geschworenen starrten uns an. Für sie waren wir zwölf Männer, die sich verschworen hatten, mit einem Verbrechen durchzukommen! Ich meine, das ist doch lachhaft, oder? Der Staat versucht, ihnen eine Verschwörung nachzuweisen, indem er alle zusammen anklagt, damit es so aussieht, als bestünde die Verschwörung weiter.»

«Wer hat den Vorsitz geführt?» fragte Horace.

«Richter McGruder.»

Horace nickte nachdenklich. «Er ist gut. Alle Bundesrichter – na ja, fast alle – sind gut. Kein Vergleich mit den Richtern an einfachen Gerichten. Keiner von denen kann den Bundesrichtern das Wasser reichen. Bis auf Rifkin.»

«Ja», lachte ich, «aber Leopold ist so verdammt viel besser als die anderen, daß er fast nicht zählt. Wie auch immer, als der Prozeß dann endlich zwei Monate nach dem angesetzten Termin begann, dauerte er wochenlang. Alle sechs Verteidiger nahmen sämtliche Zeugen der Anklage ins Kreuzverhör. Als ich endlich dran war, konnte ich mich nicht mal mehr daran erinnern, welche Fragen bereits gestellt worden waren.»

Wir hatten den Anfang der Schlange erreicht. Ich nahm den Gang heraus und öffnete den Wagenschlag. «Sieben verdammte Wochen hat es gedauert», stöhnte ich noch, bevor ich ausstieg.

Horace wartete, daß ich um den Wagen herumkam. «Wissen Sie was? Dieser Bursche, den Sie vertreten haben, dieser Belni-

kow, gehört bestimmt zur Russenmafia. Eines ihrer Lieblings-
betätigungsfelder ist der Handel mit gestohlenen Wagen. Finden Sie das nicht auch komisch?»

«Wieso?»

«Weil die Russenmafia sich einen sizilianischen Anwalt gean-
gelt hat!»

Ich warf ihm einen vernichtenden Blick zu und ging an ihm
vorbei. «Rassist!»

Wir hatten drei Karten fürs Parkett. Ein paar Minuten nachdem die Lichter erloschen waren, rutschte Alma Woolner auf
den Platz zwischen uns. Sie war schon seit dem frühen Nachmittag im Theater gewesen. «Hallo, Joe», flüsterte sie und
küßte mich leicht auf die Wange. «Danke, daß Sie Horace her-
geschleppt haben.»

Bevor ich antworten konnte, erklangen die ersten Takte der
Musik, und Almas Blick wandte sich der Bühne zu, wo sich in
diesem Augenblick der Vorhang hob und *Billy the Kid* begann.

Nach der Vorstellung warteten Horace und ich im Foyer,
während Alma noch einmal hinter die Bühne ging. «Haben Sie
sich schon mal gefragt, was passieren würde, wenn man das irgendwo im Osten von Oregon aufführen würde, mit echten
Cowboys im Publikum?» fragte Horace.

«Beim Pendleton Roundup, meinen Sie?»

«Nein, nicht da, oder zumindest nicht dann. Die sind alle aus
Portland. Nein, Pendleton oder LaGrande oder Baker, aber
bloß vor Einheimischen. Was würden sie machen, wenn sie diese
Tänzerinnen sehen würden, mit ihren hautengen Trikots und
den beiden Äpfelchen vorn und den knackigen Ärschchen hinten, die sich auf unsichtbaren Pferden vergnügen? Ich glaube
nicht, daß sie es besonders erbaulich fänden, was meinen Sie?»

«Sie sind krank im Kopf, Horace. Und außerdem liegen Sie
ganz falsch. Die einzigen Cowboys, die es heute noch gibt, sind
die aus der Werbung. Die Leute da draußen sind nicht viel an-

ders als hier. Sie sehen dieselben Fernsehprogramme, fahren dieselben Autos, leben in denselben Häusern, kaufen in denselben Supermärkten. Der einzige Unterschied ist, daß sie ein bißchen weitere Wege haben.»

Anschließend bestand Alma darauf, daß ich noch auf einen Drink mit ihnen nach Hause kam. Dort trank sie ein halbes Glas Wein, erklärte dann, sie sei «völlig erledigt», und ging schlafen. Ich trank aus und stand auf, um mich zu verabschieden.

«Nein, gehen Sie nicht», sagte Horace. «Bleiben Sie noch ein wenig. Es gibt da etwas, worüber ich mit Ihnen reden möchte. Alma hätte sich ohnehin nicht dafür interessiert. Sie liebt das Ballett; Recht und Gesetz werden hier nur geduldet.»

Wir saßen im Arbeitszimmer. Wie auch sein Büro war es in Wirklichkeit ein klinischer Befund über die zwanghafte Angst vor Unordnung. Auf dem Schreibtisch lag ein einzelner, völlig unbeschriebener Notizblock, daneben ein schwarzer Füllfederhalter mit zugeschraubter Kappe.

Er reichte mir einen Scotch mit Soda. «Ich wollte Ihnen von dem Fall Morel berichten. Denise Morel. Die Frau, die Johnny Morel, ihren Ehemann und Ihren Mandanten, getötet hat.»

Ich lehnte mich auf dem Ledersofa zurück, legte die Füße auf einen gepolsterten Hocker und hörte zu.

«Sie hat sich einen ziemlich guten Anwalt genommen. Das hat mich überrascht. Alex Rosenbaum. Er ist nicht ganz so teuer wie Sie – Teufel auch, niemand ist so teuer wie Sie –, aber auch nicht billig. Ich weiß nicht, wo sie das Geld herhat. Oder zumindest wußte ich es am Anfang nicht. Aber inzwischen ist es mir einigermaßen klargeworden. Es war ein seltsamer Prozeß, von Anfang an. Kaufman wurde am ersten Prozeßtag krank.» Arthur Kaufman war nach Leopold Rifkin der zweitälteste Richter am Circuit Court. «Und kein anderer konnte den Fall übernehmen. Also mußte ein Richter von einem der District Courts einspringen.»

177

Horace legte das Kinn auf die Brust und betrachtete mich über den Rand seiner Brille hinweg. Dann fing er an zu lächeln.

«Und jetzt raten Sie mal, wen wir bekamen? Genau! Niemand anders als die gute Miss Lollipop, Gwendolyn Gilliland-O'Rourke.»

«‹Miss Lollipop›?» lachte ich. «Seit wann nennen Sie sie denn so?»

«Oh, lieber Himmel, das weiß ich nicht mehr», sagte er und gluckste in sich hinein. «Wahrscheinlich, seit mir aufging, daß sie wie Shirley Temple ausgesehen haben muß, als sie noch ein reiches kleines Mädchen war. Sie wissen schon, langes, lockiges Haar und gestärkte Kleidchen, die immer aussahen, als würden sie nur ein einziges Mal getragen und dann weggeworfen oder, um fair zu sein, an irgendein armes Kind am anderen Ende der Stadt weiterverschenkt.»

«Bis auf das rote Haar», erinnerte ich ihn.

Er hob sein Glas und nahm einen Schluck. «Bis auf das rote Haar.»

«Na, wie auch immer», fuhr er fort, in Gedanken schon bei dem, was er mir erzählen wollte. «Sie hätten dabeisein sollen. Als sie uns ins Richterzimmer rufen ließ, thronte sie auf Kaufmans schwarzem Ledersessel, als gehörte er ihr. Lächelnd. Sie kennen dieses Lächeln, es ist höflich, aber zu unverbindlich, um etwas zu bedeuten. Dann sagte sie: ‹Ich nehme an, das ist eine neue Erfahrung für Sie beide.› Sie wartete einen Augenblick, und als keiner von uns was sagte, erklärte sie: ‹Eine Frau im Gerichtssaal zu haben, meine ich.›»

Horace Woolners volle Lippen verzogen sich zu einem Grinsen. «Ich konnte der Versuchung einfach nicht widerstehen. Ich hab ihr den alten Schmus erzählt. Es ist Jahre her, daß ich so was gemacht habe. Aber irgendwie war er gut», sagte er, und das Grinsen verblaßte zu einem wehmütigen Lächeln. «Plötzlich hatte ich das Gefühl, wieder richtig schwarz zu sein.»

«Wovon zum Teufel reden Sie eigentlich, Horace?»

«Okay, es lief folgendermaßen ab: Kaum hatte sie ihren kleinen Giftpfeil von wegen neue Erfahrung und Frau im Gerichtssaal losgelassen, legte ich los: ‹O nein, Ma'am, ganz im Gegenteil. Ich bin das gewöhnt. Meine Momma hat jahrelang im Gerichtssaal gearbeitet.›»

Horace beugte sich vor und sah mich genauso an, wie er sie angesehen hatte: hart und unversöhnlich wie der schwarze Mann, vor dem angeblich jede weiße Frau Angst haben muß. Und als er sprach, schwang in seiner Stimme eine kaum unterdrückte Wut mit. «‹Wissen Sie›, erklärte ich ihr, ‹meine Momma hat hier gearbeitet, genau hier, in diesem Gerichtssaal. Abend für Abend, fünf Tage in der Woche, fünfzig Wochen im Jahr, fast dreißig Jahre lang. Sie kannte jeden Winkel dieses Gerichtssaals, denn sie lag hier jeden Abend auf den Knien und schrubbte den Boden, ja, dreißig lange Jahre, damit ich aufs College konnte. Und deshalb, Euer Ehren, ist es keine neue Erfahrung. Ganz und gar nicht.›»

«Das haben Sie wirklich zu ihr gesagt?»

«Und ob!»

«Sie sind ein Mistkerl, Horace», lachte ich. «Sie sind noch nicht mal hier aufgewachsen. Sie kommen aus Chicago. Und Ihre Mutter – Ihre ‹Momma› – hat weder in diesem Gerichtssaal noch sonstwo Fußböden geschrubbt. Sie war Ärztin, um Himmels willen!»

«Nun, ich habe die Fakten ein wenig verändert.»

«Ein wenig, soso. Sie hat Ihnen weder das College noch das Jurastudium finanziert. Sie haben auf Grund hervorragender Leistungen ein Stipendium für die Universität von Chicago bekommen.»

Horace zuckte die Achseln und lächelte verlegen. «Nun ja, immerhin bin ich nicht in Harvard gewesen, so wie Sie.»

«Ist das alles, was Sie als unterdrückter Schwarzer vorweisen können? In Chicago statt Harvard studiert zu haben? Jetzt hält Gilliland-O'Rourke Sie wohl für einen zweiten Horatio Alger, wie?»

«Noch besser. Für einen schwarzen Horatio Alger.»

Horace mixte uns neue Drinks, und ich versuchte, nicht länger darüber nachzudenken, wie wir unsere wahre Identität verschleiern, damit wir so tun können, als seien wir tatsächlich das, was wir in den Augen unserer Mitmenschen sein sollten.

«Das war der einzige Spaß, den ich hatte», sagte er, setzte sich wieder in den Sessel und streckte sorgfältig die Beinprothesen aus. «Alles andere war ziemlich grausig. Der Fall war eindeutig. Morel war von einer Kugel getötet worden, einer Kugel aus einem Revolver, und auf dem Revolver wimmelte es nur so von den Fingerabdrücken seiner Frau. Sie hat geschossen und ihn getötet. So einfach war es.»

Er sah mich an, als wartete er auf eine Reaktion.

«Aber sie hat es von Anfang an geleugnet. Sie tischte uns ein Dutzend verschiedener Geschichten auf, die letztlich alle aufs gleiche hinausliefen: Sie war es nicht gewesen. Aber nachdem wir den Fall im Gerichtssaal vorgetragen haben, klettert sie in den Zeugenstand und erklärt der Jury, es gebe keinerlei Zweifel. Sie habe ihn erschossen. Sie habe ihn umgebracht. Und – stellen Sie sich vor – das einzige, was sie bedaure, sei, daß sie es nicht schon eher getan habe, viel eher.»

«Ja, ich weiß.»

«Das wissen Sie?»

Ich sah auf. «Ja, ich weiß es. Ich wußte es nicht mit hundertprozentiger Sicherheit, aber sie hat mich gebeten, sie zu vertreten. Ich habe abgelehnt, doch während des Vorgesprächs fielen einige Sätze, die – nun, drücken wir es so aus: Es wundert mich nicht, daß sie beschlossen hat, den Mord auf sich zu nehmen.»

Horace beugte sich vor, rückte seine Beine zurecht und stützte die Ellbogen auf die Prothese.

180

«‹Den Mord auf sich zu nehmen?›» fragte er ruhig und sah mir geradewegs in die Augen.

«Ich glaube nicht, daß sie es getan hat. Ich glaube, sie hat die Tat zugegeben, weil ihr sowieso kein Mensch geglaubt hätte, daß sie es nicht war.»

«Wollen Sie mir weismachen, daß ich eine unschuldige Frau ins Kittchen gebracht habe?»

«Ich will Ihnen bestimmt nicht weismachen, daß diese Frau unschuldig ist. Ich habe nicht gesagt, daß sie die Strafe nicht verdient hätte. Nur glaube ich nicht, daß sie Johnny Morel getötet hat. Was ist denn bei der Verhandlung rausgekommen?»

Einen Augenblick breitete sich so etwas wie Fremdheit zwischen uns aus. Ohne es zu wollen, hatte ich seine Kompetenz in Frage gestellt. Das konnte er nicht auf sich sitzen lassen.

«Sie glauben wirklich nicht, daß sie es war?» fragte er mit gerunzelter Stirn und erhobenem Kinn.

«Ach, zum Teufel, Horace, ich weiß es nicht», sagte ich und versuchte, die Frage mit einer flüchtigen Handbewegung abzutun. Ich trank einen Schluck und stellte das Glas wieder hin. «Hören Sie», sagte ich und beugte mich vor. «Ich weiß es wirklich nicht. Ich war bei der Verhandlung nicht anwesend. Ich habe keine eigenen Recherchen durchgeführt. Es war nur so ein Gefühl, ein Eindruck, den ich hatte, als ich mich mit ihr unterhielt. Soweit ich weiß, hat sie in sämtlichen Punkten gelogen. Trotzdem glaubte ich nicht, daß sie es war. Das ist alles. Nicht weiter wichtig. Die Jury hat es geglaubt, und Sie auch. Es war nur ein Gefühl, Horace, sonst nichts.»

Langsam runzelte er die Stirn und sah mich offen an. «Dasselbe Gefühl hatte ich auch. Irgendwas daran kam mir komisch vor, ich weiß nicht, was. Das gesamte Beweismaterial – jeder kleine Fitzel – deutete auf sie.»

Horace schüttelte den Kopf und kniff die Augen zusammen. «Wahrscheinlich waren es all die Lügen. Sie haben recht. Sie hat gelogen, sobald sie den Mund aufmachte. Sogar als sie beschrieb, was Morel alles mit ihr gemacht hatte, log sie.» Plötzlich fing er an zu lachen. «Wissen Sie übrigens, wie wir ihre Story auseinandergenommen haben, daß Morel sie süchtig gemacht und dann zu allen möglichen schrecklichen Sachen gezwungen hat? Sie erinnern sich doch bestimmt noch an Carmen Mara, den kleinen Ganoven, oder? Ein alter Mann. Harmlos.» Horace hielt inne und setzte dann sanft hinzu: «Übrigens vergöttert er Sie.»

Ich sah Carmen Mara vor mir, wie er in der zunehmenden Dämmerung saß und mich fragte, warum ich den Fall nicht abgegeben hatte, damit Morel im Knast am eigenen Leib erfuhr, was seine Stieftochter in seinem Schlafzimmer hatte lernen müssen.

«Carmen Mara war unser Hauptbelastungszeuge. Nachdem sie sich als hilfloses Opfer des grausamsten Mannes, der je gelebt hat, verkauft hatte, machte Mara seine Aussage. Er erzählte von den Zeiten, als er bei ihr Drogen gekauft hatte, das war noch vor ihrer Ehe mit Morel. Doch der Tropfen, der das Faß zum Überlaufen brachte, war, als er der Jury schilderte, wie er mit Johnny Morel zusammen im Knast gesessen hatte, als er auf seine Verhandlung wartete. Morel habe sich damit gebrüstet, die Kleine vergewaltigt zu haben, und behauptet, seine Frau, die Mutter des Mädchens, Herrgott, hätte nie im Leben zugelassen, daß die Kleine ihn verpetzte, wenn die Polizei sie nicht rechtzeitig da rausgeholt hätte.»

Horace lehnte sich zurück und verschränkte die Hände hinter dem Kopf. Eine ganze Weile sagte keiner von uns ein Wort.

«Sie haben recht», sagte er schließlich. «Es spielt keine Rolle, ob sie ihn umgelegt hat. Sie war noch schlimmer als er, falls das überhaupt möglich ist.»

Horace begleitete mich im Aufzug nach unten. Der Pförtner saß ein paar Meter vom Eingang entfernt in einem Sessel, die

Arme über der Brust verschränkt, den dunkelroten Hut mit der grauen Litze tief in die Stirn gezogen. Als sich die Aufzugstüren schlossen, hob er den Kopf, rappelte sich auf und murmelte «Gute Nacht», während er mir die Glastür aufhielt.

Draußen sog Horace die Nachtluft ein und sah sich um.

«Wo hatte sie das Geld her?» fragte ich.

«Das Geld für den Anwalt? Bestimmt war es Drogengeld. Wo sollte sie es sonst herhaben?»

Ich stand noch einen Augenblick mit ihm vor dem Haus, dann schüttelten wir uns die Hände, und ich wandte mich zum Gehen. «Es gibt nur ein Problem, wenn sie es nicht war», sagte er und starrte in die Nacht.

«Welches, Horace?»

«Daß der Mörder noch frei herumläuft.»

13

Während Denise Morel die Tage und Nächte im immer gleichen Kreislauf der Gefängnisroutine verbrachte, folgte das Leben draußen seinem eigenen Rhythmus. Der Tod des jüngsten Richters am Circuit Court, der keinem seiner Kollegen erzählt hatte, daß er Aids hatte, sorgte unerwartet für eine freie Stelle. Horace Woolner wurde in den Richterstand berufen, und Gwendolyn Gilliland-O'Rourke verwandte mehr Zeit als ihre vier Konkurrenten zusammen darauf, die nächsten Wahlen zum Generalstaatsanwalt zu gewinnen.

«Die Straftäter tun mir beinahe leid», bemerkte Leopold Rifkin von seinem Schreibtisch aus. «Gnade muß jetzt von der Richterbank kommen; vom Büro des Generalstaatsanwalts ist nichts mehr zu erwarten.» Er sagte es mit seiner üblichen gleichmütigen Gelassenheit. Hätte man ihm gesagt, daß am nächsten Tag der Untergang der Welt bevorstand, hätte Rifkin allerhöchstens bedauert, daß er sein angefangenes Buch nicht beenden konnte, und dann versucht, es trotzdem zu schaffen.

«Sie will Gouverneur werden, also wird sie alles tun, um während der kurzen Übergangszeit als Generalstaatsanwalt die Öffentlichkeit zu beeindrucken. Sie wird das Ende aller Absprachen zwischen Anklagevertretern und Verteidigern ausrufen und versprechen, jeden Straftäter für jedes noch so kleine Verbrechen energisch zu verfolgen. Es wird ein administrativer Alptraum, aber die Öffentlichkeit wird sich nur daran erinnern, was sie gesagt hat.»

«Das kann nicht lange dauern», sagte Horace, als er sein dunkelblaues Jackett ablegte, es sorgfältig faltete und über die

Lehne des braunen Ledersofas legte. Er löste den Knoten der braun-silber gestreiften Krawatte, stützte sich mit einer Hand auf die Rücken-, mit der anderen auf die Armlehne und ließ sich vorsichtig nieder. «Sie ist klug. Sie weiß, daß man nicht alle Fälle vor Gericht bringen kann. Es würde eine Ewigkeit dauern. Deshalb wird sie den Spieß einfach umdrehen. Statt einem Täter eine mildere Strafe anzubieten, falls er sich schuldig bekennt, wird sie ihm androhen, die Strafe heraufzusetzen, wenn er sich nicht schuldig bekennt. Sie wird nur die Regeln ändern, nicht das Spiel selbst.» Es war ein früher Nachmittag im November, am ersten Freitag nach der Wahl, die Gilliland-O'Rourke ihrem Ziel einen Schritt nähergebracht hatte.

«So ist es immer», bemerkte Rifkin, und in seinen Augen glomm ein Funken von Neugier, «wenn man sich genauer ansieht, was Leute tun, um ihre Ziele zu erreichen. Es ist nicht die Liebe, mit der die Jugend nicht umgehen kann, sondern der Ehrgeiz. Mit sechzig wird es ihr nicht mehr so wichtig sein, was andere Leute denken. In diesem Alter fängt man an, die Nähe des Todes zu spüren, und damit wird auch die Chance größer, daß man, wenn man das Glück hat, noch arbeiten zu können, die Arbeit um ihrer selbst willen tut, statt sie für eigennützige Zwecke zu mißbrauchen.»

Rifkins Richterrobe hing an einem Kleiderhaken neben der Tür, die zu seinem Gerichtssaal führte. Er preßte die Finger gegeneinander. Es sah aus wie eine einzelne Hand, die einen Spiegel berührt. Onyxbesetzte Manschettenknöpfe lugten aus dem Ärmel seines grauen Nadelstreifenanzugs.

«Darauf kann man natürlich nicht hoffen», sagte er und legte die zerbrechlichen Hände auf den Schreibtisch. «Oder können Sie sich vorstellen, daß man so ehrgeizigen Leuten sagt, na schön, wenn ihr so lange lebt, daß ihr eure Ambitionen auf einen Führungsposten verloren habt, übertragen wir euch auch die entsprechenden Machtbefugnisse?»

Dann wandte er sich mir zu. «Erinnern Sie sich noch an Alkibiades? Niemand hätte ihn davon überzeugen können zu warten. Sokrates hat es nicht mal versucht.»

Ich saß auf einem Holzstuhl vor seinem Schreibtisch, eine Hand im Schoß, die andere hing über die Lehne herab. Ich war nach einer ziemlich langwierigen Verhandlung so erschöpft und ausgelaugt, daß ich kaum antworten konnte. «Gilliland-O'Rourke würde sich von niemand überzeugen lassen.»

«Und Sie oder ich auch nicht», mischte sich Horace vom Sofa aus ein. Rifkin hatte die Jalousie vor dem Fenster hochgezogen, und ich blickte an Horace vorbei ins eintönige Grau des Novembertages. «Aber ich habe ja auch keine großartigen Ambitionen», protestierte ich schwach.

Horace verlagerte sein Gewicht, bis er nach vorn gebeugt dasaß und mich ansah. «Wollen Sie uns für dumm verkaufen?» fragte er lachend. «Sie wollen um jeden Preis gewinnen. Ob im Gerichtssaal oder im Schlafzimmer – Sie denken immer an die nächste Herausforderung und den nächsten Sieg. Ich liebe Sie wie meinen eigenen Bruder, aber Sie entsprechen nicht gerade dem gängigen Bild eines Anwalts. Sie tun Ihren Job nicht, weil Sie ein einsamer Kämpfer für die Gerechtigkeit sind! Sie wollen gewinnen, Joseph. Dafür leben Sie. Und wagen Sie ja nicht, es abzustreiten», sagte er mit gerunzelter Stirn.

Horace hatte recht. Horace hatte fast immer recht. Ich rappelte mich auf. «Ich kann auch nichts dafür, daß die Geschworenen auf mich fliegen.»

«Ganz zu schweigen von den Frauen», setzte Rifkin zu Woolners größtem Vergnügen hinzu. «Aber all das ist Teil einer größeren Frage», fuhr er fort und kam damit auf den Punkt zurück, der ihm am Herzen lag. «Es ist eine zentrale Frage in dem Buch, welches Rousseau als großartigstes Werk bezeichnet, das je über das Thema Erziehung geschrieben wurde – Platons *Staat*.»

Rifkin hatte angefangen, mit dem Zeigefinger einen Kreis in die Luft zu zeichnen. Doch mittendrin hielt er inne, als sei die Anstrengung der Aufwärtsbewegung zuviel für ihn. Sein ganzer Ausdruck veränderte sich, und dann sah er uns verlegen grinsend an.

«Es tut mir leid. Ich habe Sie wirklich nicht hierhergebeten, um Ihnen einen meiner Vorträge über die Unterschiede zwischen der politischen Philosophie der Antike und der Moderne zu halten.»

«Nein, machen Sie weiter», drängte ich, «aber was Platon glaubte, wissen wir bereits.»

«Ach ja?» fragte Rifkin. «Und was wäre?»

«Daß die Philosophen Herrscher sein sollen.»

«Oder die Herrscher Philosophen», nickte Rifkin. «Ja, das ist allgemein bekannt, obgleich die Gründe für diesen berühmten Schluß möglicherweise nicht richtig verstanden worden sind.»

Horace stand auf, streckte die Arme und setzte sich auf einen Stuhl neben mich. «Ich habe Platon nicht mehr gelesen, seit ich auf der Uni war. Und wenn ich ehrlich sein soll, weiß ich nicht, ob ich den *Staat* überhaupt kenne.»

Rifkin lächelte. «Es ist nie zu spät.» Nach einer kurzen Pause setzte er hinzu: «Es gibt ein paar interessante Verbindungen zu dem, was wir tun. Die zentrale Frage, die im *Staat* aufgeworfen wird, ist die nach der Bedeutung der Gerechtigkeit. Und haben wir drei uns nicht alle der Gerechtigkeit verschrieben?» Er ließ den Blick von Horace zu mir wandern.

Ich vergaß meine Müdigkeit. «Was sind das für Gründe, ‹die möglicherweise nicht richtig verstanden worden sind›?»

«Ich glaube, alles hat mit einem bestimmten Verständnis der Natur zu tun, einem Verständnis, das wir nicht mehr besitzen», sagte er und stützte einen Ellbogen auf die Schreibtischkante. «Platon – und Aristoteles übrigens auch – glaubten, der

Mensch unterscheide sich von anderen Lebewesen durch seine Fähigkeit zur Vernunft. Die Vervollkommnung der Vernunft ist die Weisheit, und das Streben nach Weisheit ist die Philosophie. Das ist die Grundlage von Sokrates' Argument, Philosophen sollten Herrscher beziehungsweise Herrscher auch Philosophen sein: Nur die weisesten Menschen sollten politische Macht ausüben dürfen.»

Rifkin hielt die Handflächen nach oben und spreizte die Finger, so weit es ging. «Wir glauben, jeder Mensch verfüge über unbegrenzte Fähigkeiten; unsere Vorfahren dagegen waren davon überzeugt, daß den meisten Menschen Grenzen gesetzt sind. Einerseits besitzen manche Menschen bemerkenswerte Fähigkeiten, andererseits gibt es Menschen, die sich niemals zum Besseren ändern. In den *Nomoi* sagt der Athener, wenn jemand gegen das Gesetz verstößt, muß man alles in seiner Macht Stehende tun, um ihn zu korrigieren. Wenn diese Bemühungen fehlschlagen – mit anderen Worten, wenn er rückfällig wird –, ist er unverbesserlich, und man hat nur eine Wahl: ihn zu töten. Das kommt für uns natürlich nicht in Frage.» Er starrte gedankenverloren vor sich hin.

Rifkin war so klein, daß weder Horace noch ich es sofort bemerkten, als er sich hinter seinem Schreibtisch erhob. Er trat zu einem Aktenschrank in der Ecke und öffnete eine Schublade. Als er sich wieder umdrehte, hatte er eine Flasche Wein in der einen und drei Wassergläser in der anderen Hand.

Er stellte Horace und mir je eins hin und schenkte ein. «Die öffentliche Zeremonie ist zwar schon ein paar Monate her, aber ich finde trotzdem, daß wir eine kleine Privatfeier abhalten sollten.» Er stellte die Flasche ab und hob sein halbgefülltes Glas. «Auf Richter Horace Woolner.»

«Auf Richter Horace Woolner», wiederholte ich.

Sichtlich bewegt sah Horace erst Leopold und dann mich an. «Danke», sagte er einfach und stieß mit uns an.

Eine ganze Weile sagte niemand etwas. Im Lauf der Jahre waren wir drei alte Freunde geworden und fühlten uns so wohl in der Gegenwart der anderen, daß wir das Schweigen, das in einer Unterhaltung mit Fremden peinlich erschienen wäre, kaum bemerkten. Rifkin schenkte uns nach, nahm sich selbst jedoch aus.

Horace stellte sein Glas auf den Schreibtisch. «So leicht kommen Sie uns aber trotzdem nicht davon, hören Sie?»

Ein Lächeln unterdrückend fragte Rifkin: «Womit?»

«Mit Ihrer Weigerung, zu beenden, was Sie begonnen haben. Sie sprachen über den Unterschied zwischen Platon und unsere heutige Denkweise, über unser Verständnis der Natur, insbesondere der menschlichen Natur, und das Strafrecht.»

Rifkin nickte langsam. «Ich kann es nicht beenden. Ich versuche immer noch, das erste Wort im *Staat* zu verstehen.»

«Das erste Wort?» wiederholte ich ungläubig.

Er meinte es völlig ernst. «Ja, genau. Das erste Wort – das erste griechische Wort. In der Übersetzung sind es drei Worte: ‹Ich ging hinab›. Sokrates ‹ging hinab›. Nun ist *Der Staat* für eine ganze Reihe von Dingen berühmt. Ob man es gelesen hat oder nicht, fast jeder kennt das sogenannte Höhlengleichnis. Die Menschen sitzen in einer dunklen Höhle, die von einem Feuer erhellt wird. Alles, was sie wahrnehmen, sind Schatten an der Rückwand der Höhle. Die armen Kerle sehen nichts weiter als Abbilder von Gegenständen außerhalb der Höhle und halten sie für die einzige Wirklichkeit. Einem von ihnen gelingt es, aus der Höhle ins Licht der Sonne zu fliehen. Dort sieht er die Dinge, wie sie wirklich sind, und so kehrt er zurück zu den anderen und erzählt ihnen, daß das, was sie für wahr halten, nur eine Illusion ist. Selbstverständlich sind sie davon überzeugt, daß er den Verstand verloren hat. Da er nicht glaubt, was sie glauben, gehört er nicht mehr zu ihnen. Er ist ein Fremder geworden.»

Erneut zeichnete Rifkin einen Kreis in die Luft, wie um anzudeuten, daß alles zu sich selbst zurückfindet, jeder Anfang zu einem Ende führt und jedes Ende zum Anfang zurückkehrt.

«Das erste griechische Wort erinnert uns an den Abstieg in die Höhle.»

«Aber nicht, wenn man gerade erst anfängt, es zu lesen. Nicht, wenn man das Werk noch nicht kennt oder zumindest noch nie vom Höhlengleichnis gehört hat», warf Horace ein.

Rifkin nickte rasch. «Ja, sehr richtig. Nur jemand, der das ganze Buch gelesen hat, kennt die Bedeutung des Anfangs. Genau. Doch wenn man das getan hat, fängt man an, Fragen zu stellen. Wenn man das Buch zum erstenmal liest, erfährt man, daß Sokrates nach Piräus hinabging. Doch Sokrates war es gewohnt, alles und jedes in Frage zu stellen. Zwar behauptet er, nur zu wissen, daß er nichts weiß, spricht jedoch über Ideen oder das Wesen der Dinge, als seien *sie* die einzig wirklichen Dinge. Die athenische Demokratie hält ihn für versponnen, vielleicht sogar für verrückt.»

«Und stellt ihn vor Gericht», setzte ich hinzu, als Rifkin verstummte.

«Ja», sagte er und starrte ins Leere. «Sie stellt ihn vor Gericht.»

Als er den Blick wieder auf uns richtete, loderte in seinen Augen die Leidenschaft eines mittelalterlichen Mönchs, der die Seiten eines handgeschriebenen Manuskripts studiert. «Zum erstenmal ahnte ich etwas von der Komplexität dessen, was nach außen so simpel erschien, als ich Maimonides zu lesen begann. In einem der ersten Kapitel im *Führer der Unschlüssigen* zitiert er eine Passage aus den Sprüchen: ‹Wie goldene Äpfel auf silbernen Schalen ist ein Wort, gesprochen zur rechten Zeit.› Maimonides interpretiert dies so: Jemand, der sich auf die Dinge versteht und mit großer Präzision und Behutsamkeit schreibt, wird von aller Welt bewundert. Ist man jedoch willens und imstande, hinter die Fassade zu schauen, wird man etwas noch viel Kostbareres entdecken – die ‹goldenen Äpfel›.»

Er schwieg, und in der Stille konnte ich den endlosen Regen ewiger Verzweiflung draußen hören. Es war die Jahreszeit, in der ein klarer Tag höchstens eine kurze, trügerische Unterbrechung des Regens ist, der seit dem ersten Tag der Schöpfung unaufhörlich fiel. Ich wandte mich von dem Fenster und dem trüben Himmel ab.

Mittlerweile war das Gerichtsgebäude praktisch menschenleer, doch Rifkin hatte um vier Uhr noch einen Termin, eine Anhörung. Bei jedem anderen Richter hätte das eine Stunde bedeutet, Rifkin dagegen nahm sich immer die Zeit, die nötig war. Er stand neben der Tür zum Gerichtssaal und strich sich über die schwarze Robe. «Lincoln hat einmal gesagt, man könne die Prinzipien, nach denen der Text der Verfassung interpretiert und verstanden werden müsse, nur in der Unabhängigkeitserklärung finden. Er erklärte, die Beziehung zwischen Verfassung und Unabhängigkeitserklärung sei wie eine Passage aus den Sprüchen, in der es heißt: ‹Wie goldene Äpfel auf silbernen Schalen ist ein Wort, gesprochen zur rechten Zeit.› Interessant, nicht wahr?» sagte er und schüttelte den kleinen Kopf. Dann öffnete er die Tür und verschwand.

Wir verließen Rifkins Amtszimmer und steuerten, ohne uns abzusprechen, auf die Cafeteria des Gerichtsgebäudes zu. Ein halbes Dutzend Hilfssheriffs, die nichts zu tun hatten, saßen an einem Ecktisch, tranken Kaffee und lachten über ihre Witze. Ein junger Mann, der die Ärmel seines weißen T-Shirts bis zu den muskulösen Oberarmen aufgerollt hatte, wischte den grauen Linoleumboden und stieß gelegentlich mit Arm oder Hüfte Tische und Stühle beiseite, die ihm im Weg standen. Eigentlich wollten wir nur einen Kaffee, doch aus alter Gewohnheit schnappten wir uns beide ein Tablett und schoben es über die Ablage zu den großen Kaffeemaschinen neben der Kasse.

Wir warteten, bis eine rundliche grauhaarige Frau, die Geschirr abwusch, sich die Hände an der Schürze abtrocknete. Sie hatte ein rotes Gesicht, und ihre Stirn war feucht vom Schweiß. Sie sah sich an, was wir hatten, nahm unser Geld und starrte auf die Kasse.

«Stimmt so», sagte Horace.

Wir bahnten uns einen Weg durch das Gewirr von Tischen zu einem Platz, wo wir ungestört waren.

«Manchmal frage ich mich, warum ich den Kerl eigentlich dermaßen ins Herz geschlossen habe», bemerkte Horace, als er seine Kaffeetasse auf den Tisch stellte und sich umständlich auf dem wackligen Metallstuhl niederließ. «Immer wenn ich so dasitze und ihm beim Reden zuhöre, habe ich das Gefühl, daß er alles weiß und es obendrein so erklären kann, daß ich es verstehe.» Horace lachte verlegen. «Na, Sie wissen schon, was ich meine.»

Ich nickte, starrte auf den Tisch und rührte meinen Kaffee um. Ich hätte dem nichts hinzufügen können. «Erzählen Sie mal, wie ist es mit ihm, jetzt, da Sie in die höheren Ränge aufgestiegen sind?»

Er lehnte sich zurück, faltete die Hände im Schoß und musterte mich mit einem ironischen Lächeln. «Mit ihm? Großartig. Er nimmt alles sehr ernst. Aber die anderen Typen ... Lassen Sie es mich mal so sagen. Sie wissen doch noch, wie wir manchmal im Gericht saßen und uns über bestimmte Richter lustig machten? Tja, wir waren wirklich nett. Sie glauben, sie wüßten alles, dabei haben sie nicht die geringste Ahnung. Wissen Sie, was einer von ihnen – Reynolds – neulich gesagt hat? Es war auf der wöchentlichen Richterrunde. Richterrunde! Was für ein Witz! Reynolds ereiferte sich über einen bestimmten Anwalt. Dieser hatte in einer Strafsache einen Schriftsatz vorgelegt, in dem er ein paar neuere Entscheidungen des U.S. Supreme Court zitierte. Reynolds – dieser aufgeblasene Idiot! –

hatte dem Anwalt daraufhin erklärt, er habe keine Zeit, sich mit den Entscheidungen des Supreme Court herumzuschlagen, die Polizei habe eine schwere Aufgabe zu bewältigen, und wenn es dem Anwalt nicht passe, könne er seinen Fall ja vor den Supreme Court bringen. Können Sie sich das vorstellen?»

Es war nicht schwer, sich das vorzustellen. Reynolds hatte dasselbe mal mit mir gemacht, als ich noch jung und unbekannt war.

«Wie hat Rifkin darauf reagiert?»

«Gar nicht. Er kriegt alles mit, aber manchmal tut er so, als wüßte er von nichts. Wie das anständige Mädchen, das zufällig Zeuge wird, als jemand einen dreckigen Witz erzählt. Sie lacht nicht, aber sie geht auch nicht raus.»

Plötzlich holte Horace aus und schlug mit der Handfläche auf den Tisch. Instinktiv wich ich zurück.

«Erinnern Sie sich noch? Weiß der Teufel, es muß schon ein paar Jahre her sein, da hat er uns mal erzählt, die besten Anwälte seien diejenigen, die, wenn sie zu den Geschworenen sprechen, immer davon ausgehen, daß einer von ihnen mehr weiß als sie selbst. Damals dachte ich, er meinte, man solle sich selbst nicht so ernst nehmen. Später erst ging mir auf, was er in Wirklichkeit meinte: Wenn man davon ausgeht, daß jemand mehr weiß als man selbst, spricht man nicht von oben herab, sondern sieht zu ihm auf. Genau das tut er. Wenn jemand wie Reynolds dummes Zeug redet, ignoriert er es einfach und behandelt ihn, als hätte er es nie gesagt. Reynolds gibt lauter dummes Zeug von sich, aber entschieden weniger, wenn Leopold in der Nähe ist.»

Horace kniff die Augen zusammen und senkte den Kopf, um mich über seine Lesebrille hinweg anzusehen. «Er macht einem klar, daß man nicht so klug ist, wie man denkt. Sie mögen ihn nicht, und wenn sie je eine Chance wittern, ihn loszuwerden …»

Wir hatten unseren Kaffee kaum angerührt. Es war Zeit zu

gehen. Draußen fiel der Regen immer noch im gleichen, unerbittlichen Rhythmus. Wir standen unschlüssig im Foyer und wußten nicht, ob wir es wagen sollten, einen Fuß vor die Tür zu setzen.

«Ich frage mich, warum er sich mit uns unterhält.»

«Wen hat er denn sonst zum Reden?» entgegnete Horace. «Er lebt allein. Und mit den anderen Richtern hat er nicht viel gemein. Vielleicht sind wir seine einzigen Freunde. Einmal im Jahr gibt er seine Party, und die übrige Zeit verbringt er mit sich allein. Er muß doch einsam sein.»

Horace fröstelte, ob bei der Aussicht darauf, was uns draußen erwartete, oder der Vorstellung, allein zu sein, hätte ich nicht sagen können.

Ich griff nach seinem Arm. «Irgendwo habe ich mal einen Spruch gehört, der auf jemand wie Leopold gemünzt sein muß. ‹Er war nie weniger einsam, als wenn er allein war.›»

Horace legte die Stirn in Falten und musterte mich nachdenklich. «Hoffentlich haben Sie recht.»

14

Als ich ein Junge war und davon träumte, was ich tun würde, wenn ich älter wäre, versuchte ich mir vorzustellen, wie es sein würde, als Erwachsener an diese Träume über die Zukunft zurückzudenken. Vieles, was später geschah, hat sich entweder wie Fußstapfen am Strand im leeren Raum der Zeit verloren oder ist zu einem undurchdringlichen Nebel von Belanglosigkeiten geworden. An einiges jedoch erinnere ich mich noch sehr gut. Vor allem die Unterhaltungen mit Rifkin sind mir im Gedächtnis geblieben – so deutlich, daß nichts ihre Klarheit zu trüben vermag. Falls sich mir überhaupt etwas unauslöschlich eingeprägt hat, dann das.

Sie wurden zu einem regelmäßigen Ritual meines Lebens. Fast jeden Freitag nachmittag, es sei denn, ich hatte einen Gerichtstermin außerhalb, erschien ich in Rifkins Büro – unangemeldet, aber immer willkommen, manchmal allein, manchmal mit Horace. Dann schob er zur Seite, woran er gerade arbeitete, und wir unterhielten uns. Es begann immer mit einem Fall, der gerade verhandelt wurde, oder einem Thema, das in der Luft lag, und es endete immer damit, daß Rifkin eine Verbindung zu irgendwelchen Grundprinzipien oder fundamentalen Fragen entdeckte. Er wußte über Dinge Bescheid, an die weder Horace noch ich je einen Gedanken verschwendet hatten. Und ich kann mich an vieles erinnern, als säße ich wieder in seinem Büro und hörte es zum erstenmal.

Alles andere aus dieser Zeit ist unklar und verwischt. Ich kann mich kaum noch an die Gesichter der Frauen erinnern, von denen ich träumte und deren Namen ich damals im Schlaf wußte, heute jedoch längst vergessen habe. Nichts davon ist geblieben. Ich fing immer schon an, mich nach etwas Neuem umzusehen, bevor das Alte zu Ende gegangen war. Und dann kam Alexandra, und ich wollte nichts Neues mehr. Alexandra. Mit ihr begann mein Leben.

Als wir uns zum erstenmal begegneten, nahm ich sie kaum wahr. Ich war viel zu gereizt, um auf etwas anderes zu achten als meinen Ärger über Joshua Thorndyke III. Die Kanzlei hatte weiter expandiert, zuerst kaum merklich, dann jedoch in einem geradezu atemberaubenden Tempo. Mittlerweile teilten sich mehr als achtzig Juristen für unterschiedliche Fachgebiete die drei Flure unserer Kanzlei. Und das Hochhaus, in dem sie untergebracht war, galt schon lange nicht mehr als das modernste der Stadt. Joshua Thorndyke III leitete die Abteilung für Zivilrecht.

Joshua Thorndyke III führte die römische Zahl in seinem Namen wie eine Messingplatte neben dem Eingang zu einem Privatmausoleum. Sein Großvater, der erste Joshua Thorndyke, war Richter am Supreme Court von Connecticut und Mitglied des Aufsichtsrats an der Yale University gewesen. Alle drei Joshua Thorndykes, Großvater, Vater und Sohn, hatten ihr Examen an der juristischen Fakultät von Yale absolviert. Der zweite Joshua Thorndyke war ebenfalls Richter geworden, allerdings nicht an einem x-beliebigen Gericht, sondern am Bundesberufungsgericht.

Vom Augenblick seiner Geburt an waren alle, zumindest aber die ganze Familie, davon überzeugt gewesen, daß Joshua Thorndyke III die Karriereleiter der Thorndykes noch weiter emporklettern würde. Er wäre der erste, keinesfalls aber der letzte Thorndyke, der einen Sitz am United States Supreme Court einnehmen würde. Er schlug Dutzende von Angeboten großer Firmen in Boston und New York aus und beschloß, in den Westen zu kommen, weil er heimlich glaubte, dort werde es

196

weniger seinesgleichen geben, was er jedoch öffentlich nie zugab. Der Erfolg würde nicht lange auf sich warten lassen. Als meine Kollegen ihn als Sozius anheuerten, beglückwünschte er sie.

Thorndyke war ziemlich beschlagen, aber wie viele seines Kalibers nicht unbedingt intelligent. Was Recht und Gesetz anging, konnte ihm so schnell keiner etwas vormachen. Er zitierte Fälle, von denen kaum einer je gehört hatte, und kannte sämtliche Regeln der Zivil- und Strafprozeßordnung in- und auswendig. Sein Bewußtsein funktionierte wie eine reibungslose, fein eingestellte Maschine. Er erinnerte an einen kleinen Jungen auf der Grundschule, der sämtliche Antworten wußte, aber nie verstand, daß einige Fragen wichtiger waren als andere.

Wir saßen uns gegenüber: Thorndyke und drei Mitarbeiter auf einer Seite des massiven Mahagonitisches, der den größten Teil des Sitzungssaals einnahm, ich auf der anderen, allein, bis auf den armen Dr. Bernhard Rothstein, der sich nach einem Freispruch in einem Strafverfahren jetzt dem endlosen Labyrinth eines Zivilprozesses gegenübersah. Er hätte besser daran getan, sich einfach schuldig zu bekennen und ins Gefängnis zu gehen.

Thorndyke stellte die Anwälte vor, die rechts und links von ihm saßen. Als er zu seiner wissenschaftlichen Hilfskraft, Miss Macaulay, kam, machte er sich nicht einmal die Mühe, ihr einen Blick zuzuwerfen. Die Herren in den zugeknöpften zweireihigen Anzügen nickten herablassend, wenn ihre Namen fielen. Miss Macaulay lächelte und sagte mit warmer Stimme guten Tag. Zum erstenmal, seit wir den Raum betreten hatten, wirkte Bernie Rothstein entspannt.

«Sicher hat Mr. Antonelli Ihnen bereits erklärt, daß ich Leiter der Zivilprozeßabteilung bin.»

«Nein», unterbrach ich ihn. «Das habe ich vergessen. Ich habe nur gesagt, daß wir uns mit einigen Anwälten treffen, die in dem Zivilprozeß seine Verteidigung übernehmen werden.»

Thorndyke nickte genauso herablassend wie zuvor seine Mitarbeiter. «Als Leiter der Zivilprozeßabteilung ist es meine Pflicht, die juristische Strategie festzulegen, die wir bei der Vertretung in dieser Angelegenheit verfolgen werden. Ich habe natürlich die von der Klägerin vorgelegte Klageschrift überprüft.»

Er streckte die linke Hand aus, und einer seiner Mitarbeiter reichte ihm die Akte.

«Eine gewisse Mrs. Nancy Asher. Mrs. Asher war das Opfer in der Strafsache, bei der Mr. Antonelli aus unserem Haus Sie vertreten hat.»

«Mr. Antonelli aus unserem Haus». Großartig. Aber diese Anmaßung hätte mich nicht weiter gestört.

«Mrs. Asher war nicht das Opfer in der Strafsache, in der Bernie – Dr. Rothstein – angeklagt war.»

Er starrte mich ausdruckslos an. Offensichtlich hatte er nicht den leisesten Schimmer, wovon ich sprach.

«Was?»

«Sie war nicht das Opfer», wiederholte ich. Ich stützte die Ellbogen auf den Tisch, beugte mich vor, so weit ich konnte, und lächelte. «Sie war kein Opfer. Es gab weder ein Opfer noch ein Verbrechen, noch eine Vergewaltigung. Keinen wie auch immer gearteten sexuellen Mißbrauch. Die Anklage war nicht mehr als das: eine Anklage. Als die Jury Dr. Rothstein für nicht schuldig erklärte, brauchte sie keine zwanzig Minuten für diese Entscheidung.»

Thorndyke nickte. «Ja, sicher. Ich verstehe.»

Sein Blick schweifte zu Rothstein. «Sicher hat Mr. Antonelli Sie darüber aufgeklärt, daß sich die Beweislast in einem Zivilprozeß erheblich von der in einem Strafprozeß unterscheidet.

Der Staatsanwalt mußte die Schuld zweifelsfrei nachweisen. Offensichtlich ist ihm das nicht gelungen. Doch Ihre Sprechstundenhilfe, Mrs. Asher, hat Sie nun wegen sexuellen Mißbrauchs angeklagt. Das muß sie nicht zweifelsfrei nachweisen. Sie muß die Geschworenen nur vom Übergewicht der Indizien überzeugen. Sollten sie zu dem Schluß kommen, daß ihre Beweise auch nur etwas schwerer wiegen als die Ihren, hat sie den Prozeß gewonnen.»

Während Thorndyke die Unterschiede zwischen Strafprozessen und Zivilprozessen herunterrasselte, schob ich die Hände in die Taschen, lehnte mich zurück und starrte auf meine Schuhe.

«Nach sorgfältiger Lektüre der Klageschrift muß ich Ihnen sagen, daß Sie einen schweren Stand haben werden, Dr. Rothstein. Ich habe bereits Verbindung zu den Anwälten der gegnerischen Seite aufgenommen und kann Ihnen zu meiner Freude mitteilen, daß sie sehr daran interessiert scheinen, zu einem außergerichtlichen Vergleich zu kommen.»

Ich schloß die Augen und rieb mir die Stirn.

«Aber ich habe sie nicht mal angerührt», protestierte Rothstein.

«Sie haben zugegeben, daß Sie Geschlechtsverkehr mit ihr hatten – und zwar mehrmals.»

«Ja, das stimmt. Ich hatte eine Affäre mit ihr. Wir haben sehr oft miteinander geschlafen. Ich hätte das nicht tun dürfen, aber so ist es nun mal. Und als wir das letzte Mal zusammen waren, verlangte sie plötzlich, daß ich meine Frau verlasse und sie heirate. Ich habe abgelehnt. Sie drohte damit, meiner Frau alles zu erzählen. Statt dessen ging sie los und erzählte ihrem Mann, daß ich sie vergewaltigt hätte! Einfach so, vergewaltigt!»

Bernie Rothstein hatte ein ganzes Jahr damit verbracht, erst die Anklage und dann den Prozeß durchzustehen. Die Sache hätte beinahe sein Leben zerstört, und er konnte immer noch nicht ganz glauben, was passiert war.

Ich versank tiefer in meinem Sessel. Meine Augen waren noch immer geschlossen. Mein Kopf bewegte sich vor und zurück, im Takt von Thorndykes gleichförmig an- und abschwellender Stimme.

«Ja, ich verstehe. Aber wie Mr. Antonelli Ihnen natürlich zweifellos erklärt hat, ist es folgendermaßen: Wenn, wie im vorliegenden Fall, ihr Wort gegen das Ihre steht – und sie obendrein die Geschworenen nicht mehr zweifelsfrei von Ihrer Schuld überzeugen muß –, dann wird es, wie bereits gesagt, ein sehr schwieriger Fall für die Verteidigung. Sie sollten das wirklich als rein wirtschaftliche Frage betrachten. Die ganze Sache läßt sich leicht auf eine Formel reduzieren, eine mathematische Formel, wenn Sie so wollen. Nehmen wir an, Ihre Chancen bei der Verhandlung stünden fünfzig zu fünfzig, und das wäre noch sehr optimistisch. Selbst wenn Sie den Prozeß gewinnen, würden Sie die Kosten für Ihre Verteidigung übernehmen müssen. Außerdem müßten Sie damit rechnen, daß die Klägerin Berufung einlegen würde, falls es tatsächlich so käme. Das kann Jahre dauern und Ihre Kosten auf mehr als das Doppelte hochtreiben. Sollten Sie aber verlieren, müssen Sie natürlich außer Anwaltsgebühren auch noch die Prozeßkosten übernehmen. Alles in allem könnten dabei in einem Fall wie diesem Forderungen in Millionenhöhe auf Sie zukommen. Kurz gesagt, es wäre viel besser für Sie, sich auf einen Betrag zu einigen, der in etwa dem entspricht, was Sie die Verteidigung in einer Verhandlung mit anschließender Berufung kosten würde.»

Ich öffnete die Augen und drehte den Kopf gerade so weit, daß ich Rothsteins Reaktion beobachten konnte. Er war ziemlich blaß geworden.

«Und was ist mit meinem Ruf? Mit meinem Leben? Meine Familie habe ich bereits verloren. Meine Frau hat mich verlassen und das Sorgerecht für die Kinder bekommen. Ihre Rache für die Affäre. Habe ich mir selbst zuzuschreiben. Aber alles andere ist nicht meine Schuld. Wie soll ich meine Praxis weiterführen? Ich bin Arzt, um Gottes willen! Wie soll mir jemand als Arzt vertrauen, wenn ich hingehe und eine Frau abfinde, die behauptet, ich hätte sie vergewaltigt?»

Ich sah, wie Thorndyke nickte, und war gespannt, mit welchen neuen Verfeinerungen der Formel er diese Bedingung abdecken würde.

«Sie wurden von der gegen Sie erhobenen Anklage freigesprochen. Ein Vergleich ist die einzig sichere Möglichkeit, die unangenehme Angelegenheit ein für allemal hinter sich zu bringen. Wenn Sie aber darauf bestehen, vor Gericht zu gehen, werden Sie, wie gesagt, mit hoher Wahrscheinlichkeit mehr Geld ausgeben als notwendig und obendrein verlieren. Ich warne Sie.»

«Es sei denn», mischte ich mich ein, bevor Rothstein etwas sagen konnte, «er findet einen Anwalt, der die Sache nicht vom Kosten-Nutzen-Standpunkt aus sieht, oder besser noch einen, der sogar gern vor Gericht geht.»

Thorndykes Blick wurde hart, und das Blut schoß ihm ins Gesicht. Er nickte nicht mehr.

«Ich glaube, mit Zivilprozessen habe ich mehr Erfahrung als Sie.»

«Sagen Sie, Miss ...? Es tut mir leid –»

«Macauly», half sie mir auf die Sprünge. Sie wirkte beinahe belustigt.

«Sagen Sie, Miss Macauly», begann ich erneut und richtete mich auf, «könnten Sie sich auch nur eine Minute vorstellen, daß Dr. Rothstein einer Vergewaltigung fähig wäre?»

Es war dieselbe Frage, die ich der Jury während des Abschlußplädoyers vor zwei Monaten gestellt hatte. Bernhard Rothstein, auf Zehenspitzen eins vierundsiebzig groß, mit einem Gewicht von fünfundsechzig Kilo in bekleidetem Zustand, einem schüchternen Lächeln und von schier unerträglicher Zaghaftigkeit, entsprach ganz und gar nicht dem Bild eines Vergewaltigers.

Miss Macauly lächelte. «Nein, könnte ich nicht.»

«Sie sind wissenschaftliche Mitarbeiterin, keine Juristin, richtig?»

«Ja, das ist richtig. Aber ich habe mein Jurastudium bereits begonnen.»

Ihre Augen waren ehrlich, intelligent und mitfühlend. Sie hielten meinem Blick stand. Sie glaubte an Bernie Rothsteins Unschuld und hatte es gerade bestätigt. Ob sie es wußte oder nicht, aber damit stand sie jetzt auf seiner Seite.

«Gut für Sie. Ich möchte Sie etwas fragen: Mr. Thorndyke plädiert dafür, daß Dr. Rothstein einen außergerichtlichen Vergleich schließt. Sind Sie auch dafür?»

«Natürlich ist sie dafür», fiel mir Thorndyke ins Wort. «Sie ist meine Hilfskraft. Was glauben Sie denn?»

Ich ließ sie nicht aus dem Blick. Ich hatte ihr gerade die perfekte Chance angeboten, ihren Job zu verlieren.

Ich drehte mich um und sah Thorndyke an. «Ich werde Ihnen was sagen. Sie glauben, man sollte einen Vergleich schließen. Ich glaube, man sollte vor Gericht gehen. Und außerdem glaube ich, daß Ihre eigene Hilfskraft mir zustimmt. Was würden Sie wetten?»

Einen kurzen Augenblick lang schien er zu zögern, und seine selbstgefällige Arroganz wich dem Schatten eines Zweifels. «Was Sie wollen», sagte er und lächelte verkniffen.

«Nun, Miss Macauly», sagte ich und wandte mich wieder an sie. «Was sollen wir machen? Einen Vergleich schließen oder vor Gericht gehen?»

Sie zuckte nicht mit der Wimper. «Ich würde mich nie auf einen Vergleich einlassen, wenn ich unschuldig bin.»

Thorndykes Lächeln erstarb. «Zum Glück werden solche Entscheidungen nicht von Hilfskräften getroffen.»

«Nun, in diesem Fall ist es anders, Mr. Thorndyke. Dr. Rothstein ist mein Mandant, nicht Ihrer, und ich habe soeben entschieden, daß ich ihn in dem Zivilprozeß vertreten werde.»

«Sie sind für Strafrecht zuständig, Mr. Antonelli, nicht Zivilrecht.»

«In dieser Kanzlei mache ich verdammt noch mal, was ich will, Mr. Thorndyke.»

Ich war schon halb aus der Tür, als mir noch etwas einfiel. «Ich werde Hilfe brauchen. Sie haben natürlich recht. Ich bin Strafrechtler, kein Zivilverteidiger. Wenn Sie also nichts dagegen haben, werde ich mir Ihre wissenschaftliche Mitarbeiterin für eine Weile ausborgen. Ich nehme an, sie ist mit diesem Fall betraut?»

So war es, und die Aussicht, sie zu verlieren, war das letzte, wogegen er protestiert hätte.

Am nächsten Morgen erschien sie in meinem Büro, bereit, die Arbeit aufzunehmen. Am Tag zuvor hatte sie ein dunkelblaues Kostüm und eine weiße Bluse mit hohem Kragen getragen, die nüchterne Aufmachung einer professionellen jungen Frau. Heute kam sie in einem weiten geblümten Kleid und flachen Schuhen und sah beinahe aus wie eine Studentin. Ich hatte fast vergessen, daß sie beides war.

«Ich sollte mich entschuldigen», sagte ich und deutete auf den Stuhl vor meinem Schreibtisch. «Wofür?» gab sie zurück, setzte sich und sah mir offen in die Augen.

«Für gestern. Das war sehr unfair von mir. Ich hätte Sie niemals in eine solche Lage bringen dürfen. Thorndyke wird es nicht vergessen.»

Sie winkte ab. «Machen Sie sich keine Gedanken. Vielleicht wird er es nicht vergessen, aber er kann auch nichts dagegen tun.»

Das ergab keinen Sinn. «Sie werden wahrscheinlich nicht mehr in die Zivilrechtsabteilung zurückkehren dürfen. Aber ich kann versuchen, Sie hierzubehalten, wenn Sie möchten.»

«Nein, wirklich. Machen Sie sich keine Gedanken. Es geht nicht darum, ob ich zurück darf oder nicht. Ich habe die Abteilung nicht verlassen. Ich bin immer noch für sie tätig und kann so lange dort bleiben, wie ich will. Gleich im Anschluß an unser Treffen gestern hat er mir das unmißverständlich klargemacht.»

Ich versuchte nicht, meine Überraschung zu verbergen. «Dann ist Thorndyke ein besserer Mensch, als ich dachte.»

Ich dachte schon, sie würde anfangen zu lachen. «Nein, das ist er nicht. Er glaubt nur, daß er mich eines Tages ins Bett kriegt, wenn er mich weiter bei sich arbeiten läßt.»

Ein seltsames, brennendes Gefühl durchzuckte mich – wie der Schmerz eines Halbwüchsigen, wenn das Mädchen, für das er sein Leben hingeben würde, die Illusion ihrer Unschuld mit einer beiläufigen Bemerkung über Sex zerstört.

Sie lachte laut auf, ein weiches, herausforderndes, fast musikalisches Lachen. «Sie sind verlegen! Sie! Das ist ja wunderbar!»

«Nein, bin ich nicht. Es ist nur … was ist denn so wunderbar daran? Ich meine, wenn ich verlegen wäre?»

«Sie meinen, abgesehen davon, daß ich wahrscheinlich die einzige ledige Frau in Ihrem Bekanntenkreis bin, mit der Sie nicht geschlafen haben?»

Das hatte ich also von den dummen Gewohnheiten meines Lebens. Innerlich krümmte ich mich, noch bevor die Worte halb über meine Lippen waren. «Aber wir haben uns doch erst gestern kennengelernt.»

Sie legte den Kopf auf die Seite und musterte mich stirnrunzelnd. «Da! Der Schwarm aller Frauen und der Alptraum aller Männer. Der berühmte Anwalt mit dem zerzausten Haar und den faszinierenden braunen Augen, der so gewinnend, schlagfertig und geistreich ist. Der Mann, für den die Frauen alles tun würden, obwohl sie genau wissen – oder etwa nicht? –, daß sie dafür höchstens das Privileg erwartet, die letzte Frau in seinem Leben zu sein und die nächste, die von ihm verlassen wird.»

Ich wäre gern gekränkt gewesen, aber ich war zu verdattert, zu gefesselt, um etwas anderes zu spüren als die Gewißheit, daß ich noch nie einer Frau wie ihr begegnet war. Hinter ihren spielerisch-spöttischen Worten verbarg sich eine Sanftheit, ein Anflug von Sympathie und Mitgefühl, als glaubte sie selbst, was sie gesagt hatte, und fand, sie müsse mich deswegen bedauern. Ich konnte mich nicht dagegen wehren, aber sie gefiel mir. Alles an ihr gefiel mir, sogar die Art, wie sie mir vermittelte, daß wir vielleicht Freunde werden könnten, aber kein Liebespaar.

Von nun an verbrachten wir einen Teil des Tages damit, den Fall Rothstein vorzubereiten. Wenn es später Vormittag oder früher Nachmittag war, gingen wir zusammen zum Lunch in ein nahe gelegenes Restaurant, trafen uns aber nie zum Abendessen oder nach der Arbeit. Nach diesem ersten Gespräch in meinem Büro machte sie keine Bemerkungen mehr über mein Privatleben. Obwohl sie nur wissenschaftliche Mitarbeiterin und Jurastudentin war, fand ich sie professioneller als die meisten Juristen, mit denen ich zu tun hatte.

Im Lauf der Zeit und der beiläufigen Gespräche, die wir zwischen den langen, aufreibenden Stunden der Vorbereitung auf die Verhandlung führten, taute sie soweit auf, daß sie einige meiner Fragen beantwortete. Alexandra stammte aus Boston, Colorado, und war die Tochter eines Biologieprofessors und einer Bratschistin. Ihre Mutter war gestorben, als Alexandra noch ganz klein war.

Mehr als das konnte ich ihr nur mit Mühe aus der Nase ziehen. Die Erinnerungen an ihre Kindheit hatte Alexandra verdrängt, und sie schien keine große Lust zu haben, sie wieder aus der Versenkung zu holen. Eines Nachmittags jedoch erzählte sie mir bei einem späten Lunch und einem Glas Wein, daß es der Todestag ihrer Mutter war. Aus der Art, wie sie darüber sprach – offener, als ich sie je erlebt hatte –, schloß ich, daß ich weiterfragen durfte.

«Sie saß die meiste Zeit mit geschlossenen Vorhängen in ihrem Zimmer. Manchmal verbrachte sie tagelang so im Dunkeln. Mein Vater erklärte mir, sie hätte Kopfschmerzen, aber ich wußte, daß es etwas anderes war. Sie hat sich umgebracht», sagte sie leise.

Nach dem Tod ihrer Mutter hatte sich der Vater in eine Welt zurückgezogen, die sich nur noch um seine Arbeit und seine Tochter drehte. Nach der High-School immatrikulierte sie sich an der University of Colorado. Der Gedanke, sich von ihm zu trennen, wäre ihr nie gekommen. Zu Beginn ihres vorletzten Studienjahrs erkrankte ihr Vater an Krebs, und sie wurde Zeugin seines Niedergangs. Zwei Monate vor ihrem Examen starb er. Zuletzt war er bloß noch ein Schatten seiner selbst. Die Krankheit hatte ihm nicht nur das Leben, sondern auch all seine Ersparnisse geraubt – das ganze Vermögen, das er ihr hatte hinterlassen wollen. Da sie nun niemanden mehr auf der Welt hatte, verkaufte sie das Haus, in dem sie aufgewachsen und ihre Eltern gestorben waren, und kehrte Boulder mit dem wenigen, das übrigblieb, nachdem alle Rechnungen bezahlt waren, ein für allemal den Rücken. Mittlerweile lebte sie seit drei Jahren in Portland und versuchte, sich ein neues Leben aufzubauen.

Es klang fast abwehrend, als sie davon erzählte, und es schien ihr sehr wichtig, einen Unterschied zwischen ihrer Mutter und sich zu machen. Da sie so sehr darauf pochte, vermutete ich, daß sie sich Sorgen über ihre eigene Gesundheit machte und möglicherweise befürchtete, daß das, was ihrer Mutter geschehen war, sich bei ihr wiederholen könnte. Vielleicht war es diese Angst, die sie innerlich antrieb.

Alexandra war bereit, hart zu arbeiten, und so intelligent, wie ich es bei jungen Menschen selten erlebt hatte. Genau das brauchte ich, denn ich hatte seit Jahren keinen Zivilprozeß mehr geführt, genauer gesagt, seit ich als frischgebackener Anwalt auf jeden Mandanten angewiesen gewesen war, der zur Tür hereinspazierte. Sie war die geborene Juristin, die in Null Komma nichts das richtige Dokument oder den passenden Präzedenzfall herbeizaubern konnte. Mit erstaunlicher Intuition nahm Alexandra meine Zweifel vorweg und beantwortete meine Fragen, bevor ich dazu kam, sie zu stellen.

So war es letztlich ihr zu verdanken, daß ich lange vor Beginn der Verhandlung tipptopp vorbereitet war.

«Sie waren mir eine große Hilfe», sagte ich eines Morgens in meinem Büro. «Ohne Sie hätte ich das nie geschafft.»

«Erinnern Sie sich noch an den Tag, als wir mit Thorndyke im Sitzungssaal saßen? Als Sie fragten, ob ich Bernie Rothstein eine Vergewaltigung zutrauen würde? Ich konnte mir damals kaum vorstellen, daß er überhaupt an Sex interessiert sein könnte! Gott, er kam mir so unschuldig vor! Hatte er wirklich eine Affäre? Mit dieser Sprechstundenhilfe? Ich kann es immer noch nicht glauben.»

«Was würden Sie sagen, wenn ich Ihnen erzählte, daß Bernie Rothstein – dieser nette, harmlose Arzt – schuldig wie sonstwas ist?» fragte ich langsam und bedachtsam. «Daß er sie vergewaltigt hat? Daß alles, was sie vor Gericht gesagt hat, stimmt, und was er gesagt hat, gelogen war?»

Sie glaubte, ich wollte mich über sie lustig machen, andererseits traute sie mir das nicht zu. «Das kann ich nicht glauben. Hat er das tatsächlich getan? Das hätte ich nie für möglich gehalten.»

«Warum nicht? Weil er nicht so aussieht wie ein Vergewaltiger? Keiner hat behauptet, er sei nachts aus einem Gebüsch gesprungen und habe ihr ein Messer an die Kehle gehalten. Sie

207

hatten eine Affäre, und sie wollte Schluß machen. Er dagegen nicht. Sie wollte nicht so weitermachen, und er wollte nicht hören.»

«Er ist einfach nicht der Typ dafür.»

«Der Typ? Glauben Sie also auch, daß es zwei Typen gibt – einen, der Böses tut, und einen anderen, der das nicht tut? Das stimmt nicht. Es kommt vor, daß man jemanden sieht und auf Anhieb weiß, daß er zu Gewalt imstande ist. Aber dann sieht man jemanden wie Bernie Rothstein, und man weiß nur, daß man nie sicher sagen kann, wozu er fähig wäre. Unter den entsprechenden Umständen kann jeder zum Mörder werden, selbst Sie oder ich. Das kann man nie wissen.»

«Aber Bernie Rothstein?»

«Was ist mit ihm?»

«Ein Vergewaltiger?»

«Wer hat das gesagt?»

Sie sah überrascht und verwirrt auf. «Sie haben das gesagt.»

«Nein, ich habe gesagt, was würden Sie sagen, wenn ich Ihnen erzählte … Bernie? Ein Vergewaltiger? Sagen Sie bloß, das haben Sie wirklich geglaubt? Warten Sie nur, bis ich ihm das erzähle!»

«Oh, das würden Sie nicht wagen!» rief sie und gab sich Mühe, wütend zu sein. «Wie können Sie bloß solche Märchen erfinden?»

«Ich bin Anwalt. Damit verdiene ich meine Brötchen.»

«Nein, es macht Ihnen Spaß.»

«Na schön. Das, womit ich meine Brötchen verdiene, macht mir obendrein auch noch Spaß.»

Die Sache ließ ihr keine Ruhe. «Aber Bernie Rothstein ist unschuldig, nicht? Er hat sie nicht vergewaltigt, oder?»

«Mir fällt nur ein Mensch ein, dem ich ein Verbrechen weniger zutrauen würde.»

«Wer?»

«Leopold Rifkin.»

«O ja, Richter Rifkin. Den würde ich auch gern einmal kennenlernen.»

Rifkins alljährliche Party stand kurz bevor. Ich malte mir aus, wie es sein würde, mit Alexandra hinzugehen und zu sehen, wie sie die anderen mit ihrem strahlenden Lächeln einwickelte. Um ein Haar hätte ich sie eingeladen, aber dann hatte ich Angst, sie könnte ablehnen, und fast genausoviel Angst, sie könnte annehmen, und überlegte es mir anders.

«Worüber lachen Sie?» fragte sie und sah mich an, als hätte ich den Verstand verloren.

«Über die plötzliche Einsicht, daß ich im Hinblick auf Frauen in letzter Zeit inkompetent bin.»

Sie legte den Kopf auf die Seite. «Vielleicht waren Sie das schon immer.» Doch dann, bevor sie sich zum Gehen wandte, setzte sie hinzu: «Oder vielleicht haben Sie nie die Richtige gefunden.»

Der zweite Prozeß gegen Rothstein endete genauso wie der erste. Joshua Thorndyke III konnte so viele Unterschiede zwischen Zivil- und Strafprozessen aufzählen, wie er wollte, der Jury war das völlig egal. Ob Dr. Rothstein eines Verbrechens beschuldigt wurde oder Angeklagter in einem Zivilprozeß war, kein Mensch traute ihm eine Vergewaltigung zu. Er war überrascht, als Komplize bei seiner eigenen Verführung beteiligt gewesen zu sein, das war alles. Wenn sie nicht einen Sprecher hätten wählen müssen, hätten sich die Geschworenen wahrscheinlich nicht einmal die Mühe gemacht, die Tür zu schließen. Eine halbe Stunde nachdem sie die Geschworenenbank verlassen hatten, waren sie schon wieder zurück.

Während der Vorbefragung hatte ich all meine Einreden dazu benutzt, so viele Männer wie nur möglich loszuwerden. Frauen haben einen besseren Instinkt dafür, ob eine andere Frau die Wahrheit sagt, wenn sie einen Mann beschuldigt, sie sexuell mißbraucht zu haben. Die meisten Frauen waren in den Vierzigern oder älter, die Sprecherin aber war eine sommersprossige junge Frau, die als Bankangestellte in der Stadt arbeitete. Als der Richter fragte, ob die Jury zu einem Urteil gelangt sei, stand sie von ihrem Platz in der letzten Reihe auf, erklärte mit piepsiger Stimme, daß die Geschworenen zu einem Urteil gekommen seien, und reichte dem Gerichtsdiener den Zettel mit dem Urteilsspruch. Dann setzte sie sich wieder hin, warf mir einen raschen Blick zu und lächelte.

Der lange Alptraum war vorüber. Bernie Rothstein hatte seine Familie verloren und fast sein ganzes Geld ausgegeben, aber er hatte seinen guten Ruf gerettet. Er wollte sich bei mir bedanken; statt dessen dankte ich ihm. Er hatte mir vertraut, und da er einer der wenigen unschuldigen Menschen war, die ich je verteidigt hatte, bedeutete es mir mehr, als ich ihm sagen konnte – bis zu diesem Augenblick sogar mehr, als ich mir hätte vorstellen können.

«Herzlichen Glückwunsch», sagte Alexandra, nachdem wir uns auf der Treppe vor dem Gerichtsgebäude von Bernie Rothstein verabschiedet hatten.

Es war später Nachmittag. Der kalte Wind war aufgefrischt, und der März kündigte sich an wie ein Löwe.

«Sie sind diejenige, der man gratulieren müßte», sagte ich und zog meinen Mantel enger um mich. «Sie haben den Fall vorbereitet. Und jetzt, da er vorbei ist, sollten wir feiern. Kommen Sie, ich lade Sie zum Abendessen ein.»

Sie streckte die Hand aus und berührte meine Wange. «Vielen Dank. Ich würde sehr gern mit Ihnen essen. Aber ich kann nicht. Ich kann wirklich nicht.»

Ich sah ihr nach, als sie die Treppe hinunterlief und in der dichten Menschenmenge verschwand, die sich auf dem Gehsteig drängte. Plötzlich fühlte ich mich so erschöpft und einsam wie lange nicht.

15

Das Telefon klingelte, als ich die Tür aufschloß. Ich achtete nicht darauf, hängte meinen Mantel in die Garderobe und schleppte mich nach oben ins Schlafzimmer. Dort streifte ich die Schuhe ab und ließ mich aufs Bett fallen. Ich lag da, starrte an die Decke und horchte auf das leiser werdende Echo des Telefons wie auf eine unbarmherzige Mahnung an die verrinnende Zeit.

Schließlich schlüpfte ich in eine alte Jeans und ein zerrissenes graues Sweatshirt und ging hinunter in die Küche. Nachdem ich den Kühlschrank nach etwas Eßbarem durchsucht hatte, setzte ich mich im Eßzimmer an den Tisch mit den Kerzenständern und dem falschen Blumenschmuck in der Mitte. Irgendwie paßte es nicht zusammen, daß ich barfuß und mit einem Erdnußbutter-Sandwich, einem Stück Pastete und einem Glas Bier an einem eleganten Eßtisch mit neun leeren Stühlen hockte. Die Innenarchitektin hatte genau gewußt, was dem Raum fehlte, als sie ihn einrichtete. Alles war harmonisch aufeinander abgestimmt, alles – bloß ich nicht.

Nachdem ich den Tisch abgeräumt und das Geschirr abgewaschen hatte, setzte ich mich mit meinem halbvollen Glas Bier ins Arbeitszimmer und legte die Füße auf den Schreibtisch. Das Telefon klingelte erneut, aber ich ignorierte es. Ich konzentrierte mich auf die zweite Aufnahme der *Goldberg-Variationen*, die Glenn Gould kurz vor dem Ende seines viel zu kurzen Lebens eingespielt hatte. Es war eins, um das ich ihn beneidete, das Leben eines einsamen Genies, das nichts anderes braucht als den perfekten Klang, den es mit einer Berührung seiner Finger auf den Klaviertasten erzeugt. Ich hatte mein Leben in der Öffentlichkeit verbracht, getrieben von dem Verlangen nach Bewunderung, obwohl ich die Leute gar nicht kannte. Die Geschworenen, deren Gesichter ich fünf Minuten nach Verlesung des Urteils vergaß, waren das einzige, was mich bewegte.

Das Telefon klingelte erneut. «Hallo!» meldete ich mich schroff, verärgert über die Störung.

«Liebe Güte, haben Sie eine Laune!» lachte eine polternde, vertraute Stimme. «Ich ruf in ein paar Jahren noch mal an.»

«Oh, Scheiße, Horace», sagte ich verlegen. «Ich wußte nicht, daß Sie es sind. Tut mir leid.»

«Sie müssen geglaubt haben, es sei ein Mandant», sagte er. Dann fiel es ihm wieder ein. «Aber Ihre Nummer steht doch gar nicht im Telefonbuch. Geben Sie sie denn weiter?»

«Freiwillig nicht. Aber die Gauner klauen sie einfach.»

«Verraten Sie bloß keinem, wo Sie wohnen. Wie ich höre, ist der Fall Rothstein gut ausgegangen.»

Mein Glas war leer. Ich griff danach und ging durch den Flur in die Küche, während ich mit der anderen Hand das tragbare Telefon ans Ohr hielt.

«Jedenfalls besser, als wenn er verloren hätte.»

«Sie haben bestimmt eine schlaflose Nacht verbracht.»

«Nein, mir geht's gut. Sie wissen doch selbst, wie es ist, Horace. Rothstein hat zwar heute gewonnen, aber trotzdem werden die Leute sich immer daran erinnern, daß er mal wegen Vergewaltigung angezeigt wurde. Das wird er nie wieder los. Wenn er schlau ist, zieht er weg von hier, so weit weg wie möglich, ändert seinen Namen und fängt noch mal ganz von vorn an.»

«Eins dürfen Sie nicht vergessen. Ohne Sie würden die Leute sich nur daran erinnern können, daß er wegen Vergewaltigung verurteilt wurde und zwanzig Jahre im Kittchen verbracht hat.»

Ich stellte das Glas auf die Arbeitsfläche, machte den Kühlschrank auf und nahm ein neues Bier heraus. Mit einer Hand riß ich die Lasche von der Dose und schenkte mir ein. Der Schaum lief am Glas hinunter. «Das ganze System ist faul, Horace», sagte ich lachend.

«Na, darüber können wir uns Samstag abend ausführlicher unterhalten.»

«Was ist denn am Samstag?» fragte ich, nahm einen Schluck und wischte mir den Schaum von den Lippen.

«Liebe Güte, Sie sind heute wirklich nicht ganz beisammen. Rifkins Party. Alma möchte wissen, ob Sie mit uns fahren wollen. Eine Doppelverabredung, Sie wissen schon. Zwei Pärchen, wie auf der High-School. Erinnern Sie sich noch an die High-School, Joe? Wie auch immer, wenn Sie sich innerhalb der nächsten drei Tage nicht wegen unheilbarer Depressionen umgebracht haben, könnten Sie doch mit uns fahren. Und wirklich, bringen Sie jemanden mit. Sonst wird Alma Ihnen den ganzen Abend von den Frauen vorschwärmen, die Sie unbedingt kennenlernen müssen. Glauben Sie mir, ich weiß, wen sie meint. Die wollen Sie ganz bestimmt nicht. Wir könnten zusammen zu Abend essen, bevor wir losfahren.»

«Klar. Das wäre wunderbar. Aber ich komme allein. Ich habe die Frauen aufgegeben.»

«Ach so, ja. Und der Papst ist –»

Im gleichen Moment krachte es. Alles wurde dunkel, dann flammte das Licht für den Bruchteil einer Sekunde auf, bevor es wieder erlosch. Die Läden klapperten im heulenden Wind, und der Regen prasselte wütend aufs Dach, gegen die Fensterscheiben und auf alles, was sich ihm in den Weg stellte.

«Was zum Teufel war das?» rief Horace.

«Ein Gewitter», erklärte ich hastig. «Der Strom ist ausgefallen.»

Jemand hämmerte an die Eingangstür. «Ich muß Schluß machen, Horace. Mein Nachbar will sich eine Taschenlampe borgen.»

Bei jedem Gewitter, wenn die Lichter ausgingen, bekam ich Besuch von meinem Nachbarn. Warum er sich nie eine eigene Taschenlampe zulegte, war mir ein Rätsel. Ich vermute, daß er ein unverbesserlicher Optimist war: Jedes Gewitter war das letzte, und der Strom würde auch nie wieder ausfallen. Ich kannte ihn kaum, aber ich mochte ihn. Er war der typische Amerikaner. Nichts, nicht einmal das, was ihn seine eigene Erfahrung gelehrt hatte, konnte ihn je von dem Glauben abbringen, daß irgendwie, auf irgendeine Art alles immer nur besser wird. Ich griff im Vorbeigehen nach der Taschenlampe, die ich in der Speisekammer aufbewahrte, und hielt sie ihm im strömenden Regen entgegen.

Er nahm sie nicht. Er stand einfach da, reglos. Es war auch gar nicht mein Nachbar. Es war Alexandra. Sie war vollkommen durchnäßt. Der Wind zauste heftig an ihrem patschnassen Haar. Sie sah aus wie Medusa.

Ich zerrte sie herein und schloß die Tür hinter ihr. «Was machen Sie denn hier? Sind Sie verrückt geworden, bei diesem Wetter aus dem Haus zu gehen?»

Sie schüttelte den Kopf und fing an zu lachen, während die Tropfen in alle Richtungen flogen. «Ich habe versucht, Sie anzurufen!» sagte sie, immer noch lachend.

«Ach, Sie waren das?» fragte ich. «Was ist denn los?»

«Hier», sagte sie und löste den Gürtel des Trenchcoats, den sie eng um sich geschlungen hatte. Dann reichte sie mir eine dicke Mappe. «Das sind die Rothstein-Unterlagen. Ich habe sie in meine Aktentasche gesteckt, als wir das Gericht verlassen haben, und dann vergessen, sie Ihnen zu geben. Ich dachte, vielleicht fragen Sie sich, wo sie sind, und fangen an, sie zu suchen.»

«Danke, aber das war wirklich nicht nötig», stammelte ich. Das Licht ging wieder an.

«Ich wollte es so», sagte sie ruhig und rief dann: «O Gott! Sehen Sie nur, was ich für eine Schweinerei gemacht habe.»

Sie stand in einer Wasserpfütze. «Warten Sie, ich hole Ihnen ein Handtuch. Sie müssen raus aus den nassen Klamotten.»

Ich führte sie durch den Flur, an der Treppe vorbei und zum Gästezimmer im hinteren Teil. «Hier finden Sie jede Menge Handtücher», sagte ich und öffnete ihr die Tür zum angrenzenden Bad.

Nach ein paar Minuten kam ich mit einem weißen Bademantel wieder. Die Tür zum Gästezimmer stand offen, und aus dem Bad hörte man das Plätschern der Dusche. Ich legte den Bademantel aufs Himmelbett und ging wieder.

Als sie ins Wohnzimmer kam, hatte ich mir einen Scotch mit Wasser eingeschenkt und Gould noch einmal aufgelegt. «Das ist schön», sagte sie und steckte das Handtuch fest, das sie sich um den Kopf gewickelt hatte. Der Bademantel reichte ihr bis auf die Fußknöchel. «Was ist es?»

Sie hatte noch nie von Glenn Gould gehört, und einen Augenblick war ich enttäuscht. Aber dann fiel mir wieder ein, wieviel älter als sie ich gewesen war, als ich die *Goldberg-Variationen* zum erstenmal gehört hatte.

Zuerst wollte sie nichts trinken, doch dann änderte sie ihre Meinung und entschied sich für ein Glas Wein. Sie setzte sich mit untergeschlagenen Beinen in einen Ohrensessel und sah sich um. «Sie verbringen nicht allzuviel Zeit zu Hause, nicht wahr?»

Ich saß am Ende des Sofas neben ihr, umschloß das Glas mit beiden Händen und sah zu ihr auf. «Was meinen Sie damit?»

«Es ist alles so perfekt. Vermutlich haben Sie irgendeinem Innenarchitekten auch noch ein Vermögen dafür bezahlt, wie?» fragte sie und grinste herausfordernd.

Darauf antwortete ich lieber nicht.

«Stimmt's, oder hab ich recht? Und ich wette, Sie finden es selbst scheußlich.»

«Nein, finde ich nicht», protestierte ich lahm. «Nun ja», räumte ich dann ein. «Aber schön auch nicht gerade.» Ich ließ meinen Blick durchs Zimmer schweifen, als sähe ich es gerade zum erstenmal. «Vielleicht sollte ich es absperren, was meinen Sie?».

«Sie sollten es lieber so einrichten, wie es Ihnen gefällt, statt auf andere Leute zu hören.»

«Ich habe einfach keinen Blick dafür», erklärte ich. «Ich kann mir nie vorstellen, wie etwas aussehen wird, bis ich es tatsächlich gesehen habe. Ich wüßte nicht einmal, wo ich anfangen sollte.»

Sie streckte den Arm aus und berührte mein Handgelenk. «Ich helfe Ihnen, wenn Sie wollen. Vielleicht macht es ja Spaß.»

Alexandra verbrachte die Nacht im Gästezimmer. Während sie schlief, lag ich oben wach und dachte an sie. Irgendwie sorgte sie dafür, daß ich mich unendlich wohl fühlte. Um zwei ging ich nach unten. Ihre Tür stand einen Spalt auf. Das Gewitter hatte sich verzogen, der Nachthimmel war klar. Sie lag auf der Seite, einen Arm quer über das Kopfkissen gestreckt, die Decke zusammengeknäuelt zu ihren Füßen. So sanft ich konnte, zog ich sie ihr über die Schultern und schloß die Tür hinter mir.

Am nächsten Morgen kam sie in die Küche, als ich gerade beim letzten Schluck Kaffee war. «Sie fahren schon?» fragte sie und rieb sich die Augen. «Ich hätte nicht gedacht, daß Sie überhaupt auf sind. Wieviel Uhr ist es?»

«Viertel nach sechs», antwortete ich und griff nach meiner Aktentasche. «Warum schlafen Sie nicht noch eine Runde?»

«Geht nicht. Ich muß erst nach Hause und dann zur Arbeit.»

Meine Hand lag schon auf der Türklinke. «Am Samstag abend gibt es eine Party bei Leopold Rifkin. So etwas macht er nur einmal im Jahr, und ich gehe immer hin. Haben Sie Lust, mitzukommen?»

Sie trat zu mir und berührte meine Wange. «Sehr gern», sagte sie leise.

216

Alexandra wohnte weniger als eine Meile vom Stadtzentrum entfernt im obersten Stock eines verwitterten viktorianischen Hauses. Es stand auf dem Hang eines windgepeitschten Hügels über dem Columbia River. Schwarze Frachtschiffe mit rostfarbenem Rumpf lagen dort unten vor Anker und warteten darauf, daß ein Platz an den Verladedocks, die das gegenüberliegende Ufer säumten, frei wurde. Nach Westen führte der Fluß zum Meer.

Ich stand vor dem überdachten Portal und drückte auf die weiße Klingel neben ihrem Namensschild. Einen Augenblick später ertönte der Summer. Ich stieß die Mattglastür auf und ging die mit schweren Teppichen ausgelegte Treppe zu ihrer Wohnung hinauf. Die Tür stand offen, ich trat ein. Ein dunkelroter Kermanteppich bedeckte den Boden im Wohnzimmer. Neben der Tür stand ein hoher antiker Schrank, und zur Linken gab es einen mit Marmor verkleideten Kamin. Davor standen zwei blau-beige gestreifte Sofas einander gegenüber mit einem dunklen Couchtisch in der Mitte. Auf der anderen Seite des Zimmers, in einem Erker, der auf den Fluß hinausging, bemerkte ich einen Schaukelstuhl, der aussah, als könnte man sich prima darin lümmeln.

«Es ist nicht so vornehm wie bei Ihnen», kam Alexandras Stimme durch eine Tür, «aber für mich reicht es.» Sie trug einen Morgenmantel aus Seide und befestigte gerade einen Ohrring im Ohr.

«Ich finde es sehr hübsch», sagte ich, «vor allem, was Sie daraus gemacht haben.»

Sie kam auf mich zu, legte die Hand auf meinen Arm und lachte leise. «Warten Sie ab, bis Sie das Schlafzimmer sehen.»

«Werde ich es denn zu sehen bekommen?»

«Sie werden alles sehen, aber zuerst die Küche.»

Alles war weiß. Der in die Wand eingelassene Grill und die Mikrowelle. Der Herd. Der Kühlschrank, die gekachelte Ar-

217

beitsfläche, die Geschirrspülmaschine, die Spüle, die Schränke
– alles glänzte im gleichen strahlenden Weiß. Selbst die Dielen
des Fußbodens waren weiß gestrichen.

«Ich fürchte, mein Geschmack ist, nun, sagen wir, etwas
eklektisch. Ich fand, zu dem Wohnzimmer mit dem baufälligen
Kamin, den hohen Deckenbalken und dem wundervollen alten
Erkerfenster paßt meine Sammlung von Secondhandmöbeln
und ein paar aufpolierten antiken Stücken sehr gut, aber in der
Küche wollte ich alles ganz modern haben.» Sie plapperte so
eifrig und aufgeregt wie ein Kind, das ein neues Spielzeug her-
umzeigt.

Sie machte eine ausholende Geste. «Ich finde all diese neuen
Geräte und die seltsamen Aufgaben, die sie erledigen können,
einfach klasse. Natürlich habe ich keine Ahnung, wie man sie
dazu bringt, auch nur die Hälfte von dem zu tun, was sie angeblich alles können. Ich glaube, der Kühlschrank kann Kaffee kochen, und die Mikrowelle kann Tante Tilly in Dubuque anrufen
und ihr ‹Happy Birthday› vorsingen oder so.»

Bevor ich antworten konnte, nahm sie mich bei der Hand
und führte mich weiter herum. Das Schlafzimmer verfügte wie
das Wohnzimmer über einen in Marmor eingefaßten Kamin.
Gleich daneben stand ein grüner Polstersessel. Ein schwarzes
Bärenfell, das im Schein der Lampe glänzte, bedeckte den vorderen Teil des Fußbodens. Dahinter erhob sich das, was sie stolz
als ihr bestes Stück bezeichnete, ein Himmelbett, das so hoch
war, daß man beinahe hineinklettern mußte. Die Pfosten waren
mehr als zwei Meter hoch und maßen zwanzig Zentimeter im
Durchmesser. Die geschnitzte Oberfläche des Holzes war
ebenholzschwarz gefärbt. Meterweise dünne weiße Gaze war
über die Pfosten drapiert und hing auf allen Seiten herunter.
Ein halbes Dutzend prallgefüllter Kissen stapelte sich auf der
Tagesdecke.

Sie schob einen Fuß auf den anderen, stützte ihren Ellbogen

auf meine Schulter und legte den Kopf auf die Seite. «Wissen Sie, was ich im Bett am liebsten tue?» fragte sie mit großen Augen und einer Stimme, die das Lachen kaum unterdrücken konnte. «Ich stelle mir vor, ich sei diejenige, die für King Kong auserwählt wurde! Erinnern Sie sich an den Film? Die Eingeborenen mußten dem großen Gorilla eine Frau zum Opfer bringen. Erinnern Sie sich?» Sie sah mich mit einem teuflischen Grinsen an. «Also ziehe ich mich manchmal nachts aus und warte darauf, daß King Kong durch die Mauer kommt.»

«Sie tun was?!» wiederholte ich ungläubig. Ich war schockiert. Ich spürte, wie mir das Blut ins Gesicht stieg, und versuchte, es mir nicht anmerken zu lassen. «Na, die Wände wirken ziemlich stabil. Ich hoffe, Sie sind nicht allzu enttäuscht.»

Alexandra unterdrückte ein Lächeln. «Nein», sagte sie langsam. «Aber ich wünschte wirklich, er würde durch die Mauer kommen – nur ein einziges Mal – statt durch die Tür wie alle anderen. Wie soll Sex denn Spaß machen, wenn es dabei immer so zivilisiert zugeht? Und jetzt raus mit Ihnen, damit ich mich anziehen kann!»

Wir gehörten zu den letzten Gästen, die bei Rifkin eintrafen, und als wir eintraten, war es, als hätten alle, ohne es zu wissen, nur auf Alexandra gewartet. Sie stand in der Mitte des überfüllten Wohnzimmers. Ihre Haut schimmerte im Licht, glattgeschliffen von den Gesichtern um sie herum, die scheinbar nur da waren, um Hintergrund und Perspektive zu stellen. Es gab auch andere attraktive Frauen, aber keine schaffte es, ihre Schönheit so völlig nebensächlich erscheinen zu lassen. Sie sah einen mit offenen, neugierigen Augen an, und man entdeckte auf ihrem weichen Mund den Beginn eines Lachens, das nur darauf wartete, sich auszubreiten. Wer sich mit ihr unterhielt, war überzeugt, daß er einer der interessantesten Menschen war, die sie je kennengelernt hatte, und fühlte sich wohler in seiner Haut als je zuvor. Ihre Wirkung auf andere war unmittelbar und instinktiv. Frauen spürten das Fehlen von Eitelkeit und schmolzen – befreit von ihrer Eifersucht – bewundernd dahin. Männer verstanden, daß sie ihnen alles geben würde, nur nicht sich selbst, und wenn sie alt genug waren, ertappten sie sich bei dem Wunsch, eine Tochter wie sie zu haben.

«Ich glaube, diesmal haben Sie jemanden gefunden, der es mit Ihnen aufnehmen kann», flüsterte Alma Woolner, als wir aufbrachen.

«Aufnehmen kann, daß ich nicht lache!» dröhnte Horace. «Sieh ihn dir an! Es hat ihn dermaßen umgehauen, daß er sich nie wieder aufrappeln wird! Kein Wunder, daß Sie beschlossen haben, doch nicht mit uns zu kommen.»

«Sie irren sich», protestierte ich und versuchte, das dämliche Grinsen zu unterdrücken, das mein Gesicht zu den seltsamsten Grimassen zwang. «Wir sind nur gute Freunde.»

***

«Nun, das war nicht gelogen», sagte Alexandra später, als ich ihr erzählte, was Horace gesagt hatte. «Wir sind gute Freunde. Ich meine, ich hoffe es. Sind wir doch, oder?»

Wir saßen uns in der Ecke eines menschenleeren Coffeeshops gegenüber. Ich wollte sie nicht nach Hause bringen. Der Abend sollte nie zu Ende gehen. So saß ich da, den Rücken an die Wand gelehnt, ein Bein auf dem Stuhl neben mir, und beobachtete, wie ein wehmütiges Lächeln um ihren Mund spielte. Dieser Mund war ein bißchen zu breit, um perfekt, aber gerade anders genug, um unvergeßlich zu sein.

«Denken Sie daran, wie Sie den anderen die Show gestohlen haben?» fragte ich und deutete mit dem Kinn die allgemeine Richtung an, in der ich Leopold Rifkins Haus vermutete. «Die

werden sich noch monatelang den Mund über Sie zerreißen.»
Mein Blick flog hin und her. «Die Drähte werden heißlaufen.
‹Wer war die Frau? Wo hat dieser Glückspilz von Antonelli sie
bloß aufgetan?›»

«Ach, hören Sie auf, sich über mich lustig zu machen», sagte
sie wegwerfend. «Ich dachte nicht an die Party. Ich dachte
daran, wie Sie mich mal gefragt haben – kurz nachdem wir mit
der Arbeit am Fall Rothstein begonnen hatten –, ob ich je verheiratet gewesen wäre. Erinnern Sie sich?»

«Sie sagten, Sie glaubten nicht, daß Sie je heiraten würden.»

Sie biß sich auf die Unterlippe. «Sie waren überrascht. Nein,
nicht überrascht», setzte sie sofort hinzu. «Es war etwas anderes.» Sie dachte einen Augenblick nach. «Sie waren mißtrauisch.»

«Nein, war ich nicht.»

«Doch», widersprach sie. Dann beugte sie sich vor und
preßte mein Handgelenk auf den Tisch, als wollte sie mich an
jeder Form von Widerstand hindern. «Doch. Sie fanden das
nicht gut. Und ich würde gern wissen, warum. Wieso glauben
Sie, daß mit einer Frau, die nicht heiraten will, etwas nicht stimmen kann? Bei Männern glauben Sie das doch auch nicht.»

Ich befreite mein Handgelenk aus ihren Fingern, verschränkte die Arme über der Brust und ließ den Kopf hängen.

«Nun?»

Ich starrte sie einfach nur an, beobachtete sie, bis sie ihre
Frage wiederholte.

«Nun?» fragte sie und beugte sich noch weiter zu mir herüber. «Was ist es? Sagen Sie's mir», drängte sie und knuffte
mich in die Schulter.

«Ich habe nie gesagt, daß ich nicht heiraten will.» Ich hob
den Kopf, bis er an der Wand hinter mir lehnte. «Sie würde ich
heiraten.»

Und hier, in einem hellerleuchteten Coffeeshop, nachts um

halb drei, tat Alexandra Macaulay etwas, das ich jahrelang nicht mehr bei einer Frau gesehen hatte. Sie wurde rot.

«Machen Sie sich nicht lustig über mich», wiederholte sie und versuchte, eine Papierserviette nach mir zu werfen. Doch sie sackte mitten im Flug ab, streifte eine Ecke des Tisches und fiel zu Boden.

Ich nahm mein Bein vom Stuhl und drehte mich halb um, bis ich sie genau vor mir hatte. «Ich mache mich nicht lustig», grinste ich. «Ich würde Sie auf der Stelle heiraten.»

«Und es auf der Stelle bereuen!»

«Nett, wie Sie das sagen.» Ich gab vor, gekränkt zu sein, und merkte, daß ich es tatsächlich war.

Eine Weile sah sie mich an, ohne etwas zu sagen. Dann stand sie auf und griff mit beiden Händen nach der meinen. «Kommen Sie. Machen wir einen Spaziergang.»

Ich warf ein paar Dollars auf den Tisch, während sie mich hinauszog. Wir gingen langsam, taumelnd, stießen ab und zu gegeneinander. Die weiche Stille der Dunkelheit wurde nur von unserem grundlosen Gelächter unterbrochen. Schließlich landeten wir unten am Flußufer, drei Blocks von unserem Ausgangspunkt entfernt. Wir lehnten uns gegen das Geländer, das den Gehweg säumte, und beobachteten die Schatten, die auf dem Wasser tanzten, wenn die Wolken unter dem Mond herglitten.

«Kalt?» sagte ich und legte einen Arm um sie.

«Ein bißchen», sagte sie. Sie legte den Kopf in den Nacken, holte tief Luft und streckte sich ausgiebig. Dann ließ sie mit einer Hand das Geländer los und drehte sich herum, bis sie die Skyline der Stadt im Blickfeld hatte. Sie lehnte sich mit dem Ellbogen auf das Geländer, warf mir einen Blick zu und fragte: «Was würden Sie machen, wenn ich Sie beim Wort nähme? Was würden Sie tun?»

Das wußte ich selbst nicht so genau, aber ich war bereit, ja, fast erpicht darauf, es rauszukriegen. «Probieren Sie's aus.»

«Sie bluffen!» lachte sie.

Dann wandte sie sich zu mir und schob ihren Arm unter den meinen. «Hören Sie, Antonelli. Es ist drei Uhr morgens. Was jetzt wie eine großartige Idee erscheint, sieht morgen früh ganz anders aus. Also bringen Sie mich lieber nach Hause, bevor wir uns hier zu Tode frieren.»

Kaum hatte sie das gesagt, fing ich an zu zittern. Ich legte den Arm um sie, und wir stolperten durch die trübe erleuchtete Straße zurück zum Wagen. Jedesmal wenn einer von uns etwas sagen wollte, klapperte er mit den Zähnen, und wir mußten lachen. Schließlich stiegen wir ein, und ich fummelte mit dem Schlüssel herum.

«Ich will nicht heiraten, noch nicht jedenfalls», sagte sie, als ich den Motor anließ und losfuhr. «Ich habe noch zwei Jahre an der Uni vor mir. Ich wollte schon immer Anwältin werden, und ich werde es schaffen.»

«Glauben Sie denn, Anwältin zu sein ist genug?»

Sie hielt meinen Arm umfaßt, während ich fuhr, und rieb sanft ihr Gesicht an meiner Schulter, um warm zu werden. «Für Sie war es genug, nicht wahr?»

«Ja, war es», räumte ich ein.

«Aber jetzt nicht mehr?»

«Nein, jetzt nicht mehr.»

Sie hob das Gesicht und sah mich an. «Ich weiß nicht», sagte sie. «Ich weiß wirklich nicht. Es ist zu früh für mich. Lassen Sie mir Zeit.»

Das Licht am Portal ihres Hauses war abgestellt. Sie nahm meine Hand und führte mich die Vordertreppe hinauf. «Es ist noch zu früh für Frühstück, aber ich kann uns einen Kaffee machen, wenn Sie wollen.»

Leise traten wir ins Haus und stiegen die Treppe hinauf. Sie schloß die Wohnungstür auf, und ich machte sie hinter uns zu, bevor sie das Licht anknipste.

«Eine Sekunde», sagte sie und verschwand im Schlafzimmer.

Ich warf mein Jackett über das Sofa, löste die Krawatte und zog die Schuhe aus. Dann setzte ich mich hin, war aber hellwach und unruhig. Mein Blick fiel auf ein gerahmtes Foto auf dem Kaminsims. Ich stand auf und trat näher, um es anzusehen. Es war Alexandra neben einem Mann mittleren Alters, der unbehaglich in die Kamera lächelte. Sie standen auf einer Lichtung in den Bergen; eine Reihe von schneebedeckten Gipfeln war im Hintergrund zu erkennen. Ich fragte mich, wann das Bild aufgenommen worden war und ob ihr Vater gewußt hatte, daß er bald sterben würde.

«Na, was denken Sie?» fragte sie irgendwo hinter mir.

«Ich denke, daß Sie umwerfend aussehen», sagte ich und drehte mich um. «Und außerdem –» Ich brach ab. Sie stand direkt vor mir, völlig nackt.

«Nun», bohrte sie, «was denken Sie?»

Ich wußte genau, was ich dachte, und auch, was ich wollte. Ich nahm sie in die Arme und trug sie zu dem Bett, auf das sie so stolz war.

16

Wir schliefen ein, als die ersten rötlichen Lichtschimmer im grauen, wolkenbedeckten Osten erschienen, und wir standen erst wieder auf, als das letzte Licht am westlichen Horizont erstarb. Beim Essen sprachen wir über nichts Bestimmtes und entschieden trotzdem alles. Die Kerze in der wachsverkrusteten Chiantiflasche auf dem rot-weiß karierten Tischtuch flackerte. Träge wickelte ich die Spaghetti um meine Gabel und sah, wie sie lachte, als ich nicht alles auf einmal in den Mund bekam. Wir unterhielten uns in unzusammenhängenden Fragmenten und beendeten gegenseitig unsere Sätze. Der Unterschied zwischen einer Person und der anderen löste sich auf. Ich schaute sie an und sah mich selbst.

Händchenhaltend schlenderten wir dann von dem kleinen italienischen Restaurant durch die Straßen des Viertels mit den vergitterten Schaufenstern zurück zu ihrer Wohnung.

Am frühen Montagmorgen weckte ich sie und verabschiedete mich. Jetzt, da der Rothstein-Fall abgeschlossen war, würde sie wieder in die Zivilprozeßabteilung wechseln. Wir hatten abgemacht, daß wir es tagsüber nicht darauf anlegen würden, uns zu sehen, und an vier Abenden in der Woche hatte sie Vorlesungen. Also verabredeten wir uns für Freitag zum Abendessen.

Ich fuhr nach Hause, um mich umzuziehen, und war um sieben im Büro. Meine nächste Verhandlung sollte am Mittwoch beginnen, und ich war alles andere als gut vorbereitet. Die dicke Akte lag aufgeschlagen auf meinem Schreibtisch, genauso, wie ich sie am Samstagnachmittag verlassen hatte. Ich begann zu lesen, mußte aber gleich wieder von vorn anfangen. Ich starrte auf die Blätter und versuchte, einen Sinn darin zu entdecken. Hunderte von Seiten wollten studiert werden, und ich schaffte nicht einmal den ersten Absatz. Trotzdem blieb ich dran. Mir kam es vor, als seien Stunden vergangen, als ich das nächste Mal auf die Uhr sah, aber es war erst halb acht. Ich schob die Akte zur Seite und trommelte mit den Fingern auf den Schreibtisch. Dann griff ich nach dem Telefon und wartete ungeduldig, während es klingelte. Endlich nahm sie ab.

«Lunch?» fragte ich.

Sie lachte leise. «Ja.»

Lunch war eine erlaubte Ausnahme, aber Dinner war unmöglich. Sie hatte ihre Vorlesungen, und ich mußte mich auf den Prozeß vorbereiten. Der Tag schleppte sich dahin wie der Hundertjährige Krieg. Um halb fünf rief ich in ihrem Büro an.

«Wir gehen schnell irgendwas essen, und dann bringe ich dich zur Uni.»

«Du mußt arbeiten», erinnerte sie mich.

Ich lächelte in mich hinein. «Das kann ich auch im Lesesaal.»

In dieser Woche gingen wir jeden Tag zusammen zum Lunch, sogar während der Verhandlung, und jeden Abend arbeitete ich in der Bibliothek, während sie unten im Hörsaal tat, was ich vor zwanzig Jahren getan hatte. Wenn die Vorlesung vorbei war, kam sie in die Bibliothek, zog sich einen Stuhl heran und arbeitete noch anderthalb Stunden. Vor Mitternacht gingen wir nicht ins Bett, aber zum Schlafen kamen wir immer erst kurz vor Morgengrauen.

«Du hast mich nie gefragt», sagte sie eines Nachts, als wir zusammen im Dunkeln lagen. Die Leidenschaft war besänftigt, jetzt senkte sich süßer warmer Schlaf über mich.

«Wonach gefragt?»

Sie stützte sich auf den Ellbogen. Ich konnte gerade noch die Umrisse ihres Gesichts erkennen. «Nach anderen Männern. Bist du nicht neugierig?»

«Nein», sagte ich und schloß die Augen. «Überhaupt nicht.»

Sie schmiegte sich an mich und brachte ihren Mund ganz nah an mein Ohr. Ihre langen, weichen Beine wanden sich um mich wie die Ranken einer tropischen Pflanze in der feuchten Hitze des Dschungels. «Bist du sicher, daß du nichts wissen willst?» flüsterte sie. «Ich erzähle dir alles, was ich je gemacht habe, alles, was du wissen willst. Ich erzähl dir ...»

«Nein», sagte ich, streckte den Arm aus und knipste die Lampe an. «Ich will es nicht wissen.»

Sie setzte sich auf und zog die Beine unter sich. Das Laken, das sie bedeckt hatte, rutschte bis auf die Schenkel herab. «Na schön, dann erzähle ich dir nur vom ersten Mal.»

Sie strich über meine Brust. Dann ließ sie die Fingerspitzen wie eine Spinne über meinen Hals, das Kinn und das Gesicht wandern. Sie legte den Kopf auf die Seite und studierte meine Stirn, während ihre Hand direkt über meinen Augen liegen-blieb. In ihrer Stimme schwang Übermut. «Den ersten Sex hatte ich mit Bobby Joe McDaniels, im zweiten Jahr auf der High-School. Eines Freitagabends fuhr er mit mir in die Berge, hinter die Flatirons.»

«Die Flatirons?»

«Die großen Felsen am Rand der Rockies gleich hinter Boul-der, die so aussehen, als wollten sie die Berge vorm Einstürzen bewahren. Wie auch immer, wir tranken ein paar Bier in seinem Wagen, und dann schob er seine Hand unter meinen Rock.»

Sie hielt inne und sah mich an. «Und dann?» fragte ich.

«Dann habe ich ihn von oben bis unten vollgekotzt. Ich hatte nämlich auch noch nie Alkohol getrunken.»

Als ich das Licht ausmachte, fragte sie, wie das erste Mal bei mir gewesen war.

Mit einem Arm zog ich sie zu mir herunter, und mit dem anderen deckte ich das Laken über sie. «Das erste Mal war vor vier Tagen, am frühen Sonntagmorgen.»

«Hab ich mir schon gedacht», flüsterte sie. Einen Augenblick später war sie fest eingeschlafen.

Nach einer Vorbereitung, die an Fahrlässigkeit grenzte, tagträumte ich mich durch zweieinhalb Tage Verhandlung, in denen ich nur Fragen stellte, um zu beweisen, daß ich tatsächlich wach war. Ich war überzeugt davon, daß der Angeklagte unschuldig war, und alles sprach dafür, ihn selbst als Zeugen aussagen zu lassen. Doch als der Staatsanwalt am Freitagmorgen sein Plädoyer beendete und ich als Verteidiger dran war, vergaß ich, ihn aufzurufen. Ich vergaß, überhaupt jemanden aufzurufen. Der Richter erkundigte sich, ob die Verteidigung bereit sei fortzufahren, und ich antwortete: «Ja, Euer Ehren. Die Verteidigung hat ihre Beweisaufnahme abgeschlossen.»

Die Anwesenden wunderten sich. Nachdem die Geschworenen den Angeklagten für nicht schuldig erklärt hatten, nahm mich der Richter beiseite und erklärte, das sei der brillanteste Schachzug gewesen, den er je gesehen habe. Ich dankte ihm so bescheiden, daß es aussah, als sei dies von Anfang an meine Strategie gewesen, und stürzte davon, um Alexandra zu treffen.

Sie wartete im Flur vor dem Gerichtssaal auf mich. «Du warst großartig», sagte sie, stellte sich auf Zehenspitzen und küßte mich auf die Wange.

«Du warst da?» fragte ich, als wir zum Treppenhaus gingen, das ins Foyer des Gerichtsgebäudes führte.

«Ich hab mir den Nachmittag freigenommen», erwiderte sie. Ihre wißbegierigen Augen, der saubere Duft des weichen braunen Haars, der Seidenschal, der um den Kragen des hellen Kamelhaarmantels flatterte, als sie neben mir herging – alles erinnerte mich an ein Schulmädchen. «Ich wollte unbedingt zusehen. Ich wollte dein Schlußplädoyer hören.» Sie blieb stehen und legte die Hand auf meinen Arm. «Alle Geschworenen haben dich angesehen. Du hast siebzig Minuten gesprochen, ich hab auf die Uhr gesehen. Und keiner hat dich auch nur eine Sekunde aus den Augen gelassen!»

«Siebzig Minuten?» fragte ich ungläubig. «Mir kam es eher vor wie fünfzehn, allerhöchstens zwanzig.»

«Kannst du dich wirklich so verlieren?»

«Mich verlieren?» lachte ich grimmig, als mir aufging, wie sorglos ich mit dem Vertrauen meines Mandanten umgegangen war. «Mich verlieren! Ich kann von Glück reden, daß ich den verdammten Prozeß nicht verloren habe.»

An diesem Abend, dem nächsten und auch dem übernächsten, bis sie am Montagmorgen wieder nach Hause fuhr, blieben wir bei mir zu Hause und bastelten uns etwas zurecht, das wir für ein annehmbares Arrangement hielten. Alexandra würde ihre Wohnung behalten und dort jeden Abend, an dem Vorlesungen waren, allein verbringen, bis auf den letzten. Donnerstags kam sie zu mir, und wir blieben bis Montag morgen zusammen. Das war in ihren Augen das einzig Vernünftige, was wir machen konnten.

«Auf diese Art kann ich mich auf mein Jurastudium konzentrieren, du kannst ungestört arbeiten, und wir haben trotzdem jede Woche vier Nächte und drei Tage zusammen», erklärte sie. Sie saß, nur mit dem Oberteil des Pyjamas bekleidet, in einer Ecke des Betts und hatte die Arme um die Knie geschlungen.

«Klingt wie ein Sorgerechtsvertrag», erwiderte ich und bohrte ihr meinen großen Zeh zwischen die Rippen.

«Das ist es auch», sagte sie mit einem herausfordernden Grinsen. «Vier Nächte pro Woche sorgst du für meinen Körper und ich für deinen.»

«Das reicht nicht. Ich will fünf. Dienstags abends bei dir.»

«Ich habe mich sowieso schon gefragt, ob du mein Bett denn gar nicht vermißt», sagte sie und öffnete den einzigen Knopf des langen, goldgestreiften Pyjamaoberteils.

Von nun an verlief mein Leben in selig geregelten Bahnen. Ich tat meine Arbeit, und Alexandra studierte. Jeden Dienstag trafen wir uns spätabends zum Essen und liebten uns in den dunklen Schatten ihres überdachten Bettes. Jeden Donnerstag abend streiften die Scheinwerfer ihres Wagens mein Haus, wenn sie in die Einfahrt einbog, und wir waren keine Minute getrennt, bis sie am Montag morgen wieder fuhr. So verbrachten wir den März und mehr als den halben April. Und dann klingelte eines Donnerstagnachts das Telefon.

«Leopold hat möglicherweise Ärger», sagte eine Stimme. Zuerst hatte ich keine Ahnung, was das bedeutete.

«Was?» fragte ich und hätte fast das Telefon runtergeworfen, als ich nach der Uhr auf dem Nachttisch tastete. Es war Viertel nach eins. «Was haben Sie gesagt?»

«Kann sein, daß er Hilfe braucht.» Die Stimme klang irgendwie vertraut.

«Horace? Sind Sie das?»

«Ja, ich bin's. Tut mir leid, daß ich so spät störe, aber es geht nicht anders.» Seine Stimme klang ernst und feierlich.

«Das macht nichts. Was kann ich für Sie tun?» sagte ich mechanisch und rieb mir die Augen, um wach zu werden. Seine Worte waren irgendwelche Geräusche, die in der Nacht an mir vorbeigerauscht waren. «Wer hat Ärger?» fragte ich plötzlich hellwach. Alles stellte sich wieder scharf. «Leopold? Wieso? Was zum Teufel ist passiert?»

Ich setzte mich auf und lauschte, während Horace erzählte, was er wußte.

«Jemand ist ermordet worden, eine Frau. Bei Leopold. Ein Polizist, den ich kenne, fuhr heute nacht in Downtown Streife. Er hat mich angerufen, als er hörte, was passiert war.»

«Ist er sich sicher, daß es bei Leopold war?» Das ergab keinen Sinn. Rifkin lebte seit Jahren allein.

Horace wurde allmählich ungeduldig. «Ja. Ja, er ist sich sicher. Die Frau wurde erschossen. Aus nächster Entfernung offenbar. Alles ist voller Blut.»

«Die glauben doch wohl nicht ...?!»

«Ich weiß nicht, was die glauben. Ich weiß nur, daß sofort jemand hin muß. Ich kann nicht. Ich bin ein gottverdammter Richter, Herrgott. Ich kann mich unmöglich während der Ermittlungen am Tatort sehen lassen.»

«Bin schon unterwegs», sagte ich und sprang aus dem Bett.

«Bevor Sie auflegen, noch etwas. Tun Sie mir einen Gefallen und rufen Sie mich an, wenn Sie dort waren. Ich muß wissen, was da los ist.»

«Das wird aber spät», sagte ich, ohne nachzudenken.

«Spielt keine Rolle. Glauben Sie, ich könnte schlafen?»

«Was ist los?» fragte Alexandra mit geschlossenen Augen. «Wo gehst du hin?»

«Zu Leopold Rifkin. Ich erzähl's dir später.»

Ich verließ die West Hills und fuhr quer durch die Stadt zu der von Bäumen gesäumten Landstraße am Fluß, die nach Lake Oswego führte. Ein junger Polizeibeamter in Uniform stand allein am offenen Tor neben einem Polizeiauto mit blinkendem Blaulicht.

Ich ließ das Fenster herunter. Er warf einen Blick auf meinen Führerschein und dann auf mich.

«Sie werden erwartet», sagte er, ohne seine Langeweile zu verbergen. Dann winkte er mich durch.

Das Haus war hell erleuchtet, genauso wie das letzte Mal, als wir hiergewesen waren. Halb erwartete ich Musik und sorgloses

Lachen, wie immer, wenn eine von Rifkins Parties ihren Höhepunkt erreichte. Doch das einsame Rauschen des Windes in den Bäumen war alles, was die Stille unterbrach.

Die Vordertür stand weit offen. Einen Augenblick lang zögerte ich, weil ich mir nicht sicher war, was ich tun sollte. Irgendwie schien es mir nicht angemessen, unangemeldet einzutreten. Ich klopfte an die offene Tür. Keine Reaktion. Ich klopfte erneut. Nichts.

«Ist jemand hier?» flüsterte ich in die Stille.

In der Tür am Ende des Flurs, der vom Vordereingang abging und an der Treppe vorbei zur Küche führte, erschien ein Gesicht. Milo Todorovich, ein Mitarbeiter der Mordkommission, kam mir entgegen.

«Wieso kommen Sie nicht einfach rein?» Ich zuckte die Achseln. Ich wußte es selbst nicht. Nicht einmal wenn Rifkin selbst in dieser Nacht umgebracht worden wäre, hätte ich sein Haus unangemeldet betreten können.

«Der Richter ist in der Küche. Woolner hat angerufen und gesagt, daß Sie unterwegs sind. Sie kommen als Freund, nicht wahr?»

Komische Frage. «Wieso? Glauben Sie, er braucht einen Anwalt?»

Todorovich war Mitte Dreißig, ehrgeizig, unermüdlich und bereit, die Regeln notfalls bis zum Äußersten zu strapazieren, würde sie aber, soweit ich beurteilen konnte, nicht brechen. Ich hatte ihn noch nie ausstehen können. Ich hielt ihn für einen von denen, die genauso scharf darauf sind, ihren Feinden zu gefallen, wie ihre Freunde zu betrügen.

«Wer weiß, Counselor? Wer weiß?» erwiderte er in einem Versuch, den zynischen Bullen zu mimen. «Eine Frau wird im Arbeitszimmer eines Richters erschossen, als niemand im Haus ist, und die Waffe, mit der sie höchstwahrscheinlich erschossen wurde, liegt auf dem Fußboden neben der Leiche. Manche

Leute würden denken, der Mann braucht einen Anwalt. Aber wer weiß, Counselor? Wer weiß?»

Ich war nicht in der Stimmung für solche Scherze, nicht heute nacht und erst recht nicht in diesem Haus. «Hören Sie mal, Sie Wichser», sagte ich und funkelte ihn an. «Sie könnten Leopold Rifkin anhängen, was Sie wollen, und ich garantiere Ihnen, daß keine Jury in ganz Amerika ihn verurteilen würde – nicht mal, wenn Sie sich die Geschworenen einzeln aus dem Irrenhaus zusammensuchen!»

Ich drängte mich an ihm vorbei und ging in die Küche. Leopold saß auf einem Stuhl mit geflochtener Rücklehne am Ende des Kirschholztisches, an dem er seit zwanzig Jahren seine Mahlzeiten einnahm.

Er saß ruhig da, die zerbrechlichen Hände im Schoß gefaltet. Er trug einen hellgrauen Cardigan-Pullover und ein weißes Hemd mit offenem Kragen. Eine Tasse Tee stand vor ihm auf dem Tisch.

Ich stand schon neben ihm, bevor er begriff, daß ich da war, und sich erheben wollte. Ich legte ihm eine Hand auf die Schulter. «Nein, bleiben Sie sitzen», sagte ich und zog mir einen Stuhl heran. Dann beugte ich mich zu ihm, die Hand immer noch auf seiner Schulter, und fragte: «Was ist passiert? Alles in Ordnung mit Ihnen?»

Leopold nickte nachdenklich. «Ja, mir geht's ganz gut.» Er legte eine Hand auf mein Knie und sah mich mit einem schwachen Lächeln an.

Ich lächelte zurück. «Bleiben Sie hier sitzen. Ich bin gleich zurück.»

Ich wollte sehen, was passiert war. Todorovich war in Rifkins Arbeitszimmer am Ende des Flurs. Der Leichensack auf dem Boden war bereits geschlossen. Ein Beamter der Spurensicherung mit weißen Latexhandschuhen, die so dünn sind, daß sie sich wie eine zweite Haut um die Hand spannen, bestäubte

233

sorgfältig die Fingerabdrücke auf der Glastür. Sie führte von dem großen, mit Büchern vollgestopften Arbeitszimmer auf eine gepflasterte Veranda.

Ich streckte ihm die Hand entgegen. «Tut mir leid.»

Todorovich zuckte die Achseln. «Schon gut. Ich hätte das nicht sagen sollen. Er ist ein netter Kerl, unser Richter.»

Er deutete auf den Leichensack. «Wollen Sie sie sehen? Wir sind hier so gut wie fertig. Haben alles fotografiert, was wir brauchen.»

«Was ist passiert? Ich weiß nur, daß hier heute abend jemand erschossen wurde. Eine Frau, richtig?»

«Ja. Weiß, Alter …» Er zögerte. Dann sah er auf den geschlossenen Leichensack und schürzte die Lippen. «Schwer zu sagen. Ich würde schätzen, Ende Dreißig, Anfang Vierzig. Um den Dreh. Wir werden es erst sicher wissen, wenn wir erfahren, wer sie ist.»

Er zog einen eselsohrigen Spiralblock aus der Jackentasche und fing an zu blättern. «Okay. Der Anruf kam um 22.23 Uhr von Rifkin. Er meldete eine Schießerei. Sagte, das Opfer sei tot. Die Streife war um 22.38 Uhr da. Ich kam um 23.19 Uhr.»

Er hielt inne, vergewisserte sich, daß er nichts vergessen hatte, was er auf diese Seite gekritzelt hatte, und blätterte weiter. Er sprach langsam und bedächtig. Bei ihm klang der Tod so langweilig wie die Nachrichten von gestern.

«Rifkin, Leopold. Richter.» Sein Kopf war über den Block gebeugt, und bei jedem Wort nickte er wie ein Musiker, der den Takt mitzählt. «Die Frau hatte gegen zehn vor seiner Tür gestanden. Er hatte den Eindruck, sie schon mal gesehen zu haben, und sie schien unbedingt mit ihm reden zu wollen. Er bat sie herein. Führte sie ins Arbeitszimmer. Ging in die Küche, um Tee zu machen. Hörte den Schuß und glaubte dann Schritte zu hören. Er fand die Leiche auf dem Boden. Er war sich sicher, daß sie tot war, rief aber zuerst den Notruf an wegen eines

234

Krankenwagens, dann die Polizei. Die Glastür stand weit offen. Er ging raus auf die Veranda. Sah nichts. Schloß die Tür wieder. Dann bemerkte er die Waffe, unweit der Leiche auf dem Boden.»

«Und hob sie auf», sagte ich kopfschüttelnd.

Todorovich steckte den Notizblock wieder in die Tasche. «Nein, er hat sie nicht angerührt. Er ließ sie liegen, wo sie war.»

Eine Welle der Erleichterung übermannte mich. «Vielleicht ist sie auf der Flucht vor jemandem gewesen. Sie wurde verfolgt und ...»

Todorovich blieb unverbindlich. «Möglich. Wollen Sie die Leiche sehen, bevor wir sie abtransportieren lassen?»

«Ich glaube ja.»

«Ich muß Sie warnen. Es ist kein schöner Anblick.»

Er nickte einem Sanitäter zu, der Anstalten machte, die Leiche wegzuschaffen. Ich stand über sie gebeugt da, als er sich neben sie hockte und den Reißverschluß öffnete. Dann lehnte er sich etwas zurück, damit ich sie besser sehen konnte. Ich wandte mich ab, so schnell ich konnte. Die tote Frau war Denise Morel.

«Alles in Ordnung?» fragte Todorovich. «Sie sind etwas blaß um die Nase. Ich habe Ihnen gesagt, daß es kein schöner Anblick ist. Fehlt Ihnen was?»

«Nein», antwortete ich und versuchte nach Luft zu schnappen. «Alles okay.» Ich zwang mich zu einem matten Lächeln. «Ich kann mich einfach nicht daran gewöhnen.»

Ich ging zurück in die Küche und saß bei Leopold, bis alle gegangen waren.

«Kannten Sie sie?»

Sein Blick war unverstellt. «Ja, ich kannte sie.»

«Aber Sie haben der Polizei gesagt ...»

«Daß ich den Eindruck hatte, sie schon mal gesehen zu haben. Ja. Ich weiß, was ich der Polizei gesagt habe. Es gab einen

Grund dafür. Ich werde ihn Ihnen erzählen. Ich werde Ihnen alles erzählen, was ich weiß.» Er stand langsam auf. «Aber ich bin plötzlich sehr müde. Wir können morgen darüber reden.»

Er stützte sich mit einer Hand auf den Tisch. «Sie haben mir einen großen Gefallen getan, indem Sie gekommen sind. Darf ich Sie um einen noch größeren bitten? Wäre es Ihnen möglich, heute nacht hierzubleiben? Das Haus verfügt über ein hübsches Gästezimmer. Sie werden es sehr gemütlich haben. Wenn Sie also Nachsicht mit einem alten Mann hätten, der sich, um die Wahrheit zu sagen, in seinem eigenen Haus nicht mehr ganz sicher fühlt, wäre ich Ihnen sehr verbunden.»

Ich war bereits im Bett, als es mir wieder einfiel. Unten im Flur gab es ein Telefon. Horace nahm beim ersten Klingeln ab und wartete nicht, bis ich mich meldete.

«Alles in Ordnung mit Leopold?»

«Ja, es geht ihm gut. Ich bleibe heute nacht hier.»

«Gut. Was haben Sie rausgekriegt?»

«Nicht viel. Er hat der Polizei gesagt, eine Frau habe an seine Tür geklopft. Er habe sie reingebeten, und während er in der Küche Tee machte, sei jemand durch die Glastür in sein Arbeitszimmer gekommen und habe sie erschossen.»

«Und was hat er Ihnen erzählt?»

«Wir haben nicht richtig geredet. Er hat sich hingelegt, gleich nachdem die Polizei weg war. Es war eine anstrengende Nacht.»

«Ja, kann ich mir vorstellen. Sonst nichts?»

«Doch, eine Kleinigkeit. Aber hören Sie, Horace, fangen Sie bloß nicht an, sich deswegen Sorgen zu machen. Ich weiß nicht, ob es was zu bedeuten hat.»

Ich hörte die Nervosität in seiner Stimme. «Was ist es?»

«Die Frau, die erschossen wurde. Es war Denise Morel, die Sie wegen Mordes an ihrem Mann verurteilt haben.»

In der Leitung war es totenstill. «Sind Sie sich sicher? Das war … wann? Vor vier Jahren? Fünf? Hat die Polizei sie identifiziert? Hat Leopold sie erkannt?»

«Nein, jedenfalls, was die erste Frage angeht. Die Polizei hat keine Ahnung, wer sie ist. Noch nicht. Aber spätestens morgen abend wird sie es wissen, wenn man ihre Fingerabdrücke überprüft hat. Nein, ich habe sie erkannt. Es gibt nicht den geringsten Zweifel. Sie war es. Und ich weiß nicht, was Leopold weiß. Er war Richter in Morels Prozeß, wissen Sie noch? Ich meine Johnny Morel, ihren Mann. Sie hat als Zeugin ausgesagt. Aber Herrgott, Horace, der Fall ist lange her. Seitdem muß er Hunderte von anderen Verhandlungen geführt haben. Nein, von daher wird er sich nicht an sie erinnern.»

«Dann was?»

«Keine Ahnung. Aber ich werde es bald erfahren. Er wollte erst mal schlafen, bevor er mit mir redet.»

«Noch eins, Joe, ehe Sie auflegen. Rufen Sie mich morgen im Gericht an, sobald Sie können. Ich werde mich auch selbst ein bißchen umhören. Mal sehen, was ich über Denise Morel rauskriegen kann. Zwanzig Jahre scheinen heutzutage nicht viel zu bedeuten, was?»

Am Morgen tappte Leopold Rifkin in ausgelatschten Lederslippern und einem schwarz-roten Flanellhemd, das bis obenhin zugeknöpft war, in der Küche herum und machte Frühstück.

«Wissen Sie, wie lange es her ist, daß ich das letzte Mal Frühstück für jemanden gemacht habe?» Er schob mir einen Teller mit Eiern und Speck hin und schüttelte dann zweifelnd den Kopf. «Ich fürchte, Sie werden es gleich merken.»

«Besser, als ich es selbst hätte machen können», sagte ich nach dem ersten Bissen.

Er sah mich boshaft lächelnd an. «Sind Sie sich sicher, daß das ein Kompliment ist?»

«Eins zu null für Sie.»

Er setzte sich nur mit einer Tasse mir gegenüber.

«Essen Sie nichts?»

«Das schaffe ich nicht. Ich frühstücke nur selten. Das ist eine alte Angewohnheit, eine schlechte, zugegeben. Vor Jahren, als ich noch studierte, begann ich jeden Tag mit Kaffee und einer Zigarette. Dann lernte ich, trank Kaffee und rauchte. Tja, das Rauchen habe ich aufgegeben, aber auf den Kaffee will ich nicht verzichten. Mehr nehme ich nicht zu mir, bis zum späten Vormittag oder frühen Nachmittag.»

Er nahm einen Schluck und stellte die Tasse auf die Untertasse. «Aber so ganz stimmt das auch nicht», räumte er sarkastisch ein. «Eine Zigarette pro Tag gönne ich mir immer noch. Es ist wie ein Vitamin, wissen Sie. Was kann es in meinem Alter schon schaden?»

Er trank seinen Kaffee und schwieg eine Weile. Doch als er soweit war, fing er an zu erzählen.

«Estelle, meine Frau, ist vor vielen Jahren gestorben. In den ersten Monaten nach ihrem Tod dachte ich häufig daran, mir das Leben zu nehmen. Wir hatten einander sehr geliebt, als wir heirateten. Dann verloren wir unseren einzigen Sohn im Alter von vier Jahren. Er ist ertrunken. Das hätte keiner von uns beiden allein überlebt. Ich war auf eine Weise von ihr abhängig, die mir in ihrer vollen Tragweite erst bewußt wurde, als sie nicht mehr da war.

Sie war unfähig, jemandem ein Leid zuzufügen, und doch mußte sie selbst so viel ertragen. Ihre Krankheit war lang und schmerzhaft, aber sie beschwerte sich nie. Sie hatte ein Kind verloren und starb einen qualvollen Tod. Trotzdem hielt Estelle sich für ganz besonders glücklich. Wir hatten ein Kind, tröstete sie mich immer, ein Kind, das wir liebten und das uns liebte. Wir beide haben uns geliebt, immer und ausschließlich. Wir haben keinen Grund zur Bitterkeit. Das sagte sie mir kurz vor ihrem Tod. Sie war ein wunderbarer Mensch, Joseph, der wunderbarste, den ich je gekannt habe.

Mit der Zeit gewöhnte ich mich daran, allein zu sein. Die Gefühle und alles, was mit meinem Verlust zusammenhing, wurden beiseite geschoben und an einem Ort aufbewahrt, den ich zwar nie vergaß, aber nur selten aufsuchte. Mit der Zeit war ich sogar einigermaßen zufrieden. Meine Arbeit beschäftigte mich tagsüber, und in der Einsamkeit der Nacht fand ich zu den Gewohnheiten eines Akademikers zurück. Ich fing an, mich wieder für die Klassiker zu interessieren, und merkte, daß noch genügend Grundkenntnisse da waren, um den Lernprozeß fortzusetzen, was häufig schwierig, aber immer interessant war. So verbrachte ich Jahre, bis etwas passierte, das diese Eintönigkeit unterbrach.

Eine junge Frau, die des Besitzes von Rauschgift angeklagt war, erschien bei Gericht. Ich wollte schon jemanden zu ihrem Verteidiger ernennen, als sie anfing zu weinen. Es war der letzte Punkt auf der Tagesordnung. Die meisten Leute hatten das Gebäude bereits verlassen. Sie schien so verletzlich, so verloren, so entsetzlich allein. Ich tat etwas, was ich noch nie getan hatte. Ich bat den Gerichtsdiener, sie in mein Büro zu bringen, wo ich dann eine Stunde mit ihr zusammensaß und mir ihre Geschichte anhörte.

Es war eine typische Geschichte, eine von denen, wie wir beide sie häufiger gehört haben, als wir uns erinnern können. Ihre Eltern waren geschieden. Als sie klein war, lebte ihre Mutter mit verschiedenen Männern zusammen. Sie war noch keine zwölf, als sie von einem Freund ihrer Mutter sexuell mißbraucht wurde, und noch keine dreizehn, als sie durchbrannte und nie wieder nach Hause zurückkehrte. Sie trieb sich auf der Straße herum und überlebte, indem sie sich und alles verkaufte, was sich zu Geld machen ließ. Es dauerte nicht lange, bis sie mit Drogen in Berührung kam und sozusagen vom ersten Tag an süchtig war. Niemand kümmerte sich darum, was sie tat oder was aus ihr wurde. Sie war einfach eines von unzähligen Kindern, die die Gesellschaft aus Nachlässigkeit oder Gleichgültigkeit verliert.

Kein Mensch hatte je etwas unternommen, um ihr zu helfen. Ich beschloß, es zu versuchen. Ich holte sie zu mir. Sie lebte bei mir, oder besser gesagt, sie zog zu mir, um für mich zu arbeiten. Das war die Vereinbarung, die wir trafen. Als Gegenleistung für ein Dach über dem Kopf und etwas Taschengeld willigte sie ein, meine Haushälterin zu werden. Sie sollte putzen, kochen und einkaufen. Aber es gab noch eine Reihe von weiteren Bedingungen. Sie versprach, den High-School-Abschluß nachzuholen. Außerdem würde sie weder Drogen nehmen noch sich mit Leuten einlassen, die damit zu tun hatten. Obwohl wir nichts unternahmen, um es formell festzuhalten, kamen wir im wesentlichen überein, daß sie mein Mündel wurde. Sie sollte bei mir wohnen, und ich würde ihr helfen, so gut ich konnte.

Sie tat alles, was von ihr erwartet wurde. Sie hielt das Haus in Ordnung und entwickelte ein bewundernswertes Talent fürs Kochen. Man merkte, daß sie stolz auf sich war. Die Schule bewältigte sie spielend. Wenn ich ihr von Büchern erzählte, die sie meiner Meinung nach lesen sollte, hörte sie aufmerksam zu. Sie wurde wieder gesund und verwandelte sich allmählich in eine hübsche junge Frau.

Ich hatte sie sehr gern und fing sogar an, sie als die Tochter anzusehen, die ich nie gehabt hatte. Beim Essen erzählte ich ihr von den Ereignissen des Tages, und wenn sie fertig mit Abwaschen war, setzte sie sich manchmal zu mir ins Arbeitszimmer und las etwas oder hörte sich klassische Musik an, während ich arbeitete. Sie langweilte sich nie, jedenfalls beschwerte sie sich nicht. Ich hatte seit fast sieben Jahren allein gelebt und mich an meine Einsamkeit gewöhnt. Doch als sie in mein Leben trat, Joseph, war ich plötzlich wieder wichtig, wichtig für einen wirklichen Menschen, eine lebendige Person.

Sonntags hatte sie frei. Dann war sie meistens den ganzen

Tag unterwegs und kam abends gegen sechs oder sieben nach Hause. Eines Sonntags verspätete sie sich. Schließlich ging ich zu Bett, und das nächste, was ich wußte, war, daß sie mitten in der Nacht in Tränen aufgelöst vor meinem Bett stand. Ich streckte die Hand aus und zog sie zu mir. Ich hielt sie in den Armen und versuchte sie zu trösten, so gut ich konnte. In kurzen atemlosen Ausbrüchen erzählte sie mir gerade soviel, daß ich verstand.

Sie hatte ein Kind, das fünf Jahre alt war. Sie und der Vater des Kindes hatten nie geheiratet. Die Kleine lebte bei ihm, weil sie selbst keine Möglichkeit hatte, für sie zu sorgen. Jeden Sonntag nachmittag hatte sie ihre Tochter besucht. An diesem Tag aber war der Vater böse geworden, weil sie sich beim Zurückbringen der Kleinen ein wenig verspätet hatte. Er hatte sie auf übelste Art beschimpft und angefangen, sie vor dem Kind zu schlagen. Sie schaffte es, sich loszureißen und wegzulaufen. Dann war sie stundenlang durch die Straßen geirrt und hatte nicht gewußt, was sie tun sollte.

Ich sagte ihr, daß sie das Kind zu uns holen sollte und wir alle zusammen in meinem Haus leben könnten. Sie bedankte sich. Und dann küßte sie mich.

Am nächsten Morgen beim Frühstück wollte ich ihr erklären, daß wir das Sorgerecht für das Kind beantragen müßten. Über ihre Tochter könnten wir uns später den Kopf zerbrechen, erwiderte sie, wir sollten lieber zuerst rausfinden, wir wir beide miteinander zurechtkämen. Bevor ich an diesem Morgen das Haus verließ, bat sie mich um ein wenig Geld. Sie brauchte ein paar neue Kleider.

Ihr Hunger nach Geld war unersättlich. Sie brauchte immer irgendwas, und es war immer etwas, das ich unmöglich ablehnen konnte, denn ich hatte so viel, verstehen Sie, und sie so wenig. Egal, wieviel ich ihr gab, es reichte nie.

Alles veränderte sich. Jetzt war sie nicht mehr meine Mitbewohnerin, sondern meine Geliebte, und stellte Forderungen. Manchmal verschwand sie und kam tagelang nicht nach Hause. Dann weigerte sie sich, mir zu sagen, wo sie gewesen war oder was sie gemacht hatte. Sie war ständig gereizt, konnte nicht mehr stillsitzen, war den ganzen Tag ruhelos und geriet schnell in Wut. Anschließend entschuldigte sie sich und versprach reumütig, daß es nie wieder vorkommen sollte.

Schließlich verschwanden Dinge aus dem Haus, die ich jahrelang besessen hatte. Zuerst war ich mir nicht sicher. Ich konnte meine goldenen Manschettenknöpfe nicht finden, aber vielleicht hatte ich sie nur verlegt. Dann verschwand immer mehr, zuviel, um es mit meiner Gedankenlosigkeit zu erklären. Schließlich war es die Uhr, die meine Frau mir zu unserer silbernen Hochzeit geschenkt hatte. Die junge Frau, die ich von der Straße geholt und ins Herz geschlossen hatte, war eine Diebin.

Als ich sie zur Rede stellte, lachte sie mich aus. Sie machte sich nicht einmal die Mühe, es abzustreiten. Sie lachte nur und forderte mich heraus. Was konnte ich schon machen? Die Polizei holen? Sie wußte genau, daß ich niemals etwas Derartiges tun würde. Noch am gleichen Tag verließ sie mein Haus, und ich sah sie lange Zeit nicht wieder.»

Während er sprach, mußte ich an Johnny Morel und die Verhandlung denken, am deutlichsten aber erinnerte ich mich an sie, die Mutter, die sich für Drogen und alles andere, was sie brauchte, verkauft hatte. Sie hatte Leopold einen Bären aufgebunden und mir einen anderen. Sie hatte sich selbst so oft erfunden, daß sie immer, wenn sie eine Version ihrer Biographie abgeschlossen hatte, schon darüber nachgedacht haben muß, wie sie die nächste anfangen sollte. Die Einzelheiten veränderten sich, doch das Muster blieb immer gleich. Bei mir hatte sie die liebende Mutter gespielt, die ihrer Tochter die Lüge über ihren Mann verzieh. Bei Leopold Rifkin war sie das hilflose junge Opfer einer unverzeihlich rücksichtslosen Gesellschaft. Bei ihrer eigenen Tochter … ach, es war zu entsetzlich, um auch nur darüber nachzudenken. Bei uns allen und wer weiß wie vielen anderen noch hatte sie Vertrauen und sogar Liebe enttäuscht, und das mit einer so erlesenen Grausamkeit, daß der Marquis de Sade von ihr hätte lernen können.

Den Rest konnte ich mir denken. «Sie tauchte wieder bei Ihnen auf, als ihr Mann beschuldigt wurde, ihre Tochter vergewaltigt zu haben.»

Er sah mich an und nickte traurig. «Ich hoffe, Sie können mir verzeihen. Sie haben natürlich ganz recht. Sie kam zu mir, hier ins Haus, genauso wie gestern abend. Sie klopfte einfach an die Tür. Am Anfang habe ich sie gar nicht erkannt. Das Ganze war mehr als sieben Jahre her. Als erstes entschuldigte sie sich, daß sie nicht früher gekommen sei. Sie habe mir sagen wollen, wie leid es ihr tat, was passiert war. Sie erklärte, daß sie wieder Drogen nahm und sich schämte, weil sie so von ihnen abhängig sei.»

Rifkin hielt inne. Vielleicht dachte er an Denise und die Zeit vor Jahren, als sie mit ihm zusammenlebte und ein großes, unerwartetes Glück in seinem Leben gewesen war.

«Es war nur eine Frage der Zeit», sagte ich. «Sie hätte auf jeden Fall wieder mit dem Zeug angefangen. Möglich, daß sie sogar nie richtig damit Schluß gemacht hat.»

«Ja, ich weiß. Sie haben ganz recht», seufzte er. «Aber jetzt ist es jedenfalls zu spät. Es war schon damals zu spät, als sie in jener Nacht kam. Sie erzählte mir, daß sie ihre Tochter zu sich geholt habe und jetzt verheiratet sei. Und dann erzählte sie, was ihrem Mann passiert war.»

Leopold schüttelte den Kopf. «Sie war am gleichen Nachmittag im Gericht gewesen, in meinem Gerichtssaal, wo ihr Mann zu der Anzeige gehört worden war. Sie hatte in meinem Gerichtssaal gesessen, und ich hatte sie nicht einmal bemerkt.»

Es schien ihn zu verwundern, daß sie dort gewesen war, im gleichen Raum, in dem er den größten Teil seiner Arbeitszeit verbrachte, und daß er es nie erfahren hätte, wenn sie es ihm nicht erzählt hätte.

«Sie beteuerte mir seine Unschuld. Sie sagte, ihre Tochter sei ein paar Jahre zuvor mißbraucht worden und hasse ihren Stiefvater.»

Die Worte kamen zurück wie der Text eines Songs, den man nicht mag und der einem trotzdem nicht aus dem Kopf geht. «Sie haßte ihn, weil er sie bestrafte und sie zwang, zur Schule zu gehen», sagte ich und schob den Teller zurück. Ich war so gebannt von Leopolds Erzählung, daß ich ans Essen nicht einmal denken konnte.

«Ja, genau», sagte er und nickte nachdenklich mit seinem kleinen Kopf. «Sie kannte ihre Tochter. Sie wußte, daß nichts passiert war. Aber ihr Mann war vorbestraft, und sie hatte Angst, daß er für etwas verurteilt würde, das er gar nicht getan hatte. Als sie an diesem Tag zum Gericht kam und feststellte, daß der Fall mir übertragen worden war, wußte sie, daß er gerettet war. Sie sagte, sie sei sich sicher, daß ich niemals zulassen würde, daß man einen Unschuldigen verurteilt. Sie wisse, daß sie mir trauen könne, denn sie wisse auch, daß ich ihr vertraute.»

«Sie wisse, daß Sie ihr vertrauten?»

«Ja», gab er zurück und kniff die Augen zusammen. «Sie wußte, daß ich ihr vertraute, weil sie nie jemandem von uns erzählt hatte. Das war ihre Erklärung. Es war alles ziemlich klar, wie Sie sehen. Die Drohung wurde nicht ausgesprochen, aber sie stand im Raum. Wenn ich ihrem Mann nicht half, dann …»

«Aber ihre Aussage hätte gegen die Ihre gestanden!» Ich bereute meine Worte, noch ehe sie ausgesprochen waren. «Nein, Unsinn! Sie hätten nicht gelogen, nicht wahr?»

«Das wollte ich lieber nicht herausfinden müssen. Ich sollte ihr versprechen, mich des Problems anzunehmen. Ich fragte sie, ob sie je von Joseph Antonelli gehört habe. Es war wirklich komisch. Sie war gekommen, um mich zu erpressen, damit ich den Fall ihres Mannes regelte. Aber wissen Sie was, Joseph, als ich ihr sagte, daß Sie vielleicht bereit wären, ihren Mann umsonst zu verteidigen, dachte sie gar nicht mehr an irgendwelche Regelungen. Vielleicht ging sie einfach davon aus, daß mit Ihnen als Anwalt das Urteil von vornherein feststand, aber ich glaube, es war etwas anderes. Ich glaube, die Chance, Kontakt zu jemandem wie Ihnen zu knüpfen, einem Star sozusagen, war ihr viel wichtiger als die Tatsache, ob ihr Mann freigesprochen wurde oder nicht. Merkwürdig, welchen Einfluß Ruhm auf Menschen haben kann, nicht wahr?»

Eine Sache war noch offen, und ich war mir ziemlich sicher, welche. «Und dann tauchte sie wieder auf, als sie des Mordes beschuldigt wurde.»

«Ja. Sie können sich denken, was sie wollte. Ich lehnte ab. Kategorisch. Sie konnte sagen, was sie wollte, es spielte keine Rolle. Ich hatte Sie einmal gefragt, und das konnte ich vor mir rechtfertigen. An der Sache selbst ist nichts auszusetzen, selbst wenn es etwas zweifelhaft ist, den besten Anwalt, den man kennt, zu bitten, jemanden zu verteidigen, der sich nicht den besten leisten kann. Aber das wollte ich nicht noch einmal tun. Statt dessen bot ich ihr an, jeden Anwalt zu bezahlen, den sie kriegen konnte.»

«Das haben Sie getan!?»

«Ich habe für Ihre Verteidigung bezahlt.»

«Aber warum, um Himmels willen? Sie hätte doch gar nichts über Sie sagen können. Sie stand unter Mordverdacht. Kein Mensch hätte ihr geglaubt!»

«Trotzdem wäre es wahr gewesen, was sie über mich hätte sagen können, nicht wahr? Und außerdem war es teilweise meine Schuld. Ich hatte sie bei mir aufgenommen und dann in gewisser Hinsicht enttäuscht.»

«Aber das ist doch verrückt! Sie haben alles getan – mehr als alles, mehr als jeder andere!»

Rifkin hob den Finger. «Nein, ich habe versagt. Und was noch schlimmer ist, ich habe mich von ihren Drohungen einschüchtern lassen. Ich habe Sie dazu überredet, ihren Mann zu verteidigen, einen Mann, der Kinder mißbrauchte. Niemand außer Ihnen hätte es geschafft, ihn rauszuboxen. Und wenn er im Gefängnis gelandet wäre, Joseph, da, wo er hingehörte, hätte es keinen Mord gegeben, und sie hätte keinen Anwalt gebraucht.»

Ich wollte protestieren, ihm widersprechen, wollte ihm klarmachen, daß er nichts falsch gemacht hatte, daß keiner von uns beiden etwas falsch gemacht hatte.

«Ja, ja, ich weiß – niemand hat Schuld daran. Aber sehen Sie nicht die lange Kette von Konsequenzen, die ich vor Jahren in Gang setzte, als ich sie bei mir aufnahm? Es gibt Konsequenzen, Joseph, für alles, was wir tun. Für alles! Und nun ist nach all den Jahren wieder ein Mord geschehen, und keiner von uns beiden kann zum jetzigen Zeitpunkt sagen, ob die Kette ein Ende erreicht hat.»

17

Horace Woolner lehnte sich auf dem dickgepolsterten Stuhl zurück, der mit ihm vom Büro der Generalstaatsanwaltschaft zum Amtsraum eines Richters am Circuit Court gewandert war, und starrte mich mit großen Augen und finster herabgezogenen Mundwinkeln an.

«Ich wußte nicht, daß er ein Kind hatte. Er hat kein Wort darüber verloren, in all den Jahren nicht, die ich ihn kenne, nicht ein Wort. Es muß schrecklich sein, sein einziges Kind zu verlieren.»

Er wandte sich ab und verfiel in brütendes Schweigen. Sein Blick schweifte über seine künstlichen Beine zu den glänzenden schwarzen Schuhen, die sorgfältig zugeschnürt waren. Als würde ihm plötzlich bewußt, daß er nicht allein war, sah er auf und schüttelte den Kopf. «Ein Kind zu verlieren ist schlimmer, viel schlimmer.»

Schließlich umklammerte er mit beiden Händen die Armlehnen und zog sich wieder hoch. Er legte die Ellbogen auf den Schreibtisch und sah mich offen an. «Was hat er noch gesagt? Warum ist sie eigentlich gestern abend zu ihm gekommen?»

Doch kaum hatte ich angefangen, schnitt er mir das Wort ab. «Nein, was ich meine, ist, wieso ausgerechnet gestern abend? Wieso nicht irgendwann anders? Ich habe ein paar Sachen rausgekriegt. Ich hab Ihnen ja gesagt, daß ich mich auch selbst umhören wollte. Denise Morel ist vor ungefähr drei Monaten entlassen worden, nachdem sie viereinhalb Jahre abgesessen hatte.»

Er wiegte den Kopf von einer Seite auf die andere, so wie er es immer tat, wenn er auf die schier unglaublichen Verdrehtheiten in unserem Strafrechtssystem zu sprechen kam.

«Viereinhalb von ursprünglich zwanzig Jahren wegen Totschlags. Die Hälfte der Strafe wäre normal, ein Drittel ist sozusagen undenkbar. Aber sie kommt nach weniger als einem Viertel raus. Dreimal dürfen Sie raten, wie sie das geschafft hat.»

Ich hatte keine Ahnung, aber was er erzählte, wunderte mich nicht.

«Sie war der Inbegriff guter Führung im Knast. Sie nahm an sämtlichen angebotenen Therapieformen und Fortbildungsmöglichkeiten teil. Sie ging zu den Anonymen Alkoholikern und den Anonymen Rauschgiftabhängigen. Egal, was für eine Versammlung, sie war dabei. Sie machte den High-School-Abschluß nach und fing mit College-Seminaren an. Sie akzeptierte jeden Job, den sie kriegen konnte. Und sie übernahm die volle Verantwortung für alles, was passiert war. Ihrem Psychologen erzählte sie, Morel habe sie jahrelang geschlagen, aber sie hätte ihn ja auch verlassen können. Genau das hätte sie tun sollen. Statt dessen hatte sie ihn umgebracht. Sie würde es nicht leugnen und auch nicht versuchen, es zu bagatellisieren. Interessant, wie schnell sie solche Begriffe aufschnappen.

Sie erzählte ihm auch von ihrer Tochter. Sie gab zu, gewußt zu haben, was Morel ihrer Tochter angetan hatte, und daß sie bei Gericht falsch ausgesagt hatte. Sie rechtfertigte sich damit, daß sie süchtig sei, nahm aber die Schuld für ihre Sucht auf sich und auch für die Dinge, die sie getan hatte – oder ihn hatte tun lassen –, solange sie abhängig war.»

Horace Woolner hielt seinen großen grauen Kopf jetzt ganz still. «Sie war ein mustergültiger Häftling, die perfekte Kandidatin für Resozialisierungsmaßnahmen. Sie machte alles richtig, benutzte die richtigen Ausdrücke. ‹... lehnte es ab, ihre Verantwortung zu bagatellisieren› – das ist ein Zitat aus dem letzten psychiatrischen Gutachten, das ihre vorzeitige Entlassung empfahl.»

Horace beugte sich vor. «Wie sich später herausgestellt hat, kümmerte sich unsere vorbildliche Gefängnisinsassin ganz besonders liebevoll um den hochgeschätzten Gefängnispsychologen Dr. Harrison Burt, damit er ihren Fall wohlwollend beurteilte.»

Warum sollte sie etwas ändern, das zuvor so gut funktioniert hatte? Es war mehr als das einzige, worauf sie sich verstand; es machte sie ganz und gar aus. «Wie ist das rausgekommen?» fragte ich.

«Denise konnte den Mund nicht halten. Sie erzählte ein paar Freundinnen, was Burt und sie so trieben. Als sie draußen war, beschloß eine davon, es ebenfalls zu versuchen. Burt ließ sie abblitzen, worauf sie ihm drohte, überall auszuposaunen, was er mit Denise gemacht hatte.»

Horace runzelte die Stirn. «Burt reagierte ganz richtig, und das muß man ihm hoch anrechnen. Er ging zur Gefängnisdirektorin und erzählte ihr, was mit Denise passiert war, behauptete jedoch, nichts davon hätte sein professionelles Urteil beeinflußt.»

Er zögerte, starrte auf seinen Schreibtisch und schüttelte langsam den Kopf. «Da ist noch mehr», sagte er und hob den Blick weit genug, um mich anzusehen. «Der arme Teufel liebte sie. Er ist fünfundvierzig, geschieden und lebt allein. Er glaubte, sie würde ihn heiraten. Sie zog am Tag der Entlassung bei ihm ein. Eine Woche später borgte sie sich seinen Wagen aus, unter dem Vorwand, jemanden suchen zu müssen. Er sah sie nie wieder.»

«Und den Wagen auch nicht, wette ich.»

«Stimmt. Nun ja, jetzt ist es vorbei. Sie war ein ganz schönes Miststück.»

«Und was ist aus Burt geworden?» fragte ich. Es interessierte mich einfach, ob es ihr gelungen war, ein weiteres Leben zu zerstören.

«Die Sache wurde vertuscht. Er gab seinen Posten im Gefängnis auf, durfte aber seine Zulassung behalten. Er kann privat weiter praktizieren. Der Direktorin hat er gesagt – na, Sie können sich denken, was er ihr gesagt hat.»

«Daß er eine Therapie machen würde?»

«Ja, wissen Sie, das ist eine Berufskrankheit. Kein Problem, das nicht durch Reden gelöst werden kann.»

Eine Hand auf den Tisch, die andere auf die Armlehne gestützt, stand Horace auf. Mit einer langsam rollenden Bewegung der Hüften, die erst das eine leblose Bein und dann das andere in Gang setzte, trat er zum Fenster. Er lehnte sich gegen den Fensterrahmen und vergrub beide Hände tief in den Hosentaschen.

«Erzählen Sie. Was hat Leopold gesagt? Weshalb ist sie gestern abend bei ihm aufgetaucht?» Sein Blick fixierte irgendwas draußen in der Ferne.

«Er meinte, er habe sie zuerst gar nicht erkannt. Als sie ihm sagte, wer sie war, fragte er, was sie wolle. Er wollte sie eigentlich nicht hereinbitten, aber sie erklärte, sie müsse mit ihm über ihre Tochter reden. Es war nur ein Vorwand, jedenfalls dachte er das in dem Moment. Mittlerweile ist er sich nicht mehr so sicher.»

Horace wandte sich um und sah mich fragend an.

«Sie sagte, es gehe um ihre Tochter, und entschuldigte sich für ihr unerwartetes Auftauchen. Doch als er sie hereinließ, fing sie an, ihn um Geld zu bitten. Daraufhin führte er sie ins Arbeitszimmer und ging in die Küche. Er hatte nicht vor, ihr Geld oder sonst etwas zu geben, aber er wollte auch keine Szene. Er beschloß, sie reden zu lassen und dann zu versuchen, sie mit der Erklärung abzuwimmeln, daß er erst einmal darüber schlafen müsse. Er glaubte, wenn er sie beruhigt hätte, würde sich schon alles regeln, aber er sagte auch, er habe sie noch nie so aufgewühlt gesehen. Er ging in die Küche, um Tee zu machen. Den Rest kennen Sie.»

Horace begann langsam durch das Zimmer zu gehen und strich mit der Hand über die Rücken der Urteilssammlungen, die das Bücherregal an der Wand füllten.

«Es gibt keine Fingerabdrücke auf der Waffe», sagte er, als sei er allein im Raum und spreche mit sich selbst. «Leopold war es nicht. Wer auch immer der Täter war, er hat die Waffe zurückgelassen. Entweder weil er in Panik geriet oder weil er Handschuhe trug und wußte, daß man ihn nicht mit der Waffe in Verbindung bringen konnte, oder –» und dabei warf er mir einen Blick aus den Augenwinkeln zu –, «oder weil er den Verdacht auf Leopold lenken wollte.»

Plötzlich blieb er wie angewurzelt stehen. «Warum sollte jemand das tun wollen? Um die Polizei von der richtigen Spur abzulenken? Vielleicht. Keine Ahnung. Aber es ist doch komisch, daß Denise Morel, die er bei sich aufgenommen und mit der er eine Beziehung gehabt hatte und die ihn später unter Druck setzte, damit er zuerst ihren Mann und dann ihr selbst half, nach all den Jahren ausgerechnet wieder bei ihm auftaucht und sich dort abknallen läßt, oder nicht? Unter uns, mein Freund, wenn es sich nicht um Leopold Rifkin handelte – würden Sie ihm das abkaufen?»

Er beendete meinen ersten, stockenden Versuch zu antworten mit einer wegwerfenden Handbewegung. «Ich will Ihnen nur eins klarmachen: Sie und ich wissen, daß er es nicht war, aber es gibt andere, die nur auf die Gelegenheit warten, ihm eins auszuwischen.» Sein Gesicht war unerbittlich wie der Tod.

Ich wußte, worauf er anspielte, aber es schien mir zu weit hergeholt. Alle Welt wußte, daß Leopold Rifkin keiner Fliege etwas zuleide tun konnte, geschweige denn zum Mörder werden.

Horace las meine Gedanken. «Wissen Sie, was in einem Ankläger vor sich geht? Nein», sagte er und winkte meinen Einwand ab. «Ich meine, wissen Sie es? Dasselbe wie in Ihnen. Es ist ihm völlig egal, ob sein Mann der Täter ist oder nicht. Er will einfach nur gewinnen. Das ist alles, was zählt. Gewinnen. Wir spielen ein Spiel und glauben, wenn ich gewinne, wird der andere verlieren, und wenn der andere gewinnt, verliere ich. Und dann marschieren wir am Law Day durch die Gegend und machen High-School-Kids und allen, die dämlich genug sind, zuzuhören, weis, daß das ‹amerikanische Rechtssystem das großartigste ist, das die Welt je gesehen hat›. Und daß der Verhandlungsgrundsatz, also die mündliche Verhandlung mit zwei gegnerischen Parteien, der ‹Eckpfeiler unseres Rechtssystems› ist. Ich muß es wissen. Ich habe jedes Jahr dieselbe blöde Rede gehalten, länger, als ich mich erinnern kann.»

Seine Augen blitzten verächtlich. «Nun, es ist schlimm genug, daß wir ein Rechtssystem in den Himmel loben, das Anwälte als Stars, Opfer und Angeklagte dagegen als Bauern behandelt, wenn aber dann noch jemand dazukommt wie unsere gegenwärtige Staatsanwältin, erhält das ganze jämmerliche Geschäft eine völlig neue Dimension.»

«Sie glauben doch nicht wirklich …»

«Und ob ich es glaube! Gwendolyn Gilliland-O’Rourke ist das niederträchtigste und rachsüchtigste Geschöpf, das ich bedauerlicherweise je kennengelernt habe. Erinnern Sie sich noch, was Leopold Rifkin für mich getan hat, damals, als ich Generalstaatsanwalt wurde? Glauben Sie nicht, daß seitdem auch nur ein einziger Tag verstrichen ist, an dem sie nicht darüber nachgegrübelt hat. Wenn sie Wind davon kriegt, was zwischen Leopold und Denise Morel war – ganz egal, wie viele Jahre seitdem vergangen sind –, wird sie ihn jagen, als sei er der zweite Charles Manson. Ach, weiß der Teufel, vielleicht wird sie sich sogar an seine Fersen klemmen, wenn sie nie etwas davon erfährt. Sie wäre begeistert. Sie könnte sich einen amtierenden Richter vorknöpfen und ihm zeigen, daß er nichts weiter als ein überdurchschnittlich gebildeter Heuchler ist. Glauben Sie nicht, daß das ein gefundenes Fressen für die Wähler wäre, besonders bei der anstehenden Gouverneurswahl? Obendrein hätte sie zwei Fliegen mit einer Klappe geschlagen.»

Das Telefon auf seinem Schreibtisch klingelte.

«Welche zweite?» fragte ich, als er hinging.

«Sie», sagte er, bevor er den Hörer abnahm. «Sie könnte Leopold ruinieren und Sie zu Fall bringen, beides auf einmal. Das ist der Stoff, aus dem ihre Träume sind.»

«Ja», sagte er in den Hörer. «In Ordnung. Stellen Sie ihn durch.»

Horace stand auf der Seite des Schreibtischs. Der ganze Körper war plötzlich so unbeweglich wie die Beine, die ihn aufrecht hielten. Er hielt den Hörer ans Ohr und blickte mit zusammengebissenen Zähnen starr geradeaus.

«Danke, daß Sie mir das erzählt haben», sagte er am Schluß ruhig. «Ich werde es nicht vergessen.»

Dann legte er auf. Seine Hand hielt den Hörer noch einen Augenblick umklammert. Er stand so reglos da wie ein Standbild. Plötzlich schleuderte er das Telefon in einem Wutausbruch mit einer einzigen, heftigen Bewegung quer durch den Raum. Vor sich hin murmelnd, stelzte er zur Tür und hätte sie fast aus den Angeln gerissen. «Wer leitet die Vernehmung zur Anklage heute nachmittag? Wilson? Gut. Rufen Sie ihn an, ich will mit ihm sprechen!»

Ich war aufgesprungen, bevor das Telefon gegen die Wand knallte. In ohnmächtigem Staunen sah ich mit an, wie Horace Woolner, der sonst nicht einmal die Stimme erhob, durchdrehte.

«Stellen Sie ihn durch», sagte er und steuerte mit steinernem Gesicht auf seinen Schreibtisch zu.

«Lieber Himmel!» murmelte er vor sich hin. Er blieb stehen und drehte sich um. Das Telefon, das er brauchte, lag in lauter Einzelteile zerschmettert auf dem Boden. Er verschwand im Büro seiner Sekretärin.

Als er wiederkam, war er immer noch wütend, schaffte es aber, sich einigermaßen zusammenzureißen. Ich wußte, was passiert war. Es stand ihm in wütenden Lettern ins erschöpfte Gesicht geschrieben.

«Werden Sie die Vernehmung leiten?»

«Genau. Zwei Uhr heute nachmittag. Das Miststück hat zugeschlagen. Der Anruf stammte von einem der wenigen Stellvertreter des Generalstaatsanwaltes, die sie übernommen hat. Die Anweisung kam direkt aus ihrem Büro. Sie konnte nicht mal bis Montag warten. Sie glaubt, auf diese Weise wird er das Wochenende im Knast verbringen, ehe er dem Gericht vorgeführt werden kann. Der werd ich's zeigen! Ich habe Wilson gesagt, daß er sich heute nachmittag freinehmen soll. Ich werde die Termine übernehmen. Aber unter seinem Namen.»

«Ich komme auch», sagte ich und wandte mich zum Gehen.

«Beantragen Sie keine Kaution. Stellen Sie den Antrag, daß er auf Ehrenwort entlassen wird. Lieber Himmel! Leopold Rifkin! Sie klagt ihn des Mordes an! Ich werd Ihnen was sagen. Das Weibsstück knöpf ich mir vor, und wenn es das letzte ist, was ich tue.»

Irgendwer hatte die Presse benachrichtigt. Es war nicht schwer, sich auszumalen, wer. Der Gerichtssaal, der normalerweise Freitagnachmittags wie ausgestorben wirkte, war gerammelt voll. Fernsehkameras, die im Gerichtssaal selbst verboten waren, quetschten sich vor der Tür wie außerirdische Augen einer mutierten Spezies.

Kurz vor zwei betrat die Protokollführerin ruhig den Saal und fing an, ihre Maschine einzustellen. Um zwei brachen Lärm und Unruhe jäh ab. Horace Woolner, das Gesicht zu einer Maske versteinert, marschierte ohne nach rechts und links zu blicken nach vorn.

Die Staatsanwältin war überrascht. Wir waren in Richter Wilsons Gerichtssaal. Niemand hatte sie über den Wechsel des Richters informiert.

«Guten Tag, Euer Ehren», sagte sie und bezog hinter dem Anwaltstisch Position. Derartige Anhörungen, bei denen der Angeklagte Stellung zur Anklage nimmt, wurden normalerweise von einem der Stellvertreter der Generalstaatsanwaltschaft durchgeführt. Heute allerdings nicht. Dies sollte ihr Auftritt werden, und zwar von Anfang bis Ende.

Horace starrte sie schweigend, unversöhnlich und ausdruckslos an.

Das mechanische, gönnerhafte Lächeln auf ihrem rotgeschminkten Mund schwand dahin. Die langen schwarzen Wimpern, die ihre Augen abschirmten wie Markisen ein elegantes Gebäude, fingen plötzlich an zu flattern. Die fest zusammengepreßten Lippen öffneten sich, als wollte sie etwas sagen, und schlossen sich wieder. Woolners ausdrucksloser Blick ließ sie nicht los.

Sie nahm die oberste Akte von dem Stapel, der vor ihr auf dem Tisch lag, warf einen kurzen Blick darauf und verkündete: «Die erste Anhörung heute betrifft den Fall Alfred Wilkins.»

Ein hagerer junger Mann, der mit den anderen Häftlingen hinter uns in der ersten Reihe saß, rappelte sich auf. Der Hilfssheriff legte ihm eine Hand auf die Schulter und führte ihn zum Anwaltstisch.

Woolners Blick ruhte noch immer auf Gilliland-O'Rourke. Er wartete, bis der Häftling direkt neben dem Tisch stand. Dann sagte er: «Führen Sie ihn zurück», ohne den Blick von ihr zu nehmen.

«Es ist Sache der Anklage, in welcher Reihenfolge sie die Fälle aufruft», protestierte sie.

Mit einem vernichtenden Blick in ihre Richtung erklärte Horace: «Diesmal ist es Sache des Gerichts. Und das Gericht hat beschlossen, mit der Anhörung des ehrenwerten Leopold Rifkin zu beginnen.»

Rifkin befand sich nicht unter den hohläugigen Häftlingen, die zusammengepfercht in der ersten Reihe saßen, sondern wurde von einem anderen Hilfssheriff hereingeführt. Irgendwie hatte Horace es geschafft, auch das hinzukriegen.

Der Mann hielt Rifkin das niedrige Holzgatter in der Gerichtsschranke auf. Leopold blieb stehen und reichte ihm die Hand. «Vielen Dank für Ihre Hilfe», sagte er und verbeugte sich knapp.

«Es war mir eine Ehre, Euer Ehren», gab der Hilfssheriff, ein großer, stämmiger Mann, der Leopold seit Jahren kannte, zurück.

Leopold trug einen teuren Anzug mit Weste. Im gleichen raschen Schritt, mit dem er seit fast dreißig Jahren seinen eigenen Gerichtssaal betrat, kam er jetzt zum Anwaltstisch. Dort erwartete ich ihn. Er klopfte sich zuversichtlich auf die Brusttasche. Seine Augen funkelten. «Ich habe meine Zahnbürste mitgebracht», flüsterte er. «Glauben Sie, daß ich sie brauche?»

Doch bevor ich antworten oder auch nur darüber nachdenken konnte, was ich antworten sollte, wandte er sein Augenmerk der Richterbank zu.

Mit einer Stimme, die vor Herablassung triefte – typisches Merkmal ihrer Ausbildung im Osten des Landes –, leierte Gilliland-O'Rourke die abgedroschenen Phrasen herunter, die die ächzende Maschinerie des Strafrechts in Gang setzen.

«Der Angeklagte plädiert auf nicht schuldig und beantragt, daß die Sache zur Hauptverhandlung angesetzt wird», erklärte ich mit einem Abscheu, von dem man nicht wußte, ob er sich mehr gegen das Geschehen oder gegen die umnachtete Seele richtete, die so dreist gewesen war, es auszulösen. «Im Interesse

256

der Gerechtigkeit könnten wir das Verfahren auch gleich jetzt eröffnen, Euer Ehren. Die Indizien gegen meinen Mandanten dürften nicht mehr als zwei, höchstens drei Minuten in Anspruch nehmen.» Ich warf Gilliland-O'Rourke einen Blick zu. «Dann hätten wir die ganze Sache hinter uns, und mein Mandant könnte in sein Sitzungszimmer zurückkehren, wo er hingehört.»

Horace zögerte keine Sekunde. «Ist die Anklage bereit?»

Das Gesicht von Gilliland-O'Rourke lief genauso rot an wie ihr Haar. Sie war eins neunzig groß, fast eins fünfundneunzig in den hochhackigen Schuhen, die sie heute trug. Jetzt stellte sie sich auf Zehenspitzen, beugte sich vor und stützte die gespreizten Hände auf den Tisch.

«Eins möchte ich von Anfang an klarstellen. Mr. Antonelli kann sich vor der Presse aufspielen, solange er will – falls das Gericht es zuläßt, heißt das –, aber das wird nichts an der Verfahrensweise meines Büros ändern. Wir werden diesen Fall genauso führen wie jeden anderen Mordfall. Im übrigen möchte ich noch sagen –»

«Sie haben bereits genug gesagt», fiel Horace ihr kurzerhand ins Wort. «Wenden wir uns nun der Frage der Entlassung aus der Haft zu.»

Sie hob den Kopf wie eine Schlange, die jeden Moment zuschlagen wird. «Die Anklage fordert, einen Antrag auf Kaution abzulehnen und den Angeklagten in Untersuchungshaft zu nehmen», fauchte sie herausfordernd.

Horace kniff die Augen zusammen, beugte sich vor und starrte sie wütend an. Er wollte schon antworten, besann sich aber eines Besseren. «Mr. Antonelli?»

«Die Anklage beantragt, den Angeklagten auf freien Fuß zu setzen. Falls das Gericht es wünscht, kann ich Gründe dafür anführen, warum keine Fluchtgefahr seitens des Angeklagten besteht.»

«Dem Antrag der Verteidigung wird stattgegeben. Der Angeklagte wird auf Ehrenwort freigelassen.»

Gilliland-O'Rourke war außer sich. «In einem Mordfall ist das völlig unzulässig! Wenn Sie ihn auf freien Fuß setzen wollen, muß er eine Kaution zahlen, und zwar in erheblicher Höhe.»

Horace warf dem Hilfssheriff, der neben der ersten Sitzreihe mit den gefesselten Häftlingen stand, einen Blick zu und sagte: «Würden Sie so nett sein und Mr. Wilkins nach vorn führen, Officer, damit wir mit seiner Anhörung fortfahren können?»

Kaum hatten wir den Gerichtssaal verlassen, ging es los. Nervös wie Kojoten, die ihre Beute eingekreist haben, riefen uns die Reporter eine gedankenlose Frage nach der anderen zu. Ich nahm Rifkin am Arm, um ihn durch die Menge zu schleusen, doch er schüttelte mich ab.

«Ich werde Ihre Fragen gern beantworten», sagte er und blieb direkt vor den Fernsehkameras stehen. Allein der Klang seiner Stimme reichte aus, um augenblicklich für Ruhe zu sorgen.

«Doch zuerst möchte ich eine kurze Erklärung abgeben.» Er zog ein sauber gefaltetes Blatt Papier aus der Innentasche seines Jacketts. Da ich gleich neben ihm stand, sah ich, daß es mit mehreren Zeilen seiner unleserlichen Handschrift bedeckt war.

«Heute morgen um neun Uhr, unmittelbar nachdem ich darüber unterrichtet worden war, daß ein Haftbefehl gegen mich erlassen worden war, rief ich im Büro des ehrenwerten Jason F. Cornelius an, dem Präsidenten des Supreme Court von Oregon. Ich bat ihn um einen unbefristeten unbezahlten Urlaub sowie um Entbindung von meinen Pflichten als Mitglied des Circuit Court von Multnomah County. Der Präsident, Mr. Cornelius, war so freundlich, meiner Bitte zu entsprechen.»

Er faltete das Papier zusammen und steckte es wieder in die Tasche.

Ein Reporter stellte noch ein wenig unsicher die erste Frage. «Kannten Sie die Frau, die ermordet wurde, Richter Rifkin? Denise Morel?»

«Ja, ich kannte sie. Aber das ist schon lange her. Sie lebte ein paar Monate in meinem Haus und arbeitete bei mir als Haushälterin.»

«War das ihre einzige Rolle? War sie wirklich nichts weiter als Ihre Haushälterin?»

Rifkin hätte ihm glatt die Wahrheit gesagt. Bevor er antworten konnte, stellte ich mich vor ihn. «Die in Ihrer Frage enthaltene Unterstellung ist unerhört. Richter Rifkin hat Ihre Frage bereits beantwortet. Denise Morel arbeitete vor mehr als fünfzehn Jahren vorübergehend für ihn. Sie hat sein Haus nicht mehr betreten, bis zum gestrigen Abend, als sie unangemeldet auftauchte, weil sie sich mit ihm über ihre Tochter unterhalten wollte.»

«Was ist mit ihrer Tochter?» fragten mehrere Stimmen auf einmal.

«Das weiß ich nicht», begann Rifkin zu erklären. «Ich hatte keine Gelegenheit, es herauszubekommen.»

«Ist es wahr, daß Sie der Vater der Tochter sind?» rief jemand von ganz hinten.

«Jetzt reicht's. Keine weiteren Fragen!» Ich packte Rifkin am Arm und ließ ihn nicht mehr los, bis sich die Tür des Aufzugs schloß und wir die Meute der Reporter abgeschüttelt hatten, die uns immer weitere Fragen zuriefen.

Ich war wütend und versuchte gar nicht erst, es zu verbergen. «Das müßten Sie aber nun wirklich besser wissen! Wie können Sie sich solchen Fragen aussetzen? Was zum Teufel haben Sie sich dabei gedacht?»

Er schien mehr belustigt als zerknirscht. «Haben Sie sich noch nie gefragt, wie es wäre, einen Mandanten zu haben, der nichts als die Wahrheit sagt?»

Es war sinnlos. Und ohnehin brachte ich es nicht fertig, wütend auf ihn zu sein. «Nein. Diese Erfahrung habe ich bereits gemacht.»

«Und?»

«Der Bursche sitzt immer noch im Gefängnis.»

Ich hätte es mir denken können. «Ja», erwiderte er und sah mich mit den freundlichsten und intelligentesten Augen an, die mir je begegnet sind, «aber zumindest sitzt er da mit einem sauberen Gewissen.»

Die Türen des Aufzugs öffneten sich. Ich ließ ihm den Vortritt.

«Nein, gehen Sie nur. Ich fahre bis runter in die Tiefgarage.»

Ich war auf dem Weg zu meinem Büro. «In Ordnung. Ich ruf Sie später zu Hause an. Und bitte vergessen Sie nicht: Wenn Ihnen Reporter auf die Pelle rücken, verweisen Sie sie an mich.»

Er nickte gehorsam. Dann winkte er mich noch einmal zurück. «Danke für alles, Joseph.»

Ich wollte schon irgendwas murmeln, aber er fiel mir ins Wort. «Ach, wissen Sie, ich habe mich schon immer gefragt, wie es ist, wenn man eines Verbrechens angeklagt wird.» Es klang fast so, als freute er sich darüber.

An diesem Morgen war ich von Rifkin aus direkt zum Gericht gefahren und dann, nachdem Horace die Anhörung festgesetzt hatte, nach Hause, um mich umzuziehen. Ich hatte Alexandra nicht gesehen, seit ich sie mitten in der Nacht verlassen hatte. Als ich ins Büro kam, saß sie in einem der dunkelblauen Ledersessel, die um einen orientalischen Teppich zwischen den Aufzügen und dem geschwungenen Art-deco-Schalter gruppiert waren, wo die Empfangsdame unsere Besucher begrüßte. Kaum öffnete sich die Aufzugstür, sprang sie auf

260

und kam auf mich zu. «O Gott, du siehst ja schrecklich aus», sagte sie und sah mich besorgt an. Sie zupfte mich kurz am Ärmel und ließ ihn wieder los.

«Wie lange wartest du schon hier?» fragte ich, als wir durch den Gang zu meinem Büro gingen.

«Ach, erst seit ein paar Minuten. Als ich hörte, was passiert ist, habe ich im Gericht angerufen und einen der Angestellten gebeten, mich zurückzurufen, sobald du fertig bist.»

Ich schloß die Tür hinter uns und ließ mich in einen Sessel fallen. Alexandra setzte sich auf eine Ecke des Schreibtischs. «Alles in Ordnung?»

«Ja, alles in Ordnung. Aber es war nicht gerade einer der glücklichsten Tage meines Lebens.»

«Haben sie ihn wirklich des Mordes angeklagt?» staunte sie. «Das ist unglaublich.»

Ich hörte kaum hin. Irgend etwas, das Horace gesagt hatte, wirbelte mir wie ein Gespenst im Kopf herum. Warum war sie nach all den Jahren ausgerechnet gestern abend gekommen? Und wenn jemand sie hatte töten wollen, warum hatte er dann gewartet, bis sie dort in Leopold Rifkins Haus war? Das konnte kein simpler Zufall sein. Oder doch? Ich war zu müde, um nachzudenken.

Alexandra lächelte mitfühlend. «Du hast gar nicht gehört, was ich gesagt habe, nicht?»

«Doch. Sie haben ihn des Mordes angeklagt. Nein, tut mir leid, ich dachte an ...»

«Schon gut. Ich weiß schon, was du durchgemacht haben mußt.»

Mein Blick schweifte ab. Der Mount Hood schimmerte im klaren Licht eines wolkenlosen Tags.

«Ist es wahr?»

Meine Augen wanderten zu ihr zurück. «Was?»

«Daß er eine Affäre mit ihr hatte?»

«Wo zum Teufel hast du denn das gehört?»

«Die ganze Stadt redet darüber. Darüber und daß sie im Gefängnis war, weil sie ihren Mann umgebracht hat.»

«Wer? Wie?»

«Keine Ahnung. Aber jeder scheint davon gehört zu haben. Ist es wahr?»

Ich erinnerte mich, daß ich Anwalt war und meinen Mandanten schützen mußte. «Nein, ist es nicht.»

Sie sah zu Boden. Als sie wieder aufblickte, hatte sich ihr Ausdruck verändert. «Schade, daß du mir nicht vertraust.»

Ich versuchte, mich irgendwie durchzumogeln. «Natürlich vertraue ich dir. Es ist die Wahrheit. Es war nicht das, was man eine Affäre nennen würde.» Ich sah mich hilfesuchend im Zimmer um. «Es war ganz anders. Sie hat ihn in eine unangenehme Situation gebracht.»

Sie wartete, daß ich fortfuhr, aber mehr gab es nicht zu sagen.

«Er hat also mit ihr geschlafen, aber es war keine Affäre. Glaubst du wirklich, sie werden sich die Mühe machen, in den Abendnachrichten auf diese Unterscheidung einzugehen?»

Ich setzte mich auf. Ich war wütender, als mir selbst klar war. «Worauf willst du eigentlich hinaus, verdammt?» fuhr ich sie an. «Welche Rolle spielt es denn, ob irgendwer diese Unterscheidung trifft? Immerhin geht es um etwas, das sich vor fünfzehn Jahren in der Privatsphäre seines Hauses abgespielt hat. Die einzigen Personen, die dazu etwas sagen könnten, sind Leopold und sie, und sie ist nun mal tot!»

«Plus die, denen sie in all den Jahren davon erzählt hat», gab sie zurück.

«Vielleicht. Vielleicht auch nicht», sagte ich, als ich aufstand und zum Fenster ging. «Vielleicht ist es nichts weiter als eine schmutzige Spekulation, die sich diese gottverdammten Journalisten zurechtgebastelt haben, seit sie von Leopold wissen, daß sie als Haushälterin bei ihm gearbeitet hat!»

Der Berg schien immer näher zu kommen, je länger ich ihn anstarrte.

«Glaubst du wirklich, jemand wie Denise Morel würde ein solches Geheimnis mit ins Grab nehmen?»

Darauf wußte ich keine Antwort. «Was soll ich deiner Meinung nach dagegen tun?» fragte ich müde und wandte mich ihr zu.

«Nichts», sagte sie ruhig. «Aber vielleicht solltest du darüber nachdenken, ob du da wirklich mitmachen willst. Nein, werd nicht sauer. Hör mir einfach zu. Du liebst Leopold Rifkin wie deinen eigenen Vater. Kannst du ihn wirklich verteidigen, wenn er dir so nahe steht? Was ist mit der Distanz, von der du mir immer gesagt hast, sie sei so wichtig?»

Sie zögerte, als wüßte sie nicht, ob sie etwas aussprechen sollte, was unbedingt gesagt werden mußte.

«Es ist okay», antwortete ich. «Ich bin nicht sauer. Sag, was du sagen wolltest.»

Alexandra sah mir offen in die Augen. «Na schön. Ich sage es. Was, wenn er es wirklich war? Wenn er sie umgebracht hat? Was dann?»

18

Alexandra hatte recht. Die Leute redeten über nichts anderes, und es war ihnen völlig egal, ob sie etwas zu sagen hatten oder nicht. Jede Talk-Show im Radio präsentierte den einen oder anderen Zeugen, der angeblich wußte, was vor langer Zeit zwischen der Frau, die ihren Mann umgebracht hatte, und dem Richter, bei dem sie lebte, passiert war. Charakter zählte nichts mehr; jede Beschuldigung war gut genug, um automatisch als glaubwürdig zu gelten. Junkies, Dealer, Prostituierte und Kleinkriminelle, die ein Stück des flüchtigen Ruhms auf sich ziehen wollten, gaben angebliche Enthüllungen der Ermordeten preis. Statt mit Entrüstung und Abscheu zu reagieren, schrie das Publikum nach mehr.

All dies schien Richter Rifkin nicht zu stören, nicht einmal die Ü-Wagen der lokalen Fernsehsender, die mittlerweile rund um die Uhr vor seinem Tor geparkt waren. Jeden Nachmittag spazierte er die Einfahrt hinunter, um seine Post zu holen. Er winkte der Menge zu, die sich am Tor versammelt hatte, und erklärte bereitwillig, daß er zu seinem Bedauern strenge Anweisung seines Anwalts habe, sich nicht zu dem Fall zu äußern. Rasch entwickelte sich daraus ein Spiel mit eigenen, stillschweigend anerkannten Regeln. Rifkin sagte seinen Spruch auf, und die Reporter ignorierten ihn. Da sie verpflichtet waren, niemals andere über ihre Wißbegierde entscheiden zu lassen, riefen sie ihm ihre Fragen zu, obgleich sie wußten, daß er sie nicht beantworten würde. Geduldig lächelnd wartete er, bis sie fertig waren. Dann fragte er, ob sie irgendwelche Fragen zum tatsächlichen Funktionieren des Rechtssystems oder zum Strafrecht hätten, und manchmal fing er sogar selbst an, ihnen Fragen zu stellen – was sie machten, warum sie es machten und ob dies, ganz allgemein gesehen, gut sei. Nach einer Weile vergaßen sie, warum sie eigentlich gekommen waren.

Leopold Rifkins unerschütterlicher Gleichmut war ein wunderbarer Anblick. Er gab ein Beispiel, dem niemand auch nur versuchte nachzueifern. In den inneren Zirkeln der Macht diskutierte kein Mensch darüber, ob Rifkin schuldig war oder nicht. Es war nicht wichtig. In Wirklichkeit ging es darum, daß der Richter allmählich lästig wurde, und dagegen mußte man etwas unternehmen.

Der Anruf kam aus dem Büro von Cornelius. Mit einer Stimme, die jeden Widerspruch verbot, erklärte mir seine Sekretärin, daß der Präsident mich am nächsten Tag zu sprechen wünsche. Es war halb elf Uhr morgens, und ich hatte mich noch keine Minute vom Schreibtisch gerührt, an dem ich dreieinhalb Stunden zuvor Platz genommen hatte. Seit drei Tagen regnete es ununterbrochen. Der Mount Hood war verschwunden, und die Gebäude einen Block entfernt waren verschwommene Umrisse, die nur für wenige Sekunden aus dem grauen Schleier auftauchten. Es war Anfang Juni, doch wenn ich abends auf dem Weg nach Hause das Autoradio einstellte, hätte es mich nicht gewundert, Weihnachtslieder zu hören.

Verblüfft, daß ich nicht sofort reagierte, wiederholte sie, was sie gesagt hatte. Der Präsident wolle mich sprechen.

«Ist er in Portland?» fragte ich.

«Nein, natürlich nicht. Er erwartet Sie hier.»

«Ich fürchte, ich habe nicht die Absicht, nach Salem zu fahren, weder morgen noch in naher Zukunft.»

Ich hätte ebensogut ein Dorfpriester sein können, der die Aufforderung des Papstes ablehnt, nach Rom zu kommen. Da sie das noch nicht erlebt hatte, wußte sie nicht, was sie sagen sollte.

«Einen Augenblick, bitte», meinte sie schließlich.

Wenige Augenblicke später meldete sich eine vage vertraute Stimme. «Hier spricht Jason Cornelius. Wie geht es Ihnen, Mr. Antonelli?»

Er hatte die barsche, unverstellte Stimme eines Menschen, der einem in die Augen sieht und selbst glaubt, was er einem erzählt, egal, wie häufig er vorher gelogen hat.

«Es geht um Richter Rifkin?»

Das hatte er nicht erwartet, aber es bremste ihn keineswegs. «Ja, wie geht es meinem alten Freund? Was für eine schreckliche Sache!»

«Soll ich Ihnen seine Privatnummer geben? Ich bin sicher, er würde sich freuen, von Ihnen zu hören.» Ich wartete eine Sekunde und setzte dann hinzu: «Er spricht immer mit größter Bewunderung und Dankbarkeit von Ihnen.»

«Das ist schön, sehr schön. Ich bin froh, das zu hören. Leopold und ich kennen uns schon lange, sehr lange. Aber nein, danke, ich habe seine Nummer. Ich wollte mit Ihnen sprechen. Wie ich höre, können Sie morgen früh nicht?»

«Nein, ich fürchte nicht. Ich habe einen Gerichtstermin.» Das war eine glatte Lüge, und ich war auch noch stolz darauf.

«Verstehe, verstehe. Wie wäre es Anfang nächster Woche?»

«Ich möchte Ihnen helfen, Zeit zu sparen, Mr. Cornelius. Leopold Rifkin hat niemanden ermordet. Falls Sie also anrufen, um vorzuschlagen, daß er zurücktritt ...»

«Ich wollte gar nichts vorschlagen, Mr. Antonelli. Ich dachte nur, es wäre vielleicht nützlich, wenn wir uns über verschiedene Möglichkeiten unterhielten.»

«Es gibt keine Möglichkeiten, Sir. Er hat sich beurlauben lassen, Sie haben großzügig zugestimmt, und er wird an dem Tag ins Gericht zurückkehren, an dem die Geschworenen ihr Urteil abgeben.»

«Je nachdem, wie es ausfällt, versteht sich», sagte er. Der Ton verriet nur die für Juristen typische Angewohnheit, zu erklären, was ohnehin auf der Hand liegt.

Ich fluchte innerlich und antwortete: «Das einzige, worauf Sie sich verlassen können, ist, daß er nicht schuldig gesprochen wird.»

«Sie haben bestimmt recht. Aber dennoch muß Leopold Rücksicht darauf nehmen … wird Rücksicht darauf nehmen wollen … welche Wirkung all das – eine Verhandlung zum Beispiel – mit großer Wahrscheinlichkeit auf das Gericht haben wird, ganz zu schweigen vom Vertrauen der Öffentlichkeit in unser Rechtssystem.»

Ich beugte mich vor, stützte beide Ellbogen auf den Schreibtisch und starrte geradeaus, als säße er vor mir und ich wollte ihm zeigen, was ich von ihm hielt. «Ich finde, daß ausgerechnet Sie, Mr. Cornelius, nicht daran erinnert werden müßten, daß das System, um das Sie sich solche Sorgen machen, auf dem Prinzip basiert, daß jedermann – sogar ein Richter – so lange unschuldig ist, bis seine Schuld bewiesen ist. Im übrigen», fuhr ich fort, bevor er etwas einwenden konnte, «ist das System nicht wirklich in Gefahr. Immerhin war es imstande, all die Jahre mit Ihnen als Richter zu überleben, welchen Schaden kann da ein kleiner Mordprozeß schon anrichten?» Dann legte ich auf.

Ich fing an, Leopolds Nummer zu wählen, um ihn über Natur und Ausmaß der Solidarität zu informieren, die er von seinen Richterkollegen in Oregon erwarten konnte. Doch dann sagte ich mir, daß es wahrscheinlich keine große Überraschung für ihn wäre, und rief statt dessen Horace Woolner an. Auch er war eher neugierig als erstaunt.

«Der gute alte Cornelius. Er war schon immer ein Schwachkopf», sagte er und unterstrich seine Worte mit einem leise grollenden Lachen. «Sie hätten hinfahren sollen; es hätte sich gelohnt. Sie hätten die volle Show genießen dürfen. Den Arm um die Schultern, das mitfühlende Lächeln, den verständnisvollen Blick, die aalglatte Stimme, die Ihnen versichert, daß er Ihr Freund ist, dem Sie vertrauen können. Und nach drei Sätzen hätte er Sie angesehen und gesagt, daß Sie wirklich mal darüber nachdenken sollten, Richter zu werden, daß dem Gericht Leute mit Ihrer Erfahrung, Ihrem Weitblick und Ihrer Intelligenz fehlen. Mann, und auf dem Weg nach draußen hätten Sie das sichere Gefühl gehabt, der Scheißkerl wäre schon unterwegs zum Gouverneur, damit er den nächsten freien Posten am Gericht für Sie reserviert.»

«Sie vergessen, daß ich den Schwachkopf schon mal getroffen habe, Horace. Mehrmals sogar. Er hat noch nie so mit mir geredet.»

«Ja, aber da brauchte er Sie auch nicht. Diesmal schon, und das ist verdammt interessant», sagte er. Man spürte, wie sehr ihn die Sache beschäftigte. «Es ist verdammt interessant, denn er bestätigt, was ich gehört habe. In Salem heißt es, Gilliland-O'Rourke sei diesmal übers Ziel hinausgeschossen. Zuerst hat man sich nur den Mund darüber zerrissen, was ein alter Mann wie Rifkin mit einer jungen Frau im Haus angestellt haben mag. Mein Gott, eine junge Frau, aber den Leuten ist nicht einmal bewußt, daß das Ganze vor fünfzehn Jahren passierte und Leopold damals nicht gerade ein Greis war. Wie auch immer, jetzt kommen die ersten Zweifel. Vielleicht ist Leopold doch unschuldig. Und auf eins können Sie sich bei Clowns wie Cornelius verlassen. Selbst wenn sie von Recht und Gesetz nicht mehr verstehen als der letzte Ganove, den Sie verteidigt haben, haben sie ein Gespür dafür, wenn der Wind sich dreht, das ist so sicher wie das Amen in der Kirche.»

«Herrgott, der Fall ist erst sechs Wochen alt, Horace.»

«Spielt keine Rolle. Die Leute da unten verbringen ihr ganzes Leben damit, sich über die nächste und übernächste Wahl den Kopf zu zerbrechen. Manche machen sich Sorgen um Wahlen, die erst in einem Jahrzehnt stattfinden. Sie haben nichts anderes zu tun. Sie machen sich Sorgen, weil das, was passiert, alles mögliche andere beeinflussen kann, insbesondere ihre eigene Karriere. Und damit wir uns recht verstehen – Sie sollten sich auch Sorgen machen. Ihr Mandant ist nicht gerade das, was man unter einem normalen Mordverdächtigen versteht.»

«Sie reden von letztem Samstag», sagte ich.

«Na ja», lachte er. «Das war ja wirklich nicht schlecht. Sie müssen zugeben, daß der alte Mann ein gottverdammtes Genie ist. Liebe Güte, zuerst kommt er in seinem lausigsten Pullover und den ausgelatschten Lederpantoffeln am hellichten Tag seine Einfahrt runter, obwohl er genau weiß, daß die Fernsehteams Schichtdienst bei ihm schieben. Er ist etwa so gefährlich wie Mutter Teresa. Und dann fängt er an, mit den Reportern zu diskutieren – nicht über den Fall, o nein! Das würde sein Anwalt, dieser Mistkerl, nicht erlauben!» brüllte Horace. «Er würde es ja wirklich gern tun, aber er kann nicht. Dafür ist er aber ziemlich scharf drauf, über *sie* – die Reporter – zu sprechen! Innerhalb von wenigen Tagen hat er sich zum Großvater der Nation gemausert. Und dann kommt dieser Samstag.»

«Lassen Sie nur, ich hab's auch gesehen.»

Zu spät. Er hörte mich gar nicht mehr. Er hatte seinen Spaß. «Ein Lieferwagen fährt vor, der Fahrer steigt aus, geht um den Wagen herum und klappt die Seiten hoch. Und dann fängt er an, Kaffee und Bagels zu verteilen. Kaffee und Bagels, um Himmels willen! Wenn er sie schon nicht alle zu sich einladen konnte, wollte er sich wenigstens so bedanken. Liebe Güte! Wenn Sie die Sache vermasseln und er verurteilt wird, sorgt er vermutlich noch bei seiner eigenen Hinrichtung fürs Catering.»

«Wollen Sie etwa andeuten, daß ich meinen Mandanten nicht mehr unter Kontrolle habe?»

«Ja, und das ist auch gut so. Aber zurück zu diesem Trottel Cornelius», sagte er und wurde plötzlich wieder sehr ernst.

«Von ihm werden Sie nicht wieder hören. Aber warten Sie ab, in ein paar Tagen – Anfang nächster Woche vielleicht – werden Sie einen weiteren Anruf erhalten. Diesmal von Gilliland-O'Rourke.»

Ich begriff nicht. «Was hat sie damit zu tun?»

«Die anderen sind nicht glücklich mit der Situation. Diese Kerle würden ihre eigene Mutter verkaufen. Leopold ist zu einer ernsthaften Belastung geworden. Wenn sie ihn dazu bringen könnten, zurückzutreten, hätten sie eine größere Distanz zu ihm, mehr Abstand. Sie wissen, daß das nicht passieren wird. Jetzt haben sie nur noch eine Möglichkeit. Sie müssen einen Deal rausholen.»

«Nur über meine Leiche! Es wird keinen gottverdammten Deal geben, solange ich ein Wort in diesem Fall mitzureden habe. Für wen halten diese Leute sich eigentlich?»

«Regen Sie sich ab», gluckste Horace. «Ich weiß es. Und Sie wissen es auch. Nur, diese Leute wissen es nicht, jedenfalls noch nicht. Also wird Cornelius Gilliland-O'Rourke anrufen. Weiß der Geier, vielleicht spricht er in diesem Moment mit ihr. Sie sind gute Freunde, wissen Sie. Praktisch verwandt. Das politische Establishment in diesem Land – insbesondere der Verein in Salem – ist ein einziger Filz. Cornelius kennt sie schon seit ihrer Geburt. Wahrscheinlich war er zu ihrer Taufe eingeladen. Er wird ihr durch die Blume zu verstehen geben, daß sie diesmal den Bogen überspannt hat und ihren Fehler wiedergutmachen muß. Er wird ihr sagen, daß sie freie Hand hat, aber schnell handeln muß.»

Ich hatte eine Menge über Verbrechen gelernt, und Verbrecher hatten offenbar mehr ethische Grundsätze als Politiker. «Wird sie sich denn von Cornelius derart reinreden lassen?»

«Nein, nach außen jedenfalls nicht. Sie wird ihm erklären, daß sie als Staatsanwältin alle gleich behandeln muß. Dann wird sie sagen, als sei ihr das gerade eingefallen, daß sie natürlich be-

reit sei, sich mit der gegnerischen Seite auf eine außergericht-
liche Vereinbarung einzulassen. Die beiden werden sich schon
einig. In dieser Clique versteht man sich normalerweise blind.
Tja, wie auch immer», schloß er, bevor er sich verabschiedete,
«ein paar Tage Zeit haben Sie noch. Cornelius und Gilliland-
O'Rourke können sich nicht leisten, daß Sie auf den Verdacht
kommen, der eine Anruf hätte was mit dem anderen zu tun.
Aber Sie wissen es, nicht wahr?»

Es war fast neun Uhr, bevor ich an diesem Abend das Büro
verließ. Obwohl ich nicht daran dachte, neue Fälle zu übernehmen, seit Leopold Rifkin mein Mandant war, gab es noch Dutzende von anderen, um die ich mich kümmern mußte. Als ich
durch den trostlosen, unerbittlichen Nieselregen fuhr, in dem
man kaum weiter als dreißig Meter sah, war ich zu müde, um an
etwas anderes zu denken als eine ausgiebige heiße Dusche und
traumlosen Schlaf.

Ich schleppte mich die Treppe hoch, zog mich im Badezimmer aus und ließ die Kleider einfach auf den glänzenden weißen
Kachelboden fallen. Eine ganze Weile stand ich mit geschlossenen Augen in der Dusche und ließ das Wasser über mein
Gesicht strömen. Dabei stöhnte ich laut über das schlichte Vergnügen, nichts, aber auch gar nichts mehr tun zu müssen.
Schließlich drehte ich das Wasser ab und trat in einer Dampf-
wolke aus der Dusche. Während ich mir das Haar mit einem
dicken, weichen Handtuch abtrocknete, stolperte ich nackt ins
Schlafzimmer.

«Manchmal lohnt sich das Warten.»

Meine Hand fiel herab, das Handtuch landete auf dem Boden.
«Was machst du denn hier? Es ist Mittwoch, oder?» sagte ich
und versuchte, mich zu erinnern, ob es wirklich Mittwoch war.

Alexandra lag im Bett, den Kopf auf zwei Kissen gestützt, ein
aufgeschlagenes Buch verkehrt herum auf den Knien. «Ja, es ist
Mittwoch», lachte sie.

«Aber mittwochs …», stammelte ich.

Sie lachte noch lauter, und dann ging mir auf, warum. «Nun ja, ich hatte nicht mit Besuch gerechnet», sagte ich, bückte mich nach dem Handtuch und schlang es mir um die Hüften.

«Das war aber nicht nötig», sagte sie und lachte immer noch.

Ich ging zum Bett und griff nach der Decke. «Also wirklich! Wollen mal sehen, was du heute nacht anhast.»

Sie rutschte nach unten, bis die Decke ihr ans Kinn reichte. «Später. Zuerst setz dich und erzähl mir, was du den ganzen Tag gemacht hast.»

Sie rückte ein Stück zur Seite, und ich setzte mich auf die Bettkante. «Ich habe mir Sorgen um dich gemacht», erklärte sie. «Ich bin zu meinem Seminar gefahren, aber schon in der Pause gegangen.» Sie strich mir mit der Hand über die Wange. «Ist alles in Ordnung? Du arbeitest einfach zuviel. Du bist erschöpft.»

«Mir geht's viel besser, wenn du hier bist. Warum ziehst du nicht einfach hier ein? Dann hätten wir sieben Nächte in der Woche, nicht nur fünf.»

«Versprichst du mir, nicht mehr so viel zu arbeiten?» fragte sie zärtlich.

Ich stand auf und setzte mich auf einen gepolsterten Stuhl vor dem Schreibtisch. «Das kann ich nicht versprechen», sagte ich. «Jedenfalls nicht, bevor das hier vorbei ist. Es ist die wichtigste Sache, die ich je gemacht habe. Wahrscheinlich die wichtigste in meinem ganzen Leben. Wenn ich diesen Fall verliere – das heißt, wenn Leopold Rifkin für etwas verurteilt wird, von dem ich weiß, daß er es nicht getan hat –, werde ich nie wieder einen neuen Fall übernehmen.»

«Wie kannst du dir bloß so sicher sein?» fragte sie und schlang die Arme um die angezogenen Knie.

Ich verstand nicht. «Womit?»

«Sei mir nicht böse deswegen. Es heißt nicht, daß ich glaube, er war's. Ganz im Gegenteil. Aber wie kannst du dir so sicher sein, daß er es nicht war? Erinnerst du dich noch an Bernie Rothstein und was du mir damals gesagt hast? Daß es zwei Arten von Menschen gibt – diejenigen, die du nur ansehen mußt, um zu wissen, daß sie schuldig sind, und die anderen, bei denen du Zweifel hast?»

«Es gibt zwei Arten von Menschen», sagte ich und kroch zu ihr unter die Decke. «Zwei Arten und Leopold Rifkin.»

Sie streckte die Hand aus und löschte das Licht. Ich schlang meine Arme um sie und zog sie an mich. Das nächste, woran ich mich erinnere, ist, daß ich aufwachte und es dämmerte. Sie war schon weg. Auf dem Küchentisch lag ein Zettel: «Sieben Nächte.» So gut hatte ich mich seit Wochen nicht mehr gefühlt.

Horace hatte gewußt, wovon er sprach. Der Anruf von Gilliland-O'Rourke kam eine knappe Woche später, am Dienstagvormittag. Sie fand, wir sollten uns mal über den Fall Rifkin unterhalten. Ob ich Zeit hätte, bei ihr im Büro vorbeizuschauen?

«Eine Sekunde, ich sehe mal nach», sagte ich und gab mir Mühe, so zu tun, als stünde ich unter einem immensen Zeitdruck. Ich starrte auf meinen Terminkalender, ohne ihn auch nur aufzuschlagen.

«Nein, ich fürchte nicht. Diese Woche ist wirklich schrecklich», seufzte ich. «Ich habe einen Termin nach dem anderen. Das einzige, was ich dir anbieten könnte, ist Donnerstag zum Lunch.»

Sie hatte zwar schon eine Verabredung um diese Zeit, meinte aber, das ließe sich regeln.

«Oh, mach dir keine Umstände. Nächste Woche, besonders gegen Ende der Woche sieht es bei mir viel besser aus.»

Es machte überhaupt keine Umstände. Donnerstag zum Lunch würde gehen.

Ich wartete in einer Nische ganz hinten auf sie. «Alte Zeiten?» fragte sie, als sie mir gegenüber auf die Bank rutschte. Sie starrte mich an und warf dann den Kopf zurück, so daß ihr Haar über die schmalen Schultern fiel wie der flammende Schweif eines Meteors. Sie trug ein dunkelgrünes Kostüm. Die weiße Bluse stand so weit offen, daß man den Ansatz ihrer Brust sah. Sie lachte, als sie meinen Blick bemerkte. «Alte Zeiten?» wiederholte sie, diesmal aber, als beantwortete sich die Frage von selbst.

Ich zuckte die Achseln. «Ich dachte, du hättest es vergessen.»

«Das mieseste Essen in der ganzen Stadt vergessen? Als meine Sekretärin anrief, um mir zu sagen, du hättest angerufen und den Namen dieses Restaurants hinterlassen, traute ich meinen Ohren nicht. Seit damals bin ich nicht mehr hier gewesen.»

«Ich auch nicht», sagte ich, beobachtete sie und wartete, wie weit sie gehen würde.

Ein kleiner mexikanischer Kellner mit blendendweißen Zähnen, der höchstens sechzehn oder siebzehn war, nahm unsere Bestellung entgegen.

«Das kann ich kaum glauben», bemerkte sie, als er gegangen war. «Es ist doch wie geschaffen für ein heimliches Rendezvous mit einer verheirateten Frau.»

Unsere Blicke waren ineinander verhakt. Ich mußte an zwei Kämpfer denken, die versuchen, sich gegenseitig abzuschätzen. «Du bist die einzige verheiratete Frau, mit der ich mich hier je getroffen habe.»

Sie lachte laut auf. «Gott, das klingt ja, als seist du plötzlich ein Anhänger der Monogamie geworden.» Einen Augenblick lang blitzte ein Anflug von Verachtung in ihren kalten, berechnenden Augen auf. «Hör zu, Joey, es ist lange her, also können wir es ruhig beide zugeben. Ich war meinem Mann untreu und du der Dame, mit der du damals lebtest, wie immer sie auch hieß.»

Lächelnd servierte der Kellner uns die Hamburger, die wir bestellt hatten.

«Ich habe lange gebraucht, um dich zu vergessen, Joey», sagte sie, als er weg war. «Aber es mußte ein Ende haben. Es war zu gefährlich. Hast du eine Ahnung, was passiert wäre, wenn es rausgekommen wäre?»

Ich wußte, daß sie nicht von ihrer Ehe sprach. «Es hätte deiner Karriere geschadet?»

«Geschadet? Es hätte sie mit einem Paukenschlag beendet!»

Mit spitzen Fingern hob sie den oberen Teil des Brötchens ab und entfernte erst die Zwiebel, dann die Tomate und nach kurzem Zögern auch den Salat. Jetzt war nur noch das Fleisch übrig.

«Na, so hast du wenigstens eine blühende Karriere vor dir. Zumindest bis du beschlossen hast, dich mit Leopold Rifkin anzulegen», sagte ich. Es klang schärfer, als eigentlich beabsichtigt.

Ihr Körper straffte sich. Sie setzte sich kerzengerade auf. «Na schön. Bringen wir es hinter uns. Erstens habe ich mich nicht mit deinem guten Freund Rifkin angelegt. Es ist ein Mord passiert. Sämtliche Indizien deuten auf ihn.»

«Welche Indizien? Sie stand eines Abends vor seiner Tür. Er geht ins andere Zimmer. Jemand kommt rein und erschießt sie. Er ruft den Notruf an. Er ruft die Polizei an. Man findet eine Waffe, die nicht ihm gehört und keine Fingerabdrücke von ihm aufweist.»

Sie hörte mit derselben starren Herablassung zu, die früher ebensosehr mein Verlangen geweckt hatte wie später meine Abneigung. Von Liebe hatte sie nicht das geringste verstanden, dafür um so mehr von Sex. Ihr Talent, Menschen auf Distanz zu halten, hatte sie nur noch unwiderstehlicher gemacht.

«Wir haben alles, was wir brauchen», erklärte sie mit einem blasierten Lächeln, das zu einem Akt der Gewalt förmlich einlud, wenn ihn nicht sogar rechtfertigte. «Wir haben die Gelegenheit zur Tat. Sie wurde in seinem Haus umgebracht. Er gibt zu, daß er anwesend war. Wir haben die Tatwaffe. Sie wurde mit einem Revolver getötet, und der Revolver lag auf dem Boden. Und wir haben das Motiv.»

«Motiv? Daß sie vor fünfzehn oder zwanzig Jahren als seine Haushälterin arbeitete?»

Sie rieb sich das Kinn. «Erpressung. Denise Morel hatte ihm schon vorher wiederholt gedroht. Warum sonst hätte er die Kosten für ihre Verteidigung übernehmen sollen, als sie des Mordes an ihrem Mann angeklagt war?» Sie beobachtete mich, als wollte sie meine Reaktion einschätzen. «Außerdem hatte er ihr schon nachgegeben, als er dich dazu überredete, ihren Mann zu vertreten. Er stand wegen Vergewaltigung ihrer Tochter vor Gericht. Du wirst dich doch sicher daran erinnern, oder?»

Ich würde nicht der erste sein, der den Blick abwandte. «Ich möchte gern etwas klarstellen. Nehmen wir mal an, du hättest recht. Sie kam zu ihm und bat ihn um Hilfe. Er tat es, ohne das Gesetz damit auch nur im mindesten zu übertreten. Und als sie dann fünf Jahre später wieder auftaucht, beschließt er, daß er jetzt die Nase voll hat von guten Taten und bringt sie um? Einfach so?»

«Nein, nicht ‹einfach so›. Sie taucht auch nicht nach fünf Jahren plötzlich wieder auf. Sie hat ihm immer wieder geschrieben, vom ersten Tag ihrer Haft an. Sie möchte, daß er ihr hilft. Als sie rauskommt, schreibt sie ihm weitere Briefe. Sie erklärt ihm, daß sie Geld braucht und wenn sie es nicht bekommt, sein schmutziges kleines Geheimnis ausplaudern wird.»

Sie bluffte. «Ich habe die Prozeßunterlagen gesehen. Es gibt diese Briefe nicht. Rifkins Haus ist von oben bis unten durchsucht worden. Man hat nichts gefunden.»

«Er hat sie vernichtet.»

«Ihr habt sie jedenfalls nicht.»

«Wir haben Zeugen, die aussagen werden, was sie ihnen über ihre Briefe erzählt hat.»

«Ihr habt Zeugen mit einem Vorstrafenregister, das länger ist als der längste Brief, den die kleine Schlampe je in ihrem Leben geschrieben hat.»

Sie lächelte, und ich hätte sie am liebsten erwürgt. «Wir haben sogar Zeugen, die darüber aussagen könnten, was sie ihnen über Briefe – und anderes – erzählt hat, die sie mit dir ausgetauscht hat.»

Ich lehnte mich zurück und sah sie mir ganz genau an. «Zufällig habe ich auch ein paar in meinem Besitz. Ich brauche keine Zeugen.»

«In deinem Besitz?» fragte sie verständnislos.

«Ja. Briefe. Briefe, die du mir geschrieben hast. Soll ich dir mal ein paar Kopien ins Büro schicken lassen? Nur um dich dran zu erinnern, wie gut, besser gesagt, anschaulich du dich ausdrücken kannst?»

Sie konnte die Panik, die in ihr aufstieg, nicht verbergen. Sie versuchte es auch gar nicht erst. «Du hast gesagt, du hättest sie weggeworfen.»

«Das war eine Lüge.»

«Du lügst jetzt!» rief sie und forschte in meinen Augen nach der Antwort.

«Vielleicht», sagte ich und zuckte die Achseln. «Willst du es drauf ankommen lassen?»

«Du Schwein! Ist dir klar, daß du dir damit eine Anzeige wegen Erpressung einhandeln kannst?»

«Zu einer Erpressung gehört eine Drohung», konterte ich gelassen. «Ich habe dir nicht gedroht. Ich habe nur darauf angespielt, daß viele Leute Briefe besitzen. Das heißt noch lange nicht, daß man deswegen rumläuft und sich gegenseitig um die

Ecke bringt. Oder soll ich etwa aus der Tatsache, daß ich Briefe besitze, die du mir vor ein paar Jahren geschrieben hast, ableiten, daß du dir jetzt eine Knarre besorgst und mich abknallst?»

Sie hatte sich wieder gefaßt und war bereit, die methodische Kalkulation ihres Vorteils wiederaufzunehmen. «Es tut mir leid, ich hätte das nicht sagen dürfen. Ich weiß, daß ich dir vertrauen kann. Ich möchte keinen Streit. Um ehrlich zu sein, ich wollte dich treffen, um dir von Angesicht zu Angesicht zu sagen, daß ich glaube, wir können eine Lösung finden. Wenn er auf Totschlag plädiert, werde ich eine Bewährungsstrafe empfehlen.»

Sie sah in meinen Augen etwas, das sie fälschlicherweise für Zweifel hielt. «Er ist ein alter Mann. Sie hatte ihn mehrmals bedroht. Und es wird mehr sein als nur eine reine Empfehlung. Es wird ein genau geregeltes Abkommen», sagte sie und bezog sich damit auf eine juristische Prozedur, bei der sich der Richter im vorhinein verpflichtet, dem beantragten Strafmaß zuzustimmen.

«Das ist ein gutes Angebot», räumte ich ein.

Die Falten um die Mundwinkel, die vorher so angespannt gewesen waren, glätteten sich ein wenig. «Ich wußte doch, daß wir uns einigen können», sagte sie.

«Aber ich kann es nicht annehmen.»

«Warum nicht?» Sie versuchte, ruhig zu bleiben. «Weiter kann ich unmöglich gehen.»

«Weil es kein derartiges Abkommen geben kann, wenn der Angeklagte nicht bereit ist, vor Gericht auszusagen, daß er die Tat begangen hat. Das kann Rifkin nicht. Rifkin war es nicht. Und eins mußt du endlich begreifen, Gwendolyn: Im Gegensatz zu dir und mir gehört Leopold Rifkin zu den Menschen, die niemals lügen.»

Vielleicht hatte sie es in ihrer Kindheit gelernt, nach den ersten Wutausbrüchen, vielleicht aber auch erst später, als sie verstand, daß Macht etwas damit zu tun hat, daß einem Menschen gleichgültiger sind, als man selbst umgekehrt ihnen ist – jedenfalls war sie stets bereit, alles hinzuwerfen. Sie hob das Kinn, kniff die Augen zusammen und funkelte mich an. Dann rutschte sie ans Ende der Bank und stand auf. Doch bevor sie ging, zögerte sie noch eine Sekunde.

«Einen letzten Rat noch», sagte sie. «Wenn du nächstes Mal mit deinem scheinheiligen Mandanten sprichst, frag ihn nach der Waffe. Frag ihn, wie es kommt, daß der Revolver, den er angeblich nie gesehen hat, auf seinen Namen registriert ist.»

Diesmal bluffte sie nicht, und ich wußte es. Der Revolver, der neben dem Opfer auf dem Fußboden gelegen hatte, war auf Leopold Rifkin registriert. Das war so gut wie ein Unschuldsbeweis. Jeder mit einem Funken Verstand hätte daran gedacht, die Tatwaffe loszuwerden, wenn sie ihm gehörte. Das würde die Staatsanwaltschaft allerdings nicht bremsen. Sie ging immer von der Schuld des Angeklagten aus und argumentierte dann rückwärts. Daß der Revolver auf den Namen des Angeklagten registriert war und offen herumlag, würde zum Ober- und Untersatz eines Syllogismus werden, dessen Schlußfolgerung nur lauten konnte, daß der Angeklagte in der Verwirrung und Erregung des Augenblicks offensichtlich einen Blackout hatte. Wenn man erst einmal aufhört, sich zu fragen, wer das Verbrechen begangen hat, löst sich das Rätsel normalerweise von selbst.

19

Der Revolver war etwa sieben Wochen vor Denise Morels Ermordung auf Rifkins Namen registriert worden. Der Mord, das stand außer Frage, war mit äußerster Präzision geplant worden. Aber hatte der Mörder all diese Mühe auf sich genommen, um sich zu schützen, oder sollte der Mord an Denise Morel im Grunde nur dazu dienen, Leopold Rifkin zu Fall zu bringen?

Emma Gibbon war nicht die einzige Detektivin, deren Dienste ich in Anspruch nahm, aber wenn ich einen schwierigen Fall hatte, rief ich zuerst bei ihr an. Sie war Ende Vierzig, hatte die ersten grauen Strähnen im Haar, eine Stimme, die sogar Verrückte beruhigen konnte, und Augen, die Verständnis signalisierten. Frauen erzählten ihr Dinge, die sie keinem Mann anvertraut hätten; Männer erzählten ihr Dinge, von denen sie noch nie gesprochen hatten. Seit dem Tod ihres Mannes, eines Polizisten, der vor fünfzehn Jahren bei einem Raubüberfall auf ein Spirituosengeschäft erschossen worden war und sie mit drei Kindern und einer Rente zurückgelassen hatte, die zu klein war, um sie alle durchzubringen, arbeitete sie als Privatdetektivin.

Die Mordwaffe stammt aus Medford, zweihundertfünfzig Meilen südlich von Portland und weniger als eine halbe Stunde Fahrzeit von der kalifornischen Grenze entfernt. Medford war tiefste Provinz. Jeder dort besaß eine Waffe, die meisten sogar mehr als eine. Ein Lieferwagen, der nicht mindestens zwei Gewehre an der Rückwand der Fahrerkabine mitführte, war entweder nur auf der Durchreise oder erst vor kurzem ausgeraubt worden. Sich bei dem Inhaber eines dortigen Waffengeschäfts zu erkundigen, wer vor mehreren Monaten eine bestimmte

Waffe gekauft hatte, war ungefähr so wie eine Nymphomanin zu fragen, mit wem sie letztes Silvester verbracht hatte. Trotzdem erzählte er Emma alles, was er wußte.

Viel war es nicht. Er erkannte Leopold nicht, als sie ihm ein Foto zeigte. Er konnte zwar nicht behaupten, daß Rifkin derjenige war, der den Revolver gekauft hatte, umgekehrt konnte er aber auch nicht bestätigen, daß er es nicht war. Hundertprozentig sicher war er nur, daß das Registrierungsformular mit der Unterschrift von Leopold Rifkin von der Person unterschrieben worden war, die den Revolver gekauft hatte. Ich hatte die Unterschrift gesehen. Es war eine perfekte Fälschung. Ich konnte dem Inhaber des Waffengeschäfts nur das Eingeständnis abringen, daß er Leopold Rifkin nicht wiedererkannte. Die Anklage würde ihn fragen, wie viele Kunden – Menschen, die er noch nie zuvor gesehen hatte und auch nie wiedersehen würde – Tag für Tag, Woche für Woche, Monat für Monat und Jahr für Jahr Waffen bei ihm kauften.

Die Verhandlung war nur noch wenige Wochen entfernt, und wir waren genauso klug wie am Anfang. Wir hatten keine Ahnung, wer Denise Morel wirklich ermordet hatte. Und was noch schlimmer war, ich hatte nichts Handfestes gefunden, mit dem ich die Anklagepunkte hätte in Frage stellen können. Alles, was ich hatte, war Leopold Rifkin selbst, sein Charakter, seine Integrität, sein guter Ruf. Doch es kursierten nach wie vor Gerüchte über seine Affäre mit dem Opfer, eins geschmackloser als das andere. Und selbst wenn es Leute in Portland gab, die nicht die eine oder andere Version kannten, würde ich sie wohl kaum unter den Geschworenen finden, die über Rifkins Schicksal zu entscheiden hatten.

Zum x-tenmal nahm ich mir den Polizeibericht, den Arztbericht und all die anderen Indizien vor, auf die Gilliland-O'Rourke ihren Fall stützte. Irgendwas mußte ich übersehen haben, irgendeinen kleinen Faden, der das Geheimnis entwirren und die nackte Wahrheit ans Tageslicht bringen würde. Ich zwang mich, den nüchternen Text des Polizeiberichts so langsam zu lesen, daß ich merkte, wie ich die Lippen bewegte. Nichts. Es war so, als wollte man die schwache Durchschrift eines Wortes auf einem leeren Blatt Papier entdecken. Ich warf den Bericht auf den Schreibtisch und rieb mir die Augen. Als ich das nächste Mal hinsah, lag er verkehrt herum da.

In dem Gewirr von kopfstehenden Buchstaben fiel mein Blick auf das erstbeste, was mein Verstand begriff, ein paar Ziffern – Zahlen, die sich zum Tag, Monat und Jahr eines bestimmten Datums zusammenfügten. Komisch, wie es da vor mir schwebte, plötzlich von allem anderen abgeschnitten. Ich sah es an, als hätte es ein eigenes Leben entwickelt und würde jeden Augenblick über das Blatt krabbeln und hinter dem Rand verschwinden. Ich legte meinen Finger darauf, so wie ich es bei einem harmlosen kleinen Insekt getan hätte. Ohne nachzudenken, wußte ich, was es war. Es war ein Todesdatum, der Tag, der Monat und das Jahr, an dem Denise Morels Leben ein plötzliches, gewaltsames Ende gefunden hatte. Und dann wußte ich noch etwas, vielmehr, glaubte es zu wissen.

«Horace, hier spricht Joseph», sagte ich hastig, als er sich am anderen Ende meldete.

«Joseph», murmelte er. «Wie spät ist es?»

Erst jetzt ging mir auf, daß ich keine Ahnung hatte. «Oh, verdammt», sagte ich entschuldigend, als ich auf die Uhr sah. Kurz nach Mitternacht. «Tut mir leid. Ich hab nicht dran gedacht. Schlafen Sie weiter. Ich rufe Sie morgen früh an.»

«Sie arbeiten noch? Um die Zeit?» Er fing an zu lachen. «Kein Wunder, daß Sie mich immer geschlagen haben, Sie alter Gauner.»

«Na schön. Da ich Sie ohnehin aufgeweckt habe, beantworten Sie mir eine Frage. Als Denise Morel des Mordes angeklagt wurde – erinnern Sie sich, wann das war?»

«Als sie angeklagt wurde?»

«Nein, als Johnny Morel getötet wurde.»

«Das ist Jahre her. Ich behalte nicht mal den Geburtstag meiner Frau. Wie zum Teufel sollte ich mich daran noch erinnern?»

Es folgte ein kurzes Schweigen. Dann fragte er: «Warum? Worauf wollen Sie hinaus?»

«Ich bin mir nicht sicher. Aber ich brauche die Akte, Ihre Akte damals als Staatsanwalt. Der Polizeibericht ist bestimmt noch drin.»

«Ja, aber die liegt im Büro des Generalstaatsanwalts. Sie müßten es über Gilliland-O'Rourke versuchen. Das wollen Sie bestimmt nicht, wie?»

Die Frage beantwortete sich von selbst. «Keine Panik», fuhr er fort. «Ich besorge Ihnen, was Sie brauchen. Sie wollen also nur das Datum, an dem sie ihn ermordet hat?»

«Ich weiß nicht, ob sie ihn ermordet hat, Horace. Aber ich brauche das Datum, ja.»

Ein Licht brannte im Fenster des Erdgeschosses, als ich die Einfahrt hinauffuhr. Alexandra saß am Eßtisch und hatte ihre juristischen Fachbücher um sich ausgebreitet.

«Noch ein bißchen Unterhaltungslektüre, bevor du ins Bett gehst?» sagte ich und sackte auf einen Stuhl am Tischende.

Sie war zu beschäftigt, um aufzublicken. Ihr Kopf bewegte sich auf und ab, während sie die Worte beim Schreiben mitmurmelte. «So!» rief sie, legte den Bleistift hin und nickte noch ein letztes Mal. «Ich dachte schon, ich würde nie fertig.» Sie war barfüßig, trug nur eine weite kurzärmlige Bluse und braune Shorts und hatte ihr Haar im Nacken mit einem schwarzen Gummi zusammengebunden.

«Woran arbeitest du?»

«An einer Hausarbeit für mein Beweisrecht-Seminar.»

Ich beugte mich vor, löste die Schnürsenkel und zog die Schuhe aus. «Das war das schlimmste Seminar meines ganzen Studiums», sagte ich und lehnte mich zurück. «Und wahrscheinlich das einzig wichtige.»

«Also, ich finde es gar nicht schlecht», sagte sie.

«Wahrscheinlich, weil du es kapierst. Ich habe erst begriffen, was Beweisrecht ist, als ich anfing, Prozesse zu führen.»

«Ich dachte immer, man müßte was davon verstehen, bevor man anfängt, Prozesse zu führen», erwiderte sie herausfordernd und stützte das Kinn in die Hand.

«Mir war das Ganze viel zu abstrakt. Ich interessierte mich einfach nicht für die einundzwanzig Ausnahmen zum Gebot, Beweise durch Hörensagen nicht zuzulassen.»

«Dreiundzwanzig», korrigierte sie mich.

«Wie auch immer. Jedenfalls interessierte es mich nicht, bis ich einen Fall hatte, wo eine davon eine entscheidende Rolle spielte.»

«Du bist bestimmt müde», sagte sie und stand auf. «Möchtest du ein Bier? Angeblich hilft es, besser einzuschlafen.»

«Teilen wir uns eins?» rief ich hinter ihr her, als sie in der Küche verschwand.

«Flasche oder Glas?» fragte sie, während sie einschenkte.

«Flasche.» Ich nahm einen langen Zug und stellte die Flasche ab. «Ich bin froh, daß du noch auf bist. In letzter Zeit sehen wir uns kaum. Dieser Fall …», wollte ich hinzusetzen, aber die Worte verebbten, als seien sie der Widerhall meines Gefühls von Sinnlosigkeit.

«Es läuft nicht gut, wie?»

Ich starrte zu Boden und runzelte die Stirn. «Kann man wohl sagen. Aber vielleicht habe ich was. Wir werden sehen.»

«Ist dieser Fall denn so anders als die anderen? Ich weiß, wie sehr Rifkin dir am Herzen liegt.»

Ich war so müde, daß ich kaum den Kopf heben konnte. «Mir am Herzen liegt? Ich weiß, daß Rifkin der einzige unschuldige Mensch ist, den ich kenne.» Ich stützte mich mit einer Hand am Tisch ab und rutschte tiefer auf meinem Stuhl. «Jetzt werde ich dir etwas verraten, was du in der juristischen Fakultät niemals lernst», sagte ich und starrte in ihre großen Augen. «Man hat immer einen besseren Stand, wenn man einen Schuldigen verteidigt. Immer. Die schlimmsten Fälle, also die, die einen fertigmachen, sind die, bei denen man weiß – ich meine hundertprozentig sicher ist! –, daß man jemand verteidigt, der nicht der Täter ist. Verstehst du? Wenn man weiß, daß der andere schuldig ist, ist es nur ein Spiel. Es gibt nichts zu verlieren, rein gar nichts. Wenn er verurteilt wird – was soll's! Er ist schuldig. Und wenn er freigesprochen wird», setzte ich verächtlich hinzu, «dann wird man wenigstens berühmt.»

«Aber was ist mit den Menschen, denen er Schaden zugefügt hat?» sagte Alexandra und suchte meinen Blick. «Dieses Spiel, wie du es nennst, dieses Spiel, bei dem man angeblich nichts zu verlieren hat – was ist da mit dem Opfer? Was mit den Opfern, die beraubt, überfallen, ermordet und weiß Gott was wurden? Welche Rolle spielen sie in deinem Spiel?»

«Weiß ich nicht», sagte ich erschöpft. «Und es ist auch nicht wichtig. Rifkin ist unschuldig. Diesmal ist es kein Spiel.»

Früh am nächsten Morgen auf dem Weg zum Gericht fiel es mir ein, als sei es gestern gewesen. Derselbe Park an einem Frühlingstag, als die Blumen und Pflanzen in voller Blüte standen. Wie viele Jahre war das her? Neun? Zehn? Ein ganzes Menschenleben, bevor irgendwas von alledem passiert war, bevor ich Denise Morel kennengelernt oder von ihrem Mann gehört hatte. Das war der Tag, an dem alles angefangen hatte, der Tag, an dem Leopold Rifkin mich um einen Gefallen gebeten hatte, den einzigen Gefallen, den ich ihm je hätte verweigern sollen.

«Sie brauchen Ruhe», sagte Horace, sobald er mich sah. «Ich meine es ernst. Sie sehen schrecklich aus. Setzen Sie sich, ich hole Ihnen einen Kaffee.»

«Nein, lassen Sie nur. Was haben Sie rausgekriegt?»

«Setzen Sie sich, und ich erzähl's Ihnen. Sie machen mich nervös, wenn Sie so auf und ab tigern. Was glauben Sie, wo Sie hier sind? Im Gerichtssaal?»

Ich setzte mich auf die Kante des Stuhls vor seinem Schreibtisch.

«Und hören Sie auf, mit den Fingern zu trommeln, verdammt noch mal! Sind Sie letzte Nacht überhaupt zum Schlafen gekommen?»

«Nicht viel», räumte ich ein. «Ein paar Stunden, glaube ich. Ich bin nach Hause gefahren, gleich nachdem ich Sie angerufen hatte. Übrigens möchte ich mich nochmals entschuldigen. Ich hätte Sie nicht so spät anrufen dürfen. Es war mir gar nicht bewußt.»

Horace unterbrach mich, indem er mit seiner großen Hand abwinkte. «So lange arbeiten Sie aber nicht jeden Abend, oder?» fragte er und reichte mir einen Becher mit Kaffee. «Und wenn Sie sich so gut vorbereiten, es wird Leopold nichts nützen, wenn Sie am Ende so erschöpft sind, daß Sie nicht mehr wissen, was Sie tun.»

Ich nickte abwesend. «Was haben Sie rausgekriegt?»

Stirnrunzelnd senkte Horace den Kopf und beäugte mich über den Rand seiner Brille hinweg. Es war eine Geste, die er immer einsetzte, wenn er einem etwas besonders einschärfen wollte, egal, ob einem Zeugen, einer Jury oder einem Freund. «Sie tun, was ich sage, haben Sie verstanden? Machen Sie das nicht. Die einzigen, die sich die Nächte um die Ohren schlagen müssen, sind die College-Kids und Anwälte, die nicht die geringste Ahnung von ihrem Job haben.»

Ich nickte erneut. «Was haben Sie rausgekriegt?»

286

Er warf einen Blick auf den Zettel, der vor ihm lag. «17. April.»

«Der gleiche Tag.»

«Stimmt. Wie sind Sie darauf gekommen?»

Ich lehnte mich zurück, heilfroh, daß endlich etwas aufgetaucht war, das einen Sinn ergab. Denise Morel war am gleichen Tag ermordet worden wie ihr verblichener, nicht übermäßig betrauerter Ehemann. Ihre Ermordung feierte den fünften Jahrestag seines gewaltsamen Todes.

«Wie sind Sie darauf gekommen?» wiederholte Horace.

«Ich glaube, im Wahn», erwiderte ich. «Ich weiß es wirklich nicht. Sie wissen doch, wie das ist. Man starrt so lange auf denselben Fleck, bis plötzlich etwas passiert. Man denkt an nichts Bestimmtes. Und plötzlich kommt einem ein Gedanke.» Ich lächelte kläglich. «Vielleicht denken nicht wir die Gedanken, sondern genau umgekehrt – die Gedanken denken uns.»

Ein vieldeutiges Lächeln spielte um seinen Mund. «Das ist eine Frage, die wir nach Leopolds Freispruch mit ihm erörtern sollten.» Plötzlich verschwand das Lächeln. «Wir haben also zwei Morde am gleichen Datum. Na und? Zufall, schlicht und einfach.»

«Spielen Sie nicht den Staatsanwalt», sagte ich und richtete mich auf. «Vergessen Sie, was Gilliland-O'Rourke dazu sagen wird. Vergessen Sie es. Was bedeutet es? Ein Zufall kann es nicht sein. Irgendwer muß das alles geplant haben, und zwar einerseits so, daß der Mord am gleichen Tag geschah wie der Mord an Johnny Morel, andererseits so, daß Leopold der einzige Verdächtige ist.»

«Wissen Sie, was das bedeuten könnte?» fragte Horace eifrig. «Daß jemand eine Botschaft übermitteln wollte.» Er kniff die Augen zusammen, während er versuchte, der Logik dieses Gedankens zu folgen. «Warum würde man einen Mord so planen, daß man ihn mit einem anderen Mord in Verbindung

287

bringt? Warum würde man das Risiko eingehen, sich zu verraten, nachdem man sich erst solche Mühe gegeben hat, einen Dritten zu belasten? Warum sollte man das tun, wenn diese Botschaft nicht mindestens genauso wichtig wäre wie das, was Leopold Rifkin passiert?»

«Wir wissen aber nicht, wie diese verdammte Botschaft lautet, und wir haben keine Ahnung, an wen sie gerichtet ist», warf ich ein und starrte auf den Teppich. «Vielleicht galt sie Denise. Vielleicht wollte der Mörder sie wissen lassen, daß sie wegen Johnny Morel sterben mußte.»

Horace winkte ab. «Sie glauben doch nicht im Ernst, daß irgendwer da draußen die letzten fünf Jahre damit verbracht hat, den Tod dieses Penners zu beklagen, oder?»

Ich sah zu ihm auf und schüttelte langsam den Kopf. «Nein, aber vielleicht hat jemand die letzten fünf Jahre darüber nachgedacht, wie er zu Ende bringen könnte, was er begonnen hatte, als er ihn tötete.»

«Sie haben nie geglaubt, daß sie es war, nicht?»

Eine nette Frage: Was ist schlimmer, jemanden zu verteidigen, von dem man weiß, daß er unschuldig ist, und den Fall zu verlieren, oder jemanden anzuklagen, von dem man später erfährt, daß er unschuldig war, und den Fall zu gewinnen? Ich mußte Horace nicht erst an die moralischen Tücken unserer Arbeit erinnern. «Es war nur ein Gefühl», antwortete ich. «Aber wenn sie es nicht war, dann bedeutet die Tatsache, daß beide am gleichen Datum ermordet wurden, daß ein und dieselbe Person beide getötet hat.»

«Aber es bedeutet nicht, daß das Datum gewählt wurde, um Denise Morel in letzter Sekunde eine Erklärung dafür zu liefern, warum sie sterben mußte», gab Horace zurück. «Teufel auch, wenn das die Botschaft war, hätte der Mörder es ihr einfach sagen können, kurz bevor er abdrückte. Nein, wenn Sie recht haben, wenn sie Johnny Morel nicht umgebracht hatte

288

und der Mörder alle beide auf dem Gewissen hat, dann will er, wer immer er ist, daß jemand es erfährt. Und das wiederum bedeutet», sagte er, beugte sich vor und sah mich eindringlich an, «daß wir rauskriegen müssen, wer es erfahren soll.»

Horace hatte recht. Wenn der Mörder wollte, daß die ganze Welt es erfuhr, machte es keinen Sinn, jemand anderem die Schuld in die Schuhe zu schieben. Der Mörder wollte, daß alle Leopold Rifkin für den Mörder hielten, nur nicht ... «Wer, glauben Sie?»

«Unter anderem Sie.»

«Ich?»

«Klar, warum nicht? Fangen wir beim offensichtlichsten Faktum an. Sie wissen es.»

«Ja, aber die Polizei hätte auch darauf kommen können. Die identischen Daten hätten ihr auffallen müssen.»

«Sie sind ihr aber nicht aufgefallen. Sie sind niemandem aufgefallen. Niemandem außer Ihnen, mein Freund. Und wer würde es mit größerer Wahrscheinlichkeit rauskriegen als der Verteidiger? Wer würde mit hoher Wahrscheinlichkeit sein Anwalt werden? Sie!»

«Aber warum wollte derjenige, daß ich es rauskriege und sonst niemand?»

«Vielleicht gibt es noch mehr. Ich sagte, ‹unter anderem Sie›. Denken Sie mal darüber nach. Wenn Sie es wissen, wer erfährt es dann noch?»

Wir wechselten einen Blick und verstanden uns ohne Worte. «Leopold.»

«Klar.»

«Und Sie», sagte ich.

«Das nicht unbedingt. Aber wie auch immer, damit stehen wir vor der Frage, warum der Mörder Sie wissen lassen wollte, daß er beide getötet hat.»

Ich nahm seinen Gedankengang auf. «Und daß er mit dem

ersten Mord davongekommen ist und jetzt beste Aussichten hat, der Justiz ein zweites Mal zu entwischen.»

«Wer hätte ein Interesse daran, die beiden umzubringen?»

Da fiel es mir ein, und ich fragte mich, wieso ich nicht schon viel früher daran gedacht hatte. «Darf ich mal Ihr Telefon benutzen?»

Horace drehte den Apparat um und schob ihn mir über den Schreibtisch. Ich rief im Büro an und bat Helen, mir die Akte eines Falles herauszusuchen, der zehn Jahre zurücklag.

«Glauben Sie, das ist die Verbindung?» fragte Horace, als ich auflegte.

Ich schüttelte den Kopf. «Weiß ich nicht. Mal sehen.»

Die Akte lag auf meinem Schreibtisch, als ich reinkam. Ich hatte sie seit dem Tag nicht mehr gesehen, als ich mein Schlußplädoyer vor den Geschworenen gehalten hatte. Ich schlug sie auf und blätterte bis zu der eselsohrigen Kopie des Polizeiberichts, den ich mit so vielen Randbemerkungen versehen hatte, daß der maschinengeschriebene Text zwischen all dem Gekritzel kaum noch erkennbar war. Rasch fand ich das Datum, das ich suchte.

Ich starrte eine ganze Weile darauf, sah aus dem Fenster und kehrte wieder zu dem Datum zurück. Es war kein Fehler. Ich hatte mich geirrt. Johnny Morel und seine Frau waren am gleichen Tag ermordet worden, aber es war nicht das Datum, an dem er seine Stieftochter vergewaltigt und mit dem Tod bedroht hatte.

Das war mir wieder eingefallen, der Haß in ihren Augen, als sie mir am Abend seines Freispruchs erklärte, daß ich für das, was ich getan hatte, bezahlen würde. Myrna Albright hatte gute Gründe, sie alle beide umzubringen und mich wissen zu lassen, daß sie die Mörderin war. Wenn Leopold Rifkin verurteilt wurde, würde ich dieselbe ohnmächtige Wut verspüren wie sie damals, als sie nichts tun konnte, um das Kind vor dem ungeheuerlichen Mißbrauch durch Denise und Johnny Morel zu schützen.

Ich blätterte weiter, ohne auch nur zu versuchen, den Text dieser erbärmlichen Chronik eines Falles zu lesen, den ich hätte verlieren müssen. Dann kam ich zu dem Dokument mit dem abschließenden, unwiderruflichen Urteil – wie es am Ende jedes Prozesses vor einem amerikanischen Gericht gefällt wird. Es ist die offizielle Erklärung, ob der Angeklagte für schuldig oder unschuldig erklärt worden ist. Da hatte ich sie, den Text der Anklage und die Worte *Nicht schuldig* unauslöschlich daneben eingeprägt. Alles fein säuberlich mit Datum und Unterschrift versehen. Und plötzlich durchfuhr mich eine Hitzewelle, die mehr mit Angst als mit Erregung zu tun hatte. Der Tag, an dem das Urteil gesprochen worden war und Johnny Morel das Gericht als freier Mann verlassen hatte, war der 17. April – das Datum seines Todes.

20

Myrna Albright war wie vom Erdboden verschluckt. Der einzige Beweis für ihre Existenz war ein Vorstrafenregister wegen einer Reihe von kleineren Vergehen, die gelegentlich mit verhältnismäßig kurzen Haftstrafen geahndet worden waren. Sie war rauschgiftsüchtig gewesen und hatte aus Not die traurige Gewohnheit annehmen müssen, sich selbst zu verkaufen und andere zu bestehlen. Nach mehreren Jahren, in denen sie hin und wieder als Prostituierte und Kleinkriminelle auffiel, brach die Kette ihrer durchweg gewaltlosen Gesetzesübertretungen von einem auf den anderen Tag ab. Etwa zwei Jahre vor Johnny Morels Verhandlung änderte sich das Muster, und weder Polizei noch Staatsanwaltschaft hatten noch Veranlassung, sich mit ihr zu befassen. Sie hatte in der trübseligen Anonymität ihrer Wohnung in Oregon City gelebt, bis sie wenige Tage nach der Verhandlung gekündigt hatte und nie wieder aufgetaucht war.

«Sie ist spurlos verschwunden», erklärte Emma Gibbon.

Wir saßen nebeneinander am Kopfende des Tisches im Sitzungssaal. Emma trug eine weiße, bis zum Hals zugeknöpfte Bluse. Sie warf einen Blick in die Mappe, die aufgeschlagen auf ihrem Schoß lag. Dann nahm sie die Brille ab und sah mich an. Die Entmutigung war ihr an den müden Augen abzulesen.

«Nichts», seufzte sie und legte die Brille auf den Tisch. «Gar nichts. Es ist viel schwieriger, eine Frau zu finden als einen Mann. Sie hat bessere Möglichkeiten, ihr Äußeres zu verändern – Haar, Augen, Make-up, ihre Art, sich zu kleiden, ihren Gang, selbst ihre Sprechweise.»

Emma gestikulierte beim Sprechen nur selten, und sie sprach langsam, langsamer als alle Leute, die ich kannte. Jedes einzelne Wort klang, als nehme sie von allen Seiten Maß, um sich zu vergewissern, daß es paßte; jeder Satz war ein langer Marsch zu dem, was sie sagen wollte. Manchmal hätte ich sie am liebsten geschüttelt, um ihr klarzumachen, daß sie schneller machen sollte, doch dann fiel mir wieder ein, daß nicht sie langsam war, sondern die anderen zu schnell, obwohl sie kaum etwas zu sagen hatten. Wenn man ihr zuhörte, hatte man das Gefühl, die Tür zu einem Rockkonzert zu schließen und allein in einem Raum zu stehen, in dem ein klassischer Musiker Cello spielte.

«Sie kann ihren Namen ändern und einen Mann finden, der bereit ist, alles zu glauben, was sie ihm erzählt», fuhr sie resignierend lächelnd fort.

«Oder einen Mann, der bereit ist, eine Waffe zu kaufen und den Namen auf dem Registrierungsformular zu fälschen», gab ich zu bedenken.

«Sogar das», stimmte sie zu. «Obendrein ist sie nicht Amerikanerin, sondern Kanadierin. Sie könnte überall leben, Namen erfinden, mit einem einwandfrei gültigen kanadischen Paß, einem Führerschein, den ohnehin niemand überprüft, und einem Satz von Ausweisen, die kein Mensch anzweifeln müßte, von Ort zu Ort reisen.»

«Wo sie auch ist, wir müssen sie finden», erklärte ich ernst.

Ohne ein Wort griff Emma nach ihrer Brille und blätterte durch ihre Mappe, bis sie zu einem Blatt mit handschriftlichen Notizen kam.

«Sie haben mir erzählt, was sie nach der Verhandlung gesagt hat. Das war das zweite Mal, daß Sie mit ihr zu tun hatten. Das erste Mal haben Sie sie in ihrer Wohnung aufgesucht», faßte sie zusammen. «Da hatte sie Ihnen erzählt, wie sie sich um das Mädchen gekümmert hat, als sie mit Denise Morel zusammenlebte?» fragte sie und sah auf.

«Ja. Sie sagte, daß sie sich um sie gekümmert hätte, wenn Denise weg war, und das war praktisch immer.»

«Und daß sie am liebsten alle beide umgebracht oder wenigstens etwas unternommen hätte, um das Kind zu schützen», setzte Emma hinzu, als sie die Mappe zuklappte und in ihrer ledernen Aktentasche verstaute. Sie erhob sich, griff nach der Tasche und erlaubte sich ein leichtes, zuversichtliches Lächeln. «Daran hätte ich auch vorher denken können. Ich glaube, ich weiß jetzt, wie ich sie finde.»

Noch vor dem Wochenende hatte Emma alle Informationen, die wir brauchten. Michelle Walker, Stieftochter des verblichenen, nicht gerade betrauerten Johnny Morel, hatte nie wieder mit ihrer Mutter zusammengelebt. Sie war von einer Pflegefamilie zur anderen gewandert, fünf verschiedene in zwei Jahren, und hatte dabei eine Spur von unbestätigten und routinemäßig abgelehnten Beschuldigungen wegen sexuellen Mißbrauchs gegen fast alle Pflegeväter hinterlassen, bei denen sie wohnte. Als sie fünfzehn war, wurde am Circuit Court ein Adoptionsantrag gestellt. Die Sozialarbeiter des Jugendamtes bezeugten einmütig den Wunsch und die Eignung einer gewissen Myrna Albright, dem Kind ein gutes Zuhause zu bieten. Ihre Euphorie wurde nicht im mindesten durch die Tatsache gedämpft, daß Michelle Walkers neues Zuhause sich außerhalb der Staatsgrenzen der Vereinigten Staaten befand. Mit händeringender Aufrichtigkeit, die unweigerlich auf das Eingeständnis ihres eigenen Versagens schließen ließ, erklärten sie, ein Ortswechsel sei das Beste, das man ihr ermöglichen könne.

Es war ein später Freitagnachmittag. Emma saß mir gegenüber am Schreibtisch. «Was ist mit den leiblichen Eltern?» fragte ich. «Solange sie nicht auf die Ausübung der elterlichen Gewalt verzichten, wird keine Adoption bewilligt. Vielleicht gab es einen Grund, der Mutter das Sorgerecht zu entziehen. Über den Vater weiß ich nichts.»

«Nein», erwiderte sie und schüttelte fast unmerklich den Kopf. «Es wurde ihnen nicht entzogen. Beide Eltern stimmten dem Antrag zu.»

Und hatten es sich vermutlich bezahlen lassen. Myrna Albright hatte versprochen, für Johnny Morel einen Meineid zu leisten, und es sich dann anders überlegt. Das würde eine Frau wie Denise Morel weder vergessen noch verzeihen. Dies war ihre letzte Chance, Michelle zu benutzen, um etwas für sich selbst herauszuschlagen. Sie hätte alles bekommen, was sie haben wollte.

Emma hatte eine Kopie des Adoptionsbeschlusses und die Anschrift von Myrna Albrights damaligem Wohnsitz in British Columbia.

«Ich habe es durch einen Privatdetektiv in Vancouver überprüfen lassen. Offensichtlich ist sie immer noch dort gemeldet.»

Erst als Emma gegangen war, fiel mir ein, daß ich mit Alexandra zum Essen verabredet war. Da ich schon zehn Minuten zu spät dran war, stopfte ich alles, was ich brauchte, in meine Aktentasche und raste aus dem Haus. Das Restaurant lag nur ein paar Blocks entfernt. Auf dem Weg dorthin dachte ich abwechselnd daran, was mich in British Columbia erwarten mochte, und wie ich Alexandra beibringen sollte, daß ich trotz meines Versprechens, das Wochenende mit ihr zu verbringen, morgen in aller Herrgottsfrühe nach Vancouver fliegen würde.

Alexandra saß an einem Tisch für zwei, spielte mit einem Glas Rotwein und studierte die Speisekarte. Eine einzelne, kaum erblühte Rose stand in einer schmalen Vase vor ihr.

«Tut mir leid, daß ich zu spät komme», sagte ich.

Ihr Blick hob sich nicht von der Speisekarte. «Ach, kommst du zu spät?» fragte sie mit gespielter Gleichgültigkeit. Sie schloß die Speisekarte, schob sie in eine Ecke des Tisches und hob das Glas zum Mund.

«Es tut mir wirklich leid. Ich hatte eine Besprechung mit Emma, die länger gedauert hat, als ich dachte.»

Sie bemerkte die Aktentasche, die ich gegen ein Stuhlbein gelehnt hatte. Sie zog die Brauen hoch und rümpfte die Nase. «Wird das etwa ein Arbeitsessen?»

Ich schob meinen Stuhl zurück, starrte sie an und nickte langsam. «Das ist gut, sehr gut. Hast du lange gebraucht, um es einzuüben?»

Der Blick in ihren Augen verriet mir, daß ich unsichtbar geworden war. Ich war nicht mehr wichtig genug, um zur Kenntnis genommen zu werden, also hatte ich mich in Luft aufgelöst. Dann senkte sie den Kopf, entspannte die Schultern und fing an, mit dem Besteck zu spielen. «Nicht der Rede wert», erwiderte sie. «Erst seit ich dich mit zwanzig Minuten Verspätung reinkommen sah.»

Ich wartete bis nach dem Essen, bevor ich es ihr sagte. Sie trank ihren Kaffee und balancierte die Tasse mit drei Fingern jeder Hand. «Das ergibt keinen Sinn für mich», sagte sie und stellte die Tasse wieder auf die Untertasse. «Diese Myrna Albright haßt den Stiefvater, weil er der Kleinen das angetan hat.»

«Mit Hilfe der Mutter, vergiß das nicht.»

«Mit Hilfe der Mutter. Also erschießt sie den Stiefvater. Na schön. Aber nicht sofort. Sie wartet – wie lange? Fünf Jahre? Aber okay, sie erschießt ihn, weil er das Mädchen vergewaltigt hat. Und sie tut es auf eine Weise, die die Mutter belastet und ins Gefängnis bringt. Doch welchen Grund könnte sie haben, nach weiteren fünf Jahren auch die Mutter zu töten, und diesmal auf eine Weise, die Richter Rifkin belastet?»

«Alles, was ich weiß, ist, daß das Datum des Freispruchs und das Datum der beiden Morde übereinstimmen. Wer immer Johnny Morel auf dem Gewissen hat, ermordete auch Denise Morel. Ich kann es nicht beweisen, aber ich weiß, daß es so ist. Und Myrna Albright ist die einzige, die ein Motiv hatte. Sie konnte nicht vergessen, was die beiden getan hatten. Deshalb hat sie das Mädchen adoptiert.»

Alexandra blieb skeptisch. «Übersiehst du da nicht das Nächstliegende? Ich meine, wenn du nach einem Motiv suchst, gibt es dann nicht jemanden mit einem viel stärkeren Motiv, wie sehr Myrna Albright das Ganze auch bedauert oder sich dafür schuldig gefühlt haben mag? Vergißt du nicht die Tochter, die vergewaltigt und von ihrer Mutter für Drogen verkauft wurde? Hast du dich nie gefragt, was sie gedacht und empfunden haben muß?»

«Sie war ein Kind», wandte ich ein.

Alexandra legte den Kopf auf die Seite und suchte meinen Blick. «Glaubst du das wirklich? Glaubst du im Ernst, sie war ein Kind? Wann hatte sie denn eine Kindheit?»

«Willst du etwa sagen, daß sie ihre eigene Mutter getötet hat?» sagte ich, als gäbe es nur eine einzige Antwort darauf.

«Mutter?!» rief sie und sah mich ungläubig an. «Nach allem, was diese Frau ihr angetan hat? Glaubst du wirklich, daß dieses Wort noch eine Bedeutung für sie hatte?»

Da fiel mir etwas ein, das Carmen Mara mir an dem Abend gesagt hatte, als er mir alles erzählte. Das Mädchen hatte versucht, mit einer Schere auf Johnny Morel loszugehen. Das war der impulsive Akt eines gestörten Kindes, nicht Teil eines präzise berechneten Racheplans. «Ich glaube, du irrst dich», sagte ich, nachdem ich dem Kellner meine Kreditkarte gereicht hatte. «Aber wie auch immer, warum kommst du nicht mit? Wir könnten das Wochenende in Vancouver verbringen.»

Ich nahm die Rose aus der Vase und überreichte sie ihr. Lächelnd drehte sie sie in den Händen und beobachtete, wie jedes Blatt zart mit dem nächsten verbunden war, selbst da, wo sie sich teilten.

«Ich kann nicht. Ich muß lernen. Und außerdem» – sie führte die Rose an die Lippen – «wäre ich nur im Weg.»

Jack McKeon, der Privatdetektiv, der mit Emma zusammengearbeitet hatte, erwartete mich, als ich nach fast einer Stunde endlich durch den kanadischen Zoll kam. Er hatte ein kantiges Gesicht, graue Schläfen, stahlblaue Augen und die rosige Gesichtsfarbe eines Mannes, der entweder sehr viel Zeit an der frischen Luft verbringt oder zuviel trinkt.

«Wie lange kennen Sie Emma schon?» fragte ich, als wir in seinem grauen Range Rover saßen und Richtung Stadt fuhren.

Er nahm seine Pfeife aus dem Aschenbecher. «Macht es Ihnen etwas aus, wenn ich rauche?» fragte er, als er das Metallfeuerzeug zuschnappen ließ. «Seit fast zehn Jahren», sagte er dann, den Blick auf die Straße gerichtet. Er fuhr mit einer Hand und hielt die Pfeife in der anderen. Hin und wieder nahm er einen Zug. «Sie hatte mal in einem Wertpapierfall hier zu tun. Ein paar Amerikaner hatten Geld an der Börse von Vancouver verloren. Die Regierung führte ihre eigenen Ermittlungen durch. Ich war damals noch bei der RCMP.»

«RCMP?» hakte ich nach.

«Royal Canadian Mounted Police. Bin vor zwei Jahren pensioniert worden», sagte er.

Wir fuhren durch das Stadtzentrum. Als wir zum Stanley Park kamen, sah ich im Vorbeifahren, wie sich ein paar lange, schmale Boote mit eingeholten Segeln aus dem Gewirr unzähliger Masten über dem ruhigen Wasser des Jachthafens lösten.

«Waren Sie schon mal hier?» fragte McKeon, das Gesicht von einem dünnen Rauchschleier umgeben.

Ich kurbelte das Fenster halb herunter. «Ja, aber das ist schon ein paar Jahre her.»

Wir verließen den Park wieder und fuhren auf der Lion's Gate Bridge über die Bucht. Ich erinnerte mich, wie ich das erste Mal hiergewesen war, an einem Weihnachten. Ich war noch Student und nachts durch den Park gefahren. Auf der Brücke lag Schnee, und einen Augenblick hatte ich das Gefühl gehabt, ich sei über den Rand einer Klippe hinausgefahren und würde gleich kopfüber ins kalte, dunkle Wasser stürzen.

Am anderen Ende der Brücke bogen wir nach Westen ab und fuhren einen Highway entlang, der durch die felsigen Hügel an der Küste führte. Knapp zehn Meilen hinter Westvancouver bog McKeon in ein Dorf namens Horseshoe Bay ab. Eine Autofähre lief gerade aus und stampfte gemächlich durch den Sund. Die Überfahrt nach Vancouver Island dauerte zwei Stunden. Das obere Deck war bereits voller Menschen, die ihre Wagen unten geparkt hatten und die Treppen hinaufschwärmten, um das Licht des Spätfrühlingstages zu genießen, während das Kielwasser hinter ihnen immer länger wurde und die Küste weiter weg rückte.

Immer noch mit einer Hand am Steuer, klopfte McKeon den Pfeifenkopf im Aschenbecher aus und ließ die Pfeife dort liegen. «Diese Frau, die Sie suchen, Myrna Albright. Was genau hat sie eigentlich verbrochen?»

Er war jetzt vom Hafen in eine schmale asphaltierte Straße eingebogen, die sich dreißig Meter über der Bucht durch die versteckten Hügel schlängelte.

«Ich weiß gar nicht so genau, ob sie was verbrochen hat», erwiderte ich. Irgendwie hatte ich das Gefühl, daß sich hinter der Frage mehr verbarg als normale Neugier. «Ich will einfach mit ihr reden.»

«Ja, verstehe», sagte er, ohne die Straße aus den Augen zu lassen. «Ich frage nur, weil es komisch wäre, wenn sie mit etwas zu tun hätte, das nicht zu ihr paßte.»

Ich warf ihm von der Seite einen Blick zu. «Warum?»

«Eigentlich aus zwei Gründen. Erstens, weil sie ziemlich viel Geld hat, und zweitens, weil sie knapp siebzig ist.»

«Das muß ein Irrtum sein. Myrna Albright ist mindestens zwanzig Jahre jünger, und als ich sie das letzte Mal gesehen habe, was zugegeben zehn Jahre her ist, hatte sie nicht mal genug Geld für Zigaretten und Bier!»

«Na, dann sehen Sie sich mal um», sagte er und deutete auf die großen, weit von der Straße zurückgesetzten Villen. «Es gehört schon etwas mehr dazu, um sich ein Leben hier draußen leisten zu können.»

Die schroffe, eher wortkarge Selbstsicherheit, die ich an diesem ehemaligen Mountie zuerst bewundert hatte, erschien mir jetzt als reine Halsstarrigkeit. «Hören Sie, hier liegt ganz offensichtlich ein Irrtum vor. Kehren wir lieber um.»

«Nein», beharrte er. «Es ist kein Irrtum. Da ist es schon, gleich da vorn.»

Es war ein schlechter Scherz. Er zeigte auf eine Einfahrt, die hinter zwei steinernen Pfeilern zu einem zweistöckigen, weitläufigen Haus aus Holz, Stein und Glas führte und von einem sorgfältig gestutzten Rasen und hohen gepflegten Bäumen umgeben war. Zwischen dem Haus und Vancouver Island erstreckte sich nichts als unberührtes Meer.

McKeon parkte den Wagen in der kreisförmig angelegten Einfahrt, schaltete den Motor aus und drehte sich halb zu mir um. «Vielleicht ist es nicht die Frau, die Sie suchen, aber der Name der Besitzerin ist Myrna Albright, und das ist die Adresse, die Emma mir gegeben hat.»

Er hatte natürlich recht. Ich hatte nicht den geringsten Grund, sauer auf ihn zu sein. Er hatte getan, worum wir ihn gebeten hatten, und es war schließlich nicht sein Fehler, daß es keinen Sinn ergab.

«Macht es Ihnen was aus, auf mich zu warten?» fragte ich, als ich die Beifahrertür öffnete. «Es wird nicht lange dauern.»

Ich klingelte und wartete. Eine Frau mittleren Alters mit schwarzem lockigem Haar machte auf. Ich brauchte einen Augenblick, um zu begreifen, daß sie das Hausmädchen war. «Ich würde gern mit Myrna Albright sprechen», sagte ich.

«Werden Sie erwartet?» fragte sie, ohne die Tür loszulassen.

«Nein, aber ich bin aus Portland, Oregon, gekommen, nur um sie zu sehen.»

«Ihr Name, Sir?»

«Joseph Antonelli.»

Sie wandte sich ab und schlug mir die Tür vor der Nase zu. Ich stand da und überlegte, wie lange ich warten sollte, bevor ich wieder ging und diesem sinnlosen Abenteuer ein Ende machte. Gerade als ich mich zum Gehen wandte, öffnete sich die Tür erneut. Ebenso unbewegt wie zuvor bat mich die Frau herein und führte mich in ein großes Wohnzimmer mit Perserteppichen auf dem Parkettfußboden und Fenstern, die aufs Meer hinausgingen.

«Mrs. Albright wird gleich dasein», sagte sie, bevor sie auf dem Absatz kehrtmachte und verschwand.

Ich trat ans Fenster und sah hinaus. In weiter Ferne konnte ich eine Fähre ausmachen, die langsam durch den Sund zog, und fragte mich, ob es dieselbe war, die ich in Horseshoe Bay hatte auslaufen sehen.

«Mr. Antonelli?» hörte ich hinter mir. Es war eine Frauenstimme, eine spröde, unfreundliche Stimme, die offensichtlich nicht häufig Fremde willkommen hieß.

«Joseph Antonelli», sagte ich, wandte mich um und sah mich einer kleinen, weißhaarigen Frau mit scharfem Blick und schmalen, blutleeren Lippen gegenüber.

«Ich fürchte, ich bin es nicht gewohnt, daß wildfremde Leute einfach hier auftauchen, Mr. Antonelli. Was kann ich für Sie tun?»

Sie trug ein schlichtes schwarzes Kleid, hatte eine graue Strickjacke über die Schultern geworfen und wartete auf den erstbesten Vorwand, mich wieder hinauszukomplimentieren. Ich beschloß, ihr gar nicht erst die Chance zu geben.

«Es tut mir leid, daß ich Sie so überfalle», sagte ich und ging an ihr vorbei. «Sie sind nicht die Myrna Albright, die ich suche.»

«Kannten Sie meine Tochter?» fragte sie, als ich schon an der Tür war.

«Ihre Tochter?»

«Meine Tochter heißt genauso wie ich. Und ich habe gehört, daß Sie aus Portland kommen. Sie hat vor ein paar Jahren dort gelebt.»

«In Oregon City?»

«Ja, ich glaube. Bitte kommen Sie und nehmen Sie Platz.»

Ich folgte ihr ins Wohnzimmer zurück. Wir setzten uns auf ein Sofa vor dem großen steinernen Kamin. «Was wollen Sie von meiner Tochter, Mr. Antonelli? Wären Sie mit ihr befreundet, wären Sie sicher nicht hierhergekommen. Sie hätten gewußt, wo sie ist. Sind Sie von der Polizei?» Der einzige Ausdruck von Gefühl war ein durchtriebenes Glitzern in den blaßblauen Augen.

«Nein, ich bin Anwalt.»

Ein winziges Lächeln spielte um ihre faltigen Mundwinkel. «Mein Mann war auch Anwalt. Er war sogar einer der jüngsten Anwälte der Krone», sagte sie.

«Ich fürchte, ich weiß nicht genau, was das bedeutet», gestand ich.

Ein Anflug vernichtender Geringschätzung flackerte in ihren Augen auf. «Es ist eine sehr hohe Ehre», sagte sie ungeduldig, überzeugt von meiner unverbesserlichen Ignoranz.

In diesem Augenblick schoß etwas an die Oberfläche meiner Erinnerung zurück, das tief in meinem Unterbewußtsein verborgen gewesen sein mußte. «Ihre Tochter wollte auch einmal Anwältin werden, nicht wahr?» kam es mir über die Lippen, bevor ich selbst wußte, was ich sagte.

«Ja, woher wissen Sie das? Seit sie ein kleines Mädchen war. Und auch später noch, als sie studierte.»

«Studierte?» fragte ich und versuchte, meine Überraschung zu verbergen.

«An der UBC, der University of British Columbia. Sie war eine sehr gute Studentin, bis dann die anderen Geschichten dazwischenkamen», sagte sie und rümpfte verächtlich die Nase.

«Welche Geschichten?» fragte ich behutsam. «Sie meinen Rauschgift?»

Sie zwang sich zu einem Lächeln und faltete die runzligen Hände auf ihren Knien. «Was kann ich für Sie tun, Mr. Antonelli? Warum sind Sie hier?»

So knapp es eben ging, erzählte ich ihr von Leopold Rifkin und dem Mord, dessen er beschuldigt wurde. «Die Frau hatte ein Kind, ein Kind, das von Ihrer Tochter adoptiert wurde.»

«Michelle. Ja, natürlich», sagte sie und runzelte die Stirn. Mit kaum vernehmbarer Stimme murmelte sie: «Das arme Kind.»

«Ich hoffte, Ihre Tochter könnte mir erzählen, was aus ihr geworden ist.» Das war nicht die Wahrheit, aber mehr wollte ich vorerst nicht preisgeben.

Sie straffte die zerbrechlichen Schultern, starrte mich ungläubig, beinahe entsetzt an und fuhr mit der Hand zum Mund. «Sie glauben doch nicht, daß sie jemand getötet haben könnte?!»

«Nein, ich bin mir sicher –», begann ich, bevor ich verstand, was ihre Reaktion in Wirklichkeit bedeutete. «Sie halten es für möglich, nicht wahr?» fragte ich und sah sie eindringlich an. «Sie glauben, sie könnte imstande sein, so etwas zu tun?»

Myrna Albrights Mutter saß auf der Sofakante, die arthritischen Hände auf den knochigen Knien, und schüttelte langsam den Kopf. «Ich hoffe nicht. Aber nach allem, was ihr angetan wurde, würde ich nicht meine Hand dafür ins Feuer legen», sagte sie und biß sich auf die Lippe, während sie aus dem Fenster starrte.

«Sie wissen es? Alles?» fragte ich zögernd.

«O ja, natürlich», sagte sie und wandte sich zu mir um. «Meine Tochter hat mir alles erzählt. Nach dem Tod meines Mannes habe ich sie gebeten zurückzukommen. Ich fuhr zu diesem entsetzlichen Loch, in dem sie hauste, und flehte sie an, nach Hause zu kommen! Und als sie mir von dem armen Kind erzählte und wie sie sich fühlte, weil sie ihm nicht hatte helfen können, beschloß ich, daß wir etwas unternehmen mußten. Ich war diejenige, die darauf bestand, Mr. Antonelli. Wir bezahlten dieser gräßlichen Frau zwanzigtausend Dollar für ihre Zustimmung, aber das war es wert – jeden einzelnen Penny!»

«Und sie kam her, um mit Ihnen und Ihrer Tochter zusammenzuleben?»

«Ja», erwiderte sie, während ihr Blick abschweifte und die Stimme zu einem Flüstern verebbte. «Für zwei Jahre, bis sie siebzehn war.»

Ich beugte mich zu ihr und fragte: «Wie war das?»

«Am Anfang war sie in einem schrecklichen Zustand», seufzte sie. «Sie hatte kaum noch einen Funken Leben in sich. Das erste, was sie brauchte, war eine Therapie, und dann haben wir ihr natürlich beigebracht, sich um sich selbst zu kümmern. Das Wichtigste war, daß wir ihr einen Ort anbieten konnten, an dem sie gesund und beschützt aufwachsen konnte, anständiges Essen bekam und eine gute Schule in der Nähe hatte. Es war wirklich ganz unglaublich. Sie mußte eine Aufnahmeprüfung machen und entpuppte sich als äußerst begabt! Stellen Sie sich das vor! Das Kind einer derart heruntergekommenen Person besaß überdurchschnittliche Intelligenz! Das erste, was wir machten, war, sie an die strenge Disziplin einer Therapie zu gewöhnen. Ich bin mir sicher, daß ihr das gutgetan hat», sagte sie, obwohl ihre Augen voller Zweifel waren. «Auf alle Fälle hat sie dort gelernt, sich dessen, was ihr passiert war, nicht zu schämen.»

Das war interessant. «Warum sollte sie sich schämen? Sie hätte ...»

«Ja, ich weiß. Das ist der Punkt. Es geht darum, daß sie es nicht etwa verdrängt oder gezögert hat, darüber zu sprechen, im Gegenteil, sie schien beinahe besessen von dem Thema.» Sie schien darüber nachzudenken, wie sie es am besten formulieren sollte. «Wissen Sie, Michelle konnte völlig von sich selbst distanziert sein. Wenn sie darüber sprach, was mit ihr passiert war, dann klang es manchmal so, als beschriebe sie etwas, das sie in der Zeitung gelesen hatte. Es war alles so klinisch.» Sie schauderte.

«Aber das erklärt nicht, warum Sie ihr zutrauen, ihre eigene Mutter umgebracht zu haben.»

«Oh», sagte sie und schüttelte den Kopf. «Ich glaube das nicht. Es ist nur, nach dem, was sie meiner Tochter angetan hat ... aber das war nicht wirklich ihre Schuld. Sie konnte nicht wissen, welche Wirkung es haben würde. Sie war einfach zu jung.»

Sie hatte vergessen, daß ich ein Fremder war, und unterhielt sich jetzt mit mir, als sei ich ein alter Freund und wüßte, was geschehen war.

«Was hat sie ihr denn angetan?» fragte ich leise.

«Ach, wissen Sie. Einen Tag nach ihrem Abschluß auf der High-School packte sie ihre Sachen und erklärte, sie werde jetzt ausziehen. Einfach so, als wären wir ein Hotel für sie gewesen. Sie bedankte sich für alles, was wir getan hatten, versprach zu schreiben und verschwand.» Es klang, als hätte sie es tausendmal in ihrem Kopf hin- und hergedreht und könnte immer noch nicht glauben, daß es wirklich passiert war. «Ich habe ihr ein wenig Geld gegeben. Das war wahrscheinlich ein Fehler, aber ich habe es trotzdem getan.»

«Und hat sie geschrieben?»

«Ja, zweimal. Aus Montreal. Sie hatte sich an McGill immatrikuliert. Wir wußten nicht mal, daß sie sich dort beworben hatte. Ich fürchte, ich habe das alles viel schwerer genommen als meine Tochter. Myrna war nur froh, daß sie sicher war und gelernt hatte, selbst auf sich aufzupassen. Das hat sie jedenfalls gesagt», setzte sie nach einer kurzen Pause hinzu. «Aber in Wirklichkeit hat es ihr das Herz gebrochen, glaube ich.»

«Ich würde Ihre Tochter gern sprechen.»

Sie erhob sich von ihrem Sofa, und ich folgte ihrem Beispiel. «Ein Jahr nachdem Michelle uns verlassen hatte, kehrte Myrna zu ihren alten Gewohnheiten zurück», erklärte sie, als sie mich zur Tür brachte. «Ich erklärte ihr, daß sie das Haus verlassen müsse und nicht mit mir unter einem Dach leben könne, wenn sie damit wieder anfing. Jeder hat seine Grenzen, wissen Sie.»

Sie öffnete die Tür und wartete, bis ich an ihr vorbeigegangen war. «Ich habe schon lange nichts mehr von ihr gehört. Als das Mädchen Sie anmeldete und sagte, Sie seien aus Portland, glaubte ich schon, Sie seien von der Polizei und wollten mir mitteilen, daß sie tot ist.» Sie verabschiedete sich und sah mich dann an, als versuchte sie sich daran zu erinnern, wer ich war.

Jack McKeon saß immer noch am Steuer seines Range Rovers. Er hatte eine neue Pfeife gestopft und paffte zufrieden vor sich hin, als ich den Wagenschlag öffnete.

«Haben Sie bekommen, was Sie wollten?» fragte er, als wir die zwei steinernen Pfeiler passierten und den Weg zurück nach Vancouver einschlugen.

«Nein, eigentlich nicht. Ich kam her auf der Suche nach einer Verdächtigen, und jetzt habe ich zwei.»

21

Leopold Rifkin nickte bedächtig. «Ja, Myrna Albright wäre eine logische Möglichkeit», sagte er, nachdem ich ihm erzählt hatte, was ich in Vancouver erfahren hatte. «Ja, das ergibt wirklich einen Sinn. Sie hatten recht damit, hinzufahren.»

Er rieb sich das Kinn. «Interessant, wie Menschen, nachdem man sie wegen einer bestimmten Schwäche, die sie besitzen, in die Enge getrieben hat, gelegentlich so reagieren, daß ihre Schwäche in eine ungewöhnliche Kraft umschlägt», sagte er und sah mich gespannt an. «Sie glauben, sie könnte die beiden aus Rache getötet haben, nicht nur wegen dem, was sie der Kleinen angetan hatten, sondern auch, weil sie sich schuldig fühlte, nachdem sie nicht mehr hatte tun können, um ihr zu helfen? Sie sehen also, sie hat getötet, weil sie sich – zumindest nach ihrer eigenen Vorstellung – unehrenhaft verhalten hatte. Das wäre gewissermaßen auch das Motiv dafür, warum ich sie getötet habe.»

Ich war vom Flughafen aus direkt zu Rifkin gefahren. Es war spät, und ich war müde. Zuerst war ich mir nicht sicher, daß ich richtig verstanden hatte. «Warum Sie sie getötet haben?»

«Ja. Die beiden Motive sind ähnlich. Myrna Albright war gedemütigt worden. Ich bin gedemütigt worden. Sie war gezwungen, hilflos mitanzusehen, wie einem Kind, das sie liebte, etwas Furchtbares angetan wurde. Ich war nicht imstande, etwas zu unternehmen, nachdem Denise mich zum Narren gehalten hatte. Aber was noch schlimmer ist, aus Angst vor dem, was sie sagen würde, habe ich ihrem Mann dabei geholfen, die Justiz zu hintergehen. Und wenn Sie in der Frage, wem ein Mord eher zuzutrauen ist, zwischen Myrna Albright und mir wählen müßten, dann bliebe Ihnen gar nichts anderes übrig, als sich für mich zu entscheiden.»

Rifkin bemerkte meinen Versuch, ein Lächeln zu unterdrükken. «Sie sind bereit zu glauben, daß diese arme Frau die beiden Morde begangen haben könnte, aber mir trauen Sie das nicht zu? Warum? Weil Sie glauben, ich sei nicht fähig zu Gewalt? Ich war beim Militär, müssen Sie wissen.»

Das hatte ich nicht gewußt. So wie er jetzt fast hinter seinem riesigen Schreibtisch verschwand, von den bis zur Decke reichenden Bücherregalen umgeben, und mich mit seinen durchdringenden Augen musterte, sah er ganz und gar nicht aus wie einer, der seinem Land als Soldat gedient hat.

«Ich habe mich nicht gerade mit Ruhm bekleckert», bemerkte er und lächelte selbstironisch. «Aber ich war bei der Landung in der Normandie dabei. Omaha Beach. Ich hatte Glück. Ich wurde verwundet, aber es war nichts Ernstes. Schon nach ein paar Wochen konnte ich das Krankenhaus wieder verlassen.»

Das war alles. Eine schlichte Aufzählung der Tatsachen. Keine Ausschmückung. Nichts über die Härten des Krieges oder die Schrecken eines gewaltsamen Todes. Er hatte seine Pflicht getan, was für ihn und andere Mitglieder seiner Generation eine Selbstverständlichkeit war.

Er stand auf. «Als Sie vom Flughafen aus anriefen, wollte ich gerade eine Kleinigkeit essen. Sie müssen Hunger haben. Wollen Sie mir nicht Gesellschaft leisten?»

«Ich habe schon im Flugzeug gegessen.»

Er legte mir eine kleine, weiche Hand auf die Schulter. «Nur ein paar Rühreier. Nichts Aufwendiges.»

Ich folgte ihm in die Küche und sah zu, wie er an dem Gasherd aus rostfreiem Stahl hantierte.

«Sie scheinen sich keine großen Sorgen zu machen», sagte ich und setzte mich auf einen Stuhl am Küchentisch.

«Über die Verhandlung, meinen Sie?» fragte er, ohne aufzusehen.

Ich legte das Jackett ab, löste meine Krawatte, lehnte den Kopf gegen die Rückenlehne des Holzstuhls und ließ die Arme schlaff herunterhängen. «Ja, die Verhandlung.»

Er schien mich nicht gehört zu haben. Seine ganze Aufmerksamkeit galt den Rühreiern, die er in einer großen gußeisernen Pfanne zubereitete. Als sie fertig waren, häufte er den größeren Teil auf meinen Teller und nahm dann neben mir am Kopfende des Tisches Platz.

«Nein, ich mache mir keine Sorgen um die Verhandlung, Joseph. Ich habe volles Vertrauen zu Ihnen.»

Mir drehte sich der Magen um, und ich legte die Gabel hin. Es war das letzte, was ich wollte, aber ich mußte es aussprechen. Er sah den Ausdruck in meinen Augen und wußte, was ich sagen würde, während ich noch nach den richtigen Worten suchte.

«Aber Sie sollen sich auch keine machen», fuhr er mit einem raschen, entschiedenen Lächeln fort. «Ich habe Ihnen schon vor langer Zeit gesagt, daß Sie zu oft gewinnen. Nun, vielleicht ist das ein Fall, den Sie verlieren werden. Und obendrein einer, den Sie verlieren sollten.»

Meine Hände umklammerten die Armlehnen, und ich richtete mich kerzengerade auf. «Einer, den ich verlieren sollte?» wiederholte ich und versuchte vergeblich, seinen undurchdringlichen Blick zu ergründen.

Er legte eine Hand auf meinen Arm. «Kennen Sie den Ausdruck ‹Seine Tage sind gezählt›, Joseph? Wenn man die Fünfzig überschritten hat – und für mich ist das schon eine ganze Weile her –, verändern sich die Dinge.»

Er ließ meinen Arm wieder los und lehnte sich zurück. Einen Augenblick schien er vergessen zu haben, daß ich da war. «Wissen Sie», fuhr er plötzlich lebhaft fort, «Descartes hat einmal

gesagt, daß Gott eigentlich keine besonders gute Arbeit gelei-
stet habe und daß er, Descartes, sie viel besser hätte machen
können. Er hätte die Menschen von Anfang an mit Verstand
ausgestattet. Gott dagegen hat ihnen zunächst nur Gefühle
mitgegeben. Verstehen Sie? Wir beginnen unser Leben mit
starken Trieben: Hunger, Durst, Furcht, Verlangen – alles körperliche Instinkte. Die Vernunft dagegen entwickelt sich langsam und bei den meisten von uns nur kümmerlich. Selten
erreicht sie einen Punkt, wo sie die Leidenschaft tatsächlich
beherrscht, statt ihr nur zu dienen.»

Er musterte mich einen Augenblick, legte dann langsam, den
Blick immer noch auf mich gerichtet, den Kopf auf die Seite
und fing an, mit seinem dünnen, beinahe flachen Zeigefinger
einen Kreis in die Luft zu zeichnen. Es war eine Geste, die mir
im Lauf der Jahre vertraut geworden war. «Ehrlich gesagt bin
ich beinahe davon überzeugt, daß der wahre Sinn des menschlichen Lebens einfach darin besteht, sein Bewußtsein so weit zu
entwickeln, daß man nicht nur begreift, daß die Vernunft das
einzige ist, was zählt, sondern es zum einzigen macht, woran
man ganz und gar glaubt.»

Nach einer langen Pause setzte er hinzu: «Ich versuche, Ihnen zu erklären, daß es keine Katastrophe wäre, wenn Sie diesen Fall verlieren. In meinem Alter darf man sich wirklich nicht
beschweren.»

Mir fiel keine Antwort darauf ein. Schweigend half ich ihm,
den Tisch abzuräumen, und als wir fertig waren, wollte ich gehen. Er bat mich, noch zu bleiben. Es gebe ein paar Dinge, die
er mit mir besprechen wolle. Wir kehrten in sein Arbeitszimmer zurück und nahmen Platz inmitten seiner unzähligen
Bücher. Hier hatten, wie Rifkin mir einmal erklärt hatte, die
herausragenden Köpfe aller Zeiten die Ergebnisse ihres müh-
samen Kampfes, die Dinge ein wenig klarer zu sehen, verzeichnet.

Ohne hinzusehen langte Rifkin hinter sich und zog ein schmales, in grünes Leder gebundenes Buch aus dem Regal. Er schlug zielsicher eine bestimmte Seite auf, warf einen kurzen Blick darauf und las dann laut vor: «‹Denn die meisten Menschen glauben, eine Sache hinreichend zu verstehen, wenn sie aufhören, sich über sie zu wundern.›»

Er schloß das Buch und behielt es auf dem Schoß. «So hat es Spinoza ausgedrückt. Und Spinoza hatte recht. Nicht nur hinsichtlich der angeblich großen metaphysischen Fragen. Ich erwähne dies bloß, weil ich angesichts dessen, was Sie mir erzählt haben – über Denise und über Ihren Mann – und was ich selbst weiß, glaube, daß Sie im Irrtum sind und Ihre reizende Freundin Alexandra recht hat.»

Ich begriff nicht sofort, was er meinte. «Im Irrtum? Womit?» fragte ich.

Er beantwortete meine Frage nicht, jedenfalls nicht direkt. «Spinoza hatte recht. Wir hören auf, Fragen zu stellen, und wir glauben, etwas zu wissen. Sie und ich glauben, wir wüßten über kriminelles Verhalten Bescheid. Immerhin haben wir Tag für Tag damit zu tun. Und wir wissen aus langer Erfahrung, daß Männer sehr viel mehr zu Gewalttaten neigen als Frauen, nicht wahr? Dieselbe Erfahrung hat uns gelehrt, daß die Gewalttat einer Frau fast immer ein Ausdruck von Wut ist oder aber, wenn sie über lange Zeit hinweg mißbraucht wurde, eine Form von Selbstschutz. Eine Frau kann man dazu treiben, jemanden zu töten; ein Mann dagegen plant den Mord vorsätzlich. Nun, Ausnahmen bestätigen die Regel – natürlich gibt es hin und wieder eine Frau, die einen Mord aus Kalkül begeht, aber selbst dann gewöhnlich – nicht immer, aber meistens – aus einem Motiv heraus, das auf einer emotionalen Verbindung zum Opfer beruht. Sie glauben, Myrna Albright könnte eine solche Ausnahme sein. Doch denken Sie einmal über die Logik nach, die Sie zu diesem Schluß geführt hat.»

Ich begriff, worauf er hinauswollte, und hatte keine große Lust, ihm zu folgen. «Sie glauben, das Mädchen ...»

Er zögerte nicht. «Ja, das glaube ich. Alexandras Instinkt ist richtig. Das Mädchen wurde auf unvorstellbar brutale Art benutzt. Und außerdem wissen wir jetzt etwas, was wir bisher nicht wußten.»

«Was denn?» fragte ich mit dem merkwürdigen Gefühl, gegen meinen Willen in den Strudel eines Whirlpools gezogen zu werden.

«Daß sie überdurchschnittlich intelligent ist. Was hat Myrna Albrights Mutter gesagt? Daß sie begabt war? Begabt und therapiebedürftig? Ziemlich bedürftig, würde ich sagen. Was sonst, nach dem, was ihr angetan worden war?» Ernst setzte er hinzu: «Und vor allem, nachdem beide damit davongekommen waren.»

Rifkin war zwanzig Jahre älter als ich, aber in diesem Moment hatte ich, nicht er, das Gefühl, müde, alt und unrettbar verloren zu sein. Ich würde diesen Fall verlieren, und ich würde ihn verlieren in dem Wissen, daß nichts von alledem passiert wäre, wenn ich mich geweigert hätte, Johnny Morel zu vertreten, oder wenigstens nur so getan hätte, als ob, und der Gerechtigkeit ihren Lauf gelassen hätte. Weil Johnny Morel gewonnen hatte – weil ich gewonnen hatte –, würde Leopold Rifkin verlieren. Ich kam mir vor wie jemand, der gerade von einem hohen Gebäude gestürzt ist: Für den Bruchteil einer Sekunde glaubt er – muß er glauben! –, daß er die Zeit zurückdrehen kann, zurück zu dem Augenblick vor seinem Fehltritt.

Ich versuchte, es nicht zu glauben. Ich wollte es nicht glauben. «Sie war doch noch ein Kind.»

Rifkin ignorierte mich. «Da ist noch etwas», gab er zu bedenken. «Wie ist Ihrer Meinung nach Denise an jenem Abend hierhergekommen? Wer könnte dafür gesorgt haben, daß sie genau an diesem Abend, am Datum der Urteilsverkündung, an dem Tag, an dem Johnny Morel umgebracht worden war, hierherkam? Wäre sie mit Myrna Albright gekommen? Nein, es muß ihre Tochter gewesen sein.»

Ich war immer noch nicht überzeugt. «Wir müssen alle beide finden», sagte ich düster und starrte zu Boden.

Ich hörte seine Stimme wie den fernen Klang aus einem halbvergessenen Traum. «Sie werden die Tochter niemals finden. Aber vielleicht findet die Tochter Sie.»

Ich sah auf. Rifkin hielt mich mit einem zweifelnden Blick aus seinen durchdringenden Augen gefangen.

«Sie hat ihren Stiefvater getötet, und zwar so, daß ihre Mutter belastet wurde. Dann, als ihre Mutter aus dem Gefängnis kam, hat sie auch sie umgebracht, diesmal so, daß die Schuld auf mich fiel, den Richter, der die Verhandlung gegen Johnny Morel leitete, den Richter, der – wie sie meines Erachtens ganz sicher weiß – dafür sorgte, daß Sie ihn verteidigten. Können Sie sich vorstellen, was sie von mir halten muß? Oder wie sie ihre Mutter über mich hat reden hören? Sie muß geglaubt haben, daß ich auf meine Weise genauso ein Scheusal bin wie Johnny Morel.»

«Nein», sagte ich. «Das ist nicht möglich.»

«Natürlich ist es möglich! Nach dem, was ihre Mutter ihr angetan hat, konnte sie doch gar nichts anderes von einem Mann halten, mit dem Denise zusammengewesen war. Sie hatte mit Johnny Morel zusammengelebt, und sie hatte mit mir zusammengelebt. Nein, ich fürchte, in ihrem Denken besteht der einzige Unterschied darin, daß Johnny Morel nie versucht hat, sich als etwas auszugeben, das er nicht ist», sagte Rifkin und blickte traurig, fast beschämt in die Ferne.

«Sie hat beide auf eine Art getötet, die ein Zeichen gesetzt hat. Wir sollen wissen, daß sie es war, und auch, daß wir nichts dagegen tun können», sagte er und ließ seinen Blick zu mir zurückwandern. «Ich glaube, sie möchte uns zeigen, wie es ist, von Menschen abhängig zu sein, denen es völlig egal ist, was aus einem wird. Wenn man darüber nachdenkt, kann man nur staunen. Sie ist wirklich begabt, extrem begabt sogar, würde ich sagen.»

Rifkin stand auf. «Ich bin gleich wieder da», sagte er, als er an mir vorbei aus dem Zimmer ging.

Ein paar Minuten später kam er mit zwei Gläsern zurück, einem Weinglas mit einer Flüssigkeit, die so dunkel und dickflüssig war wie Blut, und einem kleineren, viereckigen Glas, das mit Eis und hellgelbem, durchsichtigem Scotch gefüllt war.

«Portwein. Ich trinke hin und wieder ein Glas. Er ist sehr gut, aber ich dachte, Sie bevorzugen das, was Sie auch sonst trinken.»

Er setzte sich wieder an den Schreibtisch, an dem er, wie ich wußte, seit dreißig oder mehr Jahren den größten Teil seiner Abende verbrachte. Einen Augenblick spürte ich einen Sog, wie das Gefühl eines Verlustes, einer verpaßten Gelegenheit, eines Lebens, das ich hätte haben können, wenn ich es nur gemerkt hätte, bevor es zu spät war. Leopold Rifkin hatte hier bis spät in die Nacht gesessen, manchmal, da war ich mir sicher, auch die ganze Nacht bis zum Morgengrauen. Er hatte von Dingen gelesen, die ich nicht einmal ansatzweise verstand, und Unterhaltungen mit den Geistern geführt, die sie verfaßt hatten. Er hatte es vollkommen ernst gemeint, als er einmal äußerte, die Menschen, mit denen er seine vergnüglichsten Stunden verbracht habe, seien größtenteils seit Hunderten oder gar Tausenden von Jahren tot. Als ich ihn jetzt langsam seinen Portwein schlürfen sah, wußte ich, daß er in einer Welt lebte, die ich nur als Fremder betreten konnte, als Gast, den man willkommen hieß, am Ende aber unweigerlich wieder fortschickte.

«Was ich jetzt sagen werde, geht außerhalb dieser vier Wände niemanden was an, worin Sie mir sicher zustimmen werden.» Sein Tonfall war ruhig und gleichmäßig.

314

«Ich würde nie etwas über Sie preisgeben ...», stammelte ich überrumpelt.

«Ja, das weiß ich. Was ich sagen wollte, ist folgendes. Ich glaube, daß das Mädchen dahintersteckt. Ich kann mich natürlich irren. Sie und ich, wir haben beide genügend Erfahrung mit dem Strafrecht, um zu wissen, daß die logische Erklärung häufiger, als man glaubt, nicht die richtige ist. Falls ich aber recht habe – wenn die Kleine erst Johnny Morel und dann ihre eigene Mutter getötet hat –, dann muß ich Ihnen sagen, daß sie meiner Meinung nach nichts getan hat, das moralisch verwerflich wäre.»

Er bemerkte den Ausdruck in meinen Augen. «Moralisch verwerflich», fuhr er fort. «Ich meine nicht juristisch verwerflich. Natürlich hat sie gegen das Gesetz verstoßen. Und sie hat keine Rechtfertigung, die vor dem Gesetz bestehen könnte. Aber sie hatte recht, und das Gesetz hat unrecht. Wer wüßte besser als das Mädchen, was passiert ist? Wer weiß besser, daß Johnny Morel sie vergewaltigt hat und daß ihre eigene Mutter ihm half, und nicht nur ihm, ihr unsägliches Leid zuzufügen? Wer hätte mehr recht, diejenigen zu bestrafen, die sie gequält hatten?»

Er hob die Hand, als wolle er meinen Einwand im Keim ersticken. «Das Gesetz schreibt vor, daß niemand das Recht selbst in die Hand nehmen darf. Warum? Weil es bequem ist. Wenn wir zulassen, daß die Menschen das Gesetz selbst organisieren, müßten wir jedes Problem gesondert und individuell behandeln, statt gleiche Regeln für alle aufzustellen. Es ist einfacher, Regeln zu haben – nicht besser oder gerechter, bloß einfacher.»

«Aber wenn jeder das Recht selbst in die Hand nehmen könnte, würden die Leute sich doch für die geringsten Vergehen gegenseitig umbringen.»

Er schüttelte heftig den Kopf. «Nein, ganz sicher nicht. Die Strafe muß dem Verbrechen angemessen sein. Wenn jemand umgebracht werden soll, muß dieser zuvor auch jemanden getötet haben. Und natürlich kann man nicht zulassen, daß jedermann herumläuft und andere umbringt. Das Recht dazu hätten nur diejenigen, die am meisten unter der Tat des Mörders zu leiden haben – enge Freunde, Angehörige des Opfers.»

«Würde das nicht einen endlosen Teufelskreis von Rache und Vergeltung in Gang setzen?»

Er winkte ab. «Nein, warum? Stellen Sie sich mal folgende Frage: Fällt Ihnen jemand ein, der auch nur einen Gedanken daran verschwendet hätte, den Tod von Johnny Morel zu rächen? Aber ich muß gestehen, daß dieser Gedanke nicht allein von mir stammt. Der Athener in Platons *Nomoi* empfiehlt ein System von Strafen, das den nächsten Verwandten des Opfers das Recht einräumt, seinem Mörder das Leben zu nehmen. Ist das nicht unendlich viel sinnvoller als Reformen, die der Familie des Opfers dazu verhelfen sollen, den Prozeß – wie heißt es noch? – ‹abzuschließen›, indem man ihr erlaubt, eine Erklärung zum Urteil abzugeben?»

«Und was, wenn derjenige, den sie getötet haben, gar nicht der Täter war?»

Rifkin zuckte die Achseln. «Dann ist es Mord. Aber wissen Sie, ich glaube nicht, daß das sehr häufig vorkäme. Sie würden feststellen, daß diejenigen, die dazu ermächtigt sind, ‹das Gesetz selbst in die Hand zu nehmen›, dies nur im eindeutigsten Fall tun würden, nur wenn kein Zweifel an der Täterschaft besteht, und vor allem, nur wenn das Verbrechen besonders verwerflich war. Wenn ein Kind betroffen ist, zum Beispiel, wie in unserem Fall. Und vergessen Sie nicht, Joseph, wir haben es hier nicht mit der Familie zu tun –» er runzelte heftig die Stirn –, «sondern mit dem Opfer selbst. Können Sie mir wirklich in die Augen sehen und mir erklären, daß sie, falls sie die Mörderin ist, etwas getan hat, das verwerflich war – nicht strafrechtlich, sondern moralisch?»

«Ich verstehe nur nicht, wie es moralisch richtig sein kann, daß man Sie für den Mord an Denise Morel verantwortlich macht.»

Er sah mich an und nickte langsam und schweigend. Ich trank meinen Scotch aus und erhob mich.

«Ach, das hätte ich beinah vergessen», meinte er, als er mich zur Tür brachte, «wir sind am Dienstagmorgen um zehn in Ihrem Büro verabredet. Ich glaube, Sie wollten meine Aussage mit mir durchgehen.»

«Ich hoffe, es macht Ihnen nichts aus», sagte ich halb entschuldigend. «Aber es ist wichtig.»

«Nein, natürlich nicht. Ich verstehe. Aber ich würde es gern um ein, zwei Stunden verschieben. Ich habe einen Arzttermin, den ich vergessen hatte.»

Ich blieb stehen und drehte mich zu ihm um. «Stimmt etwas nicht?»

Leopold klopfte mir beruhigend auf den Arm. «Ich bin kerngesund.»

Es war Jahre her, seit ich diesen Ausdruck zum letztenmal gehört hatte. Als kleiner Junge hatte ich manchmal nach der Schule auf meinen Vater gewartet, während er die letzten Patienten behandelte. Dann hatte ich gesehen, wie er mit dem Stethoskop um den Hals aus dem Untersuchungsraum kam, einem Kind über den Kopf strich und der Mutter zulächelte. «Kerngesund», hatte er gesagt, und die Mutter hatte zurückgelächelt.

Ich ging durch die Tür und blieb noch einmal stehen. «Sind Sie sich sicher?»

«Ja, ja, mir geht's bestens. Der Arzt will nur meinen Blutdruck überprüfen. Er ist fast genauso alt wie ich. Solange er meinen Puls fühlen kann, weiß er wenigstens, daß er noch lebt.»

Es war fast Mitternacht, als ich nach Hause kam. Alle Lichter waren aus, und Alexandras Wagen war weg. Ich hatte ihr gesagt,

daß ich vielleicht erst Sonntagabend oder gar Montag zurück-
käme, aber sie hatte nichts davon erwähnt, daß sie wegfahren
wollte. Ich erinnerte mich genau, daß sie mich gebeten hatte,
anzurufen, falls ich über Nacht bleiben müßte, egal, wie spät.
Ich schloß die Haustür auf, machte Licht in der Küche, ließ
meine Tasche auf den Linoleumboden fallen und rannte nach
oben.

Das Bett war ordentlich gemacht. An der Lampe auf dem
Nachttisch lehnte ein Umschlag mit meinem Vornamen. Ein
seltsam widerliches Gefühl von Panik durchzuckte mich. Ich
nahm den Umschlag, starrte darauf und setzte mich auf die
Bettkante. Mein Herz raste, meine Stirn war feucht und kleb-
rig. Ich drehte den Umschlag unschlüssig in der Hand, voller
Angst vor dem, was er vielleicht bedeutete, und zugleich überzeugt davon, daß ich genau wußte, was drinstand.

Ich lehnte ihn vorsichtig wieder gegen die Lampe, ging nach
unten, warf den Mantel über den Küchentisch und schenkte mir
einen großen Scotch ein. In der dunklen Stille der Nacht
streckte ich mich im Wohnzimmer auf dem Sofa aus und be-
schwor die unzähligen möglichen Gründe für ihre Abwesenheit. Es waren endlose Varianten eines einzigen, unwiderruflichen Themas: der rote Faden meiner Existenz. Ich hatte seit
Wochen Tage und halbe Nächte damit verbracht, mich auf die
Verhandlung vorzubereiten. Es spielte keine Rolle, daß dies der
wichtigste Prozeß meines Lebens war, wie ich Alexandra wieder
und wieder erklärt hatte. Jeder Prozeß, so hatte sie mich immer
rasch erinnert, war der wichtigste in meinem Leben. Alexandra
war die einzige Frau, die ich je wirklich geliebt hatte, und doch
hatte ich ihr nicht mehr Zeit geschenkt als die wenigen Stunden, die ich von der Arbeit abzweigen konnte. Ich hätte wissen
müssen, daß sie sich nie mit einem zweiten Platz begnügen
würde.

Langsam trank ich meinen Scotch und starrte ins Dunkel.

Zufällige Erinnerungen an Dinge, die nicht wichtig waren und an denen ich nichts mehr ändern konnte, wirbelten mir durch den Kopf. Ich hielt das Glas vor meine Augen und studierte es, als berge das Eis ein kostbares Geheimnis. Es war so dunkel wie in der ersten Nacht, als Alexandra gekommen war. Ich sah sie vor mir, wie sie in der Tür stand, der Regen auf ihr glattes, emporgewandtes Gesicht prasselte und in ihren Augen der Widerschein eines fernen Blitzes aufflammte.

Ein Lichtstrahl wanderte durchs Zimmer, und dann hörte ich das leise Brummen eines Wagens, der die Einfahrt heraufkam. Alexandra war zu Hause, und alle Gefühle von Verlassensein und Einsamkeit fielen von mir ab wie Herbstblätter in einem Sturm. Ich setzte mich auf und hörte, wie sie die Wagentür schloß und zum Hintereingang ging. Als sie das Licht in der Küche anmachte, huschte ihr Schatten über den Fußboden im Eßzimmer. Leise ging ich zur Küche und blieb an der Tür stehen. Alexandra räumte ihre Einkaufstasche aus und legte den Inhalt auf die Arbeitsplatte neben der Spüle. Dann schraubte sie den Deckel einer Thermosflasche aus Edelstahl ab und drehte den Wasserhahn auf.

Als sie sie ausgespült hatte, griff sie nach dem Hahn, und im gleichen Moment entdeckte sie im Glas des Fensters über der Spüle mein Spiegelbild. Mit offenem Mund und aufgerissenen Augen wirbelte sie herum, als hätte sie das Gesicht eines Fremden erblickt, der ihr etwas antun wollte.

«Hast du mich erschreckt!» lachte sie und errötete vor Freude. Sie schlang mir die Arme um den Hals und zog an meinen Haaren. «Du bist ja noch angezogen.»

Einen Moment hielt ich sie ganz fest und sagte nichts. «Ich bin erst vor einer halben Stunde gekommen», sagte ich und ließ sie los. «Und wo warst du?»

Sie schien verblüfft. «Hast du denn meine Nachricht nicht gefunden? Ich hab sie neben die Lampe gestellt. Oben.»

«Oh.» Ich nickte, als erklärte das alles.

Sie bemerkte das leere Glas in meiner Hand und sagte: «Du hast dir also einen Drink gemacht und auf mich gewartet, wie?»

«So ähnlich», gab ich zu.

«Na ja, egal. Jedenfalls habe ich dir einen Zettel dagelassen. Ich brauchte ein bißchen frische Luft und bin an die Küste gefahren. Ich wäre schon früher zurückgewesen, aber es war so schwer aufzubrechen», sagte sie sanft und sah mich an. Ihre Augen wirkten verletzlich. «Ich wünschte, du wärst dabeigewesen. Ich stand am Strand und sah, wie die Sonne im Meer unterging. Es war eine Art von Sonnenuntergang, bei dem man sich wünscht, ewig zu leben! Bei dem man das Gefühl hat, daß man tatsächlich ewig leben wird! Kennst du das?»

Sie nahm mich bei der Hand und zog mich an den Küchentisch. Sie nahm den Mantel und legte ihn über einen Stuhl. «Wie war es in Vancouver? Ich hab wirklich nicht damit gerechnet, daß du vor morgen kommst.»

Ich erzählte ihr alles, auch von meinem Gespräch mit Rifkin. Sie war fasziniert. «Das hat er wirklich gesagt?» fragte sie und starrte mich an, als wollte sie es einfach nicht glauben. «Er hat wirklich gesagt, wenn Michelle es getan hat, war sie moralisch im Recht? Und was sagst du? Findest du das auch?»

«Leopold glaubt, daß sie es war», antwortete ich. «Ich bin noch nicht so überzeugt davon. Aber wenn sie es war, nein, dann glaube ich nicht, daß sie im Recht war, weder moralisch noch sonstwie.»

Alexandra saß seitlich vom Tisch, ein Bein über das andere geschlagen. Sie trug Jeans, ein rosa Polohemd und hatte einen dunkelblauen Pullover über die Schultern gehängt. Ihr Haar war zu einem Pferdeschwanz gebunden. Sie sah aus wie eine Studentin, die keine größeren Sorgen hat als das nächste Examen.

«Warum willst du nicht glauben, daß sie es getan hat? Weil

du denkst, wenn ja, bist du irgendwie mitverantwortlich, weil du ihren Stiefvater verteidigt hast?»

«Das ist ein bißchen oberflächlich, nicht wahr?» erwiderte ich scharf. «Tut mir leid», setzte ich sofort hinzu, beschämt über meine Reaktion. «Sieh mal, ich weiß, was du vorher gesagt hast, aber glaubst du wirklich, daß sie es gewesen sein könnte?»

«Ja, klar», sagte sie, ohne zu zögern.

«Aber warum?»

«Weil ich weiß, wie ich mich fühlen würde. Wut kann einen zur Verzweiflung treiben.»

«Aber wenn dir das passiert wäre», beharrte ich, «hättest du nicht getan, was du ihr jetzt unterstellst. Du hättest sie nicht umgebracht.»

«Woher weißt du das?»

«Ich kenne dich.» Bevor sie antworten konnte, nahm ich ihre Hand und führte sie aus der Küche und die Treppe hinauf zum Schlafzimmer. Wie das Gerücht über einen Treuebruch lehnte die ungelesene Nachricht, die mich an allem hatte zweifeln lassen, noch immer an der Lampe.

22

Die Suche nach Myrna Albright führte zu nichts. Falls sie nach Oregon zurückgekehrt war, nachdem ihre Mutter sie vor die Tür gesetzt hatte, hatte sie nicht die geringste Spur hinterlassen. Vielleicht war sie in einer x-beliebigen Gosse irgendwo in Nordamerika an einer Überdosis abgekratzt, vielleicht aber lebte sie nur ein paar Blocks vom Gericht entfernt und las in der Zeitung über die Morde, die sie begangen hatte.

Über Michelle fand Emma Gibbon etwas mehr heraus. Sie hatte sich unter ihrem Adoptivnamen an McGill immatrikuliert, genau wie Myrna Albrights Mutter mir erzählt hatte. Vier Jahre später hatte Michelle Albright ihr Examen mit Auszeichnung bestanden. Das Ehemaligen-Archiv hatte nichts Aktuelleres als die Adresse in Montreal, wo sie während des letzten Studienjahrs gewohnt hatte.

Emma saß mir gegenüber am Schreibtisch und sah mich an. Die Enttäuschung stand ihr ins Gesicht geschrieben. «Es tut mir leid, Joseph», sagte sie kläglich. «Aber ich bleib dran.»

«Machen Sie sich nichts daraus», antwortete ich und versuchte, sie aufzumuntern. «Sie haben getan, was Sie konnten.»

Die Tür zu meinem Büro stand weit offen, doch alles war still. Es war früher Sonntag morgen, einen Tag bevor der Prozeß gegen Leopold Rifkin endlich eröffnet werden sollte. Die Luft unter dem strahlenden Himmel draußen kam einem vor wie flüssiges Feuer. Es war die zweite Juliwoche, und wenn es bisher so ausgesehen hatte, als würde es nie wieder aufhören zu regnen, so schien es jetzt, als könnte es nie wieder anfangen.

Ich legte ein Bein über die Armlehne und einen Arm über die

Rückenlehne meines Sessels und sah aus dem Fenster auf den Mount Hood. Der Schnee war verschwunden und mit ihm alle Geheimnisse, die Zauber und wechselhaften Erscheinungen, mit denen er die Phantasie beflügelt hatte. Die sengende Sonne hatte ihn in einen Haufen kalten Gesteins verwandelt.

Ich wandte mich wieder Emma zu. Sie trug einen schlichten weiten Rock und eine blaßgrüne, ärmellose Bluse. Ihre Enttäuschung war immer noch unübersehbar.

«Wie oft haben Sie einen Fall mit einem so guten Angeklagten und so miesen Zeugen der Anklage erlebt wie in diesem?» fragte ich und rieb mir das Kinn.

Sie wußte, daß ich versuchte, sie aufzuheitern. «Ich bleib dran», versprach sie und wandte sich zum Gehen.

Am nächsten Morgen setzte Alexandra mich am Gericht ab und gab mir einen Abschiedskuß. Müde schleppte ich mich die Treppe hinauf. Die ganze Nacht war ich immer wieder aufgewacht und hatte mir eingeredet, daß bei jeder Verhandlung irgendwas passiert, mit dem niemand gerechnet hat, und manchmal verändert es alles. Die Hoffnung stirbt immer als letztes.

Ich stand hinter dem Anwaltstisch, während ein Richter, den ich eben erst kennengelernt hatte, mit hochgezogenen Schultern und gesenktem Blick an seine Bank trat. Keiner aus der Runde der verhandlungsführenden Richter in Multnomah County war bereit gewesen, den Prozeß gegen einen Kollegen zu führen. Keiner außer Horace Woolner, und kaum hatte der seine Bereitschaft signalisiert, als die Anklage Einspruch erhob. Horace kam nicht in Frage, und nach einer Suche, die den ganzen Prozeß zu verschieben drohte, hatte sich der ehrenwerte Albert Sloper vom Circuit Court im Umatilla County breitschlagen lassen, seinen Ruhestand zu unterbrechen und der Öffentlichkeit einen letzten Dienst zu erweisen.

Sloper starrte einen Augenblick auf den überfüllten Gerichtssaal. Mit rauher, schleppender Stimme, in denen die menschenleeren Hochebenen von Ostoregon widerhallten, forderte er Gilliland-O'Rourke auf, den Fall aufzurufen.

Sie wirkte verändert. Ihre Augen schienen nicht ganz so grün, das Haar nicht ganz so rot. Sie hatte sich der Düsterkeit des Gerichtssaals angepaßt, wo Worte und was man damit macht, das einzige sind, was zählt. Sie war die Anklägerin, das war alles.

Die Vorbefragungen dauerten länger als eine Woche. Die angehenden Geschworenen beantworteten die Fragen so, wie sie es immer taten, mit Lügen. Sie belogen die Anwälte, sie belogen das Gericht, sie belogen sich selbst. Sie gaben zu, daß sie Pressemeldungen über Richter Rifkin gelesen hatten, räumten ein, vom Mord an Denise Morel gehört zu haben, behaupteten, keinerlei eigene Schlüsse gezogen zu haben, und beteuerten im lächerlichen Jargon des Gerichtssaals, «gerecht und unvoreingenommen» zu sein. Es spielte keine Rolle. Es ging nicht darum, wer aus diesem Pool von Geschworenen seine geheimen Gedanken oder privaten Laster vor einem Saal voller Fremder offenbaren würde, es ging darum, ob ich genügend Geschworene finden konnte, die eher mir Glauben schenken würden als Gilliland-O'Rourke.

Beim letzten Kandidaten stellte ich die Frage, die kein Richter einen jungen Anwalt auch nur zu Ende hätte aussprechen lassen, die Frage, für die ich wegen Mißachtung des Gerichts Gefängnis riskierte, wenn nicht sogar Sanktionen von der Anwaltsvereinigung.

«Und sagen Sie, Mrs. Guthrie, würde es Ihre Fähigkeit, ‹gerecht und unvoreingenommen› zu urteilen, beeinflussen, wenn Sie wüßten, daß Mrs. Gilliland-O'Rourke diesen Fall nur deshalb persönlich übernommen hat, weil sie wie ihr Vater einmal Gouverneur dieses Bundesstaates werden will?»

Ich stellte die Frage lächelnd und ohne Emotionen. Mrs. Guthrie war eine kleine, unauffällige Frau mittleren Alters. Sie erwiderte mein Lächeln und antwortete höflich: «Nein, bestimmt nicht.»

Gilliland-O'Rourke sprang auf wie von der Tarantel gestochen und legte mit erhobener Stimme Einspruch ein.

«Das ist eine unzulässige Frage», sagte Sloper und beugte sich über die Richterbank.

«Tut mir leid, Euer Ehren», erwiderte ich, bevor er weitersprechen konnte. «Keine Einwände gegen die Geschworene», setzte ich hinzu. Ich lächelte Mrs. Guthrie ein letztes Mal zu, setzte mich wieder und hörte zu, wie Gwendolyn versuchte, den Schaden wiedergutzumachen.

Vielleicht war es einfach ihre Art, den Mangel an Prozeßerfahrung wettzumachen, vielleicht aber auch eine unbeabsichtigte Zurschaustellung der Kehrseite ihres übermächtigen Ehrgeizes, jedenfalls offenbarte Gilliland-O'Rourke in ihrem Eröffnungsplädoyer ein Talent für Gehässigkeit und Sarkasmus, wie es bei Gericht nur selten zu beobachten ist. Nichts entging ihrer Aufmerksamkeit; alles wurde in den Schmutz gezogen. Leopold Rifkin, so ihre Theorie, habe Denise Morel ermordet, weil Denise Morel Leopold Rifkin seit Jahren erpreßt hatte.

Mit einem lasziven Lächeln, das in einer anderen Umgebung vielleicht erregend intim gewirkt hätte, beschrieb sie, wie alles mit einer Verführung angefangen hatte. Leopold Rifkin, der geachtete Jurist, der freundliche, mitfühlende Richter mit den ausgezeichneten Umgangsformen und den noblen Absichten, habe Denise Morel, eine junge, überaus attraktive Frau mit einer bekannten und bedauernswerten Neigung zu Drogen, bei sich aufgenommen. Er habe ihr die Chance geben wollen, ein anständiges Leben zu führen – «sagte er». Geendet seien sie im Bett – «wie wir wissen». Denise Morel sei zu ihren alten Gewohnheiten zurückgekehrt und habe sich das Geld, das sie für Drogen brauchte, so, wie sie es immer getan hatte, mit Sex besorgt. Nur, diesmal sei sie an das Geld gekommen, indem sie mit einem der bekanntesten und geachtetsten Richter des Bundesstaates geschlafen habe.

Angeklagte, die eines schweren Verbrechens beschuldigt werden, halten die Augen gewöhnlich gesenkt oder sehen vor sich hin und versuchen, sich von dem, was gesagt wird, und von den Blicken, die zu ihnen schweifen, sobald die Staatsanwaltschaft wieder mal anklagend mit dem Finger auf sie zeigt, abzukapseln. Als Gilliland-O'Rourke zu sprechen begann, schob Leopold Rifkin seinen Stuhl zurück und rückte ihn so, daß er den Geschworenen und der Staatsanwältin zugewandt war.

Er saß auf der Stuhlkante und folgte Gilliland-O'Rourke mit den scharfen Augen eines Falken. Sein Ausdruck änderte sich nicht, egal, was sie sagte, wie persönlich sie wurde oder wie explizit ihre Beschreibung dessen war, was er angeblich vor all den Jahren mit Denise Morel gemacht hatte. Er beobachtete das Geschehen mit derselben distanzierten Aufmerksamkeit, mit der er dreißig Jahre lang allen möglichen Argumenten gefolgt war, die Anwälte in seiner Gegenwart über Rechtsfragen erörtert hatten.

Als Gilliland-O'Rourke fertig war, rückte Rifkin seinen Stuhl wieder so, wie er vorher gestanden hatte. «Nicht schlecht», sagte er, stützte das Kinn auf die Hand und sah mich nachdenklich an, «obwohl ich finde, ohne das theatralische Getue wäre sie noch besser gewesen, was meinen Sie?»

Ich hatte keine Zeit, ihm zu antworten. Jetzt war ich dran und mußte der Jury eine andere Version des Mordes an Denise Morel präsentieren.

Ich begann mit einem Angriff auf den stärksten Teil in ihrem Eröffnungsvortrag.

«Ich möchte, daß Sie alle sich den Angeklagten in diesem Fall einmal genau, ganz genau ansehen», sagte ich und trat von der Abgrenzung der Geschworenenbank zurück. Dann wandte

326

ich mich zu Rifkin um. «Sehen Sie ihn an. Ist das ein Gesicht, das man schnell vergessen kann?»

Ich stand vor einer Jury und tat das einzige, was ich beherrschte, das einzige, was ich je hatte tun wollen. Ich kannte ihre Reaktion, noch bevor ich sie aufgefordert hatte hinzusehen. Rifkin hatte ein besonderes Gesicht. Selbst wenn man es nur einmal in einer Menschenmenge gesehen hatte, würde man es nie vergessen. Zumindest machte ich das dieser unschuldigen Versammlung von zwölf leichtgläubigen Männern und Frauen weis.

«Niemand könnte dieses Gesicht vergessen», erklärte ich und wandte mich wieder zu ihnen um. «Und doch stützt sich die Anklage der Staatsanwaltschaft allein darauf, Sie davon überzeugen zu wollen, daß man Leopold Rifkins Gesicht genauso schnell vergessen kann, wie man es gesehen hat. Denn die Waffe, aus der die Kugel kam, mit der Denise Morel getötet wurde, diese Waffe, von der die Staatsanwältin behauptete, sie sei sechs Wochen vor dem Mord gekauft worden, wurde bei jemandem gekauft, der als Zeuge der Anklage aussagen wird, jemandem, der nicht imstande ist, auszusagen, daß er Leopold Rifkin vor dem Tag, an dem er ihm hier im Gerichtssaal gegenüberstehen wird, je gesehen hat. Und er wird nicht aussagen können, daß er sich an Leopold Rifkin erinnert, denn Leopold Rifkin hat diese Waffe nie gekauft, das Formular, das seinen Namen trägt, nie unterschrieben und die Waffe nicht einmal gesehen, bis sie neben Denise Morels Leiche gefunden wurde.»

Die zwölf Geschworenen nahmen schon gar nichts mehr wahr, nur das, was ich ihnen sagte. Wir bewegten uns, als wären wir zusammengeschweißt. Es war auf eine Art, die allein Rifkin verstanden hätte, erotisch. Ich sprach von dem, was ich mir bis zu diesem Augenblick eigentlich für das Ende der Verhandlung, das Abschlußplädoyer, hatte aufsparen wollen, wenn die Anklage nichts mehr dazu sagen konnte, außer, daß ich nichts getan hätte, um es zu beweisen. Ich erzählte von Myrna Albright und Denise Morels Tochter. Ich sprach von dem Datum, an dem Johnny Morel ermordet worden war, und daß es mit dem Tag übereinstimmte, an dem er von dem Vorwurf, seine Stieftochter vergewaltigt zu haben, freigesprochen worden war, und außerdem mit dem Tag, an dem seine Frau, die Mutter der Kleinen, das Opfer im vorliegenden Fall, Denise Morel, getötet worden war. Dies seien Fakten, erklärte ich, die die Anklage weder leugnen noch erklären könne.

Es gebe nur eine Erklärung: Der Mörder von Denise Morel habe auch Johnny Morel getötet, und wer es auch immer sei, habe es wegen eines Vorfalls getan, der sich vor Jahren in einem Gerichtssaal dieses Hauses abgespielt hatte, in einem Prozeß, bei dem Leopold Rifkin den Vorsitz als Richter geführt habe. Dies sei entweder der merkwürdigste Zufall in der Geschichte der Rechtsprechung oder das Werk von Myrna Albright oder Michelle, Denise Morels Tochter. Sie müsse entschlossen gewesen sein, es denen heimzuzahlen, die sie verletzt hatten und nach den verdrehten Gesetzen der Rache verantwortlich dafür waren, daß die Verbrechen ungesühnt geblieben waren.

Als ich fertig war, drehte ich mich um und ging die paar Schritte zu meinem Platz am Anwaltstisch zurück. Einer lebenslangen Gewohnheit folgend, die an ihm klebte wie eine unsichtbare Richterrobe, blickte Rifkin starr vor sich hin und sagte nichts, als ich mich neben ihn setzte.

Richter Sloper wandte sich zu den Geschworenen und räusperte sich. «Meine Damen und Herren, in Anbetracht dessen, daß es bereits fünf Uhr ist, werden wir für heute Schluß machen und den Prozeß morgen früh um halb zehn fortsetzen. Bitte vergessen Sie nicht, was ich Ihnen gesagt habe. Besprechen Sie den Fall mit niemandem. Vor allem aber», setzte er mit einem verständnisvollen Lächeln hinzu, «lesen Sie keine Zeitungsmeldungen oder sehen sich Fernsehberichte über den Fall an.

Es könnte sogar besser sein, Zeitungen und Fernsehen für eine Weile ganz zu meiden.»

Als die Geschworenen gegangen waren und der Gerichtssaal sich geleert hatte, brachte ich Rifkin zu seinem Wagen in der Garage und ging dann weiter in mein Büro. Helen bot an, länger zu bleiben, doch es gab nichts für sie zu tun. Für mich eigentlich auch nicht, außer mir den Kopf darüber zu zerbrechen, was als nächstes passieren würde. Auf meinem Schreibtisch stapelte sich ein Durcheinander von Berichten, Fotos und unzähligen Seiten aus Dutzenden von gelben Schreibblöcken. Sie waren mit handschriftlichen Notizen bedeckt, die irgend etwas bedeutet haben mußten, als ich sie machte, mir jedoch jetzt wie das Gekritzel eines Fremden erschienen.

Es war Zeit, Ordnung in das Chaos zu bringen; außerdem hatte ich keinen Platz zum Arbeiten mehr. Ich stapelte alle Berichte und Fotos übereinander. Dann sammelte ich die Notizen ein und entschied nach jeweils einem kurzen Blick, ob sie in den Papierkorb oder in eine Sammelmappe wandern sollten. Das verschaffte mir das Gefühl einer gewissen Leistung, einen greifbaren Beweis dafür, daß ich an diesem Tag wenigstens eine Sache erledigt hatte, die wichtig war.

Mittlerweile machte ich mir ernsthafte Sorgen darüber, was ich im Eröffnungsvortrag gesagt hatte. Es war möglicherweise ein Fehler gewesen, zu diesem frühen Zeitpunkt preiszugeben, was meiner Meinung nach passiert war. Ich hätte bis zum Ende warten sollen, bis zum Schlußplädoyer, wenn die Anklage keine Chance mehr gehabt hätte, mich zu widerlegen.

Morgen früh würde Gilliland-O'Rourke ihren ersten Zeugen aufrufen. Ich griff nach dem Polizeibericht, den Detective Milo Todorovich in der Nacht geschrieben hatte, als Denise Morel tot in Leopold Rifkins Arbeitszimmer gefunden worden war, und fing an, ihn erneut zu studieren.

Beinahe hätte ich das leise Klingeln an meinem Privatanschluß überhört. «Ja?» meldete ich mich und konzentrierte mich auf das, was ich gerade las.

Es war Alexandra. Sie flüsterte etwas, und sie klang erschreckt.

«Was ist los?» sagte ich und setzte mich kerzengerade auf. «Was ist passiert?»

«Kannst du nach Hause kommen?» fragte sie mit ungewohnter Eindringlichkeit.

«Was ist los?» wiederholte ich.

«Komm einfach. So schnell du kannst.» Dann war die Leitung unterbrochen.

Ich ließ alles liegen – meine Aktentasche, die Brille und mein Jackett –, stürzte aus dem Büro und rannte den Gang zum Aufzug hinunter. Ich drückte auf den Knopf, fluchte, während ich darauf wartete, daß er kam, und sah auf die Uhr. Kurz nach sieben. Fünf Minuten später saß ich im Wagen und verließ mit quietschenden Reifen die Tiefgarage. Ich wählte vom Autotelefon aus die Nummer von zu Hause und klemmte den Hörer unter das Kinn, während ich mit beiden Händen das Lenkrad festhielt. Als ich auf eine Kreuzung zukam, sprang die Ampel von Grün auf Gelb und dann auf Rot. Das Telefon polterte gegen die Handbremse, während ich Gas gab und um Haaresbreite an einem losfahrenden Wagen vorbeiraste. Ich schlängelte mich durch den Verkehr, jagte um die Ecken und konnte an nichts anderes denken als daran, wie erschreckt und verzweifelt Alexandra geklungen hatte.

Schließlich war ich da. Am Ende der Einfahrt trat ich auf die Bremse, sprang aus dem Wagen und rannte die Treppe hinauf. «Alexandra! Wo bist du?» rief ich und lief durch die Küche. Als ich durchs Eßzimmer kam, entdeckte ich sie. Sie stand oben an der Treppe und wollte gerade herunterkommen.

«Ist alles in Ordnung?» fragte ich, eine Hand auf dem Geländer und ungeheuer erleichtert, sie unverletzt vor mir zu sehen. «Lieber Himmel, ich dachte, du bist in Gefahr», sagte ich und ging ihr entgegen. Ich hatte alles um mich herum vergessen und nur daran gedacht, herzukommen, und jetzt war ich beinahe zu erschöpft, um mich zu bewegen. Das fand ich komisch. Den Fuß zur nächsten Stufe zu heben war eine Anstrengung. Ich sah zu ihr auf und fing an zu lachen.

Alexandra stand einfach nur da, einen Fuß auf dem Treppenabsatz, den anderen auf der obersten Stufe. «Es tut mir leid», sagte sie, und ihre Stimme zitterte bedauernd. «Ich hab's versucht, aber es ging nicht.»

«Was ging nicht?» fragte ich und legte den Arm um sie. Ich stand einen Schritt unter ihr, auf gleicher Augenhöhe.

«Ich konnte sie nicht zurückhalten. Sie ist vor ein paar Minuten gegangen.»

Ich sah ihr forschend in die Augen und legte meine Hand auf ihre Wange. «Wer ist vor ein paar Minuten gegangen?»

«Sie», antwortete sie, während Angst und Wut in ihrer Stimme gegeneinander kämpften. «Denise Morels Tochter! Michelle!» Sie wand sich aus meiner Umarmung und ging an mir vorbei die Treppe hinunter.

Sie führte mich in die Küche und zeigte auf den Tisch. Zwei halbvolle Porzellantassen standen da, eine mit Untertasse. Die andere Untertasse war als Aschenbecher benutzt worden. Vier oder fünf Zigarettenstummel waren darauf ausgedrückt und entstellten die zerbrechliche hellblaue Oberfläche wie häßliche Pockennarben.

Ich setzte mich auf den Stuhl vor dem improvisierten Aschenbecher. Die Filter wiesen Spuren von Lippenstift auf, eine Farbe irgendwo zwischen Hellrot und Dunkelrosa. Es war eine Farbe, die eine junge Frau ausprobieren würde, bevor sie sich für etwas Passenderes entscheidet, oder eine, die sich für nichts entscheiden kann. Ich nahm einen der Stummel und untersuchte ihn, als sei er eine Mordwaffe. Michelle Walter war hiergewesen, hatte auf diesem Stuhl gesessen, an diesem Tisch, in meinem Haus, als hätte sie eine Einladung gehabt, vorbeizukommen, wann sie wollte, nach Belieben bei uns ein und aus zu gehen.

«Was zum Teufel hat sie hier gewollt?» fragte ich, von meiner eigenen Wut überrascht.

Alexandra setzte sich und fuhr langsam mit dem Finger über den Rand der Tasse. Sie nahm den feinen Griff zwischen Daumen und Zeigefinger, führte die Tasse zum Mund und trank langsam. Ich legte den Stummel wieder zurück und hielt die Hand an die andere Tasse. Sie war noch warm.

«Es tut mir leid», sagte sie mit gesenktem Blick. «Ich habe versucht, sie zum Bleiben zu bewegen.»

Ich beugte mich vor und berührte ihr Handgelenk. «Nein, mach dir deswegen keine Sorgen», sagte ich ruhig. «Erzähl mir, was passiert ist. Von Anfang an. Laß nichts aus.»

Sie nickte und lächelte schwach. Es war ein flüchtiges Lächeln. «Ich will's versuchen. Es war ungefähr halb sieben, vielleicht ein bißchen früher, als es an der Tür klingelte.» Sie zögerte einen Augenblick. «Es ist komisch, wirklich. Ich hatte keinen Wagen gehört. Aber ich war oben gewesen und hatte mich umgezogen, ich hatte Angst, zu spät zu meinem Seminar zu kommen, vermutlich war das der Grund. Wie auch immer», sagte sie und konzentrierte sich auf das, was sie beschreiben wollte, «es klingelte, und da stand diese Frau.»

«Wie sah sie aus?» fragte ich. Irgendwie wollte ich sehen, was Alexandra gesehen hatte.

«Nicht ganz so groß wie ich und ein bißchen rundlich. Hübsches Gesicht. Hohe Wangenknochen. Wunderbare Augen, eine unglaubliche Mischung von blau und grün. Es war, als schaute man in ein Kaleidoskop.»

«Und sonst? Welche Haarfarbe?»

«Blond, irgendwie dunkelblond. Kurz, fast wie das eines Mannes. Und noch etwas. Sie stotterte ein bißchen.» Ihre Lippen bebten. «Ich will das erst mal wegräumen», sagte sie, leerte die Untertasse in den Mülleimer unter der Spüle und ließ Wasser darüber laufen.

«Erzähl mir, was sie gesagt hat, als du ihr die Tür aufgemacht hast», drängte ich, als sie wiederkam und sich an den Tisch setzte.

«Nur, daß sie dich sprechen wollte. Ich habe ihr erklärt, daß du nicht da bist.» Sie schien nachzudenken. «Nein, das stimmt nicht ganz. Zuerst fragte ich, ob du sie erwartest. Und sie sagte: ‹Nein, aber er wird mich bestimmt sehen wollen.› Erst dann sagte ich, daß du nicht da bist, aber vermutlich bald kommen würdest. Ich fragte, ob sie reinkommen und warten wolle. Zuerst wollte sie nicht. Sie sagte, sie hätte keine Zeit und würde dich morgen im Büro anrufen. Sie schien nervös, unruhig; vielleicht glaubte sie, daß es ein Fehler gewesen war, herzukommen. ‹Hören Sie, ich muß wirklich gehen›, wiederholte sie.

‹Dann kommen Sie nur ein paar Minuten rein. Er ist bestimmt schon unterwegs›, drängte ich. Als sie reinkam, ging ich direkt mit ihr in die Küche und machte Kaffee, bevor sie Zeit hatte, es sich wieder anders zu überlegen. Dann nahm sie eine Packung Zigaretten aus der Handtasche und zündete sich eine an. Sie fragte gar nicht erst nach einem Aschenbecher. Sie stellte die Tasse einfach auf den Tisch und schnippte die Asche in den Unterteller.

‹Wer sind Sie?› fragte ich so rücksichtsvoll wie möglich. Sie antwortete nicht, jedenfalls nicht sofort und auch nicht direkt. Sie sagte: ‹Ich war heute im Gericht. Er hat mich des Mordes beschuldigt.› Und ich: ‹Sie sind Michelle, nicht wahr? Denise Morels Tochter?›» Ein unsicherer Ausdruck erschien in ihren Augen. «Hast du sie wirklich beschuldigt?»

Ich nickte. «Könnte sein, daß es ein Fehler war. Hat sie es abgestritten?»

«Sie sagte, sie hätte nicht mal gewußt, daß ihre Mutter tot ist, bis sie es von Myrna Albrights Mutter erfahren hat.»

«Myrna Albrights Mutter!» rief ich ungläubig aus. «Sie wußte also die ganze Zeit, wo Michelle steckte! Und ich habe ihr jedes Wort geglaubt», sagte ich bitter.

Alexandra versuchte, mich zu trösten. «Wahrscheinlich hat sie nur versucht, sie zu schützen.»

Ich stützte das Kinn in die Hände und starrte auf die feste Holzoberfläche, ebenso undurchdringlich wie die Wand von Falschheit, die um diesen Prozeß gezogen worden war. «Sie ist also aus blanker Neugier gekommen, um sich die Verhandlung anzusehen?» fragte ich zynisch.

«Nein, sie sagte, sie sei gekommen, um Myrna Albright zu finden. Als sie hörte, was passiert war, wußte sie, daß Myrna dahintersteckte.»

«Und wie kommt sie darauf?» fragte ich stirnrunzelnd.

«Myrna hat ihr wohl vor fünf Jahren mal erklärt, daß sie sich um Johnny Morel nie wieder Sorgen machen müsse.»

«Hat sie ihr gesagt, daß sie ihn umgebracht hat?»

«So klang es jedenfalls», sagte Alexandra und fing an zu zittern. Sie verschränkte die Arme und umklammerte ihren Oberkörper so fest sie konnte.

«Geht es dir nicht gut? Warte, ich hole dir eine Decke.»

«Nein, nein, es geht schon», sagte sie und hob abwehrend die Hand. «Gott, ich hatte wirklich Angst», sagte sie und wiegte sich vor und zurück. «Ich habe gebetet, daß ich bald deinen Wagen hören würde. Ich mußte sie allein in der Küche sitzen lassen, um dich anzurufen. Ich wollte nicht, daß sie es mitkriegt. Vielleicht hätte sie gedacht, daß ich die Polizei anrufe, und das wollte ich nicht.»

Ich war verwirrt. «Warum hätte sie das glauben sollen?»

Sie saß still und beugte sich zu mir herüber. «Weil ich ihr kein Wort von dem geglaubt habe, was sie mir erzählt hat. Und ich vermute, daß sie es gemerkt hat, weil sie mich keinen Augenblick aus den Augen ließ. Sie hat etwas Böses an sich, etwas, das ich nicht erklären kann. Aber ich weiß, daß ich recht habe.»

Ich rückte meinen Stuhl näher zu ihr und legte den Arm um ihre Schultern. «Als sie ging, hat sie da irgendwas gesagt, wo sie wohnt oder wo sie hinwollte? Irgendeinen Hinweis?»

«Nein, nichts, nur daß sie morgen früh wieder zum Gericht will.»

23

Wenn ich in dieser Nacht überhaupt geschlafen habe, dann höchstens ein paar Minuten am Stück. Ich mußte immerzu daran denken, was passiert war. Die Begegnung mit Michelle hatte nicht nur Alexandras Überzeugung verstärkt, daß Michelle ihre Mutter und ihren Stiefvater getötet hatte. Es mußte sie eine Menge Mut gekostet haben, sich mit der Frau, die sie für eine Mörderin hielt, höflich zu unterhalten, dabei auf mich zu warten und zu hoffen, daß ich rechtzeitig käme. Später versuchte sie darüber zu lachen, aber als sie neben mir ins Bett schlüpfte, konnte sie nicht aufhören zu zittern, bis sie schließlich vor lauter Erschöpfung einschlief.

Wenn Alexandra recht hatte und Denise Morels Tochter tatsächlich die Täterin war, warum hätte sie mich dann sprechen wollen? Warum wollte sie, daß ich erfuhr, wo sie war? Selbst wenn sie den Prozeß hätte beobachten wollen, um mitanzusehen, wie sich der letzte Teil ihres Plans entfaltete, hätte sie es so tun können, daß niemand wußte oder auch nur auf die Idee käme, daß sie dasein könnte. Sie war heute dagewesen. Wie oft mußte ich ihr in die Augen geschaut haben, als während des Eröffnungsplädoyers mein Blick durch den Gerichtssaal schweifte? Warum hätte sie mich sehen wollen, wenn das, was sie Alexandra erzählt hatte, nicht stimmte – daß Myrna Albright ihr den Mord an Johnny Morel gestanden und nun ihren Rachefeldzug vollendet hatte, indem sie auch Denise tötete? Es würde nicht mehr lange dauern, bis ich die Antworten bekam, die ich brauchte. Morgen würde sie kommen.

Kurz nach vier gab ich die Hoffnung auf Schlaf endgültig auf, stand leise auf, duschte und rasierte mich. Dann zog ich eine Khakihose und ein altes Sweatshirt an und nahm ein Paar schwarze Schuhe, einen dunkelblauen Anzug, ein weißes Hemd und eine Krawatte aus dem Schrank. Ich würde mich erst im Büro umziehen, kurz bevor ich ins Gericht ging.

Die Straßen waren dunkel und menschenleer, als ich in die Stadt fuhr. Meine Schritte hallten in der Tiefgarage wider. Ich ging zum Aufzug und dachte daran, wie ich noch vor wenigen Stunden über denselben grauen Beton in die andere Richtung gelaufen war. Im Büro angekommen, hängte ich den Anzug an einen Kleiderhaken hinter der Tür und kochte mir in der Küche eine Kanne Kaffee.

Als sich hinter dem Mount Hood das erste schwache Licht der Dämmerung zeigte und die Stadt zum Leben erwachte, rief ich Emma Gibbon zu Hause an. Alexandra würde ins Gericht kommen, um mir Michelle zu zeigen, und ich wollte nicht, daß sie allein war. Um acht kam Helen rein, blieb einen Augenblick stehen, um mir bei der Arbeit zuzusehen, nahm dann ohne ein Wort die leere Kaffeetasse und verschwand. Ein paar Minuten später kam sie wieder und stellte mir die frisch gefüllte Tasse auf den Tisch. Da sie wußte, wie oft ich die Zeit vergaß, flüsterte sie: «Ich sage Ihnen um neun Bescheid.»

«Besser um Viertel vor», antwortete ich, ohne aufzublicken.

Emma erwartete mich auf den Stufen des Gerichtsgebäudes. Wir fanden Alexandra vor dem Eingang zum Gerichtssaal. Er war bis auf den letzten Platz gefüllt.

«Sie ist nicht da», sagte Alexandra hilflos.

«Bist du sicher?» fragte ich und warf einen Blick durch die offene Tür, auf der Suche nach einer Frau, die Alexandras Beschreibung entsprach.

«Ja, bin ich», antwortete sie. «Ich war hier, als die Tür aufgemacht wurde. Ich habe mir alle Leute angesehen, die hineingingen. Sie war nicht dabei.»

«Vielleicht hat sie sich verspätet», schlug ich vor. «Wir haben noch ein paar Minuten Zeit. Bleib mit Emma hier. Wenn du sie siehst, unternimm nichts. Erzähl es nur Emma», sagte ich leise, küßte sie auf die Stirn und betrat den Saal.

Leopold Rifkin saß ruhig am Anwaltstisch. Er trug einen seiner Maßanzüge, der wie immer perfekt saß und aussah, als sei er noch nie getragen worden. Mein Blick wanderte von einem Ende jeder Sitzreihe im Zuschauerraum zum anderen, in der Hoffnung, ein vertrautes Gesicht zu entdecken. Noch bevor ich fertig war, erhoben sich die Anwesenden. Die Gerichtsdienerin hatte die Eröffnung der Verhandlung verkündet; Sloper war auf dem Weg zur Richterbank. Ich drehte mich beim Aufstehen um und blieb stehen, nachdem alle anderen wieder Platz genommen hatten.

«Würden Sie mich einen Augenblick entschuldigen, Euer Ehren?» fragte ich, als sei daran nichts Ungewöhnliches.

Emma und Alexandra wollten gerade gehen, als ich die Tür des Gerichtssaals hinter mir schloß. «Und?» fragte ich, obwohl ich Alexandra die Antwort vom Gesicht ablesen konnte.

Sie schüttelte den Kopf. «Nein, sie ist nicht gekommen.»

Ich mußte zurück ins Gericht, doch Emma packte mich am Arm. «Warten Sie, da ist noch etwas», sagte sie und ging mit mir zur Tür zurück. «Was ist, wenn sie gar nicht vorhatte, herzukommen?» fragte sie und warf einen Blick über die Schulter auf Alexandra, die stehengeblieben war. «Wenn Sie gestern abend nur aufgetaucht ist, um Ihnen zu zeigen, daß sie Sie jederzeit erwischen kann?»

«Oder Alexandra», sagte ich. Erst jetzt ging mir auf, wie gefährdet sie gewesen war – allein im Haus mit einer Frau, die möglicherweise schon zwei Menschen auf dem Gewissen hatte.

Emma nickte. «Ich lasse das Haus heute nacht überwachen.»

«Halten Sie ein Auge auf sie, ja?» bat ich sie und ging wieder hinein.

Richter Sloper beobachtete mich, als ich an den Anwaltstisch zurückkehrte. Mit einem schiefen Grinsen im wettergegerbten Gesicht fragte er: «Wäre es Ihnen recht, wenn wir jetzt beginnen, Mr. Antonelli?»

«Entschuldigen Sie, Euer Ehren», sagte ich und setzte mich auf meinen Platz.

Mit der Präzision eines Handwerkerlehrlings, der Angst hat, der kleinste Fehler könnte die ganze Arbeit ruinieren, eröffnete Gilliland-O'Rourke die Verhandlung für die Anklage. Es ging los mit dem Mechanismus des Todes.

Nach der gleichgültigen, gelegentlich brutalen Aussage des Coroners war Denise Morel durch einen einzigen Revolverschuß getötet worden. Der Tod sei auf der Stelle eingetreten, versicherte er. Nichts in der gähnenden Leere seines Gesichts deutete darauf hin, daß er sich trotz seines täglichen Umgangs mit dem Tod je gefragt hatte, wie es wohl sein muß, einen Revolverlauf auf sich gerichtet zu sehen und mit absoluter Gewißheit zu begreifen, daß man im nächsten Augenblick sterben wird. Hatte Denise Morel daran gedacht, sich zu wehren, um ihr Leben zu kämpfen? Hatte sie irgendwas empfunden außer Angst, die sie wie eine Flutwelle von Panik überschwemmt haben mußte? Das waren nicht die Fragen, die der Coroner beantworten würde. Und auch nicht die Fragen, die irgendwer stellen würde. Nicht im Gericht. Nicht an einem Ort, wo alles relevant sein muß. Relevanz hat nichts zu tun mit Todesangst oder Lebenslust. Nicht einmal, wenn die Anklage auf Mord lautet.

Auf den Coroner folgte eine Prozession von Polizeibeamten und gerichtsmedizinischen Sachverständigen. Denise Morel war im Haus des Angeklagten ermordet worden. Es gab keinerlei Hinweise auf ein gewaltsames Eindringen in die Wohnung, kein Zeichen dafür, daß außer Opfer und Angeklagtem noch jemand dagewesen war. Die Waffe, aus der der tödliche Schuß gefallen war, hatte neben der Leiche gelegen. Sie gehörte Leopold Rifkin. Er hatte sie gekauft. Sie war auf seinen Namen registriert.

Gilliland-O'Rourke verbrachte drei Tage damit, und in der ganzen Zeit stellte ich nur drei Fragen.

Die erste lautete: «Es wurden keine Fingerabdrücke des Angeklagten auf der Waffe gefunden, ist das richtig?»

Die zweite: «Der Angeklagte forderte über Notruf einen Krankenwagen und die Polizei an, ist das richtig?»

Und die dritte: «In der Mordnacht hat der Angeklagte Ihnen – der Polizei – erklärt, daß er in der Küche war und Tee kochte, als er den Schuß hörte, ist das richtig?»

Obwohl ich jedem einzelnen vorhersehbaren Wort sämtlicher Zeugen lauschte, die von der Anklage aufgerufen wurden, kostete es häufig große Anstrengung, sich auf die Bedeutung ihrer Aussage zu konzentrieren. Mir ging anderes im Kopf herum, und alles war auf die eine oder andere Art mit dem unerwarteten Besuch von Denise Morels Tochter verbunden.

Wir lebten mittlerweile mit einer seltsamen Vorahnung, so als wären wir einer Art unsichtbarer Belagerung ausgesetzt. Jeden Abend parkte ein Wagen am Fuß unserer Einfahrt. Wir hatten einen Leibwächter; Alexandra wurde rund um die Uhr bewacht. Das alles hatte Emma eingefädelt. Wir hatten jeden nur erdenklichen Schutz, und doch war ich mir der Gegenwart von Gefahr noch nie so bewußt gewesen.

Alexandra war geradezu besessen von der Idee, alles über Michelle herauszukriegen – die Frau, die ihrer Meinung nach zuerst ihren Stiefvater und dann ihre eigene Mutter getötet hatte und jetzt mit hoher Wahrscheinlichkeit plante, mich umzubringen. Als sie mich darum bat, suchte ich ihr die Akte über den Prozeß gegen Johnny Morel heraus.

«Du hast sie wirklich in der Luft zerfetzt, nicht wahr?» fragte sie, nachdem sie den handschriftlichen Entwurf zu Ende gelesen hatte, mit dem ich mich auf mein Kreuzverhör vorbereitet hatte.

Ich hatte es fast vergessen. «Ich habe nur meine Arbeit getan», antwortete ich ohne rechte Überzeugung.

Alexandra war unerbittlich. Sie las alles, was es zu den Verhandlungen und den Morden an Johnny und Denise Morel zu lesen gab. Am dritten Tag der Verhandlung rief sie Myrna Albrights Mutter in British Columbia an. Sie überzeugte sie davon, daß sie eine alte Freundin von Michelle aus Montreal sei, und bekam heraus, daß Michelle seit Februar oder März irgendwo in Oregon lebte. Statt einer Adresse oder Telefonnummer rang sie Mrs. Albright wenigstens das Versprechen ab, daß sie Michelle, wenn sie sich das nächste Mal bei ihr meldete, erzählen würde, daß Alexandra angerufen hatte, und ihr die Nummer geben würde, die sie hinterlassen hatte. Für Alexandra war die Sache jetzt klar. Wenn Michelle hiergewesen war, als ihre Mutter ermordet wurde, war sie die Mörderin.

Alexandra war sich sicher, ich war beinahe davon überzeugt, doch ehe wir Michelle nicht gefunden hatten und beweisen konnten, daß sie wirklich die Täterin war, zählte es nichts. Leopold Rifkin mußte mit lebenslänglich rechnen, und jeden Tag führte die Anklage neues Beweismaterial gegen ihn an.

Am fünften Tag rief die Staatsanwaltschaft den Inhaber des Waffengeschäfts auf, wo Leopold Rifkin angeblich die Mordwaffe gekauft hatte. Gilliland-O'Rourke hatte sich die Haare streng aus dem Gesicht gekämmt, vielleicht, damit sie nicht so provozierend weiblich wirkte, und begann mit der Frage, die sie der Jury besonders gut ins Gedächtnis einprägen wollte.

«Hat der Angeklagte, Leopold Rifkin, einen Revolver bei Ihnen gekauft?»

Bevor der Zeuge auch nur den Mund aufmachen konnte, war ich schon aufgesprungen. «Einspruch. Suggestivfrage.»

Es war keine Suggestivfrage. Ich wußte es, und ich glaubte, daß auch der Richter das wußte, aber bei ihr war ich mir nicht so sicher.

Ich hatte sie kalt erwischt. Sie hatte keine Ahnung. Sie drehte sich zu mir um und sah dann zum Richter auf. «Euer Ehren», sagte sie und gab sich Mühe zu verbergen, daß sie die Fassung verloren hatte, «ich frage den Zeugen nur –»

«Einspruch abgelehnt», fiel ihr Sloper ins Wort.

Es war ein Reflex, so wie man sich vor einem Schlag duckt oder zurückschlägt, wenn man nicht schnell genug war. Ein nervöses, verstimmtes Lächeln huschte über ihren angespannten Mund.

«Hat der Angeklagte, Leopold Rifkin, eine Waffe bei Ihnen gekauft?» wiederholte sie, drehte sich zu dem Zeugen um und funkelte ihn an, als habe sie vergessen, daß er Zeuge der Anklage war.

Harry Bruce war übergewichtig und kahlköpfig, hatte kleine Augen, die unter den schweren Lidern hervorquollen, und den zweifelnden Blick eines Mannes, der sich nie ganz sicher ist. Wenn er etwas sagte, wirkte es kurz und abgehackt. Bei Gilliland-O'Rourkes unvermutet heftiger Frage verschlug es ihm einen Augenblick die Sprache.

«Nun, hat er oder hat er nicht?» fauchte sie, fing sich aber im gleichen Moment wieder. «Tut mir leid. Lassen Sie sich Zeit. Beantworten Sie einfach die Frage. Haben Sie dem Angeklagten Leopold Rifkin eine Waffe verkauft?»

«Ja», sagte er und stieß den Atem aus, den er bis jetzt angehalten hatte.

«Ich werde den Gerichtsdiener jetzt bitten, Ihnen ein Dokument zu überreichen. Ist es das Registrierungsformular, das im Zusammenhang mit dem Verkauf ausgefüllt wurde?»

Er warf einen Blick darauf und bejahte.

«Würden Sie uns die Unterschrift, den Namen der Person, die die Waffe gekauft hat, vorlesen?»

«Leopold Rifkin.»

«Und sehen Sie diese Person – den Käufer der Waffe – heute im Gerichtssaal?»

«Ja, ich sehe ihn», sagte er und nickte rasch.

«Würden Sie ihn uns bitte zeigen?»

Ohne zu zögern, blickte er zu uns herüber und streckte den Arm aus. «Es ist der da, am Ende des Tisches.»

Routine, von A bis Z. Aber auch ein schwerer Fehler. Sie hatte es nicht gewußt. Er hatte ihr nichts davon gesagt. Und sie war nicht von selbst darauf gekommen, obwohl ich es ihr in meinem Eröffnungsplädoyer praktisch selbst unter die Nase gerieben hatte, wie mir jetzt aufging. Das war der Preis der Unerfahrenheit.

«Woher wissen Sie, daß Leopold Rifkin eine Waffe von Ihnen gekauft hat?» fragte ich im Kreuzverhör.

Er hatte keine Ahnung, worauf ich hinauswollte. «Woher ich das weiß?» fragte er, und seine Blicke flogen unruhig durch den Raum.

«Ja. Woher wissen Sie das?»

Er verstand mich immer noch nicht. Er blickte auf das Formular in seiner Hand. Dann sah er auf und streckte es mir entgegen. «Sein Name steht auf dem Formular. Er hat es unterschrieben.»

«Daher wissen Sie es also?»

«Ja», sagte er grinsend.

«Nicht weil Sie sich tatsächlich an ihn erinnern? Oder weil Sie noch wissen, wie er hereinkam und die Waffe gekauft hat?»

Jetzt begriff er. «Oh, ich verstehe. Nein, ich kann mich nicht an ihn erinnern. So nicht. Es ist Monate her, und ich habe jede Menge Kunden.»

«Trotzdem haben Sie vor einer Minute auf den Angeklagten gezeigt und gesagt, er sei die Person, die die Waffe gekauft hat?»

«Ja.»

«Aber jetzt erinnern Sie sich nicht an ihn?»

Er fing an zu antworten, aber ich schnitt ihm das Wort ab. «Außerdem haben Sie einer Privatdetektivin, die ich zu Ihnen schickte, erklärt, Sie könnten sich nicht an Leopold Rifkin erinnern. Sie haben ihn nicht einmal wiedererkannt, als sie Ihnen ein Foto des Angeklagten zeigte. Haben Sie das vergessen?»

«Das stimmt», sagte er rasch und rutschte eifrig auf seinem Stuhl nach vorn, um es zu erklären. «Ich habe das Foto nicht erkannt. Aber seine Unterschrift steht auf dem Formular – sein Name –, also muß der Mann, der da neben Ihnen sitzt, derjenige sein, dem ich die Waffe verkauft habe, richtig?»

Ich sah ihn streng an. «Nein, nicht richtig. Wenn Sie ihn noch nie zuvor gesehen haben, ihn auf dem Foto nicht erkannt haben, sich nicht einmal an sein Gesicht erinnern konnten, das so markant ist», sagte ich mit erhobener Stimme und zeigte plötzlich auf Leopold Rifkin, «wäre es dann nicht auch möglich, daß jemand anders mit seinem Namen unterschrieben hat? Daß er die Unterschrift gefälscht hat? Daß jemand, den Sie noch nie zuvor gesehen haben, mit einem Namen unterschrieb, der gar nicht ihm gehört?»

Er folgte jedem Wort wie eine Schlange, die vom unwiderstehlichen Rhythmus eines Klangs verzaubert ist. Bevor er begriff, daß ich fertig war, wandte ich mich ab. «Keine weiteren Fragen, Euer Ehren.»

Gilliland-O'Rourke versuchte so zu tun, als sei überhaupt nichts passiert und Bruce der glaubwürdigste Augenzeuge, der je vor einem Gericht ausgesagt hatte. Mit einem Instinkt für das

Wesentliche, den einem keine Erfahrung auf der Welt beibringen kann, stellte sie ihm nur eine einzige Frage.

«Nach allem, was Sie jetzt gefragt wurden, sagen Sie uns bitte, ob Sie in diesem Moment irgendeinen Zweifel, den geringsten Zweifel daran haben, daß die Person, der Sie die Waffe verkauften – die Waffe, die benutzt wurde, um Denise Morel zu töten –, der Angeklagte Leopold Rifkin ist.»

Es war so, als fragte man einen Priester, ob er an die Auferstehung Christi glaubt; handfestes Beweismaterial hatte nichts damit zu tun.

«Nein», antwortete er. «Nicht den geringsten Zweifel.»

Damit hatte Gilliland-O'Rourke den Mechanismus des Todes abgeschlossen und wandte sich dem Mordmotiv zu.

Weiß der Kuckuck, wie oft man zwölf selbstbewußt-kritische Geschworene noch mit der Geschichte eines älteren Mannes und einer jüngeren Frau in Verzückung versetzen kann. Doch die Story von Leopold Rifkins angeblicher Vernarrtheit in Denise Morel und deren vermeintliche Verführung konnte noch so unwiderstehlich sein, eines stand fest: Die Zeugen, die für ihre Verbreitung sorgten, waren nicht gerade für ihre Ehrlichkeit bekannt.

In ihren schlichten Kleidern und mit so wenig Make-up, daß es den Anschein erweckte, sie benutzten überhaupt keines, wirkten sie ganz passabel, dennoch schafften sie es nicht ganz, ihren wahren Charakter zu verbergen. Mit einem Mitgefühl, das man normalerweise nur den Opfern eines Verbrechens angedeihen läßt, gab Gilliland-O'Rourke ihnen allen ausgiebig Gelegenheit, die Serie von Mißgeschicken zu schildern, die sie in die Gefängnisse und Haftanstalten gebracht hatte, wo sie dann Denise Morel kennengelernt hatten.

Es war dreimal hintereinander die gleiche Geschichte. Alle

kamen aus zerrütteten Familien, waren sexuell mißbraucht worden, hatten auf der Straße gelebt und bereits an der Nadel gehangen, bevor sie sechzehn waren. Alle waren vorbestraft wegen Besitzes von Rauschgift, Diebstahl und wiederholter Prostitution. Es war die immer gleiche deprimierende Geschichte in den endlosen, anonymen Registern der Strafgerichte. Doch diesmal war es eine, die die Geschworenen noch nicht gehört hatten, jedenfalls nicht von Frauen mit zuckenden Mundwinkeln und Angst in den Augen, Frauen, die bis zur Selbstaufgabe gedemütigt worden waren und eine so erniedrigende Verzweiflung erlebt hatten, wie man sie sonst nur aus Schundromanen und billigen Filmen kennt. Hin- und hergerissen zwischen natürlicher Abneigung und dem anständigeren Wunsch, Anteil zu nehmen, hörten sie, manchmal mit offenem Mund, was nach Aussage dieser Frauen Denise Morel über ihre Beziehung zu Leopold Rifkin erzählt hatte.

In gewisser Hinsicht war es verheerender, als wären dieselben Aussagen von Nonnen in einem Kloster gemacht worden. Huren wissen über Dinge Bescheid, die eine Nonne sich gar nicht vorstellen kann. Dieses Wissen verlieh ihnen zugleich eine geradezu perverse Glaubwürdigkeit.

Rifkin saß ruhig neben mir und hörte zu – würdevoll, seriös, sehr interessiert an allem, was gesagt wurde. Nie änderte sich sein Ausdruck, nicht ein einziges Mal erweckte er den Anschein, daß irgend etwas ihm peinlich gewesen wäre. Während einer Pause drehte er sich zu mir und sagte: «Ist es nicht seltsam, wie schrecklich ernst die Leute werden, wenn es um sexuelle Beziehungen geht? Dabei sind es fast die komischsten Aspekte der menschlichen Existenz, die man sich vorstellen kann.»

Ich schüttelte nur den Kopf. Ich hatte ihn als Richter erlebt, wenn er vormittags die Schriftsätze zu einem Antrag studierte, den er am Nachmittag hören würde, während er sich gleichzeitig auf eine Zeugenaussage in einem Prozeß konzentrierte.

Wenn ich ihn jetzt ansah, während er mitanhören mußte, wie man ihn als eine Art sexuelles Raubtier darstellte, fing ich allmählich an zu glauben, daß ihn diese Verhandlung nicht mehr interessierte als Tausende von anderen, die er geführt hatte, obgleich sie ihn den Rest seines Lebens kosten konnte.

Den ersten beiden Zeugen stellte ich kaum Fragen. Ich wartete auf die dritte, Linda Hall, zweiunddreißig Jahre alt, mit schmutzigblondem Haar und stumpfen Augen, deren Farbe an Staub erinnerte.

Ich begann mit einem alten Trick. «Haben Sie mit irgend jemand über Ihre heutige Aussage gesprochen, bevor Sie herkamen?»

Ich stellte die Frage, meine erste Frage, und gab mich so streng ich konnte. Ich stellte sie so, wie jeder x-beliebige Staatsanwalt – durchschnittlich, humorlos, verkniffen – sie gestellt hätte. Ich stellte sie so, als sei sie eine Anklage, und Linda Hall beantwortete sie so, wie sie jede Anschuldigung beantwortete: indem sie sie abstritt.

«Nein.»

«Mit niemandem?»

«Nein, mit niemandem», fauchte sie.

«Nicht mal mit Mrs. Gilliland-O'Rourke?» fragte ich so sanft, so leise und mitfühlend, wie ich nur konnte.

«Doch, mit ihr schon», sagte sie gleichgültig.

«Und wenn wir ganz ehrlich sind, haben Sie nicht nur ‹darüber gesprochen›, sondern sind sie Punkt für Punkt mit ihr durchgegangen, habe ich recht?»

Ich war mir beinahe sicher, daß ich recht hatte, aber es war trotzdem nicht mehr als eine Vermutung. Gilliland-O'Rourke würde mit keiner Aussage ein Risiko eingehen, insbesondere nicht von einer Zeugin wie ihr.

Sie sah mich immer noch an. Dann wandte sie für den Bruchteil einer Sekunde den Blick ab.

«Sie brauchen nicht Mrs. Gilliland-O'Rourke anzusehen. Sie kann Sie vorbereiten, sie kann Ihnen erklären, was Sie sagen sollen, aber sie kann nicht hier raufkommen und für Sie aussagen.»

Gilliland-O'Rourke war aufgesprungen. «Euer Ehren», rief sie auf eine Art, die fordernd und flehend zugleich klang.

Ich machte eine abwehrende Handbewegung in Richtung Richterbank, wie um einen möglichen Einwand des Richters vorwegzunehmen. «Tut mir leid», sagte ich mit kalkulierter Unaufrichtigkeit. «Sie haben also Ihre Aussage mit niemandem besprochen, sind sie aber Punkt für Punkt mit Mrs. Gilliland-O'Rourke durchgegangen, richtig?»

Ich ließ ihr eine halbe Sekunde Zeit zum Nachdenken und stellte die nächste Frage, bevor sie antworten konnte.

«Sie haben Ihre Aussage auch mit den beiden anderen Zeuginnen besprochen, mit Melissa Armstrong und Mary Santoro, stimmt's?»

Sie fing an zu stammeln, doch dann veränderte sich plötzlich ihr ganzes Verhalten. Sie lächelte mürrisch und lehnte sich gegen die harte Rückenlehne des Zeugenstands.

«Kann schon sein, daß wir uns mal darüber unterhalten haben», sagte sie achselzuckend.

Ich nickte. «Mal unterhalten. Wer hat eigentlich Ihr Kleid bezahlt?» Meine Augen ließen die ihren nicht los. «Es ist sehr hübsch. Haben Sie es selbst ausgesucht?»

«Nein, ich weiß nicht, wer es ausgesucht hat.»

«Tragen Sie es heute zum erstenmal?»

«Ja. Zum erstenmal.»

«Wahrscheinlich ist es nicht die Art von Kleid, die Sie sonst tragen.»

«Nein, wahrscheinlich nicht», sagte sie und verzog das Gesicht.

«Ich wette, daß Sie sich normalerweise – wie soll ich sagen – interessanter kleiden, stimmt's?»

Sie sah mich offen an. Ihre Augen folgten jeder meiner Bewegungen. «Manche Leute finden das.» Sie sagte es so, wie sie Tausende von kurzen Gesprächen eröffnet haben mochte, um sich selbst anzubieten.

Ich hielt inne und ließ meinen Blick auf ihr ruhen. «Glauben Sie, daß ich das auch finden würde?» fragte ich langsam.

«Weiß ich nicht. Vielleicht.»

«Und wenn ich es rausfinden wollte, ließe sich das arrangieren? Ist es etwas, das wir vereinbaren könnten, Sie und ich, wenn wir hier fertig sind?»

Wieder sprang Gilliland-O'Rourke auf. Aber es war schon zu spät.

«Kann man nie wissen», erwiderte Linda Hall, und das Lächeln auf ihren Lippen war jetzt durchtrieben und herausfordernd.

Ich starrte sie noch einen Augenblick an. «Ich glaube, wir wissen es alle», sagte ich schließlich und wandte mich den Geschworenen zu. «Ich glaube, wir wissen alles, was wir wissen müssen, über Sie und darüber, wer Sie wirklich sind.»

24

Ich saß ernstlich in der Klemme. Die Staatsanwaltschaft hatte ihren Klageantrag abgeschlossen, und mir war es nicht gelungen, einen auch nur annähernd berechtigten Zweifel geltend zu machen. Der Inhaber des Waffengeschäfts konnte sich nicht an das Gesicht von Leopold Rifkin erinnern. Die drei letzten Zeuginnen der Anklage waren bestenfalls Opfer ihrer eigenen Verkommenheit, wenn überhaupt. Mehr hatte ich nicht beweisen können, und das war nicht genug. Wenn die zwölf Männer und Frauen, die in der Jury saßen, sonst nichts hörten, müßten sie Rifkin schuldig sprechen.

Obwohl Leopold Rifkin zu Hause am liebsten in einem alten Pullover und ausgelatschten Lederpantoffeln herumlief, kleidete er sich in der Öffentlichkeit mit dem tadellosen Geschmack eines Mannes, der alles Geld der Welt besitzt und nicht weiß, wofür er es sonst ausgeben könnte. Es war seine einzige Eitelkeit, der er frönte, als sei sie sein einziges Laster. Die Anzüge in seinem Schrank dienten als unzählige Mahnungen, möglichst selten zweimal im gleichen Outfit zu erscheinen.

Als Leopold jetzt reglos dastand und den rechten Arm ausstreckte, um den Eid zu leisten, trug er einen perfekt sitzenden zweireihigen Anzug, dessen Aufschläge elegant auf die schwarzen Schuhspitzen fielen, goldene Manschettenknöpfe, die unter den Ärmeln der Jacke hervorlugten, ein weißes Hemd und eine schwarzbraun gemusterte Krawatte seines früheren Regiments.

Er nahm im Zeugenstand Platz und wandte sich als erstes an die Jury. So wie er seit Jahren mit einem leichten Nicken und höflich lächelnd die Geschworenen in seinem Gerichtssaal begrüßt hatte, sagte er auch jetzt: «Guten Morgen, meine Damen und Herren.» Dann drehte er sich um und sah mich direkt an. «Sie können anfangen.»

Einen Augenblick fragte ich mich, ob er vergessen hatte, daß er als Zeuge zu seiner eigenen Verteidigung aussagte. «Ja, Euer Ehren», antwortete ich, ohne nachzudenken.

Rifkin lächelte. «Ich glaube, der Richter sitzt da oben», erwiderte er und zeigte auf die Richterbank. Ich hatte das Gefühl, daß sich die Jury entspannte.

Ich stellte nur ganz wenige Fragen, und Leopold gab sehr lange Antworten. Ich bat ihn, seine Beziehung mit Denise Morel zu beschreiben. Er sprach fast eine Dreiviertelstunde, als faßte er das Beweismaterial in einem Fall zusammen, der seit Monaten andauerte. Alle Augen in dem überfüllten Gerichtssaal ruhten auf ihm. Selbst Geschworene, die normalerweise Schwierigkeiten hatten, sich auf einen Dreißig-Sekunden-Werbespot im Fernsehen zu konzentrieren, folgten jedem seiner Worte.

Er ließ nichts aus, weder die sexuellen Beziehungen, die begonnen hatten, als sie in jener Nacht in sein Schlafzimmer gekommen war, um ihm von ihrer Tochter zu erzählen, noch die Demütigung, die er empfunden hatte, als er begriff, daß sie ihn rücksichtslos ausnutzte. Er sprach darüber, wie sie zu ihm gekommen war und ihn, ohne es auszusprechen, wissen ließ, daß sie ausplaudern werde, was sie miteinander gemacht hatten, falls er sich weigerte, ihrem Mann zu helfen. Er erzählte, wie er mich gebeten hatte, Johnny Morel zu vertreten. Und auch, was in der Verhandlung passiert war – daß Johnny Morel vom Vorwurf der Vergewaltigung eines Kindes freigesprochen worden war, obgleich er – Rifkin – sich sicher war, daß Johnny Morel die Tat begangen hatte.

Zum Abschluß seiner Aussage stellte ich ihm zwei Fragen.

«Haben Sie je eine Waffe gekauft, entweder im Waffengeschäft von Medford oder anderswo?»

«Nein. Ich besitze keine Waffe. Ich habe nie eine besessen.»

«Haben Sie Denise Morel getötet?»

«Nein.»

Gilliland-O'Rourke verschwendete keine Zeit. «Der Gedanke an Mord ist Ihnen also nie gekommen, obgleich Sie in Ihrer Aussage selbst von der ‹Demütigung› gesprochen haben, die Denise Morel Ihnen zugefügt hat?»

Rifkin legte den Kopf auf die Seite und runzelte die Stirn. «Ganz im Gegenteil. Mord war einer der ersten Gedanken, die mir einfielen. Ich spreche von einer Zeit, die viele Jahre her ist, als sie zugab, mir Gegenstände gestohlen zu haben, die eine große persönliche Bedeutung für mich hatten, und mich herausforderte, etwas gegen sie zu unternehmen. Bei dieser Gelegenheit, ja, das kann ich Ihnen versichern, ist mir der Gedanke an Mord durchaus gekommen.»

Gilliland-O'Rourke starrte ihn nur an. Dann fragte sie unvermittelt: «Sie geben also zu, daß Sie die Absicht hatten, sie zu töten?» Rifkin starrte ungläubig zurück. «Nein, natürlich nicht. Diese Absicht hatte ich nie.»

«Aber Sie haben gerade gesagt, es sei der erste Gedanke gewesen, der Ihnen gekommen sei.»

«Nein, ich habe nicht gesagt, es sei ‹der erste Gedanke› gewesen. Ich sprach davon, daß mir der Gedanke an Mord gekommen sei, vor Jahren. Aber ich muß Ihnen doch sicher nicht erklären, daß der Gedanke an Gewalt noch lange nicht mit einem Akt der Gewalt gleichzusetzen ist. Ja, ich hatte den Gedanken, und ich muß zugeben, daß es nicht der einzige verwerfliche Gedanke war, der mir in meinem Leben eingefallen ist. Wenn wir solche Gedanken nicht hätten, gäbe es keine große Tugend und auch nicht das Bedürfnis nach Selbstbeherrschung, nicht wahr?»

Mit dieser Art von Fragestellung kam sie nicht weiter, und sie war klug genug, es einzusehen.

«Denise Morel kam Sie in der Mordnacht besuchen, richtig?»

«Ja, sie kam zu mir nach Hause.»

«Und Sie haben sie hereingebeten?»

«Ja.»

«Sonst war niemand anwesend?»

«Das ist richtig.»

«Und Sie führten sie ins Arbeitszimmer?»

«Ja.»

«Es war niemand anwesend, als Sie, wie Sie behaupten, in die Küche gingen?»

«Als ich in die Küche ging, war niemand da.»

«Und dann hörten Sie den Schuß?»

«Ja.»

«Und gingen sofort zurück ins Arbeitszimmer?»

«Ja.»

Sie legte den Kopf auf die Seite. «Und es war niemand da?» fragte sie mit gerunzelter Stirn und zusammengepreßten Lippen.

«Richtig.»

«Denise Morel lag tot auf dem Fußboden?»

«Ja.»

«Neben ihr lag ein Revolver?»

«Ja.»

«Der Revolver ist auf Ihren Namen registriert?»

«Ja.»

Triumphierend leuchtete ihr Gesicht auf. «‹Ja›. Es war Ihr Revolver.»

«Nein.»

«Sie haben gerade zugegeben, daß er unter Ihrem Namen registriert wurde.»

Rifkin beugte sich vor. «Aber nicht von mir. Sie erinnern sich doch sicher an die Aussage Ihres eigenen Zeugen, des Herrn, der das Waffengeschäft besitzt? Sie haben ihm ein Dokument gezeigt. Es ist das Registrierungsformular, das an dem Tag ausgefüllt und unterschrieben wurde, an dem die Waffe in seinem Geschäft in Medford gekauft wurde. Die Registrierung wurde in die Beweislast aufgenommen. Sie selbst haben sie aufgenommen, als Beweisstück der Anklage unter der Kennziffer siebenunddreißig, wenn ich mich nicht irre. Das Beweismaterial ist daher in diesem Punkt sehr eindeutig. Die Waffe ist unter meinem Namen registriert. Das stimmt. Sie wurde jedoch nicht von mir gekauft. Jemand anders –» sagte er und fing nach kurzem Zögern an zu lächeln. «Wir alle kennen diesen wunderbaren alten Ausdruck», fuhr er, an die Jury gewandt, fort. «‹Einer oder mehrere Unbekannte›.»

Nicht alle Geschworenen konnten der Versuchung, zurückzulächeln, widerstehen.

Gilliland-O'Rourke versuchte, ihren wachsenden Unmut zu verbergen. «Würde die Gerichtsdienerin dem Angeklagten bitte das Beweismittel der Anklage Nummer siebenunddreißig aushändigen?»

Pflichtschuldig trottete die Gerichtsdienerin in dem gleichen formlosen beigefarbenen Kleid wie jeden Tag zu einem Tisch auf der gegenüberliegenden Seite des Gerichtssaals und sah den Stapel an Beweismitteln durch. Schließlich fand sie, was sie suchte, und schlurfte im Schneckentempo die endlose Strecke zurück zum Zeugenstand. Dort überreichte sie Rifkin das Registrierungsformular.

«Ist das Ihre Unterschrift?»

«Es ist eine ausgezeichnete Fälschung.»

«Haben Sie die Aussage des Graphologen gehört? Er hat bestätigt, daß es Ihre Unterschrift ist.»

«Wie gesagt, es ist eine ausgezeichnete Fälschung», wiederholte er.

«Sie wollen also behaupten, daß jemand sechs Wochen vor

dem Tod von Denise Morel nach Medford gefahren ist und Ihren Namen gefälscht hat, mit dem einzigen Ziel, Ihnen einen Mord anzulasten, den Sie nicht begangen haben?»

Rifkin seufzte. «Ich fürchte, das ist die unvermeidliche Schlußfolgerung.»

Mit einem Ausdruck der Entrüstung, den sie so oft geübt hatte, daß er bei einer weniger theatralischen Person vielleicht spontan gewirkt hätte, warf Gilliland-O'Rourke einen letzten Blick auf den Angeklagten. Dann machte sie auf dem Absatz kehrt und erklärte, sie habe keine weiteren Fragen.

Sloper beugte sich vor und blinzelte auf die Wanduhr, die über dem Eingang zum Gerichtssaal hing. Er drehte sich zur Jury und erklärte: «Ich entlasse Sie heute eine Viertelstunde früher als sonst.» Dann lächelte er und setzte hinzu: «Eine kleine Belohnung für gute Führung.»

Die glühende Hitze, die meinen Nerven seit Wochen zu schaffen machte, hatte endlich nachgelassen. Doch als ich jetzt zu meinem Büro zurückeilte, bemerkte ich die Veränderung kaum. Kurz bevor Gilliland-O'Rourke mit ihrem Kreuzverhör fertig war, hatte mir einer der Gerichtsdiener einen Zettel gereicht, den meine Sekretärin geschickt hatte. Emma Gibbon erwartete mich in der Kanzlei. Sie hatte Myrna Albright gefunden.

Ich sprang in den Aufzug, fluchte gedämpft, als er auf dem Weg nach oben mehrmals anhielt, und fragte mich, ob ich je auf meiner Etage ankommen würde.

«Wo ist sie?» fragte ich, als ich die Tür zum Büro aufstieß. Emma saß auf dem Stuhl vor meinem Schreibtisch. Sobald sie aufsah, wußte ich, daß sie schlechte Neuigkeiten hatte. «Tot?» fragte ich, bevor sie etwas sagen konnte.

Emma schüttelte den Kopf. «Nein, das nicht.»

«Was dann?» fragte ich und setzte mich auf die Schreibtisch-kante.

«Sie ist in Kalifornien», erklärte sie und sah mich aus gro-ßen, mitfühlenden Augen an. «Im Alameda County Jail. Besser gesagt, sie war es. Wir haben sie um zwei Tage verpaßt.»

«Zwei Tage?»

«Sie benutzte verschiedene Namen. Es war sehr schwierig, sie zu finden.»

«Ach was, das ist nicht weiter schlimm», sagte ich und klopfte ihr auf die Schulter, als ich aufstand und ans Fenster trat. «Wie lange war sie dort?»

Emma wußte, warum das so wichtig war. «Nur die letzten beiden Monate.»

«Das bedeutet, sie könnte es gewesen sein», sagte ich lang-sam und blickte auf den Berg, der irgendwie weiter weggerückt schien. Mir fiel ein, wie Myrna Albrights Mutter von «den an-deren Geschichten» gesprochen hatte. «Weswegen hat sie ge-sessen? Rauschgift?»

«Ja», sagte Emma.

«Gibt's was Neues von Michelle?» fragte ich.

Emma stand auf und trat zu mir. «Wir versuchen es weiter», sagte sie.

«Es ist unglaublich. Sie war hier, im Gerichtssaal. Sie hat mein Eröffnungsplädoyer gehört und wie ich der Jury erklärte, daß entweder sie oder Myrna Albright ihre Mutter getötet ha-ben muß. Sie ist sogar zu mir nach Hause gekommen, ver-dammt noch mal! Und trotzdem finden wir sie nicht!»

«Es tut mir leid», sagte Emma.

«Ich habe nicht Sie gemeint, Emma. Das wissen Sie, nicht wahr?»

Als Emma gegangen war, setzte ich mich an den Schreibtisch und rief Horace Woolner bei sich zu Hause an. «Ich glaube, ich werde ihn brauchen, Horace.»

Dann lehnte ich mich im Sessel zurück und verschränkte die Arme über der Brust. Ich schloß die Augen und fragte mich in der Stille, was jetzt passieren würde und ob ich je wieder einen Fall übernehmen würde, wenn das hier vorbei war.

Am nächsten Morgen blinzelte Richter Sloper durch seine schweren Lider auf mich herab und fragte: «Wird die Verteidigung noch weitere Zeugen aufrufen, Mr. Antonelli?»

«Ja, Euer Ehren», sagte ich und stand auf. Doch selbst als ich den Namen nannte, war ich mir nicht ganz sicher, ob ich das wirklich durchziehen würde. «Die Verteidigung ruft Carmen Mara auf.»

Gilliland-O'Rourke sprang auf wie von der Tarantel gestochen. «Dürfen wir näher treten, Euer Ehren?»

Wir standen dicht beieinander neben der Richterbank, so weit wie möglich von den Geschworenen entfernt. «Was ist das für ein Name, Carmen Mara?» fragte sie und sah mir in die Augen. «Er steht nicht auf der Zeugenliste. Wir haben keine Ahnung, wer er ist, was er aussagen wird», sagte sie und sprach immer schneller. «Wir haben keine Zeit, uns vorzubereiten.»

Sloper beugte sich über den Tisch, um mitzuhören, und hob dann die Hand. «Wir sprechen in meinem Arbeitszimmer darüber.»

Er wartete, bis wir beide unsere Plätze wieder eingenommen hatten. «Meine Damen und Herren», sagte er schlicht. «Ich muß etwas mit den Anwälten besprechen. Die Verhandlung wird solange unterbrochen.»

Albert Sloper zog eine Zigarette aus der verkrumpelten Packung und hielt sie zwischen zwei knorrigen Fingern. «Macht es Ihnen etwas aus?» fragte er dabei und sah dabei nur Gilliland-O'Rourke an.

Es machte ihr bestimmt etwas aus, aber das sagte sie lieber nicht.

Er zündete die Zigarette mit einem Streichholz an und nickte ihr zu. Damit war die Höflichkeit, mit der er ihre Lüge provozierte und zugleich verziehen hatte, beendet.

«Als ich jünger war», sagte er und ließ seinen Blick auf mir ruhen, «habe ich sie mir noch selbst gedreht.»

Ich konnte sehen, wie sie zusammenzuckte, und war mir fast sicher, daß er es nur aus diesem Grund gesagt hatte.

«Meine Frau läßt mich zu Hause nicht mehr rauchen», fuhr er nach dem ersten genießerischen Zug fort. Der Unterschied zwischen Ehefrauen und anderen Frauen hing einen Augenblick im Raum und löste sich dann, wie der Rauch, der sich zur Decke kräuselte, in Luft auf.

«Nun, wo liegt das Problem?» fragte er und kehrte zu unserem eigentlichen Thema zurück. «Mr. Antonelli hat einen Zeugen, der nicht auf Ihrer Liste steht. Ist es das?»

«Ja, Euer Ehren. Die Liste, die Mr. Antonelli uns übermittelt hat, enthält keinen Zeugen namens Mara.»

Sloper sah mich an. «Mr. Antonelli?»

«Das stimmt, er steht nicht drauf», sagte ich achselzuckend. «Ich habe ihr eine Liste mit Zeugen geschickt, die wir zum damaligen Zeitpunkt aufrufen wollten. Diese Liste enthält unter anderem auch Zeugen, die wir jetzt gar nicht mehr aufrufen werden. Die Privatdetektivin, die mit dem Inhaber des Waffengeschäfts gesprochen hat, zum Beispiel. Nach der Aussage des Mannes brauchen wir sie nicht mehr.»

«Das ist nicht der Punkt, Euer Ehren», wandte sie ein. «Er muß nicht jeden aufrufen, der auf seiner Liste steht, aber er darf niemanden aufrufen, der nicht draufsteht.»

«Natürlich darf ich das», gab ich zurück. «Ich darf jeden aufrufen, der relevantes Beweismaterial hat, und das ist bei Mr. Mara eindeutig der Fall. Und wenn sein Name nicht auf der Liste steht», erklärte ich und wandte mich zum erstenmal direkt an sie, «dann nur deshalb, weil wir ihn gerade erst gefunden haben.»

Sie lachte gezwungen. Es klang nervös. «Relevantes Beweismaterial. Und ihr habt ihn gerade erst gefunden. Wie relevant ist denn sein Material?»

«Ich glaube, du wirst es interessant finden.»

Sie funkelte mich einen Moment an, riß sich dann zusammen und wandte sich an Sloper. «Euer Ehren?»

«Da Mr. Antonelli erklärt, daß die Verteidigung den Zeugen gerade erst gefunden hat, werde ich ihn zulassen.»

Fünf Jahre waren seit dem Prozeß gegen Denise Morel wegen des Mordes an ihrem Mann vergangen; fünf Jahre, seit Horace Woolner die Aussage meines alten Mandanten und selbsternannten moralischen Beraters Carmen Mara benutzt hatte, um sie zu verurteilen; fünf Jahre, seit Gwendolyn Gilliland-O'Rourke einen Fall am Circuit Court geleitet hatte, in dem sie mehr damit beschäftigt gewesen war, sich selbst zu verkaufen, als ihre Umgebung wahrzunehmen. Sie erinnerte sich nicht an den Namen, und als er dastand und als zweiter und letzter Zeuge der Verteidigung vereidigt wurde, war ich mir sicher, daß sie ihn auch nicht wiedererkannte. Allmählich glaubte ich doch, daß ich damit durchkommen könnte.

Horace Woolner hatte ihn aufgetrieben. Auf die geheimnisvolle Weise, mit der er gelegentlich bestimmte Dinge erledigte, hatte er dafür gesorgt, daß Mara aus dem Gefängnis entlassen und nach Portland gebracht wurde. Horace hatte mich nie gefragt, warum, und ich hatte nicht angeboten, es ihm zu sagen. Mara fragte, warum, und ich erinnerte ihn daran, was er mir vor Jahren über den Unterschied zwischen gut und böse erzählt hatte. Er behauptete, sich zu erinnern, aber Carmen hatte sich schon immer aufs Lügen verstanden.

Er hatte sich nicht verändert. Vielleicht war bei einer der vor-

359

übergehenden Entlassungen aus den Haftanstalten eine neue Tätowierung hinzugekommen, aber alles andere schien unberührt von der Zeit. Er gehörte zu den Menschen, die erst sehr schnell altern und dann überhaupt nicht mehr. Carmen Mara hatte wahrscheinlich schon alt ausgesehen, bevor er dreißig geworden war, und so würde es bleiben bis zu seinem Tod.

Es war immer noch Zeit, das Ganze zu stoppen. Mara wurde vereidigt, aber ich konnte alles jederzeit abbrechen. Ich würde ihm ein paar Fragen zu Denise Morel stellen und seine Aussage dazu benutzen, meine ansonsten unbewiesene Theorie zu stützen, daß mit der möglichen Ausnahme von Myrna Albright niemand ein stärkeres Motiv für den Mord haben konnte als die Tochter, die Denise nicht nur nicht beschützt, sondern zu deren seelischer Zerstörung sie aktiv beigetragen hatte. Seit dem Augenblick, da ich beschlossen hatte, Carmen Mara als Zeugen der Verteidigung aufzurufen, redete ich mir ein, daß ich am Ende genau das tun würde.

Ich bat Mara, für das Protokoll seinen Namen zu nennen, und fragte ihn dann, womit er seinen Lebensunterhalt verdiente.

«Vorübergehend arbeitslos», erwiderte er. Seine Stimme klang wie die eines Stadtstreichers, der die ganze Nacht durchsaufen kann und am nächsten Morgen immer noch Durst hat.

«Und was machen Sie, wenn Sie einen Job haben?»

Er sah mich verwirrt an und schüttelte den Kopf. «Hab ich vergessen.» Eine Welle unterdrückten Gelächters schwappte durch den Gerichtssaal.

«Sie haben es vergessen?»

«Herrgott, es muß dreißig oder vierzig Jahre her sein, wo ich das letzte Mal einen Job hatte», grunzte er.

«Wie ernähren Sie sich denn?»

«Gar nich. Ich verbringe den größten Teil der Zeit im Knast. Zwischendurch sitze ich immer mal wieder auf der Straße.

Wenn ich Geld brauche, lasse ich hin und wieder was mitgehen. Nich viel. Nur genug zum Überleben.»

Nichts hatte sich verändert. Maras Leben folgte wie das aller Menschen seinem eigenen Zyklus von Wiederholungen. Ich verschwendete keine Zeit mehr, sondern kam direkt auf die Mordnacht zu sprechen.

«Wissen Sie etwas darüber, was in der Nacht des 17. April passiert ist? Über den Mord an Denise Morel?»

Er beugte sich vor, stützte die Ellbogen auf die Knie und rieb sich die knorrigen Hände. Dann kniff er die Augen zusammen und blinzelte, als wollte er ein Ziel anvisieren oder sie vor der Sonne schützen.

«Ja, das weiß ich. Ich hab's gesehen. Ich hab gesehen, wie sie erschossen wurde.»

«Würden Sie bitte der Jury genau erklären, was Sie gesehen haben?»

«Sicher.» Er richtete sich auf und drehte sich halb den Geschworenen zu. «Ich hab gesehen, wie die Schlampe gekriegt hat, was sie verdient. Wie sie erschossen wurde. Und dann sah ich ihn», sagte er und zeigte auf Rifkin, «als er ins Zimmer gerannt kam.»

«Dann haben Sie also nicht gesehen, daß der Angeklagte Leopold Rifkin Denise Morel ermordet hat?»

«Nein, hab ich doch gerade gesagt. Das Miststück …»

«Das ist nicht die Sprache, die wir vor Gericht benutzen», sagte ich, bevor Gilliland-O'Rourke dazwischengehen konnte.

«Ich hab gesehen, wie sie – Denise Morel – erschossen wurde. Er war nich mal im Raum, als es passierte», sagte er und zeigte erneut auf Rifkin. «Ich hab gesehen, wie er reinkam, und ich hab gesehen, wie er neben ihr niederkniete, als wollte er sehen, ob sie noch lebte. Was für ein Glück! Scheiße, Mann, der Schuß hatte ihr fast das Hirn aus dem Schädel gepustet!» sagte er ohne jede Spur von Bedauern.

361

«Mr. Mara», sagte Sloper und schlug mit seinem Hammer auf den Tisch. «Das ist genug. Eine solche Ausdrucksweise dulden wir hier nicht!»

Mara verrenkte sich den Hals und sah zum Richter auf. Sloper und er waren fast gleichaltrig. «Es tut mir leid. Ich bin nich sehr gut erzogen. Ich werd mir Mühe geben.»

«Haben Sie gesehen, wer Denise Morel getötet hat?»

Mara schüttelte den grauhaarigen Kopf. «Ich hab die ganze Sache mitangesehen. Ich war da, als sie ankamen, Denise und noch wer. Ich wußte nich, daß sie es war, jedenfalls nich gleich. Ich hörte bloß einen Wagen. Ich staunte nich schlecht, als sie ausstieg und ich sah, wer es war. Was zum Teufel hat jemand wie sie an einem solchen Ort verloren, frage ich Sie. Also hab ich sie beobachtet.»

Die nächste Frage lag auf der Hand. «Was hatten Sie denn dort verloren?»

«Wer, ich? Oh, ich bin oft da. Ich meine, ich bin oft in der Gegend. Ich seh mir die Mülltonnen an. Diese Leute werfen Sachen weg, das würden Sie nich glauben. Einmal hab ich einen Diamantring gefunden, Ehrenwort! Keinen großen, aber immerhin. Die Frau muß ziemlich sauer gewesen sein, wenn sie so was weggeworfen hat.»

«Sie waren also dabei, die Mülltonnen zu durchsuchen?»

«Ja. Und dann sah ich Denise. Also hab ich sie beobachtet. Sie geht schnurstracks zur Haustür, und er – der Typ neben Ihnen – macht ihr die Tür auf. Sie steht da und quatscht kurz mit ihm, dann tritt er zur Seite, und sie geht ins Haus. Es hatte nich den Anschein, als ob er sie erwartet hat, wissen Sie. Es sah mehr so aus, als hätte sie sich selbst eingeladen. Also hab ich mir das Ganze weiter angeschaut. Ein paar Sekunden später seh ich, wie die beiden einen Raum betreten. Er ist hell erleuchtet. Jede Menge Bücher an den Wänden. Unmengen von Büchern. Na, jedenfalls, die sitzen ein paar Minuten da, dann steht er auf und geht raus. Verläßt den Raum. Ich konnte nich sehen, wo er hinging. Und das nächste, was passiert, noch eine Tür geht auf. Eine von denen mit viel Glas, wissen Sie, die nach draußen führen.»

«Eine Terrassentür?»

«Ja, vermutlich. Wie auch immer, irgendwer kommt rein. Ich schätze, es muß derjenige sein, der am Steuer des Wagens gesessen hat, mit dem Denise gekommen ist. Ich dreh mich um, und der Wagen ist immer noch da, ganz unten, am Fuß der Einfahrt, genau vor dem Tor. Die Scheinwerfer sind aus. Als ich das nächste Mal hinschau, sehe ich den Revolver und höre den Schuß, und dann seh ich ihn» – er zeigte auf Rifkin – «zurückkommen. Also mach ich, daß ich wegkomme.»

«Was ist mit der Person, die sie erschossen hat?»

«Was soll mit ihm sein?»

«War es ein er?»

«Keine Ahnung. So gut hab ich ihn nich gesehen. Wer es auch war, er hatte eine Mütze auf, eine Baseballmütze. Das ist alles, was ich weiß.»

«Haben Sie die Person, die Denise Morel getötet hat, gesehen, nachdem der Schuß gefallen war? Haben Sie beobachtet, wo sie oder er hingegangen ist?»

«Lieber Himmel, nein. Ich hab die Beine in die Hand genommen und bin abgehauen, so schnell ich konnte. Ich wußte, wenn man mich in der Gegend schnappt, würde jeder glauben, daß ich es war. Ich bin über eine Mauer gesprungen und durch ein paar Gärten gelaufen, bis ich an einer Straße unten am Fluß rauskam.»

«Ihr Zeuge», sagte ich, an Gilliland-O'Rourke gewandt. Zum ersten und einzigen Mal während des gesamten Prozesses hatte sie ihre Maske einstudierter Gleichgültigkeit verloren. Sie schenkte mir ein Lächeln, aber ich merkte sofort, daß es vor Herablassung triefte.

«Dürfen wir näher treten, Euer Ehren?»

Sloper beugte sich zu uns herab, als wir beide neben die Richterbank traten. «Jetzt, da wir die Aussage von Mr. Antonellis Zeugen gehört haben», erklärte sie, «bitte ich um eine Unterbrechung, damit ich mich auf mein Kreuzverhör vorbereiten kann.» Mit einem Seitenblick auf mich setzte sie hinzu: «Ich glaube, ich erinnere mich an Mr. Mara aus einem anderen Fall.»

Richter hassen Verschiebungen, es sei denn, sie ordnen sie selbst an. Sloper schien zu zögern. «Ich bitte nur um den Rest des Tages. Morgen früh bin ich bereit.»

«Nun», sagte Sloper und sah mich an. «Nachdem ich Ihnen einen Zeugen zugebilligt habe, den die Anklage nicht kannte, ist der Antrag statthaft, glaube ich.»

Als wir am nächsten Morgen weitermachten, war Gilliland-O'Rourke auf dem laufenden. «Sie haben vor Jahren in einem Fall ausgesagt, in dem Denise Morel eine Rolle spielte, ist das richtig, Mr. Mara?»

«Ja», erwiderte Mara schroff.

«Sie haben für die Anklage ausgesagt, als Denise des Mordes an ihrem Mann beschuldigt wurde, ist das richtig?»

«Verdammt richtig.»

«Finden Sie es dann nicht ein bißchen komisch, daß Sie jetzt plötzlich als Zeuge der Verteidigung auftreten, nachdem Denise Morel ermordet wurde?»

Ich sprang auf. «Einspruch! Das ist keine Frage, sondern eine Beschuldigung.»

«Na schön, ich werde die Frage anders stellen. Ist es nur Zufall, daß Sie, nachdem Sie zuvor gegen sie ausgesagt hatten, jetzt der einzige Augenzeuge ihrer Ermordung sind?»

«Ich bin nich der einzige.»

«Sind Sie nicht?»

«Nein. Der Täter hat auch alles mitgekriegt, oder etwa nich?»

«Danke, Mr. Mara. Vielen Dank für diese brillante Erkenntnis. Soll ich meine Frage noch einmal wiederholen? Ist es nur ein Zufall?»

«Glauben Sie mir etwa nich? Wie steht es dann mit dem ‹Zufall›, daß Sie damals Richterin waren und heute die Klägerin? Klar ist es Zufall. Aber es war kein Zufall, daß ich sah, was ich gesehen habe.»

«Wie bitte? Jetzt kann ich Ihnen nicht ganz folgen.»

«Wenn jemand anders aus dem Wagen gestiegen wär, hätte ich mich sofort aus dem Staub gemacht. Ich hätt bestimmt nich da rumgelungert und mir angeguckt, was passiert. Aber als ich sah, wer es war, als ich sie erkannt hab, da bin ich geblieben. Aus reiner Neugier.»

Sie runzelte die Stirn und lächelte. «Verstehe. Neugier. Zufälle. Ich möchte Sie etwas fragen. In all der Zeit, die seit jener Nacht vergangen ist, haben Sie sich nie gemeldet oder die Polizei verständigt, oder?»

«Sind Sie verrückt?» schnaubte Mara.

«Wie bitte?»

«Wer hätte mir schon geglaubt?»

«Sehen Sie, genau diese Frage stelle ich mir auch!»

Sie gab es als Sieg aus, doch ihr Blick verriet sie. Es spielte keine Rolle, ob die Geschworenen Mara glaubten oder nicht; das war ihr klar. Er hatte ihnen einen Ausweg geboten, eine Rechtfertigung, einen bequemen Vorwand für das Urteil, das sie nach Leopold Rifkins Aussage am liebsten gefällt hätten. Mara hatte ausgesagt, er habe gesehen, wie jemand anders Denise Morel ermordet hatte. Gilliland-O'Rourke konnte nur noch an die Jury appellieren, über die Glaubwürdigkeit von Zeugen nachzudenken, und ich konnte nichts anderes tun, als dieselben Geschworenen darauf hinzuweisen, daß Carmen Maras Geschichte, ganz gleich, was man von ihm als Mensch halten mochte, in allen entscheidenden Punkten die Aussage des Angeklagten stützte. Über die Glaubwürdigkeit Leopold Rifkins mußten sie selbst urteilen.

Es war eine Frage, zu deren Beantwortung die Jury weniger als eine Stunde brauchte. Die zwölf Geschworenen erklärten Leopold Rifkin einstimmig für nicht schuldig.

Horace Woolner stand ganz hinten im Gerichtssaal, kaum sichtbar hinter der Menge, die jetzt auf Rifkin zuströmte. Ein breites Grinsen der Erleichterung flog über sein offenes Gesicht. Er winkte mir zu. Ich versuchte zurückzuwinken, doch irgendwer griff nach meiner Hand und schüttelte sie. Ich befreite mich und wollte Rifkin mit Hilfe des Sheriffs aus dem Saal schleusen, doch der dachte gar nicht daran, jetzt schon zu gehen. Nicht, solange noch jemand da war, der ihn beglückwünschen oder ihm eine letzte Frage für seine Zeitung stellen wollte. Umgeben von einer aufgeregten Menschenmenge, bahnten wir uns langsam einen Weg zur Tür. Im Gang drängten sich weitere Neugierige und Dutzende von Fernsehkameras, die die letzten dreißig Sekunden Aufmerksamkeit einfangen wollten, die man Leopold Rifkin jetzt, da er von allen Skandalen reingewaschen war, schenken würde.

Er war freundlich zu allen, und sie revanchierten sich mit Respekt. An der Art ihrer Fragestellung merkte man, daß sie die Entscheidung der Jury billigten.

«Wie fühlen Sie sich jetzt, da alles vorbei ist?» fragte ein Fernsehreporter mit tiefer Stimme und modischem Haarschnitt.

Rifkin zog lächelnd eine Braue hoch und erwiderte: «Mehr denn je davon überzeugt, daß das Geschworenensystem funktioniert.»

Ein anderer Reporter wollte wissen, wen Rifkin für den Mörder von Denise Morel hielt. «Ihr Anwalt hat angedeutet, daß es diese Frau sein könnte – Myrna Albright – oder sogar Denise Morels eigene Tochter. Was glauben Sie?»

Rifkin hob die Hände und zuckte die Achseln. «Darüber kann ich nicht mal spekulieren, fürchte ich», sagte er, als sei er ebenso ratlos wie alle anderen.

Ich spürte eine Hand auf einem Arm, und als ich mich umdrehte, stand Alexandra neben mir. «Herzlichen Glückwunsch», flüsterte sie mir ins Ohr.

«Hast du das Urteil gehört?» sagte ich und legte einen Arm um ihre Taille.

«Das hätte ich mir nie entgehen lassen.»

«Wenn der Trubel vorbei ist, bringe ich Rifkin nach Hause. Komm doch mit.»

Sie ließ meinen Arm los. «Ich kann nicht», sagte sie und war schon halb wieder weg. «Ich muß zurück ins Büro. Wir sehen uns heute abend.»

Nach der allerletzten Frage bedankte sich Rifkin bei den Reportern für ihre Geduld und Fairness. Dann wurden die Scheinwerfer ausgeschaltet, und die Fernsehteams fingen an, ihre Ausrüstung abzubauen. Die Zuschauer, die um uns herumgestanden hatten, entfernten sich in kleinen Grüppchen. Als wir den Gang hinabgingen, hatten wir zum erstenmal seit Beginn dieser Feuerprobe wieder das Gefühl der Anonymität in unserem alltäglichen Dasein.

«Das war ein interessanter Prozeß», sagte er und sah starr geradeaus, als wir durch die Straßen von Portland fuhren. «Ich hätte nicht gedacht, daß Sie nach meiner Zeugenaussage noch weitere Zeugen aufrufen würden.»

Er drehte sich halb um und beobachtete mich. Ich behielt den Blick auf der Straße. «Sie wußten von Anfang an, daß Sie Mara aufrufen würden, nicht wahr?»

«Ja.»

«Und Sie glaubten, daß Sie ihn aufrufen mußten, um meine

Aussage zu untermauern, weil der Jury sonst nur die Wahl geblieben wäre zwischen dem, was ich gesagt hatte, und meiner Unterschrift auf dem Registrierungsformular?»

Er sagte nichts mehr, bis das schmiedeeiserne Tor am Fuß der langen, gewundenen Einfahrt in Sicht kam, die zu seinem Haus führte. In diesem Haus hatte er mit seiner Frau gelebt, hatte er versucht, Denise Morel zu helfen, und mir die interessantesten Gespräche meines Lebens beschert.

Er deutete auf die Seite des Hauses, die Stelle, von der aus Mara den Mord beobachtet haben wollte. «Wissen Sie, ich glaube, es ist einfach unmöglich, von da ins Innere des Arbeitszimmers zu sehen.»

Darauf gab es keine Antwort.

Er ließ mich direkt vor dem Tor halten. Das Licht der Nachmittagssonne fiel schräg durch die hohen Tannen. Er streckte den Arm aus und legte einen Augenblick seine weiche, zerbrechliche Hand auf die meine. «Danke, Joseph. Danke für alles, was Sie getan haben.» Er zögerte, als sei er sich nicht ganz sicher über etwas. Dann öffnete er die Tür und stieg aus.

Eine Augenblick stand er noch da und sah zu Boden. Als er aufblickte, lag ein kleines, wehmütiges Lächeln auf seinem Gesicht. «Das Leben ist schon seltsam, nicht wahr?» sagte er ruhig. Noch ehe ich antworten konnte, schloß er die Wagentür und wandte sich ab.

Ich beobachtete ihn, als er das Tor hinter sich zufallen ließ, noch einmal winkte und dann langsam die Einfahrt hinaufging.

Ich stieg aus und schaute ihm nach, bis er das Haus erreichte. Er setzte sich auf die Treppe und sah über den Rasen, durch die Bäume auf die sanften Hügel und die Sonne, die wie jeden Tag über dem Meer unterging. Und dann bewegte sein kleiner runder Kopf sich vor und zurück, im Takt einer Melodie, die nur er hören konnte.

25

Zwei Tage nach dem Freispruch wurde Rifkin gefunden. Er war an seinem Schreibtisch zusammengebrochen, nur wenige Meter von der Stelle entfernt, wo er neben Denise Morels Leiche gekniet hatte. Ein halbvolles Glas Wein stand neben seiner Hand. Er war mit Gift versetzt. Ein einziger handschriftlicher Satz auf einem Blatt seines Briefpapiers diente als Erklärung: «Ich bin für alles, was passiert ist, verantwortlich.»

Gilliland-O'Rourke meinte, ein Schuldbekenntnis zu sehen, wo andere bestenfalls Ambivalenz zu entdecken vermocht hätten. Leopold Rifkin, so äußerte sie in einer Pressemitteilung, die noch am gleichen Tag veröffentlicht wurde, habe das System hintergangen, sein eigenes Gewissen jedoch nicht täuschen können. Dieser Bewertung wurde nie richtig widersprochen. Niemand wollte sich die Finger verbrennen, indem er mit den Lebenden eine Debatte zugunsten des Toten entfachte, zumal die Lebenden noch Macht besaßen und durchaus bereit waren, sie einzusetzen.

In letzter Minute entschied Alexandra, doch nicht mit zu der Beerdigung zu gehen. Sie blieb in ihrem schwarzen Kleid am Fuß der Treppe stehen und klammerte sich an das Geländer, bis die Knöchel hervortraten. «Ich kann einfach nicht», rief sie, machte kehrt und lief die Treppe wieder hinauf.

Ich fand sie auf dem Bett, wo sie ins Kopfkissen schluchzte. «Schon gut», sagte ich und streichelte ihren Nacken. «Schon gut», sagte ich immer wieder ganz ruhig. Es war der Versuch, uns beiden ein wenig Trost zu schenken, das einzige, was sich mit Worten vermitteln ließ.

Heftige Schauer schüttelten ihren Körper. Als ich die Tages-decke über sie breitete, verkroch sie sich ganz darunter und zog die Beine an. Ich beugte mich über sie und küßte sie auf die Stirn. «Es ist gut», sagte ich ein letztes Mal, bevor ich die Ja-lousien herunterließ und sie der Dunkelheit überließ.

Nur ein paar Dutzend Leute waren zu der Beerdigung ge-kommen. Ich stand neben Horace Woolner und seiner Frau auf einem sanft geneigten Hügel über der Stadt und sah ungläubig zu, wie der Sarg mit den sterblichen Überresten von Leopold Rifkin in die Erde versenkt wurde. Graue Wolken jagten über den Morgenhimmel. Der Nieselregen brach kurz ab, setzte er-neut ein und vermischte sich mit den Tränen, die mir über die Wangen liefen. Am Ende, als es nichts mehr zu sagen gab und alle gegangen waren, stand ich da, starrte vor mich hin und ver-suchte, in den geheimen Winkeln meiner Erinnerung Leopold Rifkins klare, präzise Stimme zu hören. Seine Art, sich auszu-drücken, hatte etwas Berauschendes, fast Mystisches gehabt. Ich wollte es noch ein einziges, letztes Mal hören.

Jemand berührte mich am Arm. Ich drehte mich um und blickte in die Augen eines Fremden, der mir schon vorher auf-gefallen war. Er war der einzige unter den Trauergästen, den ich nicht kannte.

«Ich möchte Sie nicht stören», sagte er und sah mich mitfüh-lend an. «Mein Name ist Isaac Friedman. Dr. Isaac Friedman. Ich war Leopolds Arzt.»

Er war nicht annähernd so alt wie Leopold, eher in meinem Alter, und hatte den durchtrainierten, schlanken Körper eines Langstreckenläufers.

Der Wind hatte die Regenwolken vertrieben und den Him-mel in eintöniges Schiefergrau gehüllt. Langsam und gleichmä-ßig schaufelte ein Arbeiter mit einer schwarzen Mütze, die er tief in die Stirn gezogen hatte, die feuchte Erde ins Grab zu-rück. Dr. Friedman nahm mich am Arm und führte mich weg.

Schließlich blieben wir neben dem tiefhängenden Ast einer Eiche stehen. Er fuhr mit der Hand über sein welliges schwarzes Haar und sah mir dann direkt in die Augen. «Richter Rifkin hat mich gebeten, Ihnen nach seinem Tod etwas zu sagen.»

«Nach seinem Tod?» wiederholte ich verständnislos. «Wie hat er das gemeint?»

«Er wußte, daß er sterben würde. Es war nur eine Frage der Zeit. Er hatte Krebs, inoperabel. Das sollte ich Ihnen sagen. Es war ihm sehr wichtig. Sie sollten wissen, daß er im Sterben lag», sagte er ernst.

«Wie lange?»

Er hob die schweren Brauen. «Ich verstehe nicht. Wie lange?»

«Ja. Wie lange wußte er es schon? Wann hat er erfahren, daß er Krebs hatte?»

«Vor sieben oder acht Monaten. Ich habe ihm erklärt, daß ihm vielleicht noch sechs Monate blieben, bestenfalls ein Jahr», seufzte er. «Leopold war ein sehr tapferer Mann. Er hatte starke chronische Schmerzen.»

«Hätten Sie ihm denn nicht irgend etwas geben können?» fragte ich.

Er zuckte hilflos die Achseln. «Das habe ich ja versucht. Aber er wollte nichts nehmen, ehe die Schmerzen ihn lahmlegten. Er hatte Angst, daß seine Funktionstüchtigkeit beeinträchtigt würde. Und als man ihn dann auch noch dieses Verbrechens beschuldigte – was für eine Schande! –, setzte er alle Medikamente ab.»

Ich packte ihn mit beiden Händen an den Schultern. «Aber er war todkrank! Wenn ich das gewußt hätte! Wenn er es mir gesagt hätte! Oder wenigstens Sie! Ich hätte etwas unternehmen können. Es wäre nie zu einer Verhandlung gekommen!»

Das stimmte nicht, und ich wußte es. Leopold hatte den Prozeß durchstehen müssen. Das Gesetz war sein Leben gewesen, er wäre nicht am Ende davor weggelaufen. Warum dann diese Erklärung bei seinem Tod? Warum sollte die Welt glauben, daß er schuldig war, obgleich es gar nicht stimmte? Es konnte nur einen Grund geben: um Michelle zu schützen.

Meine Hände fielen herab. Ich nickte entschuldigend. «Sie haben recht», sagte ich, als wir uns die Hände schüttelten. «Er war ein tapferer Mann, vermutlich der tapferste, den ich je gekannt habe.»

Der Wind war zu einem Flüstern verebbt, als ich den Wagen in der Einfahrt parkte. Einzelne dünne Lichtstreifen fielen durch den zerrissenen Himmel. Ich schloß die Tür auf und rief Alexandras Namen. Der Klang meiner Stimme hallte in dem stillen Haus nach. Ich warf meinen Regenmantel über das Geländer und ging die Treppe hinauf. Die Tür zum Schlafzimmer war geschlossen.

In der Hoffnung, daß sie es geschafft hatte, wieder einzuschlafen, öffnete ich die Tür nur einen Spaltbreit, schlüpfte hinein und schloß sie gleich wieder, um das Licht auszusperren. Die Tagesdecke lag noch immer zu einem Haufen verknäuelt über dem Kissen auf der gegenüberliegenden Bettseite. Ich setzte mich auf die Bettkante, wartete, bis sich meine Augen ans Dunkel gewöhnt hatten, und streckte die Hand aus, bis sie auf dem kalten Leinenbezug des Kissens liegenblieb. Alexandra war verschwunden.

Ich zog die Jalousien hoch und sah mich im Schlafzimmer um. Die Tür zu dem eingebauten Schrank stand offen, und auf dem Nachttisch, an die Lampe gelehnt, genau wie damals, als ich aus Vancouver zurückgekommen war, ein Briefumschlag.

Man rechnet immer mit dem, wovor man sich am meisten fürchtet, und deshalb habe ich vermutlich gewußt, was in dem Brief stand, bevor ich ihn gelesen hatte. Er war noch kürzer als Rifkins Selbstmorderklärung und ebenso endgültig: «Ich verlasse dich.» Das war alles, keine Erklärung, kein Grund, nicht einmal der sinnlose Trost, daß es ihr leid tue. Eine ganze Weile saß ich so da, zu müde, um zu denken, zu erschöpft, um etwas zu fühlen. Leopold war tot, und Alexandra war gegangen. Es war fast eine Erleichterung, zu begreifen, daß ich nichts mehr zu verlieren hatte.

Ich rollte mich auf dem Bett zusammen und starrte vor mich hin. Den ganzen Tag lag ich so da, im Anzug, lauschte dem dumpfen, entschlossenen Schlag meines Herzens, der das Leben vermaß, das mir noch blieb, und betrachtete die Schatten, die auf der Wand tanzten, während die Sonne über den Himmel wanderte. Lange nachdem das letzte Zwielicht ins Dunkel der Nacht übergegangen war, stand ich auf und ging nach unten ins Wohnzimmer. Ich wollte dasein und aus dem Fenster sehen, wenn Alexandra zurückkam.

In den trostlosen Tagen und gräßlichen schlaflosen Nächten, die folgten, lief ich durchs Haus und war mir nur des Gefühls meiner eigenen Existenz bewußt. Ich hatte jegliches Verlangen verloren, dem Gefängnis meiner verlassenen Seele zu entkommen.

Wenn das Telefon schrillte, hörte ich es kaum und ging nie dran. Als es klingelte, ignorierte ich es, bis jemand anfing, an die Tür zu hämmern.

«Es tut mir leid», hörte ich mich sagen, als ich die Tür aufmachte. «Ich glaube, ich bin nicht ...»

«O mein Gott», rief Helen, als sie mit beiden Händen meinen Arm umfaßte und mich zum Sofa führte. «Wie lange geht das schon so?» fragte sie besorgt, während sie geschäftig im Zimmer hin und her lief, die Jalousien aufzog und Licht hereinließ.

Sie stand vor dem Couchtisch, starrte auf die leere Whiskeyflasche und schüttelte den Kopf. «Sie haben sich seit der Beerdigung nicht mal umgezogen, stimmt's? Und wahrscheinlich haben Sie auch nichts gegessen. Genau das habe ich befürch-

tet», sagte sie, packte mich am Arm und zwang mich aufzustehen. «Als ich hörte, daß Alexandra die Kanzlei verlassen hatte,
wußte ich, daß etwas nicht stimmte. Und als Sie nicht ans Telefon gingen …»

Sie brachte mich nach oben, bugsierte mich ins Badezimmer
und stellte die Dusche an. «Und jetzt ziehen Sie sich aus», be-
fahl sie. «Ich gehe in die Küche und mache Ihnen was zu
essen.»

Ohne eigenen Willen war ich gehorsam wie ein Kind. Ich tat,
was Helen sagte. Wenige Tage später hatte ich mich einigermaßen gefangen und war bereit, darüber nachzudenken, was ich
tun sollte. Als erstes verabschiedete ich mich von der Kanzlei.

Trewitt und Duncan drückten ihr Bedauern aus, unternahmen jedoch keinen Versuch, mich zum Bleiben zu bewegen. Die
Kanzlei war dermaßen expandiert, daß mein Anteil im Verhältnis zu damals beim Tod von Michael Ryan deutlich ge-
schrumpft war, obwohl ich immer noch mehr Umsatz machte
als alle anderen. Aber unersetzlich war ich nicht mehr. Wir
schüttelten uns die Hand wie zivilisierte Leute und verabschie-
deten uns mit den üblichen guten Wünschen.

An diesem und den nächsten Abenden in dieser Woche klingelte das Telefon ohne Ende. Freunde und Bekannte wollten
wissen, was ich jetzt vorhätte. Ich erklärte ihnen, daß ich eine
Weile ausspannen, vielleicht auch reisen wolle. Sie waren sehr
verständnisvoll und wünschten mir alles Gute. Erst als die Anrufe aufhörten, ging mir auf, daß ich zum erstenmal, seit ich ein
Junge gewesen war und davon geträumt hatte, Anwalt zu werden, nicht wußte, was ich als nächstes tun sollte. Die Antwort
kam zum Teil von Leopold Rifkin.

Drei Wochen nachdem ich an seinem Grab gestanden und
zugesehen hatte, wie die feuchte Erde auf seinen Sarg polterte,
saß ich in dem halbdunklen Büro eines Anwalts, den ich noch
nie zuvor gesehen hatte, und hörte zu, wie er mir Rifkins Testa-

ment vorlas. Den größten Teil seines beträchtlichen Vermögens hatte er verschiedenen Wohltätigkeitsorganisationen vermacht, ein kleinerer Teil ging an ein paar Colleges und Universitäten, das Haus und die gesamte Einrichtung an mich. Es gab zwei Bedingungen. Sollte das Haus zu meinen Lebzeiten verkauft werden, mußte der Erlös einem wohltätigen Zweck zugeführt werden. Die zweite Bedingung betraf seine Bücher. Sie waren unverkäuflich. Sollte ich umziehen oder sterben, würden sie in den Besitz einer öffentlichen Bibliothek übergehen. Es kam mir nie in den Sinn, diese letzte großzügige Geste Leopold Rifkins auszuschlagen. Ich verkaufte mein Grundstück und zog an den einzigen Ort, wo ich mich immer völlig zu Hause gefühlt hatte.

Seit sechs Monaten führe ich nun ein völlig abgeschiedenes, anonymes Dasein inmitten von Leopold Rifkins Bibliothek. Er hat an alles gedacht. In der linken oberen Schublade seines Schreibtischs entdeckte ich eine Liste, die auf den ersten Blick aussah wie eine Bibliographie; bei näherem Hinsehen jedoch entpuppte es sich als die Reihenfolge der Bücher, die ich lesen sollte.

Das erste war kein Buch, sondern ein Brief von Thomas Jefferson aus dem Jahr 1785 an einen jungen Mann, der noch zur Schule ging. Darin skizzierte er ihm einen möglichen Studiengang. «Fürs erste rate ich Dir, mit einem Kurs in antiker Geschichte anzufangen und dabei alles im Original zu lesen, nicht in der Übersetzung.» Jefferson empfiehlt unter anderem die Lektüre von Herodot, Thukydides, Xenophon, Arrianos und Diodorus Siculus sowie die philosophischen Werke von Platon, Cicero, Seneca und Epiktet. Fast beiläufig erwähnt er, daß der junge Mann in der Schule bereits Vergil, Terentius, Horaz, Anakreon, Theokrit, Homer, Euripides und Sophokles gelesen hat oder es noch tun wird, um dann darauf hinzuweisen, wie wichtig die Lektüre von Milton, Shakespeare, Pope und Swift sei.

Als ich mit Jeffersons Brief fertig war, warf ich erneut einen Blick auf die Liste, die Leopold mir hinterlegt hatte, und begriff, warum er Jeffersons Brief an den Anfang gestellt hatte. Bei der Liste, die mir so eindrucksvoll erschienen war, handelte es sich um nichts weiter als die Werke, die ein eifriger Schüler vor zweihundert Jahren hatte lesen müssen. Und so fing ich an, mich durch das zu arbeiten, was Leopold als bedeutsam erachtet hatte. Leider konnte ich es nur in Übersetzungen lesen, die andere angefertigt hatten. Für diese Sprachen ist es in meinem Alter zu spät, fürchte ich. Fast jeden Abend und manchmal sogar schon am Vormittag fange ich da an, wo ich in der Nacht zuvor aufgehört habe. Und zuweilen klingen die Worte, die ich lese, als spräche Leopold Rifkin selbst sie aus.

Ich gehe nur selten aus dem Haus, und niemand kommt mich besuchen, mit Ausnahme von Horace Woolner. Er verändert sich nie. Sein Lächeln ist so breit und herzlich, wie es immer war, und sein polterndes, nicht zu unterdrückendes Lachen bleibt mir noch lange, nachdem er gegangen ist, im Gedächtnis. Doch als er heute nachmittag vorbeikam, wirkte er nachdenklich und sogar ein wenig bedrückt, wie mir schien.

Er ließ sich langsam in einem Sessel vor dem massiven Schreibtisch nieder, an dem Rifkin so viele Nächte über seinen Büchern verbracht hatte, beugte sich dann vor und stützte die Ellbogen auf seine künstlichen Knie. Einen Augenblick betrachtete er mich, als habe er lange darüber nachgedacht, was er mir sagen wollte, und bemerkte schließlich: «Sie müssen nicht ewig so weitermachen, wissen Sie?»

«Was meinen Sie? Hier zu leben?»

«Sie müssen nicht so leben. Sie könnten zurückkommen, wieder Fälle übernehmen. Natürlich können Sie machen, was

Sie wollen – aber Sie müssen nicht unbedingt leben wie ein Gefangener.»

Ich versuchte, darüber hinwegzugehen, und lachte. «Na ja, es ist ja nicht gerade Devil's Island.»

Er legte den Kopf auf die Seite, sah mich schräg an und antwortete: «Was macht das für einen Unterschied? Jedenfalls gehen Sie nie aus.»

«Doch, ab und zu», sagte ich ausweichend.

Er schüttelte den Kopf. «Es ist nicht gut, Joe, das wissen Sie selbst. Warum kommen Sie nicht zurück – praktizieren, arbeiten wieder als Anwalt?»

«Darüber haben wir uns schon x-mal unterhalten», erinnerte ich ihn.

Horace lehnte sich zurück, zog die Beine nach und verschränkte die Hände hinter dem Kopf. «Stimmt, haben wir», sagte er rasch. «Aber trotzdem glaube ich, daß Sie unrecht haben.»

«Ich habe jemanden zum Meineid angestiftet, Horace. Das ist das schwerste Verbrechen, das ein Anwalt begehen kann. Ich habe einen Zeugen dazu gebracht, unter Eid zu lügen. Ich habe Carmen Mara überredet, eine Story zu erfinden, damit Leopold freigesprochen wurde.»

«Leopold wäre auch ohne Maras Zeugenaussage freigesprochen worden», warf er ein.

«Aber dieses Risiko wollte ich nicht eingehen!» erwiderte ich hitziger als beabsichtigt.

Horace verlagerte sein Gewicht und stützte den Arm auf die Sessellehne. Er runzelte die Stirn und warf mir einen schlitzohrigen Blick zu. «Ich bin der einzige, der davon weiß. Und man wird nur bestraft, wenn man erwischt wird, das ist Ihnen ja wohl bekannt.» Das Nachmittagslicht strömte durch die Verandatür. Es fiel mitten durch den Raum und teilte die Schatten, die an uns hingen.

«Erinnern Sie sich noch, wie Rifkin einmal – auf einer seiner Parties – über die Verpflichtung sprach, zu tun, was für den Angeklagten das Beste ist, statt das, was der von einem erwartet?»

Horace nickte bedächtig und mußte plötzlich lachen. «War das nicht der Abend, an dem er die arme Gilliland-O'Rourke so auf die Palme gebracht hat?»

«Nun, genau darum geht es mir. Es spielt keine Rolle, daß mir niemand auf die Schliche gekommen ist, verstehen Sie? Selbst wenn es nie passiert wäre, selbst wenn ich Mara diese Geschichte nie eingeredet hätte, könnte ich es nicht mehr. Ich wollte keine Schuldigen mehr verteidigen, nicht nach Johnny Morel. Und nach Leopold wollte ich niemanden mehr verteidigen, egal, ob schuldig oder unschuldig. Und nach Alexandra ...» Meine Stimmer verlor sich, und einen Augenblick ließ mich allein der Klang ihres Namens vergessen, was ich hatte sagen wollen.

Plötzlich stand ich auf und ging ein paar Schritte an einem der bis zur Decke reichenden Bücherregale entlang. Ich fand den Band, den ich suchte, und kehrte zum Schreibtisch zurück. Es war ein altes, großformatiges Werk, in braunes Leder gebunden. Ich hatte es nie gelesen. Die Schrift auf dem Rücken war abgenutzt; man mußte es vorn aufschlagen, um Titel und Verfasser lesen zu können. Ich schlug es ganz hinten auf.

«Es gibt etwas, das ich Ihnen nie erzählt habe, etwas, das Sie, glaube ich, wissen sollten.» Ich nahm einen verschlossenen Umschlag heraus und reichte ihn Horace.

«Was ist das?» fragte er.

«Eine Kopie von Michelle Walkers Zeugnissen von McGill, wo sie studierte. Emma hat sie aus Montreal besorgen lassen. Es war reine Routine. Sie sagte, sie hätte völlig vergessen, daß sie darum gebeten hatte, bis sie den Umschlag ein paar Wochen nach der Verhandlung in ihrem Briefkasten fand.»

Horace setzte seine Brille auf und fing an zu lesen. Er überflog kurz den Inhalt, dann sah er auf. «Sie war sehr gut», bemerkte er.

«Lesen Sie weiter.»

Horace las das erste Blatt zu Ende und blätterte um. Als erstes fiel sein Blick auf das Foto, das an die Seite geheftet war. Dann blickte er mit offenem Mund fragend zu mir auf und wieder ungläubig auf das Foto. Schließlich nahm er die Brille ab und rieb sich langsam die Augen. «Das tut mir leid», sagte er mit leiser Stimme, die beinahe zerbrechlich wirkte. «Das hätte ich nie gedacht.»

Er faltete die Abschrift sorgfältig wieder so zusammen, wie der messerscharfe Knick, der jedes Blatt in der Mitte teilte, es vorgab, stand auf und reichte sie mir zurück. Ein Bein hinter dem anderen herschleifend, trat er zur Verandatür, öffnete sie und holte tief Luft. Als er sich wieder umdrehte, fiel sein Schatten so lang über den Fußboden, daß er mich streifte.

«Es ergibt Sinn, nicht wahr?» fragte ich. «Ich meine, alles ergibt auf diese Art einen Sinn, oder? Die ganze Sache, von Anfang bis Ende.»

Ich schlenderte hinüber zu der offenen Tür und blieb neben ihm stehen. Jetzt fiel auch mein Schatten über den glänzend polierten Parkettboden. Ich sah hinaus auf die Veranda, die hohen alten Tannen, die endlose Weite des wolkenlosen Himmels. «Es ist gut, Horace», hörte ich mich selbst sagen. «Es ist wirklich gut so.»

Ohne ein Wort ging er zum Ende der Veranda und setzte sich dort auf eine niedrige Steinmauer. Weiter unten, wo die Einfahrt sich vom Eisentor an der Straße heraufschlängelte, hatten Rhododendren und Azaleen vor kurzem angefangen zu blühen.

«Es dauert nicht mehr lange, bis es wieder soweit ist», sagte ich und blinzelte in die Sonne. «17. April – der Tag, an dem ich ihn frei bekam, der Tag, an dem Johnny Morel getötet wurde, der Tag, an dem sie ihre Mutter umbrachte. Merkwürdig, wie das alles endet, finden Sie nicht? Leopold hatte recht. Wissen Sie noch, was er sagte, als er zu dem Schluß kam, daß Michelle die Mörderin war? Sie wollte uns wissen lassen, daß sie es war. Wir sollten erfahren, daß es unsere Schuld war. Wir sollten am eigenen Leib spüren, wie es ist, wenn man hilflos, allein, von allen verlassen ist. Doch was Leopold nicht wußte – keiner von uns wußte es –, war, daß sie es auf mich abgesehen hatte, Horace. Sie wollte mir zeigen, wie es ist, von jemandem betrogen zu werden, den man mehr liebt als alles andere auf der Welt.»

Horace sah mich an. «Und Sie hatten nie den leisesten Verdacht?»

«Nie», gestand ich. «Kein einziges Mal. Wie hätte ich auf die Idee kommen können, daß Alexandra Michelle ist? Sie hat alles mit einem exquisiten Sinn fürs Detail eingefädelt. Sie ruft mich zu Tode erschreckt an, und ich finde zwei halbvolle Tassen mit lauwarmem Kaffee und einen Haufen Zigarettenstummel mit Lippenstift drauf. Warum hätte ich ihr nicht glauben sollen, als sie sagte, Michelle sei dagewesen? Eines Abends während der Verhandlung komme ich nach Hause, und sie erzählt mir, daß sie mit Myrna Albrights Mutter telefoniert hat. Warum hätte ich an ihr zweifeln sollen? Nein, Horace, ich hatte nicht den geringsten Verdacht.»

Horace bückte sich und griff nach einem Zweig auf der Erde, den er in seiner großen Hand hin und her drehte. «Was werden Sie unternehmen?»

«Leopold hat den Satz bei seinem Selbstmord nur aus einem einzigen Grund geschrieben: um sie zu schützen. Er hat seinen Ruf aufs Spiel gesetzt, um ihr die Chance zu geben, ihr eigenes Leben zu leben. Was soll ich also unternehmen? Nichts, Horace, gar nichts.»

«Sie lieben sie immer noch, nicht wahr?» fragte er leise. «Trotz allem.»

Ich stand auf und wandte den Blick ab. «Alexandra habe ich geliebt. Über Michelle kann ich nichts sagen.» Plötzlich drehte ich mich wieder um und sah Horace an. «Aber wissen Sie, trotz allem glaube ich, daß auch sie mich wirklich geliebt hat.»

«Werden Sie zurechtkommen?» fragte er, als wir langsam ums Haus zu seinem Wagen gingen, der in der Einfahrt geparkt war.

«Klar», sagte ich. «Mir geht's gut, Horace, mir geht's ausgezeichnet.»

«Hören Sie», sagte er und blieb neben seinem offenen Wagen stehen. «Ich bin hergekommen, um Sie um einen Gefallen zu bitten, und ich möchte, daß Sie darüber nachdenken.»

«Klar, Horace, nur raus damit», sagte ich und stieß mit dem Fuß einen Kieselstein vor mir her.

«Ich habe da einen Fall.»

«Um Gottes willen ... Horace», lachte ich.

«Hören Sie erst mal zu», sagte er und legte mir eine Hand auf die Schulter. «Da ist dieses junge Ding. Sie ist erst sechzehn, aber in der Verhandlung will man sie wie eine Erwachsene behandeln.»

Ich spielte weiter mit dem Kieselstein, bewegte ihn im Kreis. «Was wird ihr denn vorgeworfen?» fragte ich gleichgültig.

Horace antwortete nicht. Als ich aufblickte, hatte er die Augen zusammengekniffen, sah mich starr und nachdenklich an und biß die Zähne zusammen. Das war seine Art, sich vor Gefühlen zu schützen.

«Sie hat ihren Vater umgebracht», sagte er schließlich. «Ermordet. Es scheint keinen Zweifel zu geben.»

«Dann ist es doch ein klarer Fall.»

Es mußt derselbe starre Blick gewesen sein, mit dem er gelernt hatte, sich zu schützen, sich halbwegs von jener schrecklichen, herzzerreißenden Gewalt zu distanzieren, die er vor vielen Jahren hatte mitansehen müssen, als er noch Soldat gewesen und auf zwei gesunden Beinen in den vergessenen Dschungeln eines Ortes herumgestapft war, an den sich niemand erinnern mochte. Irgendwo hinter diesem starren Blick versteckte sich Horace, beobachtete er, wartete er, wünschte er, daß das alles einfach verschwinden möge.

«Ihr Vater hat sie sexuell mißbraucht, seit sie sechs war», erklärte er.

«Stiefvater?» fragte ich, ziemlich sicher, daß er das meinte.

«Nein, ihr leiblicher Vater.»

Ich sah zu Boden und trat den Kieselstein im hohen Bogen quer über die Einfahrt auf den Rasen.

«Sie könnten es schaffen, sie zu retten», hörte ich ihn sagen. «Ich wüßte nicht, wer sonst.»

Ich straffte die Schultern und sah ihm in die Augen. In diesem Augenblick begriff ich, daß er bereits wußte, wie meine Antwort ausfallen würde. «Ich will Ihnen was sagen, Horace», erwiderte ich, als wir uns die Hände schüttelten. «Ich werde drüber nachdenken.»

Er kletterte in seinen Wagen und schloß die Tür. «Die Vernehmung zur Anklage ist für morgen früh um zehn angesetzt», sagte er und warf einen Blick in den Rückspiegel, als er zurücksetzte. Bevor ich antworten konnte, hatte er das Fenster geschlossen und fuhr davon.

Ich stand in der Einfahrt und winkte ihm nach. Dann setzte ich mich auf die Treppe, wo Leopold gesessen hatte, als ich ihn zum letztenmal gesehen hatte. Ich blickte über den Rasen, durch die Bäume auf die sanften Hügel und die Sonne, die auch jetzt wieder langsam über dem Meer unterging. Ich dachte an Alexandra, daran, wo sie sein mochte, was sie wohl tat und ob sie je an mich dachte. Ich fragte mich, ob sie eines Tages wiederkommen würde. Nach einer Weile ging ich ins Haus, machte mir einen Kaffee und stellte den Fernseher an. Es gab einen alten Film, den ich sehen wollte. Einer von denen, die ich schon immer geliebt hatte. Alles war schwarzweiß.